역주 구소수간
譯註 歐蘇手簡

역주 구소수간
譯註 歐蘇手簡

杜仁傑 편
박황희 · 박상수 역

학자원

서문

국사편찬위원회에서 간찰 초서를 처음 배우던 시절 나는 여러 선생님으로부터 초서는 '문팔초이文八草二'라는 말씀을 자주 들었다. 이 말의 의미는 간찰 서체의 특징인 초서를 익히는 비결은 문리가 80%이고 초서의 식별 능력은 20%에 불과하다는 것이다. 초서의 원리를 배우고 익히는 것도 매우 어려운 일이지만, 간찰 문리를 터득하는 것 또한 녹록지 않은 일이었다. 간찰 언어만의 투식이 따로 있고 서간문의 문체와 문리가 별도로 존재하기 때문이었다.

이 시기에 처음 만난 것이 《유서필지儒胥必知》와 《구소수간歐蘇手簡》이다. 《유서필지》는 기존의 번역서가 있어서 매우 쉽고 편리하게 공부하였지만 《구소수간》은 번역본이 없어서 궁금하고 답답하여 매우 안타까웠다. 언젠가 내가 직접 번역을 해보리라 마음에 담아 두었던 오래 묵은 숙제를 비록 노졸한 솜씨나마 이제야 세상에 선보이게 되어 감격스러운 마음과 함께 부끄러운 마음이 솟구친다.

『구소수간歐蘇手簡』은 송대의 대문호로 칭송대는 구양수歐陽修와 소동파蘇東坡의 서간문 가운데 정수精髓만을 선정하여 모아 놓은 간찰 모음집으로서 원나라 두인걸杜仁傑이 편찬한 책이다.

본서에서는 『구소수간』의 완역을 통해 북송의 대표적 문장가였던 구양수와 소동파 두 사람의 지적 교류 양태와 교류 인맥들을 통한 시대사적 의미와 더불어 그들이 남긴 문학사적 유산들을 조명해 보고자 하였다. 또한 우리나라에 유통된 경위와 간행 기록 등을 고찰함으로써 조선 사대부들에게 미친 영향을 살펴보고자 하였다.

이 논증을 진행하기 위해 먼저 국내에 현존하는 다양한 이본들의 서지사항을 고증하였으며, 그 가운데 1881년 서천문중西川文仲이 간행한 《구소수간주해歐蘇手簡註解》 본과 1879년 대규동양大槻東陽이 전주箋注하여 간행한 《전주구소수간箋注歐蘇手簡》이 두 권을 저본으로 삼아 번역을 하였다.

「여릉상 · 하廬陵上 · 下」 「동파상 · 하東坡上 · 下」 권에 수록된 구양수歐陽脩의 간찰 58제수題首 123편과 소동파蘇東坡의 간찰 85제수題首 152편을 모두 국역하고 개략적인 내용을 도표로 제시하였다. 또한 수신자 중심으로 기록되어 있는 편제를 발신자 중심으로 내용을 나누어 '시기별', '인물별', '주제별' 세 가지 유형으로 내용을 요약 분석하였다.

특별히 『구소수간』 전편의 국역을 통하여 당대 지식인들의 일상적 글쓰기 형태와 더불어 북송을 대표하는 두 인물의 내면세계를 이해하는 데 중점을 두었다.

옛사람들이 글공부를 얼마나 치열하게 했는지를 말해주는 다양한 일화가 있다. 세종이 독서광이라는 사실은 우리에게 익히 잘 알려진 사실이다. 세종의 잠저潛邸 시절, 태종은 세자가 되기 전 충녕에게 이렇게 말했다. "너는 왕이 될 운명을 타고나지 않았으니 시화나 하면서 적당히 인생을 즐기거라."

그러나 충녕은 한시도 손에서 책을 놓지 않았다. 충녕은 어려서부터 몸이 몹시 허약하여 자주 병치레를 하였는데, 병환 가운데서도 주야로 글 읽기를 그치지 아니하여 병이 점점 심하여졌다. 그러자 태종은 신하들에게 명하여 충녕의 처소에서 책을 모두 거두어 오게 하였다.

이때 한 권의 책이 병풍 사이에 남아 있었는데, 이 책이 바로 《구소수간歐蘇手簡》이다.

세종은 이 책을 수도 없이 많이 백 번 천 번을 읽었다고 한다. 《세종실록世宗實錄》, 《명종실록明宗實錄》, 《연려실기술燃藜室記述》, 《필원잡기筆苑雜記》, 《청장관전서青莊館全書》 등에 기록된 내용이다.

서간문학의 백미로 일컬어지는 《구소수간歐蘇手簡》은 11세기 북송의 시대 상황과 아울러 구양수歐陽脩와 소동파蘇東坡의 내면세계를 이해할 수 있는 매우 유의미한 자료일 뿐만이 아니라 중국의 전통적 관료 문인들의 교류문화 영역 등을 살펴볼 수 있는 매우 요긴한 자료들이다.

중국뿐만 아니라 우리나라와 일본에서도 다양한 필사본과 함께 여러 차례 간행된 기록이 있으며, 조선의 양반사대부들에게도 서간문書簡文의 문체 미학을 익히고 작성하는데 전형이 될 만한 모범 간찰 모음집이다.

모쪼록 간찰의 문리를 읽히고자 하는 강호의 선후배 제현과 동학들에게 다소나마 도움이 되었으면 하는 마음 간절하다.

상우재尙友齋에서 경자庚子년 납월臘月

박황희 삼가 쓰다.

차례

《구소수간歐蘇手簡》 2권

《구소수간歐蘇手簡》 3권

《구소수간歐蘇手簡》 4권

《구소수간歐蘇手簡》 해제

1. 머리말

본서에서 고찰하고자 하는 《구소수간歐蘇手簡》은 구양수歐陽修와 소동파蘇東坡의 간찰선집簡札選集이다. 모두 당송팔대가의 한 사람으로서 원래 이들의 문집에 실린 간찰은 구양수가 96제수題首 418편이고 소동파가 285제수題首 1250편 정도의 분량을 차지하고 있다.[1]

중국 원나라 때의 두인걸杜仁傑이 이 가운데 정수精髓만을 선별하여 자신이 직접 서문을 쓰고 〈여릉廬陵 — 상上 · 하下〉와 〈동파東坡 — 상上 · 하下〉 4권으로 《구소수간》을 편찬하였다. 그러나 당시의 원형이 중국에도 전해지지 않고 우리나라에도 다양한 이본들로 존재하고 있어서 정확한 편제와 내용을 단정할 수 없으나 분명한 것은 고려 말부터 우리나라와 일본에서 여러 차례에 걸쳐 간행되었으며, 유자들의 필독서로 사대부 문인들에게 널리 익혔던 것만큼은 근거가 확실하다.

1 배미정, 〈구양수와 소식의 척독모음집 구소수간〉, 《문헌과 해석》 24호, 문헌과 해석사, 2003, 189쪽.

선행연구자들의 보고에 의하면 박대현은 그의 저서《한문서찰의 격식과 용어》에서 고려 우왕禹王 7년(1381) 안동에 병마사로 부임했던 정남진鄭南晋이 간행했다는 설과 함께 이인영李仁榮의《청분실서목淸芬室書目》에 16세기 당시 여러 곳에《구소수간》책판이 있었음이 확인됨으로 여말선초에 이미 광범위하게 유포되었다고 주장하였다.[2]

또한 황일권은 그의 논문에서《고사촬요攷事撮要》책판 목록에 수록된 사적을 근거로 임진왜란 이전에 청주淸州, 홍주洪州, 한산韓山, 곡산穀山, 예천醴泉 등에서《구소수간》이 간행되었음을 알렸다. 이를 토대로 당시 사대부 문인들에게 전국적으로 널리 읽혔던 것으로 판단하였으며, 구양수의 산문이 전파되는 데에도《구소수간》이 커다란 역할을 하였던 것으로 보았다.[3]

편제와 내용은 두인걸의 서문과 함께 권제卷第 1·2에 해당하는〈여릉廬陵 ―상上·하下〉에 구양수의 간찰이 수록되어 있으며, 권제卷第 3·4에 해당하는〈동파東坡 ―상上·하下〉에는 소동파의 간찰이 실려 있다.

국내에 현존하는 다양한 목판본과 조선에 유통되었던 다수의 일본판 가운데 간찰의 편수가 가장 많은 것으로는 국립중앙도서관에 소장 되어있는《구소수간주해歐蘇手簡註解》본을 들 수가 있다. 이는 1881년 서천문중西川文仲이 간행한 것으로 구양수의 간찰 58제수題首 123편과 소동파의 간찰 85제수題首 152편이 수록되

2 박대현,《한문서찰의 격식과 용어》, 아세아문화사, 2010. 51쪽.

3 황일권,《중국어문학》, 권53, 2009. 7쪽.

어 있다. 이에 앞서 일본에서는 1879년에 《전주구소수간箋注歐蘇手簡》이 간행되었는데 청나라 왕치본王治本이 산정刪定한 것을 일본의 대규동양大槻東陽이 전주箋注한 것으로 주석과 교감이 매우 풍부한 특징이 있다. 본서에서는 이 두 가지 자료를 저본으로 삼아 번역을 시행하여 체재와 내용을 고찰하였다.

2. 작가作家의 시대적時代的 의의意義

2.1 구양수歐陽脩의 생애와 사상

구양수歐陽脩(1007~1072)의 자는 영숙永叔이며 호는 취옹醉翁[4]이다. 만년의 호는 육일거사六一居士[5]이며 시호는 문충文忠으로

4 '취옹醉翁'이라는 호는 경력慶曆 6년(1046, 40세)에 저주지주滁州知州로 좌천된 뒤에 그곳의 산수 경관에 도취 되어 작호한 것이다. 《구양수시문교전 · 거사집歐陽脩詩文校箋 · 居士集》, 권39 〈취옹정기醉翁亭記〉. "그러므로 스스로 자기 호를 '취옹醉翁'이라 하였다. 취옹의 뜻은 술에 있지 않고 산과 물 사이에 있다. 산수山水의 즐거움을 마음으로 얻어 술에 기탁한 것이다.[故自號曰醉翁也. 醉翁之意不在酒, 在乎山水之間也. 山水之樂, 得之心, 而寓之酒也.]"

5 '육일거사六一居士'라는 호는 희령熙寧 3년(1070, 64세)에 채주지주蔡州知州로 재임 시, 은거하는 선비의 모습에 자신을 기탁하여 만년의 즐거움을 표현하였다. 《구양수시문교전 · 거사집歐陽脩詩文校箋 · 居士集》, 권44 〈육일거사전六一居士傳〉. "우리 집에는 장서藏書가 1만 권이요, 집록集錄으로 3대代이래 금석유문金石遺文이 1천 권이요, 거문고가 하나 있고, 바둑판이 하나 있으며, 항상 술 한 병을 비치해 두고 있습니다.……나 한 늙은이가 이 다섯 가지 물건 사이에서 늙으니 이것이 또한 '육일六一'이 되지 않겠습니까?[吾家藏書一萬卷, 集錄三代以來金石遺文一千卷, 有琴一張, 有棋一局, 而常置酒一壺.……以吾一翁, 老於此五物之間, 是豈不爲六一乎?]"

길주吉州 영풍永豐 사람이다. 그는 북송의 저명한 정치가인 동시에 걸출한 문학가이며 탁월한 역사가이기도 하다. 그의 일생은 진종眞宗, 인종仁宗, 영종永宗, 신종神宗의 4조를 거치는 동안 많은 중요한 정치 활동에 참여하였을 뿐만 아니라 문학, 사학, 경학, 금석학, 목록학, 등의 다양한 이론을 섭렵하며 각 방면에서 모두 뚜렷한 족적을 남겼다. 특별히 고문운동古文運動의 주역으로서 화이부실華而不實한 유미주의 풍조를 일소하였으며, 송대 시문 개혁운동에 탁월한 공헌을 하였다.

구양수는 4살 때 금주綿州의 군사추관軍事推官이었던 아버지 구양관歐陽觀을 여의고 당시 29세이던 어머니 정씨鄭氏를 따라 숙부 구양엽歐陽曄이 추관으로 있던 수주隨州로 가서 그곳에서 자랐다. 모친 정씨는 수절을 맹세하고 궁핍한 생활 속에 모래 위에 갈대로 글씨를 쓰며 구양수를 교육시켰다. 이것이 맹모삼천孟母三遷과 더불어 모성 교육의 전범으로 불리는 '구모화적歐母畫荻'의 고사이다.[6]

천성天聖 9년(1030) 진사進士 시험에 장원급제하여 서쪽의 수도였던 낙양洛陽의 유수추관留守推官에 제수되었다. 이때 고문에 뛰어났던 윤수尹洙와 시에 능하였던 매요신梅堯臣 등과의 깊은 교재를 통하여 문학적 명성이 높아졌으며 훗날 시문 개혁 운동의 유력한 동지가 된다. 어려서부터 한유韓愈의 작품에 심취하였으며 은유와 인용을 배제한 평이하고 간결한 고문체에 크게 감명받았다.

6 《송사宋史》 권319, 〈구양수전歐陽脩傳〉. "四歲而孤, 母鄭守節自誓, 親誨之學, 家貧, 至以荻畫地學書."

이후 고문체 부흥의 선도자로 활약하면서 새로운 시문 개혁의 전기를 마련하였다.

그는 생애에 두 번에 걸친 폄적의 시기가 있었는데, 그 첫 번째는 경우景祐 3년(1036) 그의 나이 30세 때의 일로서 '이릉폄적夷陵貶謫'의 시기이다. 당시 범중엄范仲淹이 조정의 제도와 정책에 대해 반론을 제기하여 재상宰相 여이간呂夷簡과의 충돌로 인하여 좌천을 당하였는데, 이때 구양수는 사간司諫 고약눌高若訥에게 불의를 보고도 간하지 않는다며 그를 질책하는 상소문을 올렸다. 이 일로 인하여 구양수는 협주峽州의 이릉현령夷陵縣令으로 폄직되고 만다. 그러나 그는 이곳에서 좌절하지 아니하고 낙양에서의 시주연락詩酒宴樂하던 방종한 생활을 청산하며, 혹독한 자기 절제의 생활 속에 천여 년에 걸친 정치적 혼란기의 대역사서인 《오대사五代史》를 저술하는 놀라운 성과를 이루어낸다.

두 번째는 '저주폄적滁州貶謫'의 시기이다. 경력慶曆 5년(1045) 지간원정知諫院正으로 재임하던 시절에 범중엄范仲淹·부필富弼·한기韓琦 등이 붕당을 조성한다는 이유로 파직을 당하여 귀양을 가자 그는 《붕당론朋黨論》을 써서 사대부들의 개인적인 모임이 정치적으로 유익하다는 주장을 하며 그들을 적극 변론하였다. 그러나 반대파들의 미움을 사서 누이의 딸과 부적절한 관계라는 누명을 쓰고 저주지주滁州知州로 폄적을 당하였다. 이곳에서 그는 저주의 남쪽 풍산豐山에는 풍락정豐樂亭을 짓고 풍산의 서편 낭야산琅琊山에는 취옹정醉翁亭을 짓고서 술과 자연을 벗삼으며 자신의 호를 '취옹醉翁'이라 하였다. 이때 지은 〈풍락정기

豐樂亭記〉와 〈취옹정기醉翁亭記〉는 중국의 문학사에서 가장 이름난 작품 가운데 하나로 손꼽힌다.

좌천된 지 거의 9년여 만에 수도로 소환되어 한림학사翰林學士에 제수된 뒤로 《신당서新唐書》를 편수하는 일을 맡게 되었는데 이는 구양수의 필생의 역작이라 할 만한 위대한 업적으로 기록된다.

가우嘉祐 2년(1057) 구양수는 지공거知貢擧에 제수되어 문체변혁의 전기를 마련하였다. 그는 이 해의 과거시험에서 고문체古文體로 답안을 작성한 사람들은 대거 합격시키는 한편, 문학적 수사를 많이 사용하는 태학체太學體로 답안을 작성한 사람은 모두 불합격시켜서 일대 파란을 일으켰다. 이때 합격한 사람들 가운데는 훗날 당송팔대가唐宋八大家로 칭송되는 소식蘇軾 · 소찰蘇轍 형제와 증공曾鞏 등이 포함되어있다.

그는 만년에 수차례 사직을 청하는 상소를 올렸으나 윤허 받지 못하였고 희령熙寧 3년(1070) 채주지주蔡州知州로 재임하면서 은거하는 선비의 모습에 자신을 기탁하여 호를 '육일거사六一居士'로 고치고 안분지족安分知足의 삶을 추구하였다. 그는 66세의 나이로 천명을 다했으며 2년 후에 조정에서 '문충文忠'이라는 시호諡號를 내렸다. 문충이라는 시호는 그가 일생 동안 이루어낸 학술적 위업의 저력이 어떠한지를 가늠할 수 있는 상징이다.

2.2 蘇東坡의 생애와 사상

소동파蘇東坡(1022~1063)의 본명은 소식蘇軾이다. 자는 자첨子瞻이며 동파東坡는 그의 호이다. 시호는 문충文忠으로 미주眉州

미산眉山 사람이다. 그는 북송의 대표적 정치가이며 경학자인 동시에 시詩·서書·화畵에 두루 능한 천재적 예술가로서 중국이 낳은 최고의 문인이다. 아버지 순洵, 아우 철轍과 함께 '삼소三蘇'로 일컬어지며 이들 모두 당송팔대가唐宋八大家에 속한다. 그의 일생은 인종仁宗, 영종永宗, 신종神宗, 철종哲宗, 휘종徽宗의 5조를 거치는 동안 정치적으로는 완안석王安石의 신법에 반대하여 신법당新法黨에게 보수파로 내몰려 끊임없이 외지를 전전하며 유배를 당하는 굴욕을 겪었다. 그러나 이 시기에 그는 독만권서讀萬卷書의 함양涵養과 행만리로行萬里路의 경륜을 쌓아서 그의 문학은 더욱 빛을 발하였으며, 비범한 천재로서의 면모를 유감없이 드러냈다. 노老·불佛의 사상을 적극 수용하여 당대의 거유巨儒 정이程頤와 논쟁을 벌이기도 하였으며, 문장은 한유韓愈·구양수歐陽脩와 더불어 복고를 주창하였다.

소동파는 경우景祐 3년(1036)에 사천성泗川省 성도成都의 남쪽 미주眉州 미산현眉山縣에서 태어났다. 8세 때부터 장이간張易簡의 문하에서 수학하였으며, 장자莊子의 제물철학齊物哲學을 접하게 되면서 도가道家의 사상에 크게 영향을 받았다. 가우嘉祐 2년(1057) 구양수歐陽脩, 매요신梅堯臣 등이 시험관으로 있던 시기에 예부시禮部試에 아우 철轍과 함께 급제하였다. 당시 문단의 영수로서 과거시험을 주관했던 구양수歐陽修는 〈형상충후지지론刑賞忠厚之至論〉을 주장하였던 동파의 답안지[7]를 보고 극찬을 하였다.[8]

7 오초재吳楚材, 《고문관지古文觀止》 후집後集, 〈형상충후지지론刑賞忠厚之至論〉. "인자함은 지나쳐도 군자다움을 잃지 않지만, 정의로움은 지나치면 잔

가우嘉祐 7년(1062) 봉상부鳳翔府의 첨서판관簽書判官을 시작으로 40여 년에 이르는 관료 생활 중 그는 전 생애를 통하여 누차에 걸친 유배의 시기가 있었다. 왕안석王安石의 신법에 반대하는 상소를 올렸다가 항주杭州 통판通判으로 좌천된 이후 스스로 밀주密州, 서주徐州, 호주湖州 등의 지방을 전전하며 지방관을 지냈는데, 원풍元豐 2년(1079) 이른바 오대시안烏臺詩案[9] 사건으로 신법당으로부터 탄핵을 받아 황주黃州로 유배를 당하였다. 이곳에서 그는 마몽득馬夢得의 호의로 황무지를 경작하며 그곳을 동파東坡라 이름하고 자신의 호를 동파거사東坡居士[10]라 칭하였다. 또한 이 시기에 적벽을 유람하며 자신의 대표작인 〈적벽부赤壁賦〉를 짓기도 하였다.

신종神宗이 죽고 철종哲宗이 즉위한 뒤에 조정의 권력이 신법당新法黨에서 구법당舊法黨으로 바뀌자 마침내 경사로 돌아와 한림학사로 부임하게 되었다. 이때 그는 오랜 지방관 생활 끝에 신법

인한 사람이 되고 만다. 그러므로 인자함은 지나쳐도 괜찮지만, 정의로움은 지나쳐서는 안 된다.[可以賞, 可以無賞, 賞之過乎仁. 可以罰, 可以無罰, 罰之過乎義.]"

8 주변朱弁, 《풍월당시화風月堂詩話》 권상卷上, 〈곡유구문曲洧舊聞〉 권팔卷八. 이 늙은이는 이제 이 사람에게 자리를 내어주지 않을 수 없게 되었다고 탄식하며, "30년 후에는 세상 사람들이 다시는 나를 일컫지 않을 것이다."[汝記吾言, 三十年後, 世上人更不道著我也.]"라고 하였다.

9 신종神宗 원풍元豐 2년(1079)에 발생한 '문자옥文字獄'을 이른다. 어사중승御史中丞 이정李定 등이 소식의 시 20수를 들어, 조정을 비방하고 왕안석王安石의 신법新法을 조롱했다는 명목으로 소식을 어사대御史臺 감옥에 5개월간 가두고서 조사한 사건이다. 소식은 이 일로 인해 황주黃州로 폄적貶謫되었다. '오대'는 어사대의 별칭이다.

10 신종神宗 원풍元豐 2년(1079) 황주黃州 유배 시기에 있었던 일이다.

이 전적으로 나쁘지만은 않다는 것을 깨닫고 신법의 장점을 부분적으로 채택할 것을 주장하였는데, 이로 인해 그는 구법당의 배척을 받게 되어 또다시 항주杭州, 영주穎州, 양주揚州 등을 전전하였다. 권력의 추가 기울어 다시 신법당이 득세하자 신법당에게 보수파로 몰린 동파는 다시 좌천되어 이번엔 혜주惠州로 유배되었으며, 3년 뒤에는 그를 질시하는 정치인들에 의해 바다 건너 해남도海南島까지 유배를 가게 되었다.

철종의 뒤를 이어 휘종徽宗이 즉위한 뒤 대사면을 시행함에 따라 복권이 되었지만 이미 예순을 넘긴 소식은 상경하던 도중 병에 걸려 상주常主에서 객사하였다.[11] 소식은 자신의 재주와 포부를 정치 무대에서 온전히 펼쳐보지도 못한 채 파란만장한 일생을 마쳤다.

그는 비범한 천재성과 필생의 열정으로 시詩·사詞·문文·부賦의 문학 영역과 경학經學·고고학考古學·서법書法·회화繪畵 등의 다양한 학술 부문에 걸쳐 깊고 풍부한 문화유산을 남겼다. 그의 작품과 사적事迹은 당세에 이미 국경을 초월하여 고려高麗에서도 널리 알려져 과거 급제자의 방이 붙을 때마다 "33인의 동파가 나왔구나"[12]라고 하며 동파를 학문과 문장의 전범으로 삼았을 정

11 휘종徽宗 원년元年(1101) 여행 중 병에 걸려 상주常州에서 66세를 일기로 별세하였다. 7월 28일.

12 서거정徐居正, 《동인시화東人詩話》 권상卷上. "고려 문인은 오로지 동파를 숭상하여 과거급제자의 방이 나붙을 때마다 사람들이 말하기를, '33인의 동파가 나왔구나'라고 하였다.[高麗文士專尙東坡, 每及第榜出, 則人曰: '三十三人東坡出矣']"

도이다.

소동파蘇東坡는 구양수歐陽脩를 이은 북송의 대문호로서 산문으로는 구양수와 함께 '구소歐蘇'로 일컬어졌고 시詩로는 황정견黃庭堅과 함께 '소황蘇黃'으로 불렸으며 사詞로는 신기질辛棄疾과 함께 '소신蘇辛'으로 병칭되었다. 서법書法으로는 환정견黃庭堅 · 미불米芾 · 채양蔡襄과 더불어 '북송사대가北宋四大家'로 불렸으며 회화繪畵에서는 문동文同을 필두로 하는 '문호주죽파文湖州竹派'의 핵심 인물이기도 하다. 문하門下의 대표적인 제자로는 '소문사학사蘇門四學士'로 일컬어지는 황정견黃庭堅 · 진관陳觀 · 장뢰張耒 · 조보지晁補之 등이 있다.

3. 구소수간歐蘇手簡의 서지문헌학적書誌文獻學的 의의意義

《구소수간歐蘇手簡》은 송대의 대문호로 칭송대는 구양수歐陽修(1007~1072)와 소동파蘇東坡(1036~1101)의 서간문 가운데 정수精髓만을 선정하여 모아 놓은 것으로 원나라 두인걸杜仁傑(1201~1282)이 편찬한 것이다. 이 책은 서간문書簡文의 문체 미학을 익히고 작성하는데 전형이 될 만한 모범 간찰선집이다. 두인걸의 자는 중량仲梁이고 호는 지헌止軒 · 선부善夫이며 제남濟南의 장청長淸[지금의 산동성山東省] 사람이다.

두인걸이 편찬하였던 《구소수간》의 원본13은 중국에서도 전해

13 주강朱剛, 〈관우關于 《구소수간歐蘇手簡》 소수구양수척독所收歐陽脩尺牘〉,

지지 않아서 당시의 원형을 확인할 수가 없지만, 편찬 이후 우리 나라뿐만이 아니라 일본에까지 활발하게 유통되었던 것만은 분명하다. 조선 시대에는 많은 문인들이 지근거리에 이 책을 두고 읽으면서 양반 사대부들의 글쓰기의 전범으로 삼았다. 특히 세종대왕이 잠저潛邸 시절에 《구소수간》을 탐독하였다는 기록은 《세종실록世宗實錄》에서뿐만이 아니라 《국조보감國朝寶鑑》과 서거정의 《필원잡기筆苑雜記》, 허봉의 《해동야언海東野言》과 이긍익의 《연려실기술燃藜室記述》 등 다양한 문헌에 그 기록이 존재한다. 《명종실록明宗實錄》에는 다음과 같은 기록이 전해진다.

"세종께서는 지나치게 학문을 부지런히 하시어 심신을 손상하게까지 되시니 태종께서 서책을 거두도록 명하셨습니다. 우연히 《구소수간歐蘇手簡》이 어안御案에 놓여 있었는데, 이는 구양수歐陽修와 소식蘇軾의 간찰로 정회情懷를 쓴 것일 뿐 문의文意가 웅장하고 심원한 것은 아니었습니다. 그러나 세종께서는 성심으로 학문을 좋아하셨으므로 천 번이나 읽으시어 지금껏 미담으로 전합니다. 전하께서는 깊이 생각하소서."14

우리나라에서는 고려 시대부터 국내에 유통이 되었으며 다양한

《무한대학학보武漢大學學報》, 권65, 2012. 42쪽. 두인걸은 다만 서문을 썼을 뿐 구소수간의 편집자는 아니라는 주장이 있다. 유미정 역주, 《구소수간歐蘇手簡》, 〈권일卷一 여릉상廬陵上〉, 전남대학교 석사학위논문, 2018.

14 《명종실록明宗實錄》 3권, 명종 1년 6월 9일 갑오 1번째 기사. "世宗過勤學問, 幾至傷神, 太宗命撤書冊. 偶有歐、蘇手簡, 在御案之側, 此乃歐公、蘇公書札, 只寫情懷, 文意不爲雄遠. 而世宗誠於好學, 故讀至千遍, 至今以爲美談. 伏願殿下體念焉."

필사본과 함께 여러 차례에 걸쳐 간행된 기록이 있다.

《구소수간》의 편제編制는 두인걸의 서문과 목록, 본문의 순서로 되어있는데 권1과 권2는 구양수의 간찰이며 권3과 권4는 소동파의 간찰이다. 현존하는 국내의 판본 가운데 가장 오래된 것은 서울대 규장각奎章閣 일사문고의 목판본이다. 이 책은 조선 건국 이듬해인 1393년 경상도 보주甫州 지금의 예천군醴泉郡에서 간행된 것으로 두인걸의 서문을 권두에 두고 있으며 4권 1책 78장으로 구성되어 있다. 이후로 다양한 간행 시도들이 있었는데 심경호의 연구[15]에 의하면 현존하는 국내《구소수간》의 간행 관련 기록들은 다음과 같다.

① 1393년 경상도 보주甫州[예천醴泉] 목판 간행《구소수간》
② 1450년 청주 간행 증보본《구소수간》
③《고사촬요攷事撮要》책판 목록에 수록된 임진왜란 이전 청주·홍주·곡산·예천 등지의 목판
④ 1674년 진주 간행《구소수간초선歐蘇手簡抄選》
⑤ 무신년(1908?) 옥주沃州[옥천沃川] 간행《구소수간초선歐蘇手簡抄選》

현존하는 판본 가운데 가장 오래된 것으로 추정되는 '예천본'은 현재 규장각奎章閣에 소장되어 있는데, 권말의 간기에 의하면 이 책의 판각을 주도한 인물이 태조 2년(1393) 경상도 보주지사甫州

15 심경호,《세종의 서재》, 서해문집, 2016. 223쪽.

知事 정도존鄭道尊과 안렴부사按廉副使 심효생沈孝生이라고 기록되어 있다. 이 책은 두인걸의 서문과 함께 구양수의 간찰 119편과 소동파의 간찰 136편이 수록되어 있다.[16]

또한 1450년에 간행된 '청주본'은 증보본 《구소수간》으로서 두인걸의 4권 외에 소동파의 간찰簡札, 서書, 기記 등이 수록된 1권과 한유의 서書와 각종 서식이 포함된 1권을 추가하여 모두 6권으로 구성되어 있다.[17] 그리고 1674년에 간행된 '진주본' 《구소수간초선》은 진주목사 남몽뢰南夢賚가 복간한 것으로 남몽뢰의 발문이 있으며 구양수의 간찰 47편과 소동파의 간찰 95편이 수록되어 있다.[18]

이 외에 국내에 유통되었던 것으로 일본판 《구소수간》도 다수가 존재한다. 국립중앙도서관에 소장 되어있는 일본 목판본으로는 1645년에 간행된 《구소수간》(고고古古5-90-18)[19]과 1881년에 간

16 서울대학교 규장각 일사문고 목판본(일사895.16G93g)의 권말의 간기에 다음과 같은 기록이 있다. "洪武貳什陸年癸酉六月 日甫州官改板……同知州事鄭道尊 按廉副使沈孝生" 이는 조선 태조 2년(1393)에 해당하며 정도전鄭道傳의 아우 보주지사甫州知事 정도존鄭道尊과 태조의 세자인 방석芳碩의 장인이었던 안렴부사按廉副使 심효생沈孝生이 판각을 주도했음을 알 수 있는 기록이다.

17 1450년 청주 간행 증보본은 봉훈랑奉訓郎 청주목 판관 전동생田桐生의 주재로 이루어져 있으며 청주교수관淸州敎授官 양순楊洵의 발문이 수록되어 있다. 발문에 '멀리 떨어진 사이에 마음을 펼쳐 보이는 방법으로는 간찰만 한 것이 없으며, 구양수와 소식의 간찰이 탁월하여 모범이 된다.' 하였으며 《구소수간》을 간찰 작성의 모범서로 규정하였다.

18 1674년 진주 간행 복간본은 남몽뢰가 함양군수 시절 구한 《구소수간초선》을 저본으로 하여 진주목사 재임 시에 복간한 것이다. 남몽뢰의 발문이 수록되어 있으며 불분권不分卷 50장으로 '수간手簡'이 '수간手柬'으로 표기되어 있다.

행된 《구소수간주해歐蘇手簡註解》(고고古古5-35-67)이 있다. 《구소수간》(고고古古5-90-18)은 두인걸의 서문과 함께 권말의 간기에 1645년 9월 초하루에 평락사에서 간행한 것이라고 기록되어 있으며, 《구소수간주해歐蘇手簡註解》(고고古古5-35-67)는 서천문중西川文仲이 주해註解한 것으로 자서自序를 통해서 1881년 5월에 간행하였다고 밝히고 있다.

또한 규장각에는 1781년에 간행된 일본판 《구소수간》(가람古 895.16- G93g-v.1-2)이 있는데 황도皇都의 방각본 서사書肆 임권병위林權兵衛의 각본으로서 두인걸의 서문이 수록 되어있는 4권 1책이다.

한편 일본에서는 1879년에 《전주구소수간箋注歐蘇手簡》이 간행되었는데, 청나라 왕치본王治本이 산정刪定한 것을 일본의 대규동양大槻東陽이 전주箋注한 것이다. 일본에서는 《구소수간》이 언제부터 유통되었는지 정확하게 파악할 수 없지만 분명한 것은 《구소수간》이 중국에서 편찬된 이후에 우리나라와 일본으로 유통되어 양국의 문인들 사이에서 활발하게 읽혀졌다는 사실이다.

본서에서는 번역을 시행하기에 앞서 저본底本으로 삼을 다양한 판본을 검토해본 결과 각각의 판본에 서로의 내용과 분량이 상이하게 차이가 나는 점을 발견할 수 있었다. 먼저 '예천본'은 글자체가 양호하지 못할 뿐만 아니라 간찰의 수록 편수에 있어서도 내용

19 1645년에 간행된 《구소수간》(古古5-90-18)은 책 끝머리에 '正保二乙酉九月吉辰二條玉屋町村上平樂寺開板'이라고 간기가 적혀있다. 정보正保는 일본의 연호이다. 즉 1645년 9월 초하루에 평락사에서 간행한 것이다.

이 상당히 부족하다. 또한 교감이 성실하지 않아 간찰의 제목이나 자구의 잘못된 부분이 많으므로 저본으로 삼기에 부적합하였다. '청주본' 역시 동일한 부분의 미흡함이 있었으며, 증보판으로서 부록의 성격이 강하여 《구소수간》을 대표하기에는 적절치 않아 보였다. 그리고 '진주본'은 초선본抄選本으로서 내용이 너무 소략한 결점이 있었으며, 그 밖의 필사본은 내용의 오류와 오탈자가 매우 많아 저본으로 삼기에 다소 무리가 있었다.

간찰의 내용이 가장 풍부하고 오탈자가 적은 것으로는 일본 목판본 《구소수간주해歐蘇手簡註解》가 단연 으뜸이었다. 권1과 권2에는 구양수의 간찰이 123편이 수록되어 있으며 권3과 권4에는 소동파의 간찰이 152편이 실려 있다.

〈도표-1〉

〈도표-2〉

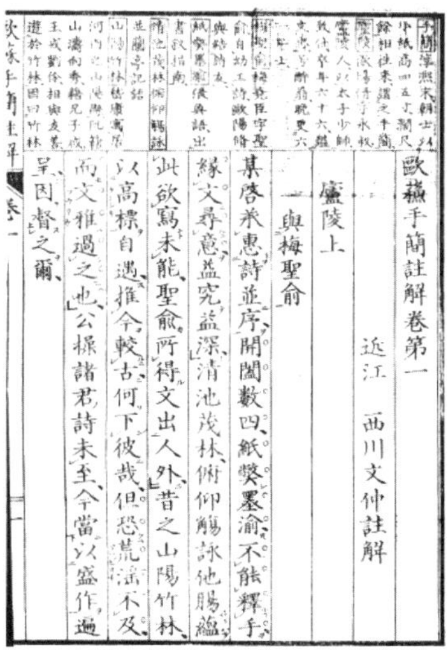

〈도표-3〉

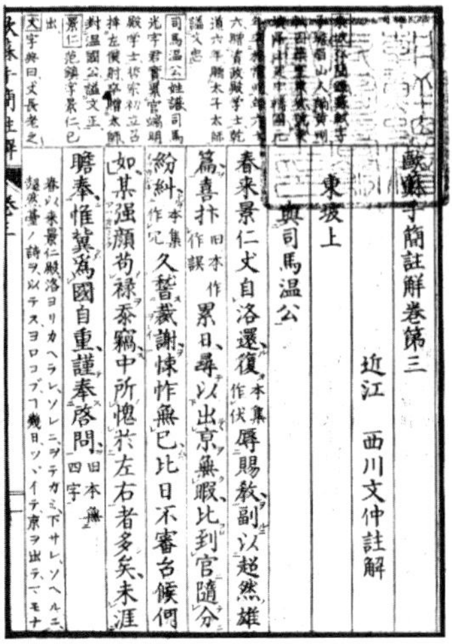
歐蘇手簡註解巻第三
近江 西川文仲註解
東坡上
與司馬温公
春来景仁丈自洛還復(本集作伏)辱賜教副以超然雄
篇喜抃(作拚)累日尋以出京無暇比到官隨分
紛紏(手集作冗)久稽裁謝悚怍無已比日不審台候何
如其强顔苟禄忝竊中所愧於左右者多矣未涯
瞻奉惟冀爲國自重謹奉啓問(四字旧本無)

〈도표-4〉

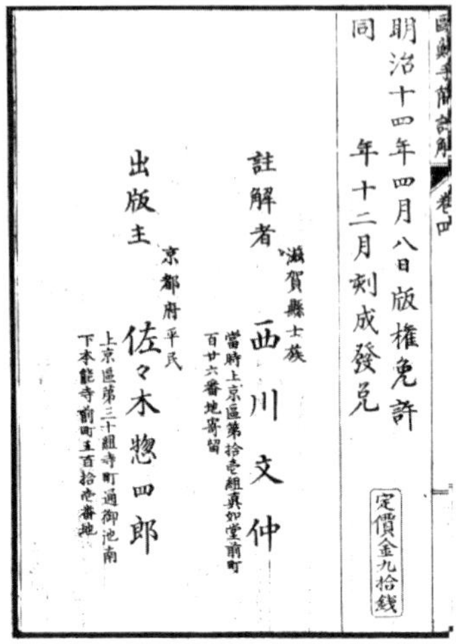
明治十四年四月八日版權免許
同 年十二月刻成發兌
註解者 滋賀縣士族 西川文仲 當時上京區第拾壱組眞如堂前町百廿六番地寄留
出版主 京都府平民 佐々木惣四郎 上京區第三十組寺町通御池南下本能寺前町五百拾壱番地
定價金九拾錢

일본 목판본은 이미 1645년부터 간행되어 국내에서도 활발하게 유통되었던 점에 착안하여 '주해본註解本'을 면밀히 살펴본 결과 교감과 주석에 있어서도 가장 충실한 고증이 되어있으므로 저본에 적합하다고 판단하였다. 또한 1879년에 간행된 《전주구소수간箋注歐蘇手簡》은 본문의 순서와 내용에 있어서는 '주해본註解本'과 미세한 차이가 있었지만 다양한 해설과 주석이 삽입돼 있어 시대적 상황을 이해하는 데 큰 도움이 되었다. 이는 국내에 유통되었던 목판본 《구소수간주해歐蘇手簡註解》보다 3년 정도 앞서 간행되었던 것으로서 이미 중국의 왕치본王治本이 산정刪定하였던 것에 일본의 대규동양大槻東陽이 교감과 주석을 하였으므로 두인걸이 편찬한 원본 《구소수간》에 가장 근접할 것이라는 판단이 들었다. 본문의 내용과 교감을 검토한 결과 현존하는 국내의 다양한 이본 가운데 간찰의 편제에 대한 오차와 내용의 오류를

교정해 줄 표본으로 삼기에 무리가 없다는 결론에 이르러 《구소수간주해歐蘇手簡註解》와 《전주구소수간箋注歐蘇手簡》 이 두 가지를 저본으로 삼았다.

〈도표-5〉

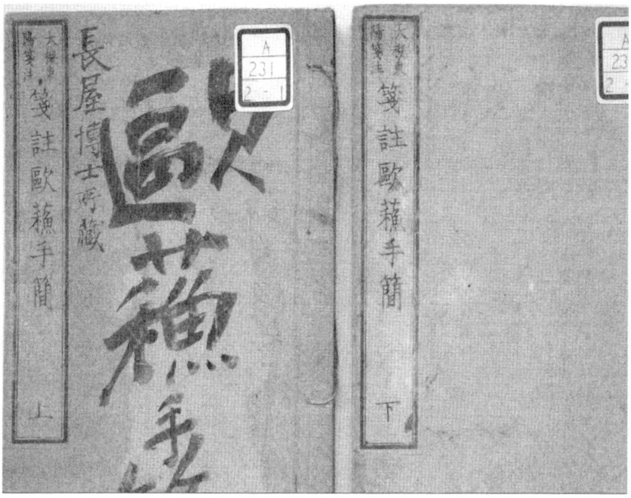

〈도표-6〉

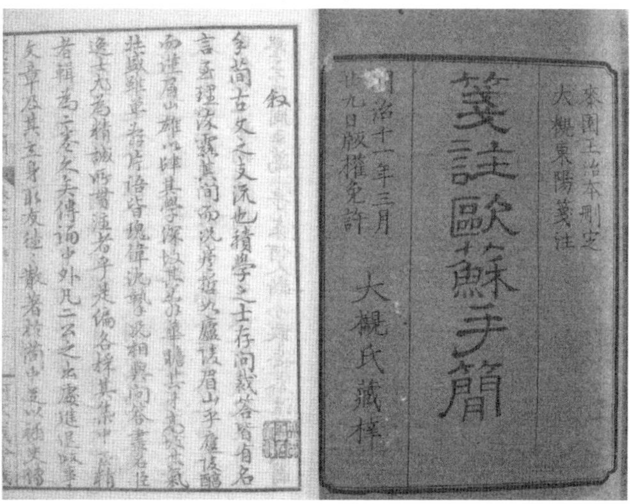

〈도표-7〉

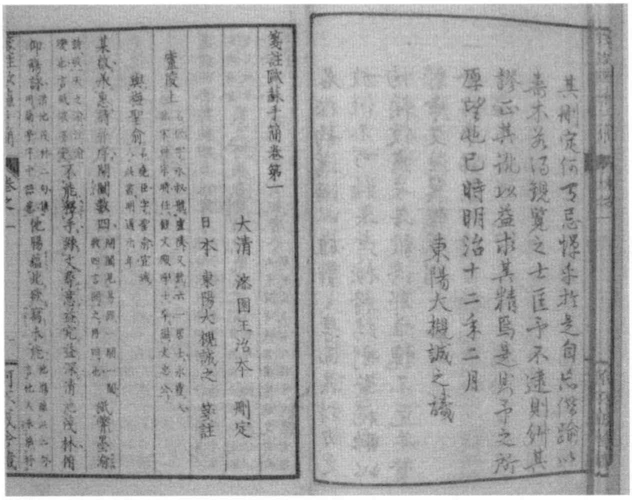

纂註歐蘇手簡卷第一

大清 滌園王治本 刪定

日本 東陽大槻誠之 纂註

간찰은 발신자와 수신자 상호 간의 의사소통을 위한 도구로서 자신의 의사를 전달하고 만남을 대신하는 매우 중요한 수단이다. 신정하申靖夏는 유성운柳成運에게 보낸 간찰에서 본심을 말하고 산수를 묘사하려면[道情素, 語山水] 구양수와 소식이 추구한 서간書簡의 문체를 사용하지 않을 수 없다고 하였다. 또한 구양수와 소식의 간찰이 '본마음을 말하고 면목을 대신한다[道情素而替面目]'라고 주장하며 《구소수간》의 문예미를 적극적으로 평가하였다.[20]

세종 또한 문체 미학적 측면에 있어 구양수와 소식이 구현한 간찰의 미학적 특징은 충담하고 우아하며 순박하고 순수하여 규범과 법도에 저절로 부합한다고 하였으며, 《구소수간》에 수록된 서

20 신정하申靖夏, 〈답유묵수答柳默守〉, 《서암집恕菴集》 권8, 척독尺牘. "如此而尙可謂道情素而替面目乎? 歐蘇則不然.……今姪以爲道情素語山水, 則不可不用歐蘇之簡."

간에서 문장의 진술성과 함께 전달성과 표현성을 깊이 공감하는 한편 그러한 미학적 특징을 척독에서 구현해야 한다고 하였다.[21]

간찰은 전통시대 유자들의 지적 교류양상과 교류인맥을 고찰할 수 있는 자료인 동시에 사대부 문인들의 내면세계를 조망해 볼 수 있는 매우 요긴한 자료들이다. 서간문학의 전범으로 꼽기에 손색이 없는 《구소수간》은 간찰의 작성방식을 배우려는 초학자들뿐만 이 아니라 문체 미학에 깊은 묘미를 터득하고자 하는 문장가들에게도 필독서가 되기에 충분한 자료이다.

4. 구소수간歐蘇手簡의 체재와 내용

4.1 〈구양수 편歐陽脩 篇〉 – 상上 · 하下

구양수는 그의 전 생애에 걸쳐 96제수題首 418편의 간찰을 남겼다.[22] 이 가운데 본서에서 저본底本으로 삼고 있는 《구소수간주해歐蘇手簡註解》의 〈구양수歐陽脩〉편 상 · 하에 수록된 간찰은 약 123편이며, 수신자는 58명이다. 작성 시기는 대체로 저본의 주석에 표기되어 있는 부분을 참고하였으며 연호가 표기되어 있지 않은 것들은 본문의 내용과 기타 문집의 관련 산문 등을 참조하여 상당수를 추정하였다.

21 심경호, 《세종의 서재》, 서해문집, 2016. 233~234.

22 배미정, 〈구양수와 소식의 척독모음집 구소수간〉, 《문헌과해석》 통권 24호, 문헌과 해석사, 2003, 189쪽.

대체로 명도明道 원년(1032)으로부터 희령熙寧 5년(1071, 66)에 이르는 11세기 중반의 시기로서 구양수의 나이 26세부터 66세까지 약 40여 년에 걸쳐 작성된 기록물이다. 국자감國子監에 수석 합격하여 관직에 출사한 뒤로 매성유와 문학적 토론을 나누던 시기로부터 관료로서 최정점에 있던 시기에 이르기까지 자신의 전 생애에 걸친 고난과 희비의 인생 여정이 곳곳에서 묻어나는 긴요한 자료들이다. 간찰의 개괄적 내용과 서지사항은 아래의 도표와 같다.

〈표-1〉〈구양수 편歐陽脩 篇〉-상上[23]

차례	수신인	작성연대	주요 내용
1-1	매성유 梅聖俞	명도明道 원년 (1032, 26세)	매성유의 '시詩'와 '서序'를 받고서 그의 문학적 재능을 찬미하였다.
1-2	매성유 梅聖俞	명도明道 2년 (1033, 27세)	강절江浙의 수령으로 가는 매성유의 처지를 선망하였으며, 팽파진彭婆鎭에서 만나지 못함을 아쉬워 하였다.
1-3	매성유 梅聖俞	경우景祐 2년 (1035, 30세)	낙양洛陽에서의 추억을 회상하고 임청臨淸에서의 소회를 피력하였다. 강절江浙의 안부를 묻고 사노師魯와 자첨子漸의 안부를 전하였다.
1-4	매성유 梅聖俞	보원寶元 2년 (1039, 33세)	건덕현乾德縣의 관직을 사임하였음을 알렸으며, 청풍靑風에서의 모임에 매성유를 만나지 못함을 아쉬워하였다.
1-5	매성유 梅聖俞	황우皇祐 3년 (1051, 45세)	출신出身의 명을 받은 것에 항소하는 사람이 있었으나 명성과 지위를 중히 여기지 않는 매성유의 성품을 찬양하였다.

23 《구소수간歐蘇手簡》의 도표형식은 박황희朴熿熙의 박사학위 논문을 참고하여 일부를 수정하고 보완한 뒤에 인용하였다. 박황희, 〈연안이씨延安李氏 식산종택息山宗宅 간찰첩簡札帖 역주譯注〉, 고려대학교 박사학위 논문. 38~42쪽.

차례	수신인	작성연대	주요 내용
1-6	매성유 梅聖俞	경력慶曆 7년 (1047, 41세)	저주滁州의 샘물 맛에 감탄하여 〈풍락정기豐樂亭記를〉 쓰게 된 사연을 전하였으며 정자에 새길 문장을 부탁하였다.
1-7	매성유 梅聖俞	가우嘉祐 2년 (1057, 51세)	소식蘇軾에게 답한 글을 보고 찬미하였으며 〈농구農具〉 시를 보고 싶다 하였다. 소식과 함께 만나지 못함을 아쉬워하였다.
1-8	매성유 梅聖俞	가우嘉祐 2년 (1057, 51세)	가을 홍수로 인한 피난 소식을 전하였으며, 채군모蔡君謨가 보낸 차를 받았는지 염려하였다.
1-9	매성유 梅聖俞	가우嘉祐 3년 (1058, 52세)	매성유가 권문權門에 오르지 못함을 안타까워하였으며, 여회如晦는 채주지사蔡州知事를 얻을 수 있을 것이라 기대하였다.
2	등자경 滕子京	가우嘉祐 5년 (1060, 54세)	등자경과 자신이 모두 좌천되었으나 자경이 백성의 복리를 위해 애쓰는 반면 자신은 정사에 부족함을 토로하였다.
3-1	연서직방 連庶職方	가우嘉祐 5년 (1060, 54세)	쇠약해진 자신의 처지를 토로하였으며, 《당서唐書》를 마무리하고 나니 여릉廬陵으로 돌아가고 싶다 하였다.
3-2	연서직방 連庶職方	희령熙寧 4년 (1071, 65세)	관식을 사임하고 자연으로 돌아가지 못하는 처지를 호소하였으며, 세속을 벗어난 상대를 칭송하였다.
4	연상랑중 連庠郎中	미상未詳	상대와 군석君錫의 안부를 물었으며, 보내주신 귤에 감사하여 봉단차鳳團茶를 보낸다 하였다.
5	장직방 張職方	황우皇祐 2년 (1050, 44세)	장구년張龜年의 부음을 받고 진주陳州에 도착하는 여정을 전하였으며, 영주潁州의 자연과 사람에 대한 그리움을 토로하였다.
6-1	왕랑중 王郎中	경력慶曆 8년 (1048, 42세)	자야子野의 부고를 듣고 행차가 늦어진 경위를 설명하였으며, 자야의 어진 명성과 범중엄范仲淹의 묘지명을 칭송하였다.
6-2	왕랑중 王郎中	가우嘉祐 3년 (1058, 52세)	개봉지주開封知州를 맡은 소회를 토로하였으며, 눈병을 앓은 지 10년이나 되어 외직으로 나갈 것을 청할 것이라 하였다.

차례	수신인	작성연대	주요 내용
7	곽형부 郭刑部	가우嘉祐 4년 (1059, 53세)	곽보郭輔가 숭산嵩山의 소실少室로 유람을 간다는 소식에 산인처사山人處士의 삶을 선망하며, 등산임수登山臨水의 흥취를 부러워하였다.
8	주직방 朱職方	가우嘉祐 5년 (1060, 54세)	진선시승陳銑寺丞의 훌륭한 인품을 칭찬하였으며, 《당사唐史》를 마무리하고 있는 중이라 하였다.
9	채성부 蔡省副	황우皇祐 원년 (1049, 43세)	영주지주潁州知州 재임 중 공무가 바빠 소식을 전하지 못함을 아쉬워하였으며, 자신의 지병을 호소하였다.
10-1	오중복 吳中復	황우皇祐 5년 (1053, 47세)	자신이 모친상母親喪 중에 있음을 알렸으며, 오중복吳中復이 지은 《육정淯井》의 문학성과 실용성을 높이 평가하였다.
10-2	오중복 吳中復	가우嘉祐 3년 (1058, 52세)	용도각직학사龍圖閣直學士 · 개봉부지주開封府知州에 임명되었으며, 요청하신 묘지문은 충의를 사모하는 마음으로 짓는다 하였다.
10-3	오중복 吳中復	가우嘉祐 3년 (1058, 52세)	요청하신 묘지문을 눈병으로 힘들게 지었는데, 아름다운 덕을 다 드러내지 못해 송구스럽다 하였다.
11-1	이유후 李留後	가우嘉祐 2년 (1057, 51세)	예원사禮院使의 직임을 벗어나 외직에 나가기를 청하였으며, 공근公謹이 외직에 오래 있는 것은 마땅치 않다 하였다.
11-2	이유후 李留後	가우嘉祐 3년 (1058, 52세)	보내주신 부사산浮槎山의 샘물을 극찬하였으며, 관반사館伴使로 거란의 사신을 만나고서 조정으로 돌아간다 하였다.
11-3	이유후 李留後	가우嘉祐 3년 (1058, 52세)	부사산浮槎山 샘물 맛에 반해 〈부사산수기浮槎山水記〉를 지었으며, 자리子履가 글씨를 써준다는 소식에 감사를 전하였다.
12-1	왕형공 王荊公	가우嘉祐 3년 (1058, 52세)	왕안석王安石의 아우를 만나 소식을 전해 들었다 하였으며, 자신의 안질의 고통을 호소하였다.

차례	수신인	작성연대	주요 내용
12-2	왕형공 王荊公	가우嘉祐 3년 (1058, 52세)	비릉毗陵으로 부임한 왕안석王安石의 정치력을 칭송하였으며, 여혜경呂惠卿의 학행을 자못 칭찬하였다.
13-1	두기공 杜祁公	황우皇祐 원년 (1049, 43세)	영주지주潁州知州로 부임하였음을 알렸으며, 소순흠蘇舜欽의 죽음에 대하여 애통해하였다.
13-2	두기공 杜祁公	황우皇祐 원년 (1049, 43세)	영주지주潁州知州로 부임하여 공과의 거리가 가까운데도 모친의 병환으로 안부에 소홀함을 송구하다 하였다.
14-1	정문간공 程文簡公	지화至和 2년 (1055, 49세)	서호西湖에서의 정사는 문간공文簡公이 진주陳州에서 덕정을 베푼 것과 같다며 그를 칭송하였다.
14-2	정문간공 程文簡公	지화至和 2년 (1055, 49세)	채주지사蔡州知事로 부임하게 되었음을 알렸으며, 문간공의 사랑에 감사를 전하였다.
15	증서정공 曾宣靖公	경력慶曆 5년 (1045, 39세)	기거원起居院에서 편지를 받았음을 알렸으며, 소장을 올린 일로 재앙을 불러들이게 되었음을 토로하였다.
16	손위민공 孫威敏公	황우皇祐 4년 (1052, 46세)	범중엄范仲淹의 묘지명을 부탁받고 힘쓰겠다 하였으며, 손원규孫元規가 짓기로 한 행장行狀을 보여주기를 청하였다.
17	서안도 余安道	경력慶曆 원년 (1041, 35세)	안도安道의 부모상에 안타까움을 토로하였으며, 안도의 문하생인 증생曾生의 학문과 식견을 장려하였다.
18-1	풍장정공 馮章靖公	嘉祐 3년 (1058, 52세)	눈병을 치유하고자 외직을 청하는 상소를 올렸음을 알렸으며, 연말에 江西로 나갈 것을 기대한다 하였다.
18-2	풍장정공 馮章靖公	가우嘉祐 4년 (1059, 53세)	여주부廬州府 합비현合肥縣으로 직소職所를 옮겼음을 알렸으며, 즐길 만한 취미가 다른 곳보다 많음을 드러내었다.
18-3	풍장정공 馮章靖公	가우嘉祐 5년 (1060, 54세)	금릉金陵으로 직소職所를 옮겼음을 알렸으며, 《당사唐史》를 짓고 사직상소를 올렸으나 윤허를 받지 못했다 하였다.

차례	수신인	작성연대	주요 내용
18-4	풍장정공 馮章靖公	가우嘉祐 6년 (1061, 55세)	상대가 오래도록 외직에 있음을 안타까워하였으며, 자연의 흥취로 위안을 삼고 자중하기를 바란다 하였다.
19-1	유원보 劉原父	가우嘉祐 2년 (1057, 51세)	세 번이나 홍주洪州로 나갈 것을 청하였으며, 양주지주楊州知州 시절 평산당平山堂을 그리워하는 마음을 전하였다.
19-2	유원보 劉原父	가우嘉祐 4년 (1059, 53세)	건령建寧의 여론을 비판하였으며, 오사란烏絲欄을 돌려 드리고 금앵전金樱煎과 진우슬眞牛膝 등의 약재를 보낸다 하였다.
19-3	유원보 劉原父	가우嘉祐 4년 (1059, 53세)	모임에 유원보劉原父가 불참한 것을 아쉬워하였으며, 왕안석王安石이 보내온 새로 지은 시 수십 편을 찬미하였다.
19-4	유원보 劉原父	가우嘉祐 4년 (1059, 53세)	북이원지北李園池의 모임에 불참한 유원보劉原父를 그리워하였으며, 왕안석王安石의 시를 한두 편 보낸다 하였다.
19-5	유원보 劉原父	가우嘉祐 4년 (1059, 53세)	군수들의 모임에 찬 것을 많이 먹고 복통이 났음을 알렸으며, 3~4일 휴가 뒤에 업무에 복귀할 것이라 하였다.
19-6	유원보 劉原父	가우嘉祐 4년 (1059, 53세)	복통이 낫지 않아 휴가 중임을 알렸으며, 매성유梅聖俞에게 안부를 전한다 하였다.
19-7	유원보 劉原父	가우嘉祐 5년 (1060, 54세)	유원보劉原父가 서쪽 고향으로 떠나서 적막해진 심경을 전하였으며, 자신의 쇠약하고 병든 처지를 토로하였다.
19-8	유원보 劉原父	가우嘉祐 6년 (1061, 55세)	고향의 정취를 그리워하였으며, 유원보劉原父 형제의 소식이 없음을 서운하다 하였다.
20	채군모 蔡君謨	가우嘉祐 연간 (1056~1063)	보내주신 앵녕옹樱寧翁의 먹에 감사함을 전하였으며, 다시 만날 것을 기약하였다.
21	증자고 曾子固	경력慶曆 6년 (1046, 40세)	과장에서 낙제한 증자고曾子固를 위로하였으며, 자연에 은거하여 퇴보하는 자신의 심경을 토로하였다.

차례	수신인	작성연대	주요 내용
22	범경인 範景仁	치평治平 4년 (1067, 61세)	박주지주亳州知州로 직소職所를 옮긴 것 외에 처남 설종유薛宗孺 등으로 인해 탄핵당한 구설을 아낀다 하였다.
23	왕자야 王子野	경력慶曆 3년 (1043, 37세)	통판활주通判滑州로 부임하게 되었음을 알렸으며, 왕자야王子野의 과음으로 건강을 염려한다 하였다.
24	왕심보 王深甫	치평治平 원년 (1064, 58세)	여생을 영주潁州에서 마칠 생각으로 밭을 샀으나 조정에서 윤허해주지 않아 기다리는 심경을 토로하였다.
25-1	장백진 章伯鎭	경력慶曆 5년 (1045, 39세)	누이의 딸 장씨張氏의 일로 저주滁州로 좌천된 자신과 강군江郡으로 좌천된 상대를 함께 위로하였다.
25-2	장백진 章伯鎭	황우皇祐 원년 (1049, 43세)	눈병으로 영주지주潁州知州로 오게 된 자신의 근황을 알렸으며, 타지로 이직하는 상대를 그리워하였다.
25-3	장백진 章伯鎭	황우皇祐 원년 (1049, 43세)	소순흠蘇舜欽이 죽었다는 소식에 괴로워하였으며, 장백진章伯鎭의 훌륭한 작품을 기다린다 하였다.
26	왕보지 王補之	희령熙寧 3년 (1070, 64세)	채주지주蔡州知州로 있으면서 쇠약하고 병든 자신의 처지를 토로하였다.
27	송차도 宋次道	가우嘉祐 연간 (1056~1063)	《구국사九國史》를 빌려줄 것을 청하였으며, 먼저 빌렸던 《통록通錄》은 돌려 드린다 하였다.
28	왕승지 王勝之	가우嘉祐 2년 (1057, 51세)	여름비로 인한 재앙과 재난의 구휼을 호소하였으며, 환란을 감당하지 못하는 자신의 처지를 토로하였다.
29	심대제 沈待制	경력慶曆 3년 (1043, 37세)	봄추위·가을더위·늙은이의 건강은 오래가지 못한다 하였으며, 왕안석王安石의 시를 기다린다 하였다.
30	유자정 劉子正	황우皇祐 4년 (1052, 46세)	모친의 상에 유자정劉子正의 행차가 왕림하여 감사하고 송구하다 하였다.

차례	수신인	작성연대	주요 내용
31	사경초 謝景初	황우皇祐 원년 (1049, 43세)	오래도록 소식이 왕래하지 못하였음을 안타까워하였으며, 저술한 서적들을 보내줄 것을 요청하였다.

이상과 같이 《구소수간주해歐蘇手簡註解》의 〈구양수歐陽脩〉편 상에 수록된 간찰은 모두 60편으로 수신자는 31명이다.

〈표-2〉〈구양수 편歐陽脩 篇〉-하下

차례	수신인	작성연대	주요 내용
1-1	설공기 薛公期	경우景祐 3년 (1036, 30세)	이릉夷陵의 현령縣令이 되어 노정路程의 과정을 설명하였으며, 채군모蔡君謨의 집에서 만났던 일들을 추억하였다.
1-2	설공기 薛公期	경우景祐 4년 (1037, 31세)	이릉夷陵에서 지내는 근황을 소개하였으며, 범문정공范文正公의 일에 참소와 비방이 그치지 않음을 토로하였다.
1-3	설공기 薛公期	가우嘉祐~ 치평治平 연간 (1056~1067)	이릉夷陵과 건덕乾德의 시절을 회상하였으며, 왼쪽 다리의 통증으로 휴가를 청한다 하였다.
1-4	설공기 薛公期	가우嘉祐~ 치평治平 연간 (1056~1067)	허주許州와 낙주洛州의 역병을 염려하였으며, 최상崔庠의 죄명이 조정의 관보에 드러날 것이라 하였다.
1-5	설공기 薛公期	치평治平 2년 (1065, 61세)	서울에 홍수가 난 상황을 알렸으며, 남교南郊에서 기우제를 지냈던 소식들을 전하였다.
1-6	설공기 薛公期	희령熙寧 4년 (1071, 65세)	영주潁州 시골집에 거처하는 상황을 소개하였으며, 공의 임기가 차서 교체될 때 만날 것을 기약하였다.
1-7	설공기 薛公期	희령熙寧 5년 (1072, 66세)	설공기薛公期의 인사 이동에 대한 염려를 하였으며, 공의 부친의 문집 서문을 판각해서 보낸다 하였다.

차례	수신인	작성연대	주요 내용
2	왕학사 王學士	가우嘉祐 연간 (1056~1063)	왕학사王學士가 서울로 두 번이나 왕림하였는데, 만나지 못한 서운함을 토로하였다.
3	증학사 曾學士	희령熙寧 3년 (1069, 63세)	증학사曾學士가 보낸 기문記文에 사례하였으며, 채주지주蔡州知州로 부임하였으니 수주壽州로 문안을 가겠다 하였다.
4-1	장학사 張學士	가우嘉祐 5년 (1060, 54세)	손가락 질병에 의한 약물의 부작용을 토로하였으며, 중의仲儀의 사식 상喪에 행차가 지체된 사정을 알렸다.
4-2	장학사 張學士	가우嘉祐 5~6년 (1060~1061)	상대가 보내준 시를 찬미하였으며, 호원湖園의 전원생활에 대하여 토로하였다.
5	육학사 陸學士	희령熙寧 4년 (1071, 65세)	채주蔡州에 있으면서 사직상소를 여러 차례 올렸으나 태자소사太子少師와 문전학사文殿學士를 겸직하게 되었음을 알렸다.
6-1	안직강 顔直講	희령熙寧 3년 (1070, 64세)	상대가 직강直講에서 파직되어 회양淮陽으로 직소를 옮기게 됨을 위로하였으며, 호연지기浩然之氣를 권면하였다.
6-2	안직강 顔直講	치평治平 4년 (1067, 61세)	자신이 박주亳州의 수령守令으로 부임하였을 때 상대가 국자감國子監 직강直講으로 떠나게 되어 만나지 못한 아쉬움을 토로하였다.
6-3	안직강 顔直講	희령熙寧 2년 (1069, 63세)	국자감國子監 직강直講의 안부를 물었으며, 자신은 수주壽州로 보내 달라는 상소를 올렸음을 전하였다.
6-4	안직강 顔直講	희령熙寧 4년 (1071, 65세)	벼슬에서 물러나 영주潁州에서 노후를 보내는 상황을 전하였으며, 소갈消渴과 오림五淋의 고통을 호소하였다.
7	양직강 梁直講	희령熙寧 연간 (1068~1071)	동직강董直講을 통하여 상대의 안부를 알게 되었으며, 박주지주亳州知州로 있는 자신의 근황을 전하였다.
8-1	초전승 焦殿丞	가우嘉祐 원년 (1056, 50세)	한림학사翰林學士 재직 시 향시에 합격한 장도張燾에게 재사齋舍에 와서 겨울 공부를 할 것을 권유하였다.

차례	수신인	작성연대	주요 내용
8-2	초전승 焦殿丞	가우嘉祐 원년 (1056, 50세)	아들 발發을 전승殿丞의 관서官署로 보내어 자신이 있는 학사學舍의 서재西齋에 지낼 것을 권유하였다.
8-3	초전승 焦殿丞	가우嘉祐 원년 (1056, 50세)	상대의 질병에 대한 회복을 기원하였으며, 종과 말을 빌려갈 것을 권유하였다.
8-4	초전승 焦殿丞	가우嘉祐 6년 (1062, 56세)	상대가 불이학사不疑學士로부터 돌아오라는 명을 받았다는 소식을 전해 듣고 편지를 부치지 못한 사연을 전하였다.
9-1	소전승 蘇殿丞	황우皇祐 2년~3년 (1050~1051)	소당경蘇唐卿이 보내준 〈취옹정기醉翁亭記〉의 비문을 받고 사례하였으며, 용미연龍尾硯과 봉차鳳茶로써 감사의 마음을 표한다 하였다.
9-2	소전승 蘇殿丞	황우皇祐 2년~3년 (1050~1051)	소당경蘇唐卿이 비현費縣으로 직소職所를 옮긴 것을 아쉬워하였으며, 자신의 신병身病을 토로하였다.
10-1	소편례 蘇編禮	가우嘉祐 2년 (1058, 52세)	소순蘇洵의 뛰어난 문재를 찬미하였으며, 인재를 변방에 오래 머물러두게 할 수 없다 하였다.
10-2	소편례 蘇編禮	치평治平 3년 (1066, 60세)	소순蘇洵의 아들 소식蘇軾을 통하여 풍토병으로 고생함을 알게 되었으며, 조섭하여 건강을 회복할 것을 당부하였다.
11-1	서무당 徐無黨	지화至和 원년 (1054, 48세)	모친의 탈상脫喪 소식을 전하였으며, 《오대사五代史》를 증공曾鞏과 논의 하여 주석을 달고 수정하겠다 하였다.
11-2	서무당 徐無黨	가우嘉祐 2년 (1058, 52세)	민지澠池의 읍재가 된 서무당徐無黨의 글을 받고서 문체를 찬미하였으며, 내용을 지도하고 격려하였다.
12	두대부 杜大夫	경력慶歷 8년 (1048, 42세)	단주澶州와 위주魏州의 하수가 터지는 사태에 대하여 회수淮水 지역의 사람에게 피해가 없도록 하는 자문을 구하였다.
13-1	왕선휘 王宣徽	가우嘉祐 원년 (1057, 51세)	낙주洛州로 돌아가 公과 이웃하여 살기를 바란다 하였으며, 성쇠盛衰와 순역順逆의

차례	수신인	작성연대	주요 내용
			교차가 일상이라 하였다.
13-2	왕선휘 王宣徽	가우嘉祐 5년 (1062, 56세)	대부大府의 꽃피던 시절을 추억하였으며, 석연石硯 세 개를 보내온 것에 사례하였다.
13-3	왕선휘 王宣徽	가우嘉祐 6년 (1063, 57세)	호부시랑戶部侍郞과 참지정사參知政事를 맡게 됨을 외람되다 하였으며, 상대의 덕업과 덕망을 찬미하였다.
13-4	왕선휘 王宣徽	가우嘉祐 6년 (1063, 57세)	추부樞府에 임명된 것이 바라던 바가 아니었음을 밝혔으며, 군황君貺의 처가 병이 나음을 기뻐하였다.
14	심내한 沈內翰	치평治平 원년 (1064, 58세)	심구沈遘가 항주지주杭州知州로 있다가 조정의 내직으로 가게 되었는데, 백성들이 그의 유덕을 그리워할 것이라 하였다.
15-1	왕단명 王端明	경력慶歷 8년 (1048, 42세)	수화미제괘水火未濟卦로 내면을 살피라는 편지를 받았으나 눈병이 심하여 폐인이 될 것을 우려한다 하였다.
15-2	왕단명 王端明	희령熙寧 원년 (1068, 62세)	상대의 질병이 회복되었으며 기뻐하였으며, 보내준 약방문藥方文대로 처방하여 약을 지었다 전하였다.
15-3	왕단명 王端明	희령熙寧 3년 (1070, 64세)	채주지주蔡州知州로 한가로이 있으면서 질병과 번뇌를 부른것은 복이 지나쳐 재앙을 초래한 것이라 하였다.
15-4	왕단명 王端明	희령熙寧 4년 (1071, 65세)	벼슬에서 물러나 은거한 뒤로 교제의 정리가 다 드러남을 알 수 있다 하였으며, 보내준 편지에 사례하였다.
16-1	왕의민 王懿敏	가우嘉祐 2년 (1058, 52세)	한림학사翰林學士로 있는 처지가 새장에 갇힌 처지라 탄식하였으며, 채양蔡襄의 질병이 회복되었음을 기뻐하였다.
16-2	왕의민 王懿敏	가우嘉祐 6년 (1063, 57세)	지난해 중양절에는 여러 공들을 초청하여 모임을 가졌으나 올해는 모일 수 없어 한탄스러움을 토로하였다.
17-1	소자용 蘇子容	황우皇祐 5년 (1053, 47세)	청명절의 약속이 무산되어 당개唐介와 함께 국수만 먹고 돌아왔음을 전하였다.

차례	수신인	작성연대	주요 내용
17-2	소자용 蘇子容	치평治平 4년 (1067, 61세)	소송蘇頌이 관할하던 부部에 박주지주亳州知州가 된 근황을 알렸으며, 소송蘇頌의 비호에 사례하고 행차를 고대한다 하였다.
18-1	한위공 韓魏公	경력慶曆 6년 (1046, 41세)	장추관張推官이 상대의 관아로 찾아갈 것이라 하였으며, 그는 겸선兼善한 사람으로 직분을 잘 지키는 사람이라 하였다.
18-2	한위공 韓魏公	지화至化 원년 (1054, 48세)	《당서唐書》를 찬수하는 일을 제수받고서 출처를 정하지 못하여 한기공韓琦公에게 가르침을 청한다 하였다.
18-3	한위공 韓魏公	치평治平 원년~2년 (1064~1065)	형제가 없는데 조카마저 죽게 되어 참담한 심정을 토로하였으며, 한공의 조문에 사례하였다.
18-4	한위공 韓魏公	치평治平 원년~2년 (1064~1065)	목과 뺨 사이에 생긴 종핵으로 고통스러움을 토로하였으며, 공의 문안에 사례하였다.
18-5	한위공 韓魏公	희령熙寧 4년 (1071, 65세)	정월 명절에 만나지 못함을 아쉬워하였으며, 柱石之臣인 한공韓公의 비호에 사례하였다.
18-6	한위공 韓魏公	희령熙寧 4년 (1071, 65세)	보내드린 시에 화답 시를 보내주심에 사례하였으며, 그의 문장을 찬미하였다.
19-1	부정공 富鄭公	가우嘉祐 원년 (1056, 50세)	부필富弼에게 소순蘇洵을 천거하였으며, 그가 문학에 뛰어난 재능이 있는 선비라 하였다.
19-2	부정공 富鄭公	치평治平 2년 (1065, 49세)	참지정사參知政事 재직 시, 공이 휴가를 청했을 때나 행차가 서쪽에 있을 때 문안하지 못함을 송구하다 하였다.
20-1	오정헌 吳正獻	가우嘉祐 6년 (1061, 55세)	마음을 강호에 둔 지 오래인데, 추밀부사樞密副使에 제수되어 황송한 심정을 토로하였다.
20-2	오정헌 吳正獻	가우嘉祐 8년 (1063, 57세)	인종仁宗의 승하로 행역에 나아갔음을 알렸으며, 참지정사參知政事에 제수된 것을 죄스럽다 하였다.

차례	수신인	작성연대	주요 내용
20-3	오정헌 吳正獻	희령熙寧 5년 (1072, 66세)	정사에 바쁜 와중에도 은둔하고 있는 친구의 생일에 후덕한 예물을 보내준 독실한 은혜를 사례하였다.
21-1	오정숙 吳正肅	가우嘉祐 3년 (1058, 52세)	한림학사翰林學士 재임 중에 왼쪽 팔의 통증으로 사직을 청원한다는 자신의 처지를 전하였다.
21-2	오정숙 吳正肅	가우嘉祐 4년 (1059, 53세)	개봉지주改封知州에서 해직되었음을 알렸으며, 거처가 안정이 되는 대로 公을 따라 유람하겠다 하였다.
22-1	조강정 趙康靖	지화至和 3년 (1056, 50세)	홍수를 피하여 창졸간에 당서국唐書局으로 거처를 옮겼다가 황성사皇城司에게 쫓겨나는 곤궁한 처지를 호소하였다.
22-2	조강정 趙康靖	희령熙寧 3년 (1070, 64세)	화답시에 사례하였으며, 영주穎州를 그리워하는 간청이 봄에 결정이 나게 된다면 문안하겠다 하였다.
23-1	여신공 呂申公	희령熙寧 3년 (1070, 64세)	질병으로 인해 채주지사蔡州知州로 직소職所를 옮겨달라는 간청이 이루어져 감사한 마음을 전한다 하였다.
23-2	여신공 呂申公	희령熙寧 5년 (1072, 66세)	옛사람이 네 가지 즐거움은 함께할 수 없다 하였으며, 초당이 완성되었으므로 초청한다 하였다.
24	정원진 丁元珍	가우嘉祐 4년 (1059, 53세)	자신은 급사중給事中에 제수받았음을 알렸으며, 상대가 외직에 있는 중에 사위가 급제한 것을 기뻐하였다.
25-1	상대제 常待制	희령熙寧 원년 (1068, 62세)	수주壽州로 보내줄 것을 두 번이나 간청하였는데, 윤허를 얻는다면 그대를 좇아 유람을 할 것이라 하였다.
25-2	상대제 常待制	희령熙寧 원년 (1068, 62세)	청주지주靑州知州로 직소를 옮기고 나서 섣달이 되어도 문안하지 못한 사정을 토로하였다.
26	육신陸伸	가우嘉祐 연간 (1056~1063)	상대가 보내준 〈고금잡문古今雜文〉 10축을 받고서 그 문장의 화려함을 찬미하였으며, 후덕한 은혜에 사례하였다.

차례	수신인	작성연대	주요 내용
27	이학사 李學士	가우嘉祐 8년 (1063, 57세)	인종仁宗이 승하한 참담한 심정을 호소하고 상대를 위로하였으며, 장방평張方平과 함께 만났던 옛일을 회상하였다.

《구소수간주해歐蘇手簡註解》의 〈구양수歐陽脩〉편은 상하 두 권으로 구성되어 있다. 상권에 수록된 간찰은 약 60편으로 수신자는 31명이며, 하권은 약 63편으로 수신자가 27명이다. 58명의 수신자에게 보낸 총 123편의 간찰을 선별하여 편찬한 것이다.

이는 연대에 의한 순차적 구성이기보다는 대체로 인물별로 나누어 구성하되 수신자를 만난 시기를 순차적으로 감안하여 편집한 것으로 판단된다. 분권의 의도 역시 인물과 시기에 다른 연차별 구성이기는 하지만 적정한 부피를 감안하여 분책한 듯하다.

《구소수간주해歐蘇手簡註解》에 나타난 구양수歐陽脩 간찰의 특징을 수신자 중심으로 살펴본다면 아래와 같이 '시기별', '인물별', '주제별' 등의 세 가지 유형으로 나누어볼 수 있다.

1) 시기별 구분

구양수歐陽脩 간찰의 시기별 특징은 크게 세 가지 유형으로 나눌 수 있다. 첫 번째는 '추관推官에서 저주지주滁州知州 시기'와 둘째는 '저주지주滁州知州에서 지공거知貢擧 시기' 그리고 셋째는 '지공거知貢擧에서 은거隱居 시기'로 구분할 수 있다.

먼저 '추관推官에서 저주지주滁州知州 시기'에 해당하는 것은 모두 11편으로 관직에 처음 등용되었던 청년의 시기에서 저주지주滁

州知州로 좌천되기까지의 기간으로 비교적 적은 양을 차지하고 있으며, '저주지주滁州知州에서 지공거知貢擧 시기'는 정치적 활동이 가장 왕성하던 시기로 대략 36편이 있다. 또한 '지공거知貢擧에서 은거 시기'는 문학적 역량과 정치적 활동이 완숙기에 접어들던 시기로 모두 75편이 있다. 이 밖에 연대의 추정이 불분명한 것이 약 1~2편 가량이 있다.

① 추관推官에서 저주지주滁州知州 시기

구양수는 국자감國子監에서 수석으로 합격한 후 천성天聖 9년(1031, 23세)에 서경유수추관西京留守推官으로 임명되었다. 이 시기에 매성유梅聖俞에게 보낸 간찰을 비롯하여 경력慶曆 5년(1045, 39세)에 범중엄范仲淹, 부필富弼, 한기韓琦 등이 붕당을 조성한다는 명목으로 파직되어 귀양 가게 되자 이들을 위해 《붕당론朋黨論》을 쓰며 변론하다 반대파에 의해 누이의 딸 장씨張氏와 부적절한 관계라는 누명을 쓰고 저주지주滁州知州로 좌천되었다.

이 시기에 보낸 것으로 추정되는 간찰은 약 11편으로 수신자는 대략 7명 안팎이며 해당 인물로는 매성유梅聖俞, 증선정공曾宣靖公, 여안도余安道, 왕자야王子野, 장백진章伯鎭, 심대제沈待制, 설공기薛公期 등의 간찰이 있다. 대표적인 것으로는 장백진章伯鎭에게 보낸 간찰로서, 누이의 딸 장씨張氏의 일로 저주滁州로 좌천된 자신의 심경과 강군江郡으로 좌천된 상대를 위로하며 당시의 상황을 기록하였던 것으로 내용은 다음과 같다.

……궁벽한 산골 마을이라 남들과 왕래도 없었는데 매번 편지를 받을 때마다 감사하고 부끄러운 마음을 어찌 이기겠습니까? 저는 얕은 재주에 비해 총애가 지나쳐 너무 가벼운 화禍를 얻어 이렇게 편안하니 매우 천행天幸이라 할 것입니다. 그대가 강군江郡에 머무른 지 벌써 한해가 지났습니다. 크게 형통하는 것은 때가 있으니 먼저 조금 삼가는 것이 비색否塞한 상황을 뚫고 나가는 이치일 것입니다.……[24]

② 저주지주滁州知州에서 지공거知貢擧 시기

저주지주滁州知州로 좌천되어 재임하면서 그는 자신을 취옹醉翁이라 일컬었다. 사면이 된 후에는 한림학사翰林學士가 되어 《신당서新唐書》를 편수하기도 하였으며 가우加祐 2년(1057, 51세)에 권지예부공거權知禮部貢擧에 임명되기까지 약 십여 년에 이르는 기간은 그의 문학과 정치가 가장 왕성하게 이루어졌던 시기로 이 기간에 보낸 것으로 추정되는 간찰이 대략 36편에 속한다.

수신자는 약 25명이며 해당 인물로는 매성유梅聖俞, 장직방張職方, 왕랑중王郎中, 채성부蔡省副, 오중복吳中復, 이유후李留後, 두기공杜祁公, 정문간공程文簡公, 손위민공孫威敏公, 유원보劉原父, 증자고曾子固, 장백진章伯鎭, 왕승지王勝之, 유자정劉子正, 사경초謝景初, 초전승焦殿丞, 소전승蘇殿丞, 서무당徐無黨, 두대부杜大夫, 왕선휘王宣徽, 왕단명王端明, 소자용蘇子容, 한위공韓魏公, 부정공富鄭公, 종강정趙康靖 등의 간찰이 있다. 대표적인 것으로는 문우

24 《전주구소수간箋注歐蘇手簡》, 〈구양수歐陽脩〉편篇 상上-25-1, 〈여장백진與章伯鎭〉. "山郡僻絶, 不與人通. 每辱誨問, 何勝感愧. 某材薄寵過, 得禍甚輕, 獲此優安, 至爲天幸. 伯鎭, 尙淹江郡, 忽已踰年. 大亨有時, 先以小抑, 亦通否之理然也."

인 소당경蘇唐卿에게 보내는 간찰로 〈취옹정기醉翁亭記〉의 비문을 써준 것에 대한 사례의 마음을 기록한 것으로 내용은 아래와 같다.

……특별히 보내신 편지와 아울러 전서篆書로 비문碑文을 받았습니다. 저양滁陽의 자연은 참으로 절경인데 경솔하게 지은 것으로 글의 뜻이 깊지 않습니다. 다만 당신의 빼어난 글을 멀리 번거롭게 저에게 전해주니, 취옹정醉翁亭이 영원히 전해지게 되어 기쁘고도 하고 보잘것없는 문장을 가릴 수 없어 부끄럽습니다. 감사한 마음을 어찌 다시 말씀드리겠습니까? 돌아가는 심부름꾼에게 이렇게 감사한 마음을 폅니다. 옛날부터 사용하던 용미연龍尾硯 한 개와 봉차鳳茶 한 근으로 제 마음을 표합니다.[25]

③ 지공거知貢擧에서 은거隱居 시기

권지예부공거權知禮部貢擧를 거쳐 가우嘉祐 5년(1060, 54)《신당서新唐書》를 진상한 뒤로 수차례 사직을 청하는 상소를 올렸으나 번번이 윤허 받지 못하였다. 강희熙寧 3년(1070, 64)에 채주지주蔡州知州로 부임한 이후에 호를 육일거사六一居士로 고쳐 불렀다. 인생의 황금기를 거쳐 희령熙寧 4년(1071, 65세)에 마침내 태자소사太子少師로 은퇴하였으며 영주穎州로 귀환하여 은거하다 이듬해에 생을 마감하였다.

25 《전주구소수간箋注歐蘇手簡》, 〈구양수歐陽脩〉편篇 하下-9-1, 〈여소전승與蘇殿丞〉. "特承書問, 兼惠篆碑. 滁陽山泉, 誠爲勝絶, 而率然之作, 文鄙意近. 乃煩雋筆以傳于遠, 既喜斯亭之不朽, 又愧陋文莫掩, 感仰之抱, 寧復宣陳. 專人還, 謹此敘謝. 舊用龍尾硯一枚, 鳳茶一斤, 聊表意."

이 시기에 보낸 것으로 추정되는 간찰이 대략 76편이 있다. 수신자는 약 42명이며 해당 인물로는 매성유梅聖俞, 등자경滕子京, 연서직방連庶職方, 왕랑중王郎中, 곽형부郭刑部, 주직방朱職方, 오중복吳中復, 이유후李留後, 왕형공王荊公, 풍장정공馮章靖公, 유원보劉原父, 채군모蔡君謨, 범경인範景仁, 왕심보王深甫, 왕보지王補之, 송차도宋次道, 설공기薛公期, 왕학사王學士, 증학사曾學士, 장학사張學士, 육학사陸學士, 안직강顔直講, 양직강梁直講, 초전승焦殿丞, 소전승蘇殿丞, 소편례蘇編禮, 서무당徐無黨, 두대부杜大夫, 왕선휘王宣徽, 심내한沈內翰, 왕단명王端明, 왕의민王懿敏, 소자용蘇子容, 한위공韓魏公, 오정헌吳正獻, 오정숙吳正肅, 조강정趙康靖, 여신공呂申公, 정원진丁元珍, 상대제常待制, 육신陸伸, 이학사李學士 등의 간찰이 있다. 대표적인 것으로는 문우인 연서連庶에게 보낸 간찰로서 《신당서新唐書》를 마무리한 뒤의 심경을 전하는 것으로 내용은 아래와 같다.

> ……경사京師에서 보잘것없이 지내는 저는 다행스럽게도 원례元禮를 만났으나 쇠약하고 병이 들어 즐거움이라고는 없어 장년壯年에 유람하던 즐거움이 다시는 없을 듯합니다. 쓰다 남겨놓았던 당나라 역사책은 이미 마무리하고 나니 남쪽으로 돌아가고픈 마음이 날듯합니다. 그대는 결연한 마음으로 마침내 유유자적하게 한가한 때를 만났으니 청아한 정취가 늙은이에게 편하다는 것을 응당 아실 것입니다. 더구나 나라의 녹만 축내면서 보탬이라고는 없으니 어찌 저 같은 보잘것없는 사람이 이 자리에 오래 있을 수 있겠습니까?……26

26 《전주구소수간箋注歐蘇手簡》, 〈구양수歐陽脩〉편篇 상上-3-1, 〈답연서직방答

2) 인물별 구분

등장인물 가운데 수신자를 기준으로 한 인물별 특징은 '관료 정치인'과 '교류 문인', '사제 관계', '폄적지에서 만난 관료 문인' 그리고 '가족관계' 등으로 구별할 수 있다.

1) '관료 정치인'에 해당하는 사람들로는 매성유梅聖俞, 등자경滕子京, 이유후李留後, 왕형공王荊公, 정문간공程文簡公, 증선정공曾宣靖公, 범경인範景仁, 왕심보王深甫, 장백진章伯鎭, 왕보지王補之, 설공기薛公期, 안직강顏直講, 양직강梁直講, 왕선휘王宣徽, 심내한沈內翰, 왕단명王端明, 소자용蘇子容, 한위공韓魏公, 부정공富鄭公, 오정헌吳正獻, 오정숙吳正肅 등의 간찰이 있다. 대표적인 것으로는 등자경滕子京에게 보내는 간찰로서 임지에서 백성의 복리를 위해 애쓰는 공의 정치력을 높이 평가하며 자신의 부족한 덕성을 토로한 것으로 내용은 다음과 같다.

……공은 백성들의 어려움을 돌보며 널리 조칙을 반포하여 묵은 병폐를 혁파하고 백성을 편하게 하였으며 무궁한 복리福利를 일으켰습니다. 이는 철인의 명달한 기량을 보니 벼슬에 나아가고 물러나는 것으로 마음 삼지 않을 뿐만이 아니니 먼 지방의 피폐한 백성들이 화평한 교화를 입은 것이 기쁩니다. 말씀하신 새로 쌓은 제방에 관한 일은 기록을 남기도록 하였습니다. 저는 예전에 배웠던 학문이 거칠어졌고 글 쓰고

連庶職方〉. "京師區區, 幸時與元禮相見, 然衰病鮮悰, 無復壯年遊從之樂也. 殘史已終篇, 南歸之思如欲飛爾. 君錫決然, 遂獲閑居之適, 應知此趣眞老者之所便也. 況竊祿甚厚, 於國無補, 豈堪碌碌久此乎?"

생각하는 힘은 쇠락해졌습니다. 지난날 혈기 왕성한 젊은 기운은 어디 가고 환난을 당하여 헤아리기 어려운 근심이 쌓여 걱정만 하고 있습니다. 이런 까닭에 말은 난삽하고 뜻은 군색합니다. 군자의 크고 활달한 뜻을 실행하기엔 턱없이 부족하여 악주岳州의 백성들이 바라는 송덕가頌德歌에 걸맞지 않습니다. 아무리 힘을 써도 요청해 오신 공의 뜻에 부응할 수 없으니 부끄럽고 송구할 뿐입니다.……27

2) '교류 문인'에 해당하는 사람들로는 매성유梅聖俞, 연서직방連庶職方, 주직방朱職方, 오중복吳中復, 이유후李留後, 손위민공孫威敏公, 채군모蔡君謨, 송차도宋次道, 심대제沈待制, 사경초謝景初, 증학사曾學士, 소전승蘇殿丞, 소편례蘇編禮, 서무당徐無黨, 한위공韓魏公, 부정공富鄭公, 조강정趙康靖, 육신陸伸 등의 간찰이 있다. 대표적인 것으로는 제자인 서무당徐無黨에게 보내는 간찰로서 그의 문학적 재능을 찬미한 것으로 내용은 아래와 같다.

……사람이 와서 보내신 편지를 받고, 민지澠池의 읍재가 되어 공부하며 근심 없이 지내신다니 매우 위안이 되었습니다. 보내신 글은 매우 아름다웠습니다. 그러나 문체가 처음에는 치달리다가도 한참 후에는 마땅히 문절文節을 수렴해서 간결하고 엄정하도록 하여 간혹 때에 맞게 맘껏 뜻을 펼쳐 고정된 하나의 문체가 되지 않게 한다면 좋겠습니다.……28

27 《전주구소수간箋注歐蘇手簡》, 〈구양수歐陽脩〉편篇 상上-2, 〈여등대제자경與滕待制子京〉. "伏承求恤民瘼, 宣布詔條, 去宿弊以便人, 興無窮之長利. 非獨見哲人明達之量, 不以進退爲心, 而竊喜遠方凋瘵之民, 獲被愷悌之化. 示及新堤之作, 俾之紀次其事. 舊學荒蕪, 文思衰落, 旣無曩昔少壯之心氣, 而有患禍難測之憂虞. 是以言澀意窘, 不足盡載君子規模闊達之志, 而無以稱岳人所欲稱揚歌頌之勤. 勉强不能以副來意, 愧悚愧悚."

3) '폄적 시기와 관련된 인물'에 해당하는 사람들로는 장백진章伯鎭, 증선정공曾宣靖公, 증자고曾子固, 설공기薛公期, 한위공韓魏公, 부정공富鄭公 등의 간찰이 있다. 구양수는 두 번의 좌천을 당하였는데, 첫 번째는 경우景祐 3년(1036, 30세)에 범중엄范仲淹의 좌천을 변론하다 이릉령夷陵令으로 좌천되었으며 두 번째는 앞서 언급한 저주지주滁州知州로 좌천되었을 때이다. 대표적인 것으로는 증선정공曾宣靖公에게 보내는 간찰로서 자신이 저주滁州로 좌천된 심경을 기록한 것으로 내용은 아래와 같다.

……산군山郡은 외지고 적막해서 인사가 거의 끊어졌습니다. 전에 기거원起居院으로 보낸 편지를 가져갔던 사람이 돌아와 공의 편지를 받았습니다. 이별한 지 한참이나 되었는데 안부가 좋으시다니 위안되는 마음 감당할 수 없었습니다. 제가 살고 있는 이곳은 비록 외지고 적막하지만, 어머니를 모시고 녹을 받고 있으니 매우 다행입니다. 어리석고 보잘것없는 저는 마음속으로 본래 나라에 보답하려고 하였으나 원수만 불러들이고 재앙을 당하였으니 그러한 상황은 너무도 당연합니다. 그런데도 조그만 도움도 되지 못하니 저의 잘못 때문에 사단이 일어 손해만 있고 이익은 없으니 부끄럽고 한탄스럽습니다.……29

---

28 《전주구소수간箋注歐蘇手簡》, 〈구양수歐陽脩〉편篇 하下-11-2, 〈여서무당與徐無黨〉. "人至辱書, 承莅官進學無恙, 甚以爲慰. 所寄文字, 大佳. 然作文之體, 初欲奔馳, 久當收節, 使簡重嚴止, 或時肆放以自舒, 勿爲一體, 則盡善矣."

29 《전주구소수간箋注歐蘇手簡》, 〈구양수歐陽脩〉편篇 상上-15-1, 〈여증선정공與曾宣靖公〉. "山郡僻寂, 習閒成懶, 凡於人事, 幾廢絶. 前者, 送起居院文字人回, 特沐手誨. 違別玆久, 伏承德履甚休, 可勝慰浣. 某居此, 雖僻陋, 然奉親尸祿, 優幸至多. 愚拙之心, 本貪報國, 招仇取禍, 勢自當然. 然裨補未有一分, 而緣某之故, 事起多端, 有損無益, 可爲愧嘆."

3) 주제별 구분

간찰의 내용을 중심으로 한 주제별 특징은 '정사와 관직'에 관한 일, '문학과 저술'에 관한 일, '질병과 초상'에 관한 일 그리고 '이직과 사직'에 대한 상소에 관한 일로 나누어 볼 수 있다.

1) '정사와 관직'에 관한 일에는 매성유梅聖俞, 등자경滕子京, 오중복吳中復, 왕형공王荊公, 정문간공程文簡公, 증선정공曾宣靖公, 범경인範景仁, 왕자야王子野, 설공기薛公期, 안직강顏直講, 한위공韓魏公, 부정공富鄭公, 오정헌吳正獻, 정원진丁元珍, 상대제常待制 등의 간찰이 있다. 대표적인 것으로는 부필富弼에게 보내는 간찰로서 소순蘇洵의 문학적 재능을 알아보고 그를 천거하게 된 경위를 기록한 것으로 내용은 다음과 같다.

촉蜀 땅에 소순蘇洵이라는 사람이 있는데 문학에 뛰어난 선비로, 스스로 '덕망 있는 사람에게 달려 나아가서 한번 뵙고 싶은데 청할 곳이 없다.'라고 합니다. 그러나 순洵은 멀리 시골에 있는 사람으로 제가 공에게 신용할 만한 사람이라고 생각하여 먼저 추천해주기를 요구 드립니다. 이미 그의 부탁을 물리칠 수도 없고 또한 차마 속일 수도 없어 번번이 당신께 말씀을 드립니다. 가부와 진퇴는 공의 말씀에 달려 있습니다.30

30 《전주구소수간箋注歐蘇手簡》, 〈구양수歐陽脩〉편篇 하下-19-1, 〈여부정공與富鄭公〉. "有蜀人蘇洵者, 文學之士也, 自云奔走德望, 思一見而無所求. 然洵遠人, 以謂某能取信於公者, 求爲先容. 旣不可却, 亦不忍欺, 輒以冒聞. 可否進退, 則在公命也."

2) '문학과 저술'에 관한 일에는 매성유梅聖俞, 연서직방連庶職方, 주직방朱職方, 오중복吳中復, 손위민공孫威敏公, 유원보劉原父, 송차도宋次道, 사경초謝景初, 증학사曾學士, 소편례蘇編禮, 서무당徐無黨, 한위공韓魏公, 육신陸伸, 등의 간찰이 있다. 대표적인 것으로는 그의 절친 매성유梅聖俞에게 보내는 간찰로서 저주滁州의 샘물 맛에 감탄하여 〈풍락정기豊樂亭記〉를 짓게 된 사연을 전하며 정자에 새길 글씨를 부탁하는 것으로 내용은 아래와 같다.

……작년 여름에 우연히 저주滁州의 샘물을 마셔보았는데 무척 맛이 있어 그 까닭을 물으니, 성의 동쪽 백 보쯤 거리에 토천土泉이 있어 그렇다고 하기에 마침내 가 보았습니다.……마침내 샘을 끌어다 돌 연못을 만드니 물은 더욱 맑고 맛있어 샘물 위에 정자를 짓고는 '풍락豊樂'이라고 이름을 지었는데 정자도 웅장하고 화려하였습니다. 또한 저주의 동쪽 5리쯤 떨어진 능계菱溪 개울가에 기이한 돌 두 개가 있었는데, 이는 풍연로馮延魯 집안의 오래된 물건이라 풍락정 앞으로 옮겼습니다. 광릉廣陵의 한공韓公이 이 소식을 듣고 작은 작약 열 그루를 보내주어 그것도 정자 옆에 심었습니다.……〈풍락정기豊樂亭記〉는 다 지어두었으나 아직 돌에는 새기지 않고 있습니다.……정자에 남길 글 한 편을 부탁드리니 인편에 회답을 주시기를 간절히 바랍니다.[31]

31 《전주구소수간箋注歐蘇手簡》, 〈구양수歐陽脩〉편篇 상上-1-6, 〈여매성유與梅聖俞〉. "去年夏中, 因飮滁水甚甘, 問之, 有一土泉在城東百步許, 遂往訪之.……遂引其泉爲石池, 甚淸甘, 作亭其上, 號豐樂, 亭亦宏麗. 又於州東五裏許菱溪上, 有二怪石, 乃馮延魯家舊物, 因移在亭前. 廣陵韓公聞之, 以細芍藥十株見遺, 亦植於其側.……已作一記, 未曾刻石.……告乞一篇留亭中, 因便望示及, 千萬千萬."

3) '질병과 초상'에 관한 일에는 장직방張職方, 왕랑중王郎中, 채성부蔡省副, 오중복吳中復, 왕형공王荊公, 두기공杜祁公, 유원보劉原父, 장백진章伯鎭, 왕보지王補之, 유자정劉子正, 설공기薛公期, 장학사張學士, 한위공韓魏公, 초전승焦殿丞, 왕의민王懿敏, 여신공呂申公, 이학사李學士 등의 간찰이 있다. 대표적인 것으로는 안직강顔直講에게 보내는 간찰로서 벼슬에서 물러나 영주穎州에서 노후를 보내며 자신의 신병을 염려한 것으로 내용은 다음과 같다.

> ……저는 소갈消渴과 오림五痳의 고통이 봄부터 발작하여, 이번 혹독한 더위를 겪고 나서 더욱 심해졌습니다. 대체로 여러 해 묵은 질병은 형편상 쉽게 회복되기는 쉽지 않습니다. 그러나 지금부터 편안하고 한가롭게 지내면서 점차로 조섭하고 보양하기를 바랄 뿐입니다. 두 눈이 너무 어두워 책을 잡기조차 어려워 세월을 보내기가 어렵습니다. 또 친구들의 모임도 아득히 기약조차 할 수 없어 끝내 도의道義를 듣지 못할까 걱정이니 점점 용렬한 사람이 되고 말 것입니다.……32

4) '이직과 사직'에 대한 상소에 관한 일에는 연서직방連庶職方, 이유후李留後, 풍장정공馮章靖公, 유원보劉原父, 왕심보王深甫, 장백진章伯鎭, 설공기薛公期, 안직강顔直講, 육학사陸學士, 오정헌吳正獻, 여신공呂申公, 상대제常待制 등의 간찰이 있다. 대표적인 것으로는 풍장정공馮章靖公에게 보내는 간찰로서 《신당서新唐書》를

32 《전주구소수간箋注歐蘇手簡》, 〈구양수歐陽脩〉편篇 下-6-4, 〈여안직강與顔直講〉. "惟所苦渴淋, 自春發作, 經此暑毒尤甚. 蓋以累年之疾, 勢不易平, 然自此安閑, 冀漸調養爾. 兩目昏甚, 艱於執卷, 顧難銷晷景. 又親朋之會, 邈不可期, 恐遂不聞道義, 默默浸爲庸人爾."

짓고 나서 사직상소를 주청한 것으로 내용은 아래와 같다.

> ……금릉金陵으로 직소職所를 옮기고 나서 안부를 드리지 못했습니다. 더운 여름을 보내며 복을 많이 받으시겠지요. 강산의 아름다운 경치는 맑은 흥취에 도움이 되지만 현자가 외직에 오랫동안 계신 것이 어찌 조정의 뜻이겠습니까? 저의 간절한 사사로운 마음도 아실 것입니다. 저는 쇠약하고 병들어 고향으로 돌아가고 싶은 마음 간절하여《당사唐史》를 짓고 나서 임금께 사직을 청하였으나 윤허 받지 못하였습니다. 나아가도 보탬이 없고 물러나는 것도 뜻을 얻지 못해 큰길을 다니는 것에 부끄러워 몸 둘 바를 모르겠습니다.……[33]

4.2 〈소동파 편蘇東坡 篇〉 – 상 · 하上 · 下

소동파는 그의 전 생애에 걸쳐 약 2천8백여 편의 시와 산문을 남겼다.[34] 《소동파전집蘇東坡全集》에 실려 있는 문학작품 중 간찰簡札은 약 1,600여 편이며, 수신인만 320여 명에 달한다. 이 가운데 본서에서 저본底本으로 삼고 있는 《구소수간주해歐蘇手簡註解》의 〈소동파蘇東坡〉편 상 · 하에 수록된 간찰은 약 152편이며, 수신자는 85명이다. 작성 시기는 간찰의 특성상 연호가 표기되어 있지 않은 것들이 절대다수여서 정확한 연대를 측정하기 어려웠

33 《전주구소수간箋注歐蘇手簡》, 〈구양수歐陽脩〉편篇 상上-18-3, 〈여풍장정공與馮章靖公〉. "自承移鎮金陵, 遂疏奉問. 經暑, 竊惟體履多福. 江山之勝, 實足以資淸興, 而賢者久居於外, 豈朝廷之意哉? 朋友區區之私, 又可知也. 某衰病, 迫於歸計, 唐史奏御, 遽陳危懇, 而未蒙聽允. 進無所補, 退不獲志, 負愧周行不知所措."

34 김태완 역, 이나미 리쓰코 지음, 《고전이 된 삶》, 메멘토, 2013. 138쪽.

지만, 본문의 내용과 기타 문집의 관련 산문 등을 참조하여 상당수를 추정하였다.

대체로 희령熙寧 10년(1077)으로부터 원부元符 3년(1100)에 이르는 11세기 후반의 시기로서 동파의 나이 42세부터 65세까지 약 24년에 걸쳐 작성된 기록물이다. 문학적으로 가장 성숙한 시기였으며, 관료로서도 정점에 있었던 시기에 쓰였던 글로서 그의 인생 여정이 곳곳에서 묻어나는 긴요한 자료들이다. 간찰의 개괄적 내용과 서지사항은 아래의 도표와 같다.

〈표-3〉〈소동파 편蘇東坡 篇〉-상上

차례	수신인	작성연대	주요 내용
1-1	사마온공 司馬溫公	희령熙寧 10년 (1077, 42세)	범진范鎭 어른이 부쳐주신 〈초연超然〉 시를 찬미하였으며, 자신은 서주지주西州知州에 부임하였음을 알렸다.
1-2	사마온공 司馬溫公	희령熙寧 10년 (1077, 42세)	사마광司馬光이 보내준 〈독락원기獨樂園記〉에 답시를 보냈으며, 부임지 팽성彭城의 산수를 찬미하였다.
1-3	사마온공 司馬溫公	원풍元豐 4년 (1081, 46세)	황주黃州 유배지의 상황을 전하였으며, 그 여파가 상대에게 미친 것을 한스러워하였다.
2-1	이방숙 李方叔	원풍元豐 4년 (1081, 46세)	황주黃州 유배지에서 무더위와 장마비로 인한 고통을 토로하였으며, 상대의 저술 활동을 선망하였다.
2-2	이방숙 李方叔	원풍元豐 4년 (1081, 46세)	'소문사학사蘇門四學士'와 방숙方叔·이상履常 등을 얻은 것을 보배로 여겼으며, 두 아들 태迨와 과過를 연구에 참여토록 권유하였다.
2-3	이방숙 李方叔	원풍元豐 4년 (1081, 46세)	왕안석의 신법에 반대하여 방숙方叔이 죄를 당한 것과 범조우范祖禹와 진관秦觀이 목숨을 잃은 것을 안타까워하였다.

차례	수신인	작성연대	주요 내용
3-1	정밀程密	원풍元豐 6년 (1083, 48세)	구실아치와 가마 등을 빌려 달라 청하였으며, 내일 남화사南華寺에 들렀다 상대의 집을 방문한다 하였다.
3-2	정밀程密	원풍元豐 6년 (1083, 48세)	유배지에 만난 문우에게 배소配所에서 요절할 근심은 없어도 경성京城으로 돌아갈 기쁨이 있을 것이라 하였다.
4-1	서중거 徐仲車	미상未詳	어제 받은 편지와 또 오늘 선물까지 받게 된 일에 감사의 마음을 전하였다.
4-2	서중거 徐仲車	미상未詳	세 번이나 보내주신 편지와 처방전과 약물 등에 사례하였으며, 만나지 못하는 아쉬움을 토로하였다.
5	모택민 毛澤民	원풍元豐 4년 (1081, 46세)	공소公素가 부쳐준 《쌍석당기雙石堂記》를 받고서 순舜임금과 탕湯임금의 음향을 다시 듣게 되어 기쁘다 하였다.
6	진보지 陳輔之	미상未詳	바닷가 유배지에서 죽지 않고 돌아왔으나 마침내 병이 들어 고통스러움을 호소하였다.
7	황노직 黃魯直	원풍元豐 3~6년 (1080~1083)	조단언晁端彦이 보내온 시에 대한 품평을 하였으며, 자신의 생각을 황정견黃庭堅을 통하여 전하고자 하였다.
8	진전도 陳傳道	미상未詳	조정에서는 황제의 시종侍從이 되고 지방에서는 관찰사觀察使가 되어 서로 만날 수 없는 처지를 토로하였다.
9	한소문 韓昭文	미상未詳	변방에서 돌아오는 상대를 기다리다 상대가 도착하기 전 죄에 연루되어 먼저 떠나게 될 것을 염려하였다.
10	조미晁美	희령熙寧 3년 (1070, 35세)	왕안석王安石이 주장한 신법新法의 어려운 점을 토로하였으며, 탄핵으로 인한 견책을 기다린다 하였다.
11	손숙정 孫叔靜	미상未詳	종자를 황경사廣慶寺까지 보내준 것에 감사하였으며, 동지에 경하례를 드리지 못한 그리움을 전하였다.

차례	수신인	작성연대	주요 내용
12	소원로 蘇元老	미상未詳	〈십구랑묘표十九郎墓表〉를 마땅히 자신이 짓겠다 하였으며, 원로元老의 조카에게 가문을 지킬 것을 당부하였다.
13-1	왕주언 王周彦	원풍元豐 3~6년 (1080~1083)	조카사위인 왕상王庠에게 황주 유배지의 상황을 전하였으며, 그가 지은 글을 찬미하였다.
13-2	왕주언 王周彦	원풍元豐 3~6년 (1080~1083)	조카의 죽음에 이어 세 번째 숙부와 큰 형수의 연이은 죽음에 황주黃州 유배지의 비통한 심정을 전하였다.
14-1	자유子由	원풍元豐 3~6년 (1080~1083)	유배지의 형편과 자화子華를 만난 일을 토로하였으며, 타인의 안목과 비난을 경계하고 유념하라 당부하였다.
14-2	자유子由	원풍元豐 3~6년 (1080~1083)	아우 자유子由에게 세상 시름을 모두 잊고 마음을 텅 비워 자연과 더불어 스스로 즐기며 살아갈 것을 당부하였다.
15-1	정전보 程全父	원풍元豐 4년 (1081, 46세)	황주黃州 유배지의 궁핍한 상황을 호소하였으며, 벗들과의 추억을 회상한다 하였다.
15-2	정전보 程全父	원풍元豐 4년 (1081, 46세)	전지田地의 계약문서가 아직 해결되지 않았음을 언급하였으며, 《능엄경楞嚴經》을 탐독한다 하였다.
15-3	정전보 程全父	원풍元豐 4년 (1081, 46세)	정전보程全父 아들의 글과 시를 받아 보고서 필력이 발전하여 문장가를 배출할 것이라 하였다.
15-4	정전보 程全父	원풍元豐 4년 (1081, 46세)	지난해에 치소治所를 지나며 만나지 못함을 아쉬워하였는데, 긴 편지를 받고 감사한 마음을 전하였다.
15-5	정전보 程全父	원풍元豐 4년 (1081, 46세)	정전보程全父에게 새로 지은 시와 편지를 받고서 그 글을 찬미하였으며, 화답하지 못함을 죄스러워하였다.
15-6	정전보 程全父	원풍元豐 4년 (1081, 46세)	방문해 주셨는데 만나지 못한 서운함을 언급하였으며, 보내준 양고기와 차와 술과 종이에 사례하였다.

차례	수신인	작성연대	주요 내용
15-7	정전보 程全父	원풍元豐 4년 (1081, 46세)	사람을 보내어 목수와 집 지을 재료들을 계산해줄 것을 청하였으며, 신속하게 마무리 지을 것을 당부하였다.
16	정수재 程秀才	미상未詳	《당서唐書》와 《신한서前漢書》를 빌려서 베끼고자 하였으며, 상대가 보내준 선물에 사례하였다.
17	주문지 周文之	원풍元豐 3~6년 (1080~1083)	정鄭 군이 지은 시문을 보고 과거에 응시할 수준이 넘는다고 격려하였으며, 유배지의 상황을 언급하였다.
18	구양지회 歐陽知晦	미상未詳	하수오何首烏의 복용 방법과 제조 과정을 설명하였으며, 효능에 대해서도 언급하였다.
19-1	전제명 錢濟明	휘종徽宗 원년 (1101, 66세)	상주常州에 살만한 집이 있는지를 염려하였으며, 진소유秦少游의 죽음과 황정견黃庭堅·조보지晁補之의 등용을 언급하였다.
19-2	전제명 錢濟明	소성紹聖 원년 (1094, 59세)	황주惠州 유배지에서의 생활을 토로하였으며, 풍토와 벗들의 안부를 언급하였다.
20	왕성미 王聖美	원우元祐 6년 (1091, 56세)	조정에서 멀리서나마 바라볼 수 있게 되어 혜주惠州 유배지에서 돌아온 안부를 하였다.
21	이연평 李延評	원풍元豐 7년 (1084, 49세)	상대의 방문에 병석에 있어 만나지 못한 서운함을 토로하였다.
22-1	여용도 呂龍圖	원우元祐 6년 (1091, 56세)	문하에서 죄를 얻은 것에 두려워하였는데, 정성스러운 격려와 칭찬에 사례를 하였다.
22-2	여용도 呂龍圖	원우元祐 6년 (1091, 56세)	공무에 골몰하여 안부에 소원했던 점을 사죄하였으며, 조만간 객사로 방문할 것을 기약하였다.
23	소조봉 蕭朝奉	소성紹聖 원년 (1094, 59세)	아들 매邁의 가족들의 이사를 도와달라 청하였으며, 구실아치 수십 명을 방구方口에 이르도록 요청하였다.

차례	수신인	작성연대	주요 내용
24-1	왕중지 王仲志	원우元祐 6년 (1091, 56세)	조정에서 만나게 된 것을 기뻐하였으며, 보내주신 시에 화답시를 보낸다 하였다.
24-2	왕중지 王仲志	원우元祐 6년 (1091, 56세)	유경문劉景文의 상소문 초안에 서명할 것을 요청하였으며, 온당치 못한 부분은 수정을 요구하였다.
24-3	왕중지 王仲志	원우元祐 6년 (1091, 56세)	아내의 병고로 박주襆晝에 나아가 접대하지 못했으나 병세가 회복되면 마땅히 찾아뵙겠다 하였다.
25-1	상관장 上官長	원풍元豐 7년 (1084, 49세)	상대의 편지와 시문·〈장자론莊子論〉 등을 읽고 학식과 필력에 경탄하며 문장을 찬미하였다.
25-2	상관장 上官長	원풍元豐 7년 (1084, 49세)	상대가 보내준 시에 동정호洞庭湖와 군산도君山島를 묘사한 것을 찬미하였으며, 자신의 부족한 시재詩才를 한스럽다 하였다.
26	소제거 蕭提擧	소성紹聖 원년 (1094, 59세)	상대의 치소治所로 유배를 왔으나 자신을 성찰하느라 문안 편지가 늦었음을 의아해하지 말라고 당부하였다.
27-1	왕유안 王幼安	원풍元豐 3년 (1080, 45세)	유안幼安 형제들만이 자신의 가솔들과 왕래한다는 소식에 사례하였으며, 상대의 문장을 찬미하였다.
27-2	왕유안 王幼安	원풍元豐 3년 (1080, 45세)	의흥宜興에 가서 살려 하였으나 동생 자유子由의 말을 듣고 허창許昌으로 가기로 결정하였음을 전하였다.
28	도원道源	원풍元豐 4년 (1081, 46세)	유배지에서 자신이 타인에게 누를 끼치고 있음을 탄식하였으며, 문안에 게을렀던 것에 사죄하였다.
29	모국진 毛國鎭	미상未詳	국진國鎭에게 도잠陶潛의 〈귀거래사歸去來辭〉를 써준 것은 조정 벼슬아치에게 자연을 그리워하게 한 것과 같다 하였다.

차례	수신인	작성연대	주요 내용
30	이소기 李昭玘	원풍元豐 5년 (1082, 47세)	새로 지으신 〈설당시雪堂詩〉에 여러 사람이 화답 시를 지었음을 알렸으며, 이치李豸의 필력을 찬미하였다.
31	강돈례 江惇禮	원풍元豐 3~6년 (1080~1083)	서군徐君을 위한 상소문에 이름을 내는 것을 유념하겠다고 전하였다.
32	주진朱振	미상未詳	주진朱振이 소장하고 있는 여러 책을 빌려 볼 수 있는 행운과 곽충서郭忠恕의 가르침에 사례하였다.
33	손지동 孫志同	미상未詳	지동志同이 먼 곳으로부터 와서 객지에 두 달을 머물다 마침내 작별하게 된 아쉬움을 토로하였다.
34-1	공의대부 公儀大夫	미상未詳	상대에게 《역해易解》를 빌려 읽고 탄복하였으며, 문장에 대해 깊은 찬미를 하였다.
34-2	공의대부 公儀大夫	미상未詳	公의 훌륭한 인품과 깊은 생각을 세상 사람이 잘 모르는 것은 세상의 공적 근심이라 하였다.
35	진계상 陳季常	원풍元豐 4년 (1081, 46세)	공택公擇의 안부를 전하고 그를 맞이하여 줄 것을 당부하였으며, 기정岐亭에서의 모임에 함께하기를 기약하였다.
36	범촉공 范蜀公	희령熙寧 10년 (1077, 42세)	이성백李成伯 장관을 통하여 안부를 전해 받았으며, 자신은 눈병으로 은둔하고 있다 하였다.
37	유원충 劉元忠	미상未詳	유백통柳伯通을 통하여 안부를 전하였으며, 구양수歐陽脩의 인품을 사랑하는 마음이 아들에게까지 미친다 하였다.
38	왕정국 王定國	원우元祐 6년 (1091, 56세)	풍토병을 막는 방법은 욕망을 절제하고 기운을 단련하는 한 가지뿐이라 하였으며, 운명에 순응할 것을 권하였다.
39-1	조창회지 趙昶晦之	원풍元豐 3~6년 (1078~1083)	지방관을 맡고서 상대라면 적절한 무기도 만들 것인데, 자신은 사리에 어두워 능하지 못한 것을 한스러워하였다.

차례	수신인	작성연대	주요 내용
39-2	조창회지 趙昶晦之	원풍元豐 3~6년 (1078~1083)	변방에 있는 회지晦之의 소문과 공적을 듣고서 상소를 통해 조정으로 발탁됨을 기뻐하였다.
40-1	등달도 滕達道	원풍元豐 2년 (1079, 44세)	호주湖州에 있는 가수賈收의 행실을 칭찬하였으며, 상주常州로 직소職所를 옮길 것을 주청할 것이라 하였다.
40-2	등달도 滕達道	원풍元豐 2년 (1079, 44세)	양회楊繪의 파출罷黜 건을 통하여 깨닫는 바가 있으며, 호주湖州에 있는 즐거움을 끊임없이 회고할 것이라 하였다.
40-3	등달도 滕達道	원풍元豐 2년 (1079, 44세)	동생 자유子由를 통하여 안부를 들었으며, 조정에서 만나지 못했어도 멀리서나마 만나기를 원한다 하였다.
40-4	등달도 滕達道	원풍元豐 2년 (1079년, 44세)	황주黃州 유배지의 상황을 토로하였으며, 서쪽 변방의 일을 걱정하고 나라 일을 근심한다 하였다.
40-5	등달도 滕達道	원풍元豐 2년 (1079, 44세)	의흥宜興의 밭을 사는 일로 사람을 보내었으며, 상주常州로 가고자 하는 청을 주청한다 하였다.
41	이무회 李無晦	미상未詳	보잘것없는 자신을 돈독히 살펴주심에 사례하였으며, 향리의 과거에 결의를 다지라 권면하였다.
42	맹형지 孟亨之	원풍元豐 5년 (1082, 47세)	보리밥과 순포筍脯의 맛을 일러준 형지亨之에게 사례하였으며, 건명차建茗茶 두 조각을 보낸다 하였다.
43	오수재 吳秀才	소성紹聖 2년 (1095, 60세)	무더위에 험한 길을 무릅쓰고 방문해 주신 일에 사례하였으며, 상대의 시문은 더할 수 없는 보배라 찬미하였다.
44	황부언 黃敷言	원우元祐 원년 (1086, 51세)	방문해 주신 은혜에 사례하였으며, 추위가 겁이나 전송하지 못함을 송구하다 하였다.
45	언정판관 彦正判官	원풍元豐 4년 (1081, 46세)	언정彦正이 보내준 거문고를 자손들에게 전하여 영원한 우호의 증거로 삼고 또 〈금시琴詩〉를 지어 보낸다 하였다.

이상과 같이 《구소수간주해歐蘇手簡註解》의 〈소동파蘇東坡〉편 상에 수록된 간찰은 모두 71편으로 수신자는 45명이다.

〈표-4〉 〈소동파 편蘇東坡 篇〉-하下

차례	수신인	작성연대	주요 내용
1-1	정회립 程懷立	원풍元豊 3년 (1080, 45세)	정회립程懷立이 그린 자명子明의 초상화에 감탄하였으며, 별본을 한 축 얻기를 청하였다.
1-2	정회립 程懷立	원우元祐 원년 (1086, 51세)	황주黃州 유배지에서 살아 돌아와 경사京師에서 다시 벗을 만나게 된 기쁨을 토로하였다.
1-3	정회립 程懷立	원우元祐 원년 (1086, 51세)	상대가 방문하여 정담을 나눈 일들을 회상하였으며, 조만간 찾아뵐 것이라 하였다.
1-4	정회립 程懷立	원우元祐 원년 (1086, 51세)	덕주德州에서 작별한 뒤로 소주韶州를 향해 나아가는 여정의 행로를 언급하였다.
2-1	유공보 劉貢父	원우元祐 2년 (1087, 52세)	보내주신 편지의 문장을 찬미하였으며, 경사京師에서 다시 만나기를 기원하였다.
2-2	유공보 劉貢父	원우元祐 2년 (1087, 52세)	관직을 천거한 일로 구설수에 휘말린 자신의 처지를 토로하였으며, 복령茯苓과 송지松脂를 보낸다 하였다.
2-3	유공보 劉貢父	원우元祐 2년 (1087, 52세)	유배지를 떠돌다 경사京師에서 다시 탄핵을 당하는 자신의 심경을 언급하였으며, 불가佛家를 학습할 것을 기원하였다.
3	증자선 曾子宣	원우元祐 2년 (1087, 52세)	오래도록 변방에 있는 상대를 안타까워하였으며, 부탁하신 〈탑기塔記〉는 가을에 보내겠다 하였다.
4-1	강당좌 姜唐佐	원부元符 2년 (1099, 64세)	보내주신 편지와 시문에 사례하였으며, 그 문장의 아름다움을 찬미하였다.

차례	수신인	작성연대	주요 내용
4-2	강당좌 姜唐佐	원부元符 2년 (1099, 64세)	지난날에 나누었던 대화를 추억하였으며, 보내주신 차茶에 사례하였다.
4-3	강당좌 姜唐佐	원부元符 2년 (1099, 64세)	천경관天慶觀의 샘물 맛을 칭송하였으며, 상대가 방문해주기를 청유하였다.
5-1	나엄羅嚴	소성紹聖 2년 (1095, 60세)	보내주신 편지의 문체에 감동하였으며, 변방에 처한 상대의 재능을 아쉬워하였다.
5-2	나엄羅嚴	소성紹聖 2년 (1095, 60세)	혜주惠州의 유배상황을 토로하였으며, 질병을 치료할 약재를 보내줄 것을 요청하였다.
6-1	임천화 林天和	소성紹聖 2년 (1095, 60세)	항주杭州의 화재로 고달픈 가운데 정사에 골몰하는 상대의 안부를 위로하였다.
6-2	임천화 林天和	소성紹聖 2년 (1095, 60세)	양회楊梅를 받고 유우석劉禹錫의 시를 보냈으며, 풍락교豐樂橋를 수리하다 도주한 목수를 잡아달라는 부탁을 하였다.
6-3	임천화 林天和	소성紹聖 2년 (1095, 60세)	역병이 횡행하여 고군高君과 함께 죽은 사람들을 위로하였으며, 자신의 두 딸이 유배 중에 죽었음을 토로하였다.
6-4	임천화 林天和	소성紹聖 2년 (1095, 60세)	달그림자를 마주하고 홀로 술잔을 들고 있을 상대를 회상하며, 그리운 심사를 전하였다.
6-5	임천화 林天和	소성紹聖 2년 (1095, 60세)	상대의 방문 시 병중에 있어 정담을 나누지 못한 아쉬움을 토로하였으며, 추석의 경치를 회상하였다.
6-6	임천화 林天和	소성紹聖 2년 (1095, 60세)	식솔들이 상대가 다스리는 고을에 도착한 것을 기뻐하였으며, 궁핍했던 지난날을 회상하였다.
6-7	임천화 林天和	소성紹聖 2년 (1095, 60세)	어제 우연한 만남에 미진했던 사연을 내일 아침 다시 만나 충분히 회포를 풀고자 하였다.

차례	수신인	작성연대	주요 내용
7-1	장조청 張朝請	소성紹聖 5년 (1097, 62세)	뇌주 태수로 있는 장조청張朝請의 치소에서 유배 가는 아우 소철蘇轍과 함께 신세졌던 은혜에 감복하였다.
7-2	장조청 張朝請	소성紹聖 5년 (1097, 62세)	담주儋州의 상황과 아우 소철蘇轍의 거주지를 언급하였으며, 상대가 치소治所에서 베풀어준 후덕한 은사에 감복하였다.
7-3	장조청 張朝請	소성紹聖 5년 (1097, 62세)	담주儋州에서의 고달픈 심경을 호소하였으며, 상대를 향한 그리움을 토로하였다.
7-4	장조청 張朝請	소성紹聖 5년 (1097, 62세)	상대가 조정의 명으로 새로운 직소職所로 부임하게 된 것을 하례賀禮하였으며, 啓계장狀를 쓰지 못함에 양해를 구하였다.
7-5	장조청 張朝請	소성紹聖 5년 (1097, 62세)	아우 소철蘇轍에게 특별한 후의를 베풀어 준 은혜에 감복하며 사례하였다.
8	선의宣義	원우元祐 6년 (1091, 56세)	상대의 아들이 가을 별시에 천거되지 못한 것을 위로하였으며, 내년에 만날 수 있을 것을 기대하였다.
9	이대부 李大夫	원풍元豐 3년 (1080, 45세)	《태평광기太平廣記》를 인용하며 가뭄 극복을 위로하였으며, 자신의 식솔들이 돌아갔음을 언급하였다.
10	모유첨 毛維瞻	원풍元豐 3년 (1080, 45세)	세모歲暮의 때에 아름다운 정취를 얻고 상대를 그리워하는 마음을 전하였다.
11	오장수재 吳將秀才	원풍元豐 3년 (1080, 45세)	책부冊府 재직 시 시강侍講인 상대의 부친께 가르침을 받았던 일을 회상하였으며, 방문해 주심에 사례하였다.
12-1	원진주 袁眞州	원풍元豐 7년 (1084, 49세)	상대의 덕과 명망을 칭송하였으며, 유배지 황주黃州를 떠나게 되어 다시 만날 것을 기대하였다.
12-2	원진주 袁眞州	원풍元豐 7년 (1084, 49세)	금릉金陵에서 병석에 있는 아내와 유모乳母의 상喪에 위문해주신 상대의 후덕한 은혜에 감복하며 사례하였다.

차례	수신인	작성연대	주요 내용
13	요명략 廖明略	원우元祐 원년 (1086, 51세)	몇몇 지인들이 세상을 하직한 일에 대해 무상한 인생에 대한 자신의 심경을 토로하였다.
14	가운로 賈耘老	원풍元豐 7년 (1084, 49세)	양선陽羡의 밭을 사고서 형계荊溪가에 집을 짓고 살기를 청원하였으며, 진달도滕達道의 안부를 언급하였다.
15-1	서득지 徐得之	원풍元豐 3년 (1080, 45세)	회수淮水의 파도가 심하여 상대에게 나아갈 수 없으니, 방문해주실 것을 간곡히 요청하였다.
15-2	서득지 徐得之	원풍元豐 3년 (1080, 45세)	배를 몰아 수백 리도 멀다 않고 종유하는 정의情誼에 감사하였으며, 작별하는 아쉬운 심정을 토로하였다.
15-3	서득지 徐得之	원풍元豐 3년 (1080, 45세)	옛날 놀던 곳에서 추억을 회상하였으며, 황주黃州 유배지를 떠나는 심정을 토로하였다.
15-4	서득지 徐得之	원풍元豐 3년 (1080, 45세)	상대가 민현閩縣에서 욕심 없는 전원생활을 하리라 회상하였으며, 자신의 삶은 전사傳舍처럼 여길 뿐이라 하였다.
15-5	서득지 徐得之	원풍元豐 3년 (1080, 45세)	상대 부모의 상喪을 위로하였으며, 자신의 가족들이 혜주惠州·균주筠州·허주許州·상주常州로 흩어져 사는 심정을 토로하였다.
16	황안중 黃安中	원우元祐 원년 (1086, 51세)	자신의 거취가 분분한 상황을 언급하였으며, 새로 관직을 제수받았음을 알렸다.
17	서사봉 徐司封	원풍元豐 3년 (1080, 45세)	안국사安國寺에 도착한 뒤로 질병이 생겨 휴가를 신청하겠다 하였으며, 훗날의 모임을 염려하였다.
18-1	진승무 陳承務	소성紹聖 5년 (1098, 63세)	종과 가마를 보내주어 어려움을 극복하게 해준 상대에게 감복하며, 사례하였다.
18-2	진승무 陳承務	소성紹聖 5년 (1098, 63세)	상대의 민첩하고 날랜 재주를 칭송하였으며, 이해관계의 불변을 기대한다는 것은 어려운 일이라 하였다.

차례	수신인	작성연대	주요 내용
19	진장陳章	원풍元豐 3년 (1080, 45세)	진양陳襄의 죽음을 애통해하였으며, 유배 온 자신의 처지를 술회하였다.
20	임덕옹 任德翁	원풍元豐 8년 (1085, 50세)	편지를 받고 상중喪中의 안부를 알았으며, 자신은 자호협磁湖峡에서 풍랑을 만나 멀리 가지 못한다 하였다.
21	건서진 蹇序辰	원풍元豐 7년 (1084, 49세)	며느리가 현기증으로 갑자기 쓰러져 의리상 버려두고 떠날 수 없어 약속을 저버린 것을 송구스럽다 하였다.
22-1	미원장 米元章	원우元祐 원년 (1086, 51세)	미불米芾의 절세의 문장과 속세를 초월한 입신의 글씨를 찬미하였으며, 작품을 보기를 간절히 청하였다.
22-2	미원장 米元章	원우元祐 원년 (1086, 51세)	늙어서 정신이 흐려져 사첩謝帖의 발문을 쓰지 못하는 자신의 처지를 토로하였다.
23-3	미원장 米元章	원우元祐 원년 (1086, 51세)	미불米芾의 〈보월관부寶月觀賦〉를 보고 옛사람보다 뛰어나다 칭송하였으며, 큰 명성을 얻을 것이라 하였다.
23	범순부 范純夫	원풍元豐 2년 (1079, 44세)	오로봉五老峰에서의 좋은 시상詩想을 서술하였으며, 촉蜀으로 돌아가고 싶은 마음을 언급하였다.
24	하성가 何聖可	원풍元豐 3~6년 (1080~1083)	주선생朱先生의 시문詩文을 찬미하였으며, 마로篤老가 되도록 왕성한 그의 활동을 흠모하였다.
25	황주인 黃州人	원풍元豐 3년 (1080, 45세)	〈연자루기燕子樓記〉의 기문을 부탁받고서, 논쟁의 재액이 해소된 뒤에 마땅히 써주겠다 하였다.
26	백수학사 伯修學士	미상未詳	염과사鹽課司인 정추관鄭推官의 청렴결백함을 보증하며, 문하에 들일 것일 추천하였다.
27-1	주강숙 朱康叔	원풍元豐 3년 (1080, 45세)	형제에게 보내주신 후덕한 선물에 사의를 표하였으며, 동생 철轍이 홍주洪州로 떠났음을 알렸다.

차례	수신인	작성연대	주요 내용
27-2	주강숙 朱康叔	원풍元豐 3년 (1080, 45세)	강숙康叔의 도움으로 임고정臨皐亭으로 거처를 옮기게 되어 그곳의 정경을 술회하였으며, 후의에 사의를 표하였다.
27-3	주강숙 朱康叔	원풍元豐 3년 (1080, 45세)	황강현黃岡縣에서 보낸 편지의 도착 여부를 물었으며, 만날 기약을 고대하였다.
27-4	주강숙 朱康叔	원풍元豐 3년 (1080, 45세)	자신은 진주陳州를 떠날 것이라 하였으며, 강숙康叔은 감사監司를 맡고 있으므로 외직으로 보내지 않을 것이라 하였다.
27-5	주강숙 朱康叔	원풍元豐 3년 (1080, 45세)	강숙康叔의 정사가 잘 다스려짐을 송축頌祝하였으며, 동생 자유가 진주眞州에 도착하지 못했음을 염려하였다.
27-6	주강숙 朱康叔	원풍元豐 3년 (1080, 45세)	《국사보國史補》의 수취 여부를 물었으며, 풍군馮君과 천각天覺의 행적에 대하여 언급하였다.
27-7	주강숙 朱康叔	원풍元豐 4년 (1081, 46세)	이틀간을 무창武昌에서 지내기로 휴가를 청한 진위가 건강 때문에 그런 것인지 염려하였다.
28-1	호심부 胡深夫	원우元祐 4년 (1089, 54세)	지방관으로 부임하셨다는 소식을 들었으며, 자신의 안부와 함께 그리움을 전하였다.
28-2	호심부 胡深夫	원우元祐 4년 (1089, 54세)	상대의 치소治所에 있는 주지록周知錄 형제가 부모의 상을 당하여 구강九江으로 돌아갈 수 있도록 도울 것을 당부하였다.
29-1	이지의 李之儀	원부元符 3년 (1100, 65세)	《주역周易》·《書서경經》·《논어論語》 등을 전술傳述한 10여 권이 유익함이 있을 것이라 하였으며, 소유少遊의 죽음을 애통하였다.
29-2	이지의 李之儀	원부元符 3년 (1100, 65세)	자신은 허주許州로 돌아갈 것을 결정하였으며, 큰아들 매邁가 경사京師에 제수되어 다행이라 하였다.

차례	수신인	작성연대	주요 내용
29-3	이지의 李之儀	원부元符 3년 (1100, 65세)	영창穎昌으로 부임하였다는 소식을 받았으며, 자신은 숙정叔靜의 도움으로 수십 리 여정을 마쳤다 하였다.
30-1	조사훈 曹司勳	소성紹聖 원년 (1094, 59세)	천문동天門冬을 보낸 친구의 정성에 감복하였으며, 곧바로 답장을 쓰지 못한 죄를 언급하였다.
30-2	조사훈 曹司勳	소성紹聖 원년 (1094, 59세)	자신이 처한 고을의 궁핍하고 소란스러운 처지를 언급하였으며, 고적한 시절을 술회하였다.
31	회부晦夫	미상未詳	풍월을 감상하자는 약속에 유공庾公이 남루南樓에서 한 말로써 응답하였다.
32	범득몽 范夢得	원우元祐 3년 (1088, 53세)	양주楊州의 동평공東平公의 안부를 전하였으며, 저술하신 신작을 빌려보고자 하였다.
33-1	왕민중 王敏仲	소성紹聖 5년 (1098, 63세)	큰아들 매邁와 작별한 뒤로 자신이 죽으면 해남海南에서 장례를 치르도록 하라는 유서를 남겼다.
33-2	왕민중 王敏仲	소성紹聖 4년 (1097, 62세)	혜주惠州를 떠나 새로 제수된 임지를 향하며, 후덕한 정의를 베풀어준 은혜에 사의를 표하였다.
34	정정로 鄭靖老	소성紹聖 4년 (1097, 62세)	행로가 서로 어긋났음을 언급하며, 《서전書傳》 초고草稿 13권을 아들 매邁를 통하여 보내겠다 하였다.
35	사민사 謝民師	원우元祐 6년 (1091, 56세)	허주許州로 갈 수 없다면 양선陽羨으로 갈 것이라 하였으며, 보내주신 시詩는 아이들에게 좋은 공부가 된다 하였다.
36-1	범원장 范元長	소성紹聖 5년 (1098, 63세)	원장元長 형제의 부친상을 당하여 추모追慕하였으며, 그들의 효성을 칭송하였다.
36-2	범원장 范元長	소성紹聖 5년 (1098, 63세)	아홉 번 죽을 고비를 넘긴 끝에 마침내 돌아가신 원장元長 형제의 부친 순부淳夫 선공先公을 추모하였다.

차례	수신인	작성연대	주요 내용
37-1	범경인 范景仁	소성紹聖 5년 (1098, 63세)	손자 범순부范淳夫의 상을 당한 범경인范景仁의 노년의 참담한 고통을 위로하였다.
37-2	범경인 范景仁	소성紹聖 5년 (1098, 63세)	숙부 범백록范百祿과 조카 범조우范祖禹는 모두 부모를 찾아뵙지만, 자신은 그럴 수 없는 처지를 토로하였다.
37-3	범경닌 范景仁	소성紹聖 5년 (1098, 63세)	경인景仁의 손자 범조우范祖禹의 세 아들의 수려한 용모를 칭찬하였으며, 손자를 잃은 슬픔을 위로하였다.
38	전제명 錢濟明	원우元祐 8년 (1093, 58세)	아내의 상을 당한 전제명錢濟明의 애통한 심사를 위로하였으며, 금산金山으로 방문해주기를 요청하였다.
39	호인수 胡仁脩	원우元祐 2년 (1091, 56세)	모친의 상을 당한 호인수胡仁脩의 애통한 심사를 위로하였으며, 그의 효성을 칭송하였다.
40-1	풍조인 馮祖仁	원우元祐 2년 (1091, 56세)	상대의 편지의 문장을 찬미하였으며, 자신은 소주韶州에 도착하여 배앓이로 몸조리 중이라 하였다.
40-2	풍조인 馮祖仁	원우元祐 2년 (1091, 56세)	부모의 상을 당한 풍조인馮祖仁의 애통한 심사를 위로하였으며, 슬픔을 절제하고 변화에 순응하기를 권면하였다.

《구소수간주해歐蘇手簡註解》의 〈소동파蘇東坡〉편 역시 상하 두 권으로 구성되어 있는데, 상권에 수록된 간찰은 약 71편으로 수신자는 45명이며, 하권은 약 81편으로 수신자가 40명이다. 소동파는 자신의 전 생애에 걸쳐 약 2천 8백 수나 되는 시와 엄청난 양의 산문을 남겼다.[35] 《소동파전집蘇東坡全集》에 수록된 그의 작품 가

35 이나미 리쓰코 지음, 김태완 편역, 《고전이 된 삶》, 메멘토, 2012. 138쪽.

운데 서간書簡은 모두 1,600편에 이르고 수신인은 318명에 달한다.[36] 《구소수간주해歐蘇手簡註解》는 이 가운데 85명의 수신자에게 보낸 총 152편의 간찰을 선별하여 편찬한 것이다.

이는 대체로 연대에 의한 순차적 구성이기는 하나 일률적으로 정확히 구분된 것은 아니다. 분권의 의도 역시 시기에 의해 구분 지어진 깃이기는 하지만, 적정한 부피를 감안하여 분책한 듯하다.

《구소수간주해歐蘇手簡註解》에 나타난 소동파蘇東坡 간찰의 특징을 수신자 중심으로 살펴본다면 아래와 같이 '시기별', '인물별', '주제별' 등의 세 가지 유형으로 나누어볼 수 있다.

1) 시기별 구분

소동파蘇東坡 간찰의 시기별 특징은 세 번에 걸친 유배 생활 중에 기록된 '황주黃州 유배 시기'와 '혜주惠州 유배 시기' 그리고 '해남도海南島 유배 시기'로 구분 지을 수 있으며 그리고 '경사京師 거주 시기' 등으로 나누어 분류할 수 있다. 먼저 '황주黃州 유배 시기'에 해당하는 것이 64편으로 가장 많은 양을 차지하고 있으며, '혜주惠州 유배 시기'가 15편, '해남도海南島 유배 시기'가 21편 그리고 경사에 거처하였을 때 기록하였던 것으로 추정되는 것이 29편 가량 있으며, 기타 외직에 거처할 때와 시기의 추정이 불분명한 것이 약 23편 가량 있다.

36 양가락楊家駱 주편主編, 《소도파전집蘇東坡全集 상上》, 〈목록目錄〉, 35~39쪽.

① 황주黃州 유배 시기

소동파는 호주지주湖州知州로 재임하던 원풍 2년(1079)에 시정時政을 풍자한 시문으로 이른바 '오대시안烏臺詩案'[37] 필화사건의 빌미를 제공하여 마침내 황주로 유배를 떠나게 되었다. 이 시기에 보낸 것으로 추정되는 간찰이 약 64편으로 가장 많은 양을 차지하고 있다. 수신자는 대략 35명 안팎이며 해당 인물로는 사마온공司馬溫公, 이방숙李方叔, 정밀程密, 모택민毛澤民, 황노직黃魯直, 왕주언王周彦, 자유子由, 정전보程全父, 주문지周文之, 이연평李延評, 상관장上官長, 왕유안王幼安, 도원道源, 이소기李昭玘, 강돈례江惇禮, 진계상陳季常, 조창회지趙昶晦之, 등달도滕達道, 맹형지孟亨之, 언정판관彦正判官, 정회립程懷立, 이대부李大夫, 모유첨毛維瞻, 오장수재吳將秀才, 원진주袁眞州, 가운로賈耘老, 서득지徐得之, 서사봉徐司封, 진장陳章, 임덕옹任德翁, 건서진蹇序辰, 범순부范純夫, 하성가何聖可, 황주인黃州人, 주강숙朱康叔 등의 간찰이 있다. 대표적인 것으로는 정전보程全父에게 보낸 간찰로서 유배지의 궁핍한 상황과 벗들과의 추억을 회상하며 보냈던 것으로 내용은 다음

37 '오대烏臺'는 감찰기관인 '어사御史'를 이르는 말이다. 한漢나라 때에 어사부御史府에 측백나무를 심었는데, 그 위에 까마귀가 깃들었으므로 어사부를 백대柏臺 또는 오대라 칭하였다. "오대시안 필화사건으로 인해 그와 시문을 교류한 39명의 인물이 연루됐고, 심리 대상에는 항주, 서주, 밀주 등에서 지은 100여 편의 시 외에 〈후기국부後杞菊賦〉, 〈일유日喩〉 등 여러 편의 문장도 포함되었다. 그는 심리 대상이 된 시문의 창작 동기를 일일이 해명했고, 40여 편의 시에 대해서 조정을 비방한 것을 인정했다." 우준호, 소동파〈蘇東坡의 정치사회풍자시政治社會諷刺詩 연구研究〉, 중어중문학 17집, 한국중어중문학회, 1995, 230쪽.

과 같다.

……작별한 지가 어느덧 1년이 지났는데, 바다 건너 궁핍하고 외로이 지내고 있어 사람의 왕래도 끊어져 안부를 주고받을 수가 없었습니다. 배가 이르러 홀연히 보내신 소식을 받으니 말할 수 없이 기쁘고 위안되었습니다. 편안히 잘 지내시고 가족들도 모두 잘 지내시는 줄 알았습니다. 저는 아이와 함께 그런대로 병 없이 지내고 있습니다만, 바닷가 사람이나 이민족들과 섞여 사느라 더 이상 사람의 도리라고는 없어서 지급받는 생활용품도 구하는 것이 번번이 없습니다. 처음 이곳에 도착하여 관아의 몇 칸 방을 빌리기는 했지만 요사이 다시 쫓겨나는 바람에 땅을 사서 집을 지어야 하는 상황을 벗어날 수 없어 겨우 이슬은 피하게 되었으나 주머니는 한결같이 텅 비어 있습니다. 곤액을 당한 처지에 또 무슨 더 나쁜 것이 있겠습니까? 한쪽으로 내팽개쳐두고 아무 말 없이 그저 한번 웃을 뿐입니다. 평생을 사귀던 친구가 어찌 다시 꿈에 보이는지요? 맑게 놀던 때를 회상하고 때때로 아름다운 시를 암송하면서 적적하고 쓸쓸한 회포를 풀어볼 뿐입니다.……[38]

② 혜주惠州 유배 시기

전제명錢濟明, 소조봉蕭朝奉, 소제거蕭提舉, 오수재吳秀才, 나엄羅嚴, 임천화林天和, 조사훈曹司勳, 등의 간찰이 있다. 대표적인 것

38 《전주구소수간箋注歐蘇手簡》, 〈소동파蘇東坡〉편篇 상上-15-1, 〈여정전보추관與程全父推官〉. "別遽逾年, 海外窮獨, 人事斷絶, 莫由通問. 舶到, 忽枉教音, 喜慰不可言. 仍審起居淸安, 眷愛各佳. 某與兒子粗無病, 但黎蜒雜居, 無復人理, 資養所給, 求輒無有. 初至, 僦官屋數椽, 近復遭迫逐, 不免買地結茅, 僅免露處, 而囊爲一空. 困厄之中, 亦何所不有? 置之不足道也, 聊爲一笑而已. 平生交舊, 豈復夢見? 懷想淸遊, 時誦佳句, 以解牢落."

으로는 친구인 전제명錢濟明에게 보낸 간찰로서 혜주惠州 유배지에서 자신을 성찰하며 벗들과 소식이 단절된 가운데 유독 의리를 지킨 상대의 기품을 찬미하는 것으로 내용은 아래와 같다.

……저는 귀양지에 도착하여 문을 닫고 허물을 살피는 것 외에 일체의 다른 일은 없습니다. 장향瘴鄉이 있는 마을의 풍토는 물어보지 않아도 아실 것입니다. 젊은 사람들이야 오래 머무를 수 있겠지만 늙은이에게는 자못 두려운 곳이니, "욕심을 끊고 음식을 절제해야 죽지 않을 것이다."라는 말을 이미 가슴에 새겨 두고 있고, 나머지는 천명만 믿을 뿐입니다. 요사이 친구들의 안부 편지가 벌써 끊겼으니 이치나 상황으로 보아 응당 그러할 것입니다. 그런데 그대만은 친구의 의리를 더하고 고아한 의리가 늠름하니 참으로 하늘로부터 천성에서 나온 것입니다. 다만 제가 어떻게 이러한 은혜를 입었는지 부끄럽기만 합니다.……[39]

③ 해남도海南島 유배 시기

강당좌姜唐佐, 장조청張朝請, 진승무陳承務, 이지의李之儀, 왕민중王敏仲, 범원장范元長, 범경인范景仁, 등의 간찰이 있다. 대표적인 것으로는 당시 뇌주태수雷州太守였던 장조청張朝請에게 보냈던 간찰로서 유배지 담주儋州의 상황과 아우 소철蘇轍의 거처를 염려하며 보냈던 것으로 내용은 다음과 같다.

---

39 《전주구소수간箋注歐蘇手簡》, 〈소동파蘇東坡〉편篇 상上-19-2, 〈여전제명與錢濟明〉. "某到貶所, 闔門省愆之外, 無一事也. 瘴鄉風土, 不問可知, 少年或可久居, 老者殊畏之. 唯絶嗜欲, 節飮食, 可以不死. 此言已書之紳矣, 餘則信命而已. 近來親舊書問已絶, 理勢應爾. 濟明獨加舊, 高義凜然, 固出天資. 但愧不肖何以得此."

……해남海南의 풍습과 인정은 그대의 관할과 거의 비슷하지만 음식과 사람들의 그림자는 매우 쓸쓸하니 해강海康과의 거리가 먼 듯합니다. 이곳에 도착하고 나서 문을 닫고 말없이 앉아 있으니 시끄러움과 고요함이 동일한 이치입니다. 당신께서 사람을 보내 나루를 건너 주시어 매우 힘을 얻었으니 감사합니다. 동생의 거처가 만약에 일찍 이루어진다면 그에게 일정한 거처를 얻도록 하겠습니다. 외물도 떨쳐 버리고 인간 세상도 벗어나서 홀로 초연히 서 있는 것은 공의 후덕한 은사입니다.……40

④ 경사京師 거주 시기

사마온공司馬溫公, 조미晁美, 왕성미王聖美, 여용도呂龍圖, 왕중지王仲志, 범촉공范蜀公, 유원충劉元忠, 왕정국王定國, 황부언黃敷言, 정회립程懷立, 유공보劉貢父, 증자선曾子宣, 선의宣義, 요명략廖明略, 황안중黃安中, 미원장米元章, 호심부胡深夫, 범몽득范夢得, 사민사謝民師, 호인수胡仁脩, 풍조인馮祖仁, 등의 간찰이 있다. 대표적인 것으로는 유원충劉元忠에게 보내는 간찰로서 구양수歐陽脩의 조카인 구양치歐陽寘를 만나 구양수의 인품을 사랑하는 마음이 그의 아들에게까지 미친다는 흠모의 정을 전한 것으로 내용은 아래와 같다.

……유백통柳伯通과의 만남을 통해 제 마음을 전합니다. 수재秀才 구양

40 《전주구소수간箋注歐蘇手簡》, 〈소동파蘇東坡〉편篇 하下-7-2, 〈여장조청與張朝請〉. "海南風氣與治下略相似, 至於食物人煙, 蕭條之甚, 去海康遠矣. 到後杜門默坐, 喧寂一致也. 蒙差人津送, 極得力, 感感. 舍弟居止處, 若早得成, 令渠獲一定居, 遺物離人而遊於獨, 乃公之厚賜也."

치歐陽寘의 말은 참으로 오묘하니 함께 한가롭게 노닐 만합니다. 문충공文忠公을 회상하니, "그 사람을 사랑하면 그 집 지붕 위의 까마귀도 사랑한다.'라고 하였는데, 더구나 공의 훌륭한 자제에게는 어떠하겠습니까?……41

이외에 외직에 거처할 때와 시기의 추정이 불분명한 것이 약 23편가량 있다.

2) 인물별 구분

등장인물 가운데 수신자를 기준으로 한 인물별 특징은 '관료 정치인'과 '교류 문인', '사제 관계', '유배지에서 만난 관료 문인' 그리고 '가족관계' 등으로 구별할 수 있다.

1) '관료 정치인'에 해당하는 사람들로는 사마온공司馬溫公, 정밀程密, 서거중徐仲車, 진전도陳傳道, 한소문韓昭文, 왕정국王定國, 조미晁美, 손숙정孫叔靜, 여용도呂龍圖, 소조봉蕭朝奉, 범촉공范蜀公, 모유첨毛維瞻, 왕중지王仲志, 주강숙朱康叔, 유공보劉貢父, 장조청張朝請, 임덕옹任德翁, 등의 간찰이 있다. 대표적인 것으로는 완안석王安石의 신법新法에 대한 부당함을 토로하다 탄핵을 당하여 유배를 가게 되었다는 내용을 기록한 것으로 다음과 같은 것이 있다.

41 《전주구소수간箋注歐蘇手簡》, 〈소동파蘇東坡〉편篇 상上-37, 〈여유원충與劉元忠〉. "柳伯通因會, 爲致區區. 歐陽秀才眞談道甚妙, 可與閑遊. 懷思文忠, 愛其屋上烏, 況族子弟之佳者乎!"

……저는 이렇게 탈 없이 지내고 있으나 새로운 정사를 받들어 시행하면서 법대로 할 수 없는 점이 많습니다. 저에 대한 탄핵이 끊이지 않아 날마다 도태되는 견책을 기다리고 있을 뿐입니다. 만약 관직에서 쫓겨나 고향으로 돌아가게 되어 회淮 땅을 지나게 되면 반드시 존형을 뵙게 될 것입니다. 만나지 못하는 사이에도 나라를 위하여 자신을 잘 보중하시기 바랍니다.……[42]

2) '교류 문인'에 해당하는 사람들로는 진보지陳輔之, 구양지회歐陽知晦, 전제명錢濟明, 왕유안王幼安, 정전보程全父, 가운로賈耘老, 도원道源, 모국진毛國鎮, 주진朱振, 손지동孫志同, 공의대부公儀大夫, 진계상陳季常, 유원충劉元忠, 조창회지趙昶晦之, 등달도滕達道, 이무회李無晦, 오수재吳秀才, 언정판관彥正判官, 진장陳章, 원진주袁眞州, 건서진蹇序辰, 정회립程懷立, 강당좌姜唐佐, 임천화林天和, 오장수재吳將秀才, 요명략廖明略, 가운로賈耘老, 서득지徐得之, 서사봉徐司封, 진승무陳承務, 미원장米元章, 범순부范純夫, 주강숙朱康叔, 이지의李之儀, 회부晦夫, 범득몽范夢得, 정정로鄭靖老, 범경인范景仁 등의 간찰이 있다. 대표적인 것으로는 문우 언정彥正이 보내준 거문고에 〈금시琴試〉를 짓게 된 경위를 기록한 것으로 아래와 같은 것이 있다.

고금古琴은 응당 향천響泉·운경韻磬과 더불어 나란히 그 시대의 보물입니다. 그런데 이렇게 쟁쟁 울리는 거문고를 저에게 보내

42 《전주구소수간箋注歐蘇手簡》, 〈소동파蘇東坡〉편篇 상上-10, 〈여조미與晁美〉. "某守此無恙, 但奉行新政, 多不如法. 勘劾相尋, 日俟汰譴耳. 若得放歸, 過淮必遂候見. 未間爲國自重."

주셔서 절하고 받을 즈음에 부끄러워 흐르는 땀이 멈추지 않습니다. 또 감히 멀리서 내리신 뜻을 어길 수 없으니 마땅히 자손들에게 전해주어 영원한 우호의 증거로 삼겠습니다. 그러나 제가 평소에 거문고를 이해하지 못해 마침 기로紀老에게 몸을 굽혀 찾아가 그의 시종에게 몇 곡을 타게 하니 손을 스치자 울려 퍼지는 거문고 소리가 정말로 사람이 말하는 것 같았습니다. 그래서 한 게송偈頌을 지어, "만약 거문고에 거문고 소리가 있다면, 갑 속에 넣었다고 어찌 울지 않는가? 만약 소리가 손가락 끝에서 난다면, 어찌 그대 손가락에서 소리가 나지 않는가?"라고 적어서 드리니 천 리 먼 곳에서 한 번 웃음을 터뜨리십시오.[43]

3) '사제 관계'에 해당하는 사람들로는 이방숙李方叔, 진사도陳師道, 황노직黃魯直, 이소기李昭玘, 강돈례江惇禮, 정밀程密, 전제명錢濟明 등의 간찰이 있으며, 소문사학사蘇門四學士[44]로 일컬어지는 명사들의 간찰뿐만이 아니라 다양한 문사들의 간찰을 포함하고 있다. 대표적인 내용으로는 소문사학사 등의 제자를 얻게 된 기쁨을 기록한 것으로 다음과 같은 것이 있다.

43 《전주구소수간箋注歐蘇手簡》, 〈소동파蘇東坡〉편篇 상上-45, 〈여언정판관與彦正判官〉. "古琴當與響泉韻磬, 竝爲當世之寶, 而鏗金瑟瑟, 遂蒙輟惠. 拜賜之間, 赧汗不已. 又不敢遠逆來意, 謹當傳示子孫, 永以爲好也. 然某素不解彈, 適紀老枉道見過, 令其侍者快作數曲, 拂歷鏗然, 正如若人之語也. 試以一偈問之: "若言琴上有琴聲, 放在匣中何不鳴? 若言聲在指頭上, 何不於君指上聽?" 錄以奉呈, 以發千里一笑也."

44 소문사학사蘇門四學士 : 소식蘇軾의 문하에서 인정을 받고 천거된 황정견黃庭堅, 진관秦觀, 조보지晁補之, 장뢰張耒 등을 가리킨다.

지난해에 많은 사람들 속에서 연이어 장뢰張耒・진관秦觀・황정견黃庭堅・조보지晁補之・방숙方叔・이상履常등을 얻고서 '하늘이 보배를 아끼지 않아 끊이지 않고 얻은 것이다.'라고 마음속으로 생각하였습니다. 요즈음에 세상의 변고를 겪고 나서 사방을 떠돌아다니느라 다시 그들과 비슷한 사람들을 찾아보려고 해도 아득히 얻을 수가 없었습니다. 저는 이를 통해 인물은 결코 헛되이 나오지 않는다는 것을 알았습니다.[45]

4) '유배지에서 만난 관료 문인'에 해당하는 사람들로는 정밀程密, 상관장上官長, 소제거蕭提擧, 맹형지孟亨之, 정회립程懷立, 언정판관彦正判官, 서득지徐得之, 서사봉徐司封, 하성가何聖可, 황주인黃州人, 장조청張朝請 등의 간찰이 있으며, 대표적인 내용으로는 아래와 같은 것이 있다.

어려운 처지로 일정한 거처도 없이 떠도는 처지에 그대와 같은 군자를 만나 마음을 열고 손뼉 치며 기뻐하며 이야기를 나누니 그 즐거움이 끝이 없습니다. 공께서는 이미 공무로 바쁘시고, 저도 돌아갈 마음이 다급한데 갑자기 조정의 반열로 나아가게 되었으니 어떻게 제 마음을 말로 할 수 있겠습니까? 작별하고 나서 자주 편지를 받으니 말씀의 뜻이 더욱 정중한 데다 안부가 좋으시다니 매우 감사하고 위안되었습니다. 저는 고개를 넘어 이미 가의賈誼처럼 붕조鵩鳥에게 물어볼 근심은 없으나 행로에 유배에서 풀려나 경성으로 돌아갈 기쁨은 있을

45 《전주구소수간箋注歐蘇手簡》, 〈소동파蘇東坡〉편篇 상上-2-2, 〈여이방숙與李方叔〉. "頃年於稠人中, 驟得張、秦、黃、晁及方叔、履常輩, 意謂天不愛寶, 其獲蓋未艾也. 比來經涉世故, 間關四方, 更欲求其似, 邈不可得, 以此知人決不徒出."

것입니다.……46

5) '가족관계'에 해당하는 사람들로는 종손인 소어로蘇元老와 조카사위인 왕주언王周彦 그리고 친동생인 자유子由[소철蘇轍] 등의 간찰이 있으며, 대표적인 내용으로는 〈십구랑묘표十九郎墓表〉의 작성 경위와 배경을 알 수 있는 단서가 되기에 충분한 사료로서 아래와 같은 것이 있다.

원로元老의 조카 수재秀才인 너에게 여러 차례 편지를 받으니 감사하고 위안되었다. 〈십구랑묘표十九郎墓表〉는 본래부터 내가 지으려고 한 것인데, 지금에 와서 어떻게 사양하겠느냐? 지난번에도 오히려 보월寶月의 묘지문을 지었는데 더구나 이 문장은 의리상 마땅히 지어야 한다. 다만 요사이 근심과 두려움이 갈수록 깊어 먹고 마시고 말하고 침묵하는 것을 수없이 생각한 다음에 행동하니 나의 뜻을 이해하리라 생각한다. 만약 죽지 않는다면 끝내 마땅히 지을 것이다.……47

3) 주제별 구분

간찰의 내용을 중심으로 한 주제별 특징은 '정사와 관직'에 관한

46 《전주구소수간箋注歐蘇手簡》, 〈소동파蘇東坡〉편篇 상上-13-2, 〈여정공밀與程公密〉. "窮途棲屑, 獲見君子, 開懷抵掌, 爲樂未央. 公旣王事靡寧, 某亦歸心所薄, 忽遽就列, 如何可言! 別後亟辱惠書, 詞旨增重, 且審起居佳勝, 感慰深矣. 某度嶺, 已無問鵩之憂, 行有見蝎之喜."

47 《전주구소수간箋注歐蘇手簡》, 〈소동파蘇東坡〉편篇 상上-12, 〈여질손원로與侄孫元老〉. "元老姪孫秀才, 屢得書, 感慰. 〈十九郎墓表〉 本是老人欲作, 今豈推辭. 向者猶作寶月誌文, 況此文, 義當作. 但以日近憂畏愈深, 飮食語默, 百慮而後動, 想喩此意也. 若不死, 終當作爾."

일, '문학과 저술'에 관한 일, '질병과 초상'에 관한 일 그리고 '유배지의 생활'과 기타 일상의 안부에 관한 일로 나누어 볼 수 있다.

1) '정사와 관직'에 관한 일에는 사마온공司馬溫公, 이방숙李方叔, 서중거徐仲車, 선의宣義, 진전도陳傳道, 한소문韓昭文, 조미晁美, 손숙정孫叔靜, 여용도呂龍圖, 왕중지王仲志, 범촉공范蜀公, 조창회지趙昶晦之, 유공보劉貢父, 장조청張朝請, 선의宣義, 백수학사伯修學士, 황안중黃安中, 호심부胡深夫, 이지의李之儀 등의 간찰이 있으며, 대표적인 것으로는 왕안석의 신법에 반대하여 죄에 연루되어 옥고를 치르다 절명한 자신의 제자들을 위로하는 내용으로 다음과 같은 것이 있다.

> ……저는 제 한 몸으로 죄를 막지 못하고 여러 친구들까지 연루된 것이 한스럽습니다. 그대는 표연히 벼슬이 없는 사람인데도 거의 죄를 면치 못하였고 순보純甫와 소유少遊는 어찌 하늘에 죄를 얻어 끝내 그들의 목숨을 버린단 말입니까? 말해본들 무슨 유익이 있겠습니까? 공정한 여론에 부쳐둘 뿐입니다. 우환이 비록 지나갔으나 다시 마땅히 입을 닫고 만년의 절개를 편안히 해야 할 것입니다.……48

2) '문학과 저술'에 관한 일에는 주문지周文之, 모국진毛國鎭, 이소기李昭玘, 주진朱振, 공의대부公儀大夫, 언정판관彦正判官, 정회

48 《전주구소수간箋注歐蘇手簡》, 〈소동파蘇東坡〉편篇 하下-2-3, 〈여이방숙與李方叔〉. "某自恨不以一身塞罪, 坐累朋友, 如方叔, 飄然一布衣, 亦幾不免, 純甫、少遊, 又安所獲罪於天, 遂斷棄其命? 言之何益? 付之淸議而已. 憂患雖已過, 更宜掩口以安晚節也."

립程懷立, 강당좌姜唐佐, 미원장米元章, 범순부范純夫, 하성가何聖可, 황주인黃州人, 주강숙朱康叔, 이지의李之儀, 회부晦夫, 정정로鄭靖老, 사민사謝民師 등의 간찰이 있으며, 대표적인 것으로는 송나라 4대 명필로 일컬어지는 미원장米元章이 지은 〈보월관부寶月觀賦〉에 대한 칭송을 담은 글로 아래와 같은 것이 있다.

……아이가 어디에선가 〈보월관부寶月觀賦〉를 얻어와 낭랑히 암송하니 늙은이가 누워서 아직 반도 채 듣기도 전에 벌떡 일어났습니다. 20년간 사귀고도 원장元章을 다 알지 못하는 것이 안타깝지만 아마도 이 부賦는 의당 옛사람보다 뛰어나서 금세의 사람들은 논할 것도 없습니다. 천하에 어찌 항상 저처럼 당신을 알아보지 못하는 사람들뿐이겠습니까? 공께서는 머지않아 마땅히 저절로 큰 명성을 얻어서 저 같은 사람들의 말이 필요치 않을 것입니다.……[49]

3) '질병과 초상'에 관한 일에는 구양지회歐陽知晦, 범촉공范蜀公, 왕정국王定國, 나엄羅嚴, 임천화林天和, 원진주袁眞州, 요명략廖明略, 백수학사伯修學士, 왕민중王敏仲, 범원장范元長, 범경인范景仁, 전제명錢濟明, 서사봉徐司封, 진장陳章, 임덕옹任德翁, 건서진蹇序辰, 호인수胡仁脩, 풍조인馮祖仁 등의 간찰이 있다. 대표적인 것으로는 범조우范祖禹의 상을 당하여 그의 아들인 범원장范元長 형제를 위로하는 내용으로 다음과 같은 것이 있다.

---

49 《전주구소수간箋注歐蘇手簡》, 〈소동파蘇東坡〉편篇 하下-22-3, 〈여미원장與米元章〉. "兒子於何處得〈寶月觀賦〉, 琅然誦之, 老夫臥聽之未半, 躍然而起. 恨二十年相從, 知元章不盡, 若此賦, 當過古人, 不論今世也. 天下豈常如我輩憒憒耶! 公不久當自有大名, 不勞我輩說也."

……뜻밖의 흉변으로 한림학사이신 선군先君께서 갑자기 세상을 떠나셨다는 부음을 들으니 매우 애통합니다. 하늘이 나를 망치려고 한 것이 한결같이 이 지경에 이르렀으니 살고 싶은 마음이 없습니다. 지극한 효자이신 승무랑承務郎 원장元長 형제는 효성이 매우 깊어 추모하는 마음 끝이 없을 것입니다. 우리가 하늘에 무슨 잘못을 저질렀기에 이와 같은 혹독한 참화에 걸린단 말입니까? 부모의 초상이 어제의 일과 같은데 어느덧 계절이 바뀌어 몹시 슬퍼함이 날로 심하니 어찌한단 말입니까? 저는 귀양살이에 몸이 매여 조문하러 갈 방법이 없어 멀리서 바라보고 오래도록 길게 부르짖으니 제 마음을 말로 하기 어렵습니다.……50

4) '유배지의 생활'에 관한 일에는 진보지陳輔之, 정전보程全父, 상관장上官長, 전제명錢濟明, 소제거蕭提擧, 도원道源, 왕정국王定國, 등달도滕達道, 맹형지孟亨之, 강당좌姜唐佐, 나엄羅嚴, 임천화林天和, 장조청張朝請, 가운로賈耘老, 서득지徐得之, 조사훈曹司勳, 왕민중王敏仲 등의 간찰이 있다. 대표적인 것으로는 해남도 유배시에 왕민중王敏仲에게 보낸 간찰로서 자신의 사후의 처리를 당부하는 내용을 담은 것으로 내용은 아래와 같다.

저는 늙어서 황무지로 버려져 더 이상 살아서 돌아갈 가망이 없는데, 어제 큰아들 매邁와 작별하고서 이미 뒷일을 처리해 두었습니다. 지금

50 《전주구소수간箋注歐蘇手簡》, 〈소동파蘇東坡〉편篇 하下-36-1, 〈위범원장곤중慰范元長昆仲〉. "不意兇變, 先公內翰, 遽捐館舍, 聞訃慟絶. 天之喪予, 一至於是! 生意盡矣. 伏惟至孝承務元長昆仲, 孝誠深至, 追慕罔極. 何辜於天, 罹此禍酷. 荼毒如昨, 奄易寒暑, 哀毁日深, 奈何奈何! 某謫籍所拘, 莫由往弔, 永望長號, 此懷難諭."

해남海南에 도착하여 제일 먼저 관棺을 만들고 다음으로 묫자리를 만들고 나서 곧바로 아이들에게 유서를 남겨 제가 죽으면 해남海南에서 장례를 치르도록 하였으니 연릉계자延陵季子의 영박嬴博의 의리와 같습니다. 아버지가 이미 아들에게 베풀었으니 아들들도 어찌 아버지에게 베풀지 않겠습니까? 살아서는 가족들을 부임지로 데려오지도 않았으니 죽어도 널을 무덤까지 호송할 필요가 없습니다. 이것은 우리 집안의 가풍입니다. 이밖에는 석양에 고요히 앉아 있을 뿐입니다.……51

서간문학의 백미로 일컬어지는 《구소수간歐蘇手簡》은 11세기 북송의 시대 상황과 아울러 구양수歐陽脩와 소동파蘇東坡의 내면세계를 이해할 수 있는 매우 유의미한 자료일 뿐만이 아니라 중국의 전통적 관료 문인들의 교류문화 영역 등을 살펴볼 수 있는 매우 요긴한 자료들이다. 더 나아가 조선의 양반사대부들에게도 모범적 글쓰기의 전범이 되었다고 할 수 있다.

5. 맺음말

전통시대의 간찰은 통신수단과 교통이 발달하지 않았던 시대에 자신의 의사를 전달하고 만남을 대신하는 매우 중요한 수단이다.

---

51 《전주구소수간箋注歐蘇手簡》, 〈소동파蘇東坡〉편篇 하下-33-1, 〈여왕민중與王敏仲〉. "某垂老投荒, 無復生還之望, 昨與長子邁訣, 已處置後事矣. 今到海南, 首當作棺, 次便作墓, 乃留手疏與諸子, 死則葬於海外, 庶幾延陵季子嬴博之義. 父旣可施之子, 子獨不可施之父乎? 生不挈家, 死不扶柩, 此亦東坡之家風也. 此外, 宴坐夕照而已."

사대부 문인들의 가장 일상적이고, 일반적인 지적 교류 형태가 바로 간찰이다. 그래서 선인先人들이 간찰을 유자儒者의 일상사요, 유자의 일 가운데서도 가장 가까이 있다 하여 '유자최근儒者最近'52이라 불렀던 까닭이다.

또한 간찰簡札은 전통 시대를 이해하는 모든 학술 분야의 기초 자료로서 매우 귀중한 학술적 자료로서의 가치를 지닌다. 발신자와 수신자만이 공유하는 일차 자료로서 역사적 고증의 단초를 제공하기도 한다.

《구소수간歐蘇手簡》은 중국에서뿐만이 아니라 우리나라와 일본에서도 널리 읽힌 서간문학의 최고봉이라 할 수 있다. 많은 유자들이 서간문학의 전범典範으로서 《구소수간》의 문체 미학에 깊숙이 매료되었으며 간찰 작성의 모범서로 삼았다.

본서에서는 소략하게나마 《구소수간》의 번역을 통하여 북송의 대문호였던 구양수와 소동파 두 사람의 지적 교류 양태와 교류 인맥들을 통한 시대사적 의미와 더불어 그들이 남긴 문학사적 유산들을 조명해 보고자 하였다. 두인걸杜仁傑이 편찬한 《구소수간》의 목록 편제는 수신자를 중심으로 시기별로 차서 하였으나 이를 다시 발신자인 구양수와 소동파를 중심으로 내용을 나누어 '시기별', '인물별', '주제별' 세 가지 유형으로 내용을 요약 분석하였다.

52 『근사록近思錄』 권卷11, 〈교학敎學〉. 정이程頤가 교육의 방법에 대해 논하면서, "자제들이 빠져서 좋아하는 것들은 모두 심지心志를 빼앗는 것이다. 서찰에 이르러서는 유자의 일에 가장 가깝지만, 한결같이 이것만을 좋아하면 또한 스스로 뜻을 잃게 된다.[子弟凡百玩好, 皆奪志. 至於書札, 於儒者事最近, 然一向好著, 亦自喪志.]"라고 하였다.

아울러 조선 시대에 나타난 《구소수간》의 간행 기록과 현존하는 이본들의 체제와 구성에 대해서도 다양한 사례들을 살펴보았다.

본고에서 고찰하였던 《구소수간》은 1881년 서천문중西川文仲이 간행한 《구소수간주해歐蘇手簡註解》 본과 1879년 대규동양大槻東陽이 전주箋注하여 간행한 《전주구소수간箋注歐蘇手簡》 본을 저본으로 하여 구양수歐陽脩가 58명의 문인에게 보낸 간찰 123편과 소동파蘇東坡가 85명의 문인에게 보낸 간찰 152편을 번역한 것이다.

이 번역을 토대로 내용을 분석하며 체재와 내용을 고찰하였다. 다수의 간찰에서 연대가 빠진 부분은 여타 문집과 자료를 참고하여 시기를 추정하였으며, 특별히 2014년 중국의 하한령夏漢寧이 간행한 《구소수간교감歐蘇手簡校勘》은 다양한 이본의 오탈자를 교감하는 데 많은 도움이 되었음을 밝힌다.

아울러 《구소수간》의 편자와 편집과정의 이론에 대한 의문과 국내외 한·중·일 삼국에 대한 다양한 판본들에 대한 고증은 후속 과제로 남겨놓는다. 모쪼록 본서에서 언급한 《구소수간》의 일례를 통하여 더 많은 사례들이 연구되고 비교 분석되는 자료가 되길 고대하는 바이다.

【참고문헌】

▎原典

大槻東陽 訳注/王治本 編, 《箋注歐蘇手簡》 上.

______, 《箋注歐蘇手簡》 下.

西川文仲, 《歐蘇手簡註解》 一·二·三·四.

夏漢寧, 《歐蘇手簡校勘》, 中山大學出版社, 2014.

《世宗實錄》

《端宗實錄》

李肯翊,《燃藜室記述》

徐居正,《東人詩話》

吳楚材,《古文觀止》

朱弁,《風月堂詩話》

申靖夏,《恕菴集》,《한국문집총간》197, 민족문화추진회.

▌研究論文

金孝京,〈寒暄箚錄에 나타난 조선후기 간찰양식〉,『書誌學報』제27호, 한국서지학회, 2003.

_____,〈朝鮮時代 簡札 書式 硏究〉, 한국학중앙연구원 박사학위논문, 2005.

배미정,〈구양수와 소식의 척독모음집 구소수간〉,《문헌과해석》통권 24호, 문헌과 해석사, 2003.

심경호,《歐蘇手簡》과 세종의 지식경영,

유미정, 譯註《歐蘇手簡》卷第一 廬陵上, 전남대학교 석사학위논문, 2018.

유미정,《歐蘇手簡》의 蘇東坡 黃州時期 手簡 硏究, 중국인문학회, 2019.

朱 剛,〈關于《歐蘇手簡》所收歐陽脩尺牘〉,《武漢大學學報》, 권65, 2012.

金春蘭, 조선조 중후기 歐陽脩 散文의 수용과 영향, 열상고전연구학회, 2015.

황일권,《중국어문학》, 권53, 2009.

朴熿熙,〈延安李氏 息山宗宅 簡札帖 譯注〉, 고려대학교 박사학위논문, 2018.

▌單行本

孔凡禮,《蘇軾年譜》上·中·下, 中華書局, 2018.

楊家駱 主編,《歐陽脩全集》, 臺灣 世界書局, 1989.

楊家駱 主編,《蘇東坡全集》, 臺灣 世界書局, 1989.

《蘇軾全集校注》, 文集 7·8권

박대현,《한문서찰의 격식과 용어》, 아세아문화사, 2010.

심경호,《한문산문미학》, 고려대학교출판부, 2013.

황일권 역, 郭正忠, 《구양수평전》, 학고방, 2009.
조규백 역, 王水照, 《소동파평전》, 돌베개, 2015.
진영희 역, 林語堂, 《쾌활한 천재》, 지식산업사, 2001.
박현모 외, 《세종의 서재》, 서해문집, 2016.
하영휘 외, 《옛편지 낱말사전》, 돌베개, 2011.
박상수, 《簡札 선비의 일상》, 수류화개, 2017.
박황희, 《傳家寶墨-延安李氏簡札帖》, 학자원, 2020.
韓國古簡札研究會, 《옛 문인들의 초서 간찰》, 다운샘, 2003.

구소수간 歐蘇手簡

서문

【구소수간 서문】[1]

과거시험을 통해 이익과 녹봉을 추구하는 학문이 흥기 하면서부터 백 가지 기예가 모두 폐하고 말았으니, 이것은 자연스러운 이치라서 괴이할 것이 못 된다. 무릇 문장을 짓기 위한 문한文翰과 필묵筆墨은 사군자士君子가 중시할 일이 못 되지만, 만일 장수가 군사를 부릴 때 깃발, 표지, 징, 북 따위가 없다면, 어떻게 보고 듣는 이들을 놀라게 하겠는가?

척독의 경우는 기예의 가장 말단이다. 옛사람들은 서른 자의 짧은 서간도 반드시 초안을 잡았으니 어찌 뜻이 없었겠는가? 지금 새로 간행한 《구소수간》의 수백 편을 보고 반복해서 읽으니, 이른바 "성정만 보고 문자는 보지 않는다."는 내용이었다. 이는 대개 기이함에 마음을 두지 않았는데도 기이하지 않을 수 없다.

근대의 양성재楊誠齋[2]와 손상서孫尙書[3]의 계차啓箚는 과장되게 진술하거나 복잡하게 뒤얽혀 아름답게 꾸미지 않은 것이 없지만 그 흐름을 거슬러 올라가 근원을 찾아보면, 이 역시 두 선생의 이의理意로부터 나온 것이다.

무릇 의意란 글의 장수이고, 이理는 장수를 돕는 역할을 한다.

---

1 《구소수간주해歐蘇手簡註解》본에는 서문이 없지만, 청주목사 권극화權克和가 간행한 《구소수간歐蘇手簡》본을 참고로 첨부하였다.

2 양성재楊誠齋 : '성재'는 남송의 학자인 양만리楊萬里(1124~1206)의 호이다. 경쾌하고 자유롭고 활달한 시체(詩體)가 특징이다. 저서로 《강호집(江湖集)》 등이 있다.

3 손상서孫尙書 : 한나라 문신인 손숙통(孫叔通, ?~?)으로, 한韓 고조高祖 때 조의(朝儀)를 제정하였으며, 혜제(惠帝) 때 종묘 등의 의법(儀法)을 정하였으며 태자태부(太子太傅)를 지냈다.

의와 이가 바르면 말도 이에 따르고 길러진다. 이른바 "물고기가 용을 따르는 것 같고, 새가 봉황을 따르는 것 같으며, 군사가 탕무湯武4를 따르는 것처럼 '하늘에 솟구치고 샘에 숨어들며 팔방의 바깥까지 마구 헤집는다.'"라고 한 것이 이것이다.

나 역시 임진년에 북쪽으로 강을 건너온 이래로 후생과 만학의 시문이 왕왕 모두 옛 뜻을 지니고 있는 것을 한동안 괴이하게 생각했는데 이는 무엇 때문인가? 과거시험이 없기 때문이었다.

학자가 이 사이를 틈탄다면 무슨 기예인들 발전하지 않겠는가? 또 어찌 간독이나 계차에만 그칠 뿐이겠는가? 아마도 우리 왕조가 면절綿蕝5한 이후에 한나라와 당나라에서 인재를 취하는 법을 수립하였다면 조금도 여기에 미칠 겨를이 없었을 것이니, 부디 뜻을 돈독히 하기 바란다.

진지헌노인眞止軒老人 두인걸杜仁傑6이 서문을 쓰다.

4 탕무湯武 : 은나라 탕왕과 주나라 무왕을 아울러 이른다.

5 면절綿蕝 : 조의(朝儀)나 전장(典章)을 제정하고 정리함을 이르는 말로, 한나라 숙손통(叔孫通)이 조정의 의례를 처음 제정할 때 야외에서 노끈으로 표시를 하고 의례를 연습하였다는 고사에서 유래하였다

6 두인걸杜仁傑(1197?~1282?) : 원나라 사람으로, 자는 중양仲梁이고 호는 지헌止軒이며 만년의 호는 산인散人이다. 시와 문장에 뛰어났고 산곡散曲을 잘 지었다. 저서로 《도공사죽집逃空絲竹集》 등이 있다.

【歐蘇手簡序】
구소수간서

自科擧利祿之學興, 則百藝具廢, 此理之自然, 無足怪者. 夫
자과거이록지학흥 즉백예구폐 차리지자연 무족괴자 부
文章翰墨, 固士君子之餘事, 如將之用兵, 苟無旗幟鉦鼓, 其
문장한묵 고사군자지여사 여장지용병 구무기치정고 기
何以駭觀聽哉! 至於尺牘, 藝之最末者也, 古人雖三十字折
하이해관청재 지어척독 예지최말자야 고인수삼십자절
簡, 亦必起草, 豈無旨哉!
간 역필기초 기무지재

今觀新刊『歐蘇手簡』數百篇, 反覆讀之, 所謂: "但見性
금관신간 구소수간 수백편 반복독지 소위 단견성
情, 不見文字." 蓋無心於奇, 而不能不爲之奇也. 近代楊誠
정 불견문자 개무심어기 이불능불위지기야 근대양성
齋、孫尙書啓札, 其鋪張錯綜, 非不縟掞, 及溯流尋源, 亦皆
재 손상서계찰 기포장착종 비불욕섬 급소류심원 역개
自二老理意中來.
자이노리의중래

大抵意者文之帥, 理者帥之佐, 理意正則而謝從之牧之,
대저의자문지수 리자수지좌 리의정즉이사종지목지
所謂: "如魚隨龍, 如鳥隨鳳, 如師衆隨湯武, 騰天潛泉, 橫裂
소위 여어수룡 여조수봉 여사중수탕무 등천잠천 횡렬
八表是也." 予亦長怪乎, 壬辰北渡以來, 後生晩進, 詩文往
팔표시야 여역장괴호 임진북도이래 후생만진 시문왕
往皆有古意, 何哉? 以其無科擧故也.
왕개유고의 하재 이기무과거고야

學者乘此間隙, 何藝不可進, 又豈止簡啓而已. 恐國朝綿
학자승차간극 하예불가진 우기지간계이이 공국조면
蕝之後, 漢、唐取人之法立, 則不暇及此, 幸篤志焉.
절지후 한 당취인지법입 즉불가급차 행독지언

眞止軒老人杜仁傑序.
진지헌노인두인걸서

구소수간
歐蘇手簡

제1권

1-1. 【매성유梅聖俞[1]에게 보내는 편지】[2]

구양수歐陽脩는 말씀드립니다. 보내신 시詩와 서序를 받고서 여러 번 펴보아 종이가 낡고 먹이 바랬는데도 손에서 놓을 수가 없었습니다. 글에 따라 뜻을 찾아 궁구하면 할수록 의미가 더욱 깊습니다. 맑은 못과 무성한 숲에서 땅을 굽어보고 하늘을 쳐다보며 술 마시고 시를 읊으며 마음에 이를 온축하여 글을 쓰고 싶어도 그러질 못하고 있습니다.

성유聖俞께서 터득하신 글은 남보다 뛰어납니다. 옛사람 가운데 산양山陽의 죽림竹林[3]이 뛰어난 솜씨로 자부를 하였으나 지금을 미루어 옛날을 따져보자면 어찌 저들만 못하겠습니까? 그러나 황음무도荒淫無道한 짓은 그들에게 미치지 못하지만, 시를 짓는 고아한 풍모는 그들보다 뛰어날 것입니다. 공조公操[4]와 여러

1 매성유梅聖俞 : '聖俞'는 매요신梅堯臣(1002~1060)의 자이다. 호는 원릉宛陵이며, 안휘성安徽省 선성宣城 출생이다. 지방의 관리로 전전하다가 친구 구양수歐陽脩의 추천으로 중앙의 관리인 국자감직강國子監直講이 되었다. 그러나 소순흠蘇舜欽·구양수 등과 같이 성당盛唐의 시를 본으로 하여 당시 유행하던 서곤체西崑體의 섬교纖巧한 폐풍을 일소하고 새로운 송시宋詩의 개조開祖가 되었다. 저서로 《원릉집宛陵集》 등이 있다.

2 명도明道 원년(1032, 26세)에 서경유수추관西京留守推官으로 있을 때 보낸 편지이다.

3 산양山陽의 죽림竹林 : 산양山陽은 혜강嵇康이 은거하던 현縣으로 죽림칠현竹林七賢의 한 사람이다.

4 공조公操 : 석개石介(1005~1045)의 자이다. 또 다른 자는 수도守道이고, 연주兗州 출생이다. 과거에 급제하여 태자중윤太子中允에 임명되었으나 부모의 상喪을 당하여 관직에서 물러나 조래산徂徠山에서 농사를 지으며 사람들에게 《역경易經》을 가르쳤다. 그래서 사람들은 그를 '조래선생'이라 불렀다. 호안정胡安定·손태산孫泰山과 함께 뛰어난 유학자로 꼽히고 있으며 저서로는 《조래집徂徠集》이 있다.

사람의 시는 아직 오지 않았습니다. 지금 마땅히 당신의 작품을 두루 보여주면서 독려할 뿐입니다.

【與梅聖兪】
여 매 성 유

某啓. 承惠詩竝序, 開闔數四, 紙弊墨渝, 不能釋手. 緣文尋
모계 승혜시병서 개합수사 지폐묵투 불능석수 연문심

意, 益究益深. 清池茂林, 俯仰觴詠, 他腸蘊此, 欲寫未能.
의 익구익심 청지무림 부앙상영 타장온차 욕사미능

聖兪所得, 文出人外. 昔之山陽竹林以高標自寓, 推今較古,
성유소득 문출인외 석지산양죽림이고표자우 추금교고

何下彼哉? 但恐荒淫不及, 而文雅過之也. 公操諸君詩未至,
하하피재 단공황음불급 이문아과지야 공조제군시미지

今當以盛作遍呈, 因督之爾.
금당이성작편정 인독지이

1-2. 【매성유梅聖兪에게 보내는 편지】5

구양수歐陽脩는 머리를 조아리고 두 번 절합니다. 4일에 진수재陳秀才6가 하교역河橋驛에 와서 전해주신 안부를 듣고는 기뻤습니다. 한 해가 저물어 가는 추운 날씨에 잘 계시다니 매우 위안이 되었습니다. 또 부공府公7께서 이미 천거장을 올리셨다는

5 명도明道 2년(1033, 27세)에 서경유수추관西京留守推官으로 있을 때 보낸 편지이다.

6 진수재陳秀才 : 성이 '陳'인 수재秀才를 이르는 말로, 생도生徒의 뜻이다. 《수양수문집歐陽脩文集》에 〈송진경수재서送陳經秀才序〉라는 글이 있다.

7 부공府公 : 서경유수西京留守 전유연錢惟演(962~1034)을 이른다. 그는 조정에 매성유梅聖兪를 천거하였는데 당시 구양수歐陽脩는 유수추관留守推官으로 매성유와 함께 막부에 있었다.

사실을 알았습니다.

성유聖兪께서 낙양에 계실 때 늘 남쪽에 계신 연로하신 부모님께 돌아가 모시고 싶다고 하셨는데, 지금 평소에 품었던 뜻을 이루었으니 붕우들도 다 같이 영광스럽게 생각합니다. 수령으로 가시는 강절江浙의 산수는 수려하여 강낙공康樂公[8]처럼 시를 짓는데 도움이 될 것이니 누가 대적하겠습니까? 저는 헤어지고 나서는 시를 지은 적도 없고, 또 문주회文酒會[9]도 없어 이른바 "3일을 《도덕경道德經》을 읽지 않으면 혀가 뻣뻣해진다.[10]"고 하는 것과 같습니다.

6일 아전의 일로 팽파진彭婆鎭에 도착하여 자총子聰·응지應之와 향산香山에서 자려고 약속했었는데, 다만 공과 함께 하지 못하는 것이 서운합니다. 언국彦國[11]의 행차를 만나 대충이나마 이렇게 편지를 보냅니다.

【與梅聖俞】
여 매 성 유

某頓首再拜. 初四日, 陳秀才來自河橋, 喜聆動靜, 歲暮憀
모 돈 수 재 배 초 사 일 진 수 재 래 자 하 교 희 령 동 정 세 모 요

---

8 강낙공江樂公 : 사령운謝靈運(385~433)을 이르며, 강낙공을 승습한 데서 이르는 말이다.

9 문주회文酒會 : 술 마시고 시를 짓는 모임을 이른다.

10 3일을……뻣뻣해진다 : 진晉 은중감殷仲堪(?~399)이 "3일을 《도덕경道德經》을 읽지 않으면 혀뿌리가 뻣뻣해지는 것을 느끼겠다.[晉殷仲堪云 三日不談道德論 便覺舌間强]"고 하였다.

11 언국彦國 : 부필富弼(1004~1083)의 자이다. 송宋나라 하남河南 낙양洛陽 사람으로, 시호는 문충文忠이다. 저서로 《부정공시집富鄭公詩集》이 있다.

慄, 履況淸佳, 甚慰甚慰. 又知府公已發薦章, 聖兪在洛時,
율 이황청가 심위심위 우지부공이발천장 성유재낙시
常言親老南方, 思一歸侍. 今應獲素志, 亦朋友之共榮也. 然
상언친로남방 사일귀시 금응획소지 역붕우지공영야 연
作宰江浙, 山水秀麗, 益爲康樂詩助, 誰與敵哉! 某自奉別以
작재강절 산수수려 익위강락시조 수여적재 모자봉별이
來, 未嘗作詩, 亦無文酒之會, 所謂: "三日不談道德, 則舌本
래 미상작시 역무문주지회 소위 삼일부담도덕 즉설본
强也." 初六日, 有少吏事至彭婆, 約子聰、應之宿香山, 獨
강야 초육일 유소리사지팽파 약자총 응지숙향산 독
恨不得與聖兪同爾. 逢彦國行, 聊寓此, 草草.
한부득여성유동이 봉언국행 료우차 초초

1-3. 【매성유梅聖兪에게 보내는 편지】[12]

구양수歐陽脩는 성유 족하께 머리를 조아려 두 번 절합니다. 지난달 왕시금王侍禁이 공의 편지를 가져왔었는데 우산 파는 배가 도착해서 또 편지와 전복을 받았습니다. 우산 장수에게 물어 공의 안부를 자세히 알게 되어 몹시 위안이 되었습니다.

제가 경사京師[13]에 온 지 벌써 한 해가 지났고 족하와 헤어지기 전에는 매번 서로 만나 오직 의지할 곳[14]이 없다고 했었는데,

12 경우景祐 2년(1035, 30세)에 각관교감館閣校勘으로 있을 때 보낸 편지이다. 연보에 의하면 명도明道 2년에 아전의 일로 경사京師로 갔다가 3월에 낙양으로 돌아왔다. 이 편지에 "제가 경사京師에 있은 지 이미 한해가 되었습니다." 라고 하였으니 생각해보면 경우景祐 원년(1034)에서 2년 사이에 구양수가 관각교감館閣校勘이 되었다. 더구나 이 편지에도 '교감校勘'이라고 하였으니 좋은 벼슬자리는 아니다.

13 경사京師 : 천자가 사는 곳을 말하는데, 당시 송宋나라의 도읍은 변주汴州 개봉부開封府이다.

14 의지할 곳 : 원문은 '憀賴'. '聊賴'와 같다. 《안씨가훈顔氏家訓》에 "고생하면서 의지할 곳이 없다.[辛苦無聊賴]"라고 하였다.

그래도 낙양에 있을 때를 추억하면 서운함 마음만 듭니다. 낙양과 이곳 경사京師는 모든 것이 달라 비록 마음이 답답하지만, 누구에게 말하겠습니까? 새해엔 병 없이 지내기만 바랄 뿐입니다.

지난번 임청臨清[15]에서 친구들과 즐겁게 지내지 못해 서운했었는데, 지금 임청을 생각해봐도 지난번의 즐거움을 얻지 못하고 있을 듯합니다. 일마다 차츰 처음과 달라지니 인생이 다만 이러하니 크게 한탄스럽습니다. 족하께서는 본디 남쪽 지방[16]에서 잘 지내셨는데 지금 지내시는 곳은 즐겁습니까? 편지는 자주 받고 있지만, 너무 소략하여 소회를 다 알기가 어렵습니다. 의아스럽게도 공께서 오랫동안 시를 짓지 않으니 맑은 흥치가 갑자기 손상되어서 그런지 의심이 됩니다.

저는 경사京師에서 부모를 모시지만 의식衣食이 군색하고 마시고 싶은 술도 돈이 없으니 고민이 깊어 때때로 사노師魯[17]와 고상한 논의를 할 뿐입니다. 자점子漸[18]도 이곳에 있어 매일 만나 술을 사서 마시고 싶지만 이조차도 여의치 않습니다. 교감校勘이라는 자리는 높은 벼슬자리는 아니지만, 선비가 그 자리라도 얻어야 이를 통해 승진할 수 있습니다.

저는 이미 세상과 소원해 남들이 잘 해내는 것들도 저는 제댈

15 임청臨清 : 《일통지一統志》에 "동창부東昌府 임청주臨清州다."고 하였다.

16 남쪽 지방 : 당시 매성유는 강절江浙에서 생활하였다.

17 사노師魯 : 윤수尹洙(1001~1047)의 자이다. 하남 낙양사람으로 '하남선생河南先生'으로 불리었다.

18 자점子漸 : 윤원尹源(1005~1054)의 자이다. 하남 사람으로 '하내선생河內先生'으로 불리었다.

해내지 못하고 게으름만 피우며 한가롭게 유유자적하고 있습니다. 이러하니 어디로 나아가겠습니까? 우산 장수가 돌아와 편지를 찾기에 그나마 제 마음을 써서 보내니 족하가 아니면 누구에게 말하겠습니까? 편지지를 마주하고 서성이며 주절주절[19] 말씀드립니다.

【與梅聖兪】
여매성유

某頓首再拜聖兪足下. 去月, 王侍禁者送及所惠書. 販傘船
모돈수재배성유족하 거월 왕시금자송급소혜서 판산선
至, 又得書, 竝鮑魚. 及問傘客, 知動靜備詳, 甚慰甚慰. 僕
지 우득서 병포어 급문산객 지동정비상 심위심위 복
來京師, 已及歲矣. 未與足下別時, 每相見惟道無憀賴. 憶洛
래경사 이급세의 미여족하별시 매상견유도무료뢰 억낙
中時, 以爲感況爾. 南北一異, 雖鬱鬱, 復誰道邪? 年來但不
중시 이위감황이 남북일이 수울울 부수도야 년래단불
病爾. 往在臨清, 恨無舊歡, 今思臨清, 又不可得. 事事漸不
병이 왕재임청 한무구환 금사임청 우불가득 사사점불
如初, 人生只爾, 大可歎也. 足下素善南方, 今居之, 樂否?
여초 인생지이 대가탄야 족하소선남방 금거지 락부
比比得書, 甚略, 不能究所懷. 訝久不作詩, 亦疑清興頓損
비비득서 심략 불능구소회 아구부작시 역의청흥돈손
也. 京師侍親, 窘衣食, 欲飲酒, 錢不可得. 悶甚, 時與師魯
야 경사시친 군의식 욕음주 전불가득 민심 시여사노
一高論爾. 子漸在此, 每相見, 欲酤酒飲, 亦不可得. 校勘者
일고논이 자점재차 매상견 욕고주음 역불가득 교감자
非好官, 但士子得之, 假以營進爾. 餘旣與世疏闊, 人所能爲
비호관 단사자득지 가이영진이 여기여세소활 인소능위
皆不能, 正賴閑曠以自適. 若爾, 奚所適哉? 聊傘者回, 來索
개불능 정뢰한광이자적 약이 해소적재 요산자회 래색
書, 聊寫區區, 舍足下欲語誰邪? 臨紙徘徊, 不免忉忉.
서 요사구구 사족하욕어수야 임지배회 불면도도

19 주절주절 : 원문은 '忉忉'. '쉴 새 없이 지껄이다[叨叨]'는 뜻이다.

1-4. 【매성유梅聖俞에게 보내는 편지】[20]

구양수歐陽脩는 말씀드립니다. 9월 1일 길을 나서 지체되기는 했지만 청풍경淸風涇과 백우경白牛涇[21]이 오랜 비에 진창이 되어 화창하게 날씨가 개야 길이 뚫릴 것 같습니다.

저는 벼슬을 그만두고[22] 일마다 마음이 좋지 않은지 지금 거의 50일이 다 되어가도 아직 떨쳐버리지 못하고 있으니, 어찌 이리도 둔건屯蹇[23]함이 끝이 없습니까? 그나마 다행스런 것은 연로하신 부모님께서 점점 건강해져 다시 3일이나 5일이면 길을 나설 수 있을 듯합니다. 남양南陽[24]에 사는 것은 어진 주인[25]에게 의지하는 것이라 참으로 좋은 일이기는 하지만 성유聖兪께서 계시지 않는 것이 한스러울 뿐입니다.

작년 여름 청풍靑風에서 아름다운 모임[26]이 있었지만, 오히려 제 마음에는 미진한 생각이 들어 지금 이곳에 우거하면서 다른

---

20 원보寶元 2년(1039, 33세)에 건덕현령乾德縣令으로 있을 때 보낸 편지이다. 당시 매성유梅聖兪는 양성수령襄城守令으로 있었다.

21 청풍경淸風涇과 백우경白牛涇 : 《일통지一統志》에 "청풍경淸風涇의 옛 이름이 백우경白牛涇이고, 또 백우당白牛塘은 송강성松江城 서쪽 50리에 있다."고 하였다.

22 벼슬을 그만두고 : 당시 구양수歐陽脩는 건덕현乾德縣의 관직을 그만두었다.

23 둔건屯蹇 : 세상이 험악하여 처세하기 어려움을 말한다. 준屯은 《주역周易》의 준괘屯卦에서 나왔는데 사정이 곤란함을 의미하며, 건蹇 또한 《주역》의 괘명으로 험난함을 가리킨다.

24 남양南陽 : 하남성河南省에 속하는 고을로, 보원寶元 2년(1039, 33세)에 구양수歐陽脩는 건덕乾德에서 어머니를 모시고 남양에서 보직의 차례를 기다렸다.

25 어진 주인 : 전문희錢文僖(977~1034)가 아직도 하남河南에 있을 때인 듯하다.

26 청풍淸風에서……모임 : 연보에 의하면 이해 5월 구양수는 모임에 참석하고 10일을 머무르고 돌아왔다.

일들을 다 물리치고 성유를 여러 날 극진히 환대하고 싶었지만, 앞뒤로 일이 어긋나 마치 서로 피하는 것처럼 되고 말았습니다. 또 성유의 편지에 "일이 있어 서로 만나고 싶었지만 그러지 못해 한스럽습니다."라고 한 말에 더욱 서운하게 합니다. 관직에 이른지[27] 여러 날이 되었을 것인데 남양으로 가는 인편에 소식을 알리는 것을 아끼지 마시고 추워지는 가을 날씨에 자신을 아끼시길 바랍니다.

【與梅聖俞】
여매성유

某啓. 承九月一日就道, 雖爲遲留, 然清風、白牛, 久雨泥
모계 승구월일일취도 수위지류 연청풍 백우 구우니
淖, 尤須大晴, 然後不阻. 某自解官, 觸事不快, 至今幾五十
뇨 우수대청 연후부조 모자해관 촉사불쾌 지금기오십
日, 未能脫去, 豈其屯蹇未極邪? 所幸親老漸安, 更三五日,
일 미능탈거 기기둔건미극야 소행친로점안 갱삼오일
可以卜行. 南陽之居, 依賢主人, 實佳事, 但恨聖俞不在爾.
가이복행 남양지거 의현주인 실가사 단한성유부재이
昨夏中, 雖喜會於清風, 然猶未盡區區之懷. 今茲寓居, 方欲
작하중 수희회어청풍 연유미진구구지회 금자우거 방욕
悉屛他事, 爲聖俞極數日之歡, 而先後參差, 若相避然. 又見
실병타사 위성유극수일지환 이선후참차 약상피연 우견
聖俞書中, 言有事欲相見, 以不克爲恨者, 益令人怏怏爾. 到
성유서중 언유사욕상견 이불극위한자 익령인앙앙이 도
官必有日, 南陽人便, 無惜寄音相及. 秋寒自愛.
관필유일 남양인편 무석기음상급 추한자애

27 관직에 이른지 : 양성襄城에 이른 것을 말한다.

1-5. 【매성유梅聖俞에게 보내는 편지】[28]

구양수歐陽脩는 말씀드립니다. 요사이 군모君謨[29] 학사의 행차 편에 편지를 드렸었는데, 곧바로 관보官報를 얻어 보니 진사시에 대한 합격의[30] 명이 있었다는 소식을 들었습니다. 사대부들은 공공연히 불만을 표시하고 있어 모두가 그대를 위해 탄식하고 있지만 저는 그렇게 생각지 않는데, 고명께서는 스스로 어떻게 생각하시는지요?

공께서 후생에 빼어난 것은 명성과 지위를 경중으로 여기지 않으며 오늘날 사람들에게 존경을 받는 것[31] 역시 이 작은 득실 때문이겠습니까? 만일 영욕에 뜻을 두었다면 벼슬하지 않고 지내는 즐거움이 화려한 조복朝服을 입은 벼슬아치의 근심 걱정보다 더 나았겠습니까? 노형은 응당 통달한 분이니 근심할 것이 없습니다. 이미 날씨가 추워지니 몸을 잘 보중하기 바랍니다.

【與梅聖俞】
여 매 성 유

某啓. 近君謨學士行, 曾奉狀. 尋得邸報, 承有出身之命, 士
모 계 근 군 모 학 사 행 증 봉 장 심 득 저 보 승 유 출 신 지 명 사

大夫公議未厭, 皆爲聖俞嗟惋, 獨某不然, 未知高明自以爲
대 부 공 의 미 염 개 위 성 유 차 완 독 모 불 연 미 지 고 명 자 이 위

---

28 황우皇祐 3년(1051, 45세)에 응천부지주應天府知州로 있을 때 보낸 편지이다.

29 군모君謨 : 채양蔡襄(1012~1067)의 자로 북송北宋 때의 문인이며 서예가다. 안진경顔眞卿의 영향을 받은 호방한 필치로 송宋나라 사대가의 한 사람으로 꼽힌다.

30 진사에 합격 : 시험을 통해 진사에 합격하는 사람을 뽑았다.

31 오늘날……것 : 선비가 세상에 귀한 것은 문장과 덕행이 있지 명성과 지위의 득실에 있지 않기 때문이다.

如何也. 聖兪卓卓于後世者, 不以名位爲輕重, 取重於今世
여하야 성유탁탁우후세자 불이명위위경중 취중어금세

者, 亦豈以此小得失哉! 苟以寵辱爲意, 則布衣之樂, 有優於
자 역기이차소득실재 구이총욕위의 즉포의지락 유우어

華袞之憂畏也. 老兄應能自達, 不忉忉也. 已寒保愛.
화곤지우외야 노형응능자달 부도도야 이한보애

1-6.【매성유梅聖兪에게 보내는 편지】[32]

구양수歐陽脩는 또 말씀드립니다. 작년 여름에 우연히 저주滁州의 샘물을 마셔보았는데 무척 맛이 있어 그 까닭을 물으니, 성의 동쪽 백보[33]쯤 거리에 토천土泉이 있어 그렇다고 하기에 마침내 가 보았습니다.

이곳은 산골짜기[34]로 산세가 한쪽은 높은 봉우리이고, 삼면이 죽령竹嶺으로 감싸고 있는 것 같았습니다. 샘 위에는 아름다운 고목 1~20여 그루가 서 있어 마치 하늘이 만들어낸 한 폭의 아름다운 풍경과 같았습니다. 마침내 샘을 끌어다 돌못을 만드니 물은 더욱 맑고 맛있어 샘물 위에 정자를 짓고는 '풍락豊樂'[35]이라고 이름을 지었는데 정자도 웅장하고 화려하였습니다. 또한 저주의 동쪽 5리쯤 떨어진 능계菱溪[36] 개울가에 기이한 돌 두 개

32 경력慶曆 7년(1047, 41세)에 저주지주滁州知州로 있을 때 보낸 편지이다.

33 성의……쯤 : 주州의 남쪽 백보는 익주益州 남쪽 근처로 성의 동쪽이다.

34 산골짜기 : 풍산豊山 산골짜기를 이른다.

35 풍락豊樂 : 구양수歐陽脩의 〈풍락정기豊樂亭記〉에 이일에 관해 자세히 기록되어 있다.

36 능계菱溪 : 구양수歐陽脩의 〈능계기菱溪記〉에 이일에 관해 자세히 기록되어 있다.

가 있었는데, 이는 풍연로馮延魯37 집안의 오래된 물건이었는데 풍락정 앞으로 옮겼습니다. 광릉廣陵의 한공韓公38이 이 소식을 듣고 작은 작약 열 그루를 보내주어 그것도 정자 옆에 심었습니다. 그 나머지 심어 놓은 꽃과 대나무는 이루 다 적을 수가 없습니다.

산 아래로 길이 하나 나 있어 울창한 대나무 속을 뚫고 지나가면 이내 환히 트이면서 길이 다하면 이내 유곡천幽谷泉을 만나게 됩니다. 〈풍락정기豊樂亭記〉는 다 지어 두었지만, 아직 돌에는 새기지 않고 있습니다. 왕중의王仲儀39에게 사를 부탁하는 편지를 보냈는데 편지는 도착하였는지요? 정자에 남길 글 한 편을 부탁드리니 인편에 회답을 주시기를 간절히 바랍니다.

【與梅聖俞】
여 매 성 유

某又啓. 去年夏中, 因飮滁水甚甘, 問之, 有一土泉在城東百
모 우 계 거 년 하 중 인 음 저 수 심 감 문 지 유 일 토 천 재 성 동 백

步許, 遂往訪之. 乃一山谷中, 山勢一面高峰, 三面竹嶺回
보 허 수 왕 방 지 내 일 산 곡 중 산 세 일 면 고 봉 삼 면 죽 령 회

抱. 泉上舊有佳木一二十株, 乃天生一好景也. 遂引其泉爲
포 천 상 구 유 가 목 일 이 십 주 내 천 생 일 호 경 야 수 인 기 천 위

37 풍연로馮延魯(?~?) : 오대 광릉 사람으로 풍연사馮延巳의 아우다.

38 한공韓公 : 한기韓琦(1008~1075)를 이른다. 자는 치규稚圭이고, 호는 공수贛叟다. 통판치주通判淄州, 개봉부추관開封府推官 등을 역임하였다. 범중엄范仲淹과 더불어 군대를 이끌고 서하西夏를 정벌하여 군중軍中에서 위엄과 덕망이 두터웠다. 상서령尙書令으로 추증되었고, 시호는 충헌忠獻이다. 저서로 《안양집安陽集》 등이 있다.

39 왕중의王仲儀 : '仲儀'는 왕소王素(1007~1073)의 자이다. 북송 때의 대신으로 왕단王旦의 아들이다. 통판영주通判潁州, 청주관찰사靑州觀察使 등을 역임하였다.

石池, 甚清甘, 作亭其上, 號豊樂, 亭亦宏麗. 又於州東五裏
석지 심청감 작정기상 호풍악 정역굉려 우어주동오리
許菱溪上, 有二怪石, 乃馮延魯家舊物, 因移在亭前. 廣陵韓
허능계상 유이괴석 내풍연노가구물 인이재정전 광릉한
公聞之, 以細芍藥十株見遺, 亦植於其側. 其他花竹, 不可勝
공문지 이세작약십주견유 역식어기측 기타화죽 불가승
紀. 山下一徑, 穿入竹篠蒙密中, 豁然路盡, 遂得幽穀. 泉名
기 산하일경 천입죽소몽밀중 활연로진 수득유곡 천명
幽穀. 已作一記, 未曾刻石. 亦有詩托王仲儀寄去, 不知達
유곡 이작일기 미증각석 역유시탁왕중의기거 부지달
否? 告乞一篇留亭中, 因便望示及, 千萬千萬.
부 고걸일편류정중 인편망시급 천만천만

1-7. 【매성유梅聖俞에게 보내는 편지】[40]

구양수歐陽脩는 말씀드립니다. 소식蘇軾[41]에게 답하는 편지를 받아 보니 매우 훌륭하였는데 이제야 글을 올립니다. 〈농구農具〉시는 아직 읽어보지 못했지만 잊어버릴까 걱정이 되어 지금 다시 가져오게 하였습니다. 소식의 글을 읽으니 저도 모르게 땀이 흐르니 장쾌합니다. 늙은이는 마땅히 그에게 길을 비켜 그가 한 걸음 앞서가도록 양보해야 할 것 같으니 대단히 기쁩니다.

벌금이 아직 내려오지 않았다고 무슨 해가 되겠습니까? 굳이 집에서 명을 기다릴 것도 없습니다. 나오실 때 자주 들러주십시

40 가우嘉祐 2년(1057, 51세)에 한림학사翰林學士로 있을 때 보낸 편지이다.

41 소식蘇軾(1037~1101) : 자는 자첨子瞻이고, 호는 동파거사東坡居士다. 아버지 순洵, 아우 철轍과 함께 '삼소三蘇'라고 불리었다. 북송 때의 격렬한 변법운동 및 신구 당쟁의 소용돌이 속에서 몇 차례 좌천당하는 등 정치적으로는 불운을 겪었다.

오. 저는 늘 집에 있습니다. 우리들이 천하 사람들의 사모하는 대상이 되는 것은 소식이 말한 대로지만, 어찌하여 걸핏하면 달을 넘기도록 만나지 못하는 것입니까? 소식이 언급한 즐거움을 저는 깊게 깨닫고 있는데, 후배인 소식이 이러한 이치를 통달하고 있으리라고는 생각지도 못했습니다. 이만 줄입니다.

【與梅聖俞】
여매성유

某啓. 承惠答蘇軾書, 甚佳, 今却納上. 農具詩不曾見, 恐是
모계 승혜답소식서 심가 금각납상 농구시부증견 공시
忘却將來, 今再令去取. 讀軾書, 不覺汗出, 快哉快哉! 老夫
망각장래 금재령거취 독식서 불각한출 쾌재쾌재 노부
當避路, 放他出一頭地也. 可喜可喜. 罰金未下, 何害? 不必
당피로 방타출일두지야 가희가희 벌금미하 하해 불필
居家俟命. 因出, 頻見過, 某居常在家. 吾徒爲天下所慕, 如
거가사명 인출 빈견과 모거상재가 오도위천하소모 여
軾所言是也. 奈何動輒逾月不相見? 軾所言樂, 乃某所得深
식소언시야 내하동첩유월불상견 식소언락 내모소득심
者爾, 不意後生達斯理也. 不宣.
자이 불의후생달사리야 불선

1-8. 【매성유梅聖俞에게 보내는 편지】[42]

구양수歐陽脩는 말씀드립니다. 여름으로 접어들면서 동네 사람들이 전하는 말에 "올가을 홍수는 작년 못지않을 것이다."고

42 가우嘉祐 2년(1057, 51세)에 한림학사翰林學士로 있을 때 보낸 편지이다. 1056년 4월에 상호하商胡河의 북쪽 물길을 막아 육탑하六塔河로 끌어들이려고 하였는데, 입구의 제방이 터져 많은 사람들이 익사하였다. 또 5월에 큰비가 내려 6월에 수재가 발생하였다.

하였습니다. 그때는 와전된 말이라고 생각했었는데 지금 와서 보니 맞는 말이었습니다.

이틀 밤을 집안사람들 모두가 그릇으로 물을 퍼내느라 이 늙은이까지 밤새 잠도 자지 못하였습니다. 거리에는 물이 가득하여 드나들 수조차 없었습니다. 3일이 지나도 비가 그치지 않아 다시 피난할 곳을 찾고 있습니다. 경사京師의 형편43은 이러하니 어찌하겠습니까? 고생스러워 생각지도 못했는데 그대의 집도 그렇다면 잠시 참고 견디십시오. 특별히 안부를 물어주시니 감사할 따름입니다.

채군모蔡君謨가 차茶를 부친다고 했는데 받으셨는지요? 번민 중에도 기쁘고 위안이 됩니다. 인편이 잘 돌아갔는지 근심스럽습니다.

【與梅聖俞】
여매성유

某啓. 自入夏, 閭巷相傳, 以謂: "今秋水當不減去年." 初以
모계 자입하 여항상전 이위 금추수당불감거년 초이
爲訛言, 今乃信然. 兩夜家人皆戽水, 竝洒翁達旦不寐. 街衢
위와언 금내신연 양야가인개호수 병내옹달단불매 가구
浩渺, 出入不得. 更三數日不止, 遂復謀逃避之處. 住京況
호묘 출입부득 갱삼수일부지 수부모도피지처 주경황
味, 其實如此, 奈何奈何. 方以爲苦, 不意公家亦然, 且須少
미 기실여차 내하내하 방이위고 불의공가역연 차수소
忍. 特承惠問存恤, 多感多感. 蔡君謨寄茶來否? 悶中喜見
인 특승혜문존휼 다감다감 채군모기차래부 민중희견

43 경사京師의 형편 : 구양수歐陽脩의 〈논수재소論水災疏〉에 "왕성王城과 경읍京邑에 이르러서 호수 같은 물에 빠져서 달아나느라 밤새 울부짖고 사람과 가축들이 얼마나 죽었는지 조차 모를 지경이었다."라고 하였다.

慰. 人還忉忉.
위 인환도도

1-9. 【매성유梅聖俞에게 보내는 편지】[44]

구양수歐陽脩는 말씀드립니다. 걸핏하면 열흘을 보내면서도 찾아뵙지 못하고 있습니다. 이처럼 눈 내리는 추위에 다시 맑은 생각이라고는 없으니 저의 생각을 아실 것입니다. 성유께서는 아직까지 찾아오시지 않아 이상하다고 생각했었는데, 편지를 받아 보고 나서야 권문權門에 오르지 못하신 줄 알았습니다. 이렇게 저지를 당하고 있는 노형께 무엇을 바라겠습니까?

저는 매일 늦도록 집에 머물고 있으니 외출하실 때 들러주신다면 매우 다행[45]이겠습니다. 여회如晦[46]가 바라는 것을 벌써 말씀드렸기 때문에 다시 말씀드리기는 어렵지만 채주蔡州[47] 지역도 응당 얻을 수 있을 것입니다. 관아의 장부 일이 번거로워 이렇게 급히 써서 답장을 드립니다. 녹지 않은 잔설이 사랑스러운데 왕림해주기를 더욱 바랍니다.

【與梅聖俞】
여매성유

某啓. 動輒旬浹, 不奉顏采. 雪寒如此, 無復清思, 區區可知.
모계 동첩순협 불봉안채 설한여차 무부청사 구구가지

44 가우嘉祐 3년(1058, 52세)에 한림학사翰林學士로 있을 때 보낸 편지이다.

45 다행 : 원문은 '幸甚'. 분수가 아닌데 얻은 것을 '행幸'이라고 한다.

46 여회如晦 : 배온裵溫(?~?)의 자이다.

47 채주蔡州 : 지금의 하남성河南省 여녕부汝寧府를 이른다.

亦怪聖兪未嘗見顧, 得簡示, 乃雲不登權門. 若以此見格, 何
역괴성유미상견고 득간시 내운부등권문 약이차견격 하

望於老兄? 某每日晩多在家, 因出, 望見過, 幸甚. 如晦所欲
망어노형 모매일만다재가 인출 망견과 행심 여회소욕

已起奏, 難於更奏, 蔡州亦應須得. 簿書煩擁, 走此爲答. 殘
이기주 난어갱주 채주역응수득 부서번옹 주차위답 잔

雪可愛, 能見顧, 尤望.
설가애 능견고 우망

2. 【대제待制 등자경滕子京[48]에게 보내는 편지】[49]

구양수歐陽脩는 머리를 조아리고 말씀드립니다. 이릉夷陵으로 폄직되고 나서 강녕江寧에서 만났던 것도 어느덧 10년이 되었습니다.[50] 집사께서는 호빈태수湖濱太守로 좌천되었고 저도 다시 저주滁州의 회수淮水로 와서 편지조차 접할 수 없어 만날 기약도 못하였습니다. 인사가 다단하고 고단한 삶이 절로 피곤하여 탄식만 나오니 이를 어찌 다 말할 수 있겠습니까?

급한 인편이 갑자기 도착하여 보내신 편지를 받았습니다. 공은 백성들의 어려움을 돌보며 널리 조칙을 반포하여 묵은 병폐를 혁파하고 백성을 편하게 하였으며 무궁한 복리福利를 일으켰습니다. 이는 철인의 명달한 기량을 보니 벼슬에 나아가고 물러

48 등자경滕子京 : '子京'은 등종량滕宗諒(991~1047)의 자이다. 《고문진보古文眞寶》〈악양루기岳陽樓記〉에 "경력慶曆 4년(1044) 봄에 등자경이 파릉군으로 좌천되었다.[慶曆四年春 子京謫守巴陵郡]"이라는 구절이 있다.

49 가우嘉祐 5년(1060, 54세)에 한림학사翰林學士로 있을 때 보낸 편지이다.

50 이릉夷陵……되었습니다 : 경우景祐 3년(1036)에 협주峽州의 이릉현령이 되어 경력慶曆 5년(1045)까지 10년을 그곳에 있었다. 이릉은 지금의 호북성湖北省 의창부宜昌府이고, 강령江寧은 지금의 강소성江蘇省 강녕부江寧府이다.

나는 것으로 마음 삼지 않을 뿐만이 아니 먼 지방의 피폐한 백성들이 화평한 교화를 입은 것이 기쁩니다. 말씀하신 새로 쌓은 제방에 관한 일은 기록을 남기도록 하였습니다.

저는 예전에 배웠던 학문이 거칠어졌고 글 쓰고 생각하는 힘은 쇠락해졌습니다. 지난날 혈기 왕성한 젊은 기운은 어디 가고 환난을 당하여 헤아리기 어려운 근심이 쌓여 걱정만 하고 있습니다. 이런 까닭에 말은 난삽하고 뜻은 군색합니다. 군자의 크고 활달한 뜻을 실행하기엔 턱없이 부족하여 악주岳州의 백성들이 바라는 송덕가頌德歌에 걸맞지 않습니다. 아무리 힘을 써도 요청해 오신 공의 뜻에 부응할 수 없으니 부끄럽고 송구할 뿐입니다. 가을이 끝나면 동정호에 이른 추위가 오겠지요. 임금께서 부르시는 명령이 얼마 남지 않았으니 부디 자중하시기를 빕니다.

【與滕待制子京】
여등대제자경

某頓首. 自夷陵之貶, 獲見於江寧, 逮今十年. 而執事謫守湖
모돈수 자이릉지폄 획견어강녕 체금십년 이집사적수호
濱, 某亦再逐淮上, 音塵靡接, 會遇無期. 則人事之多端, 勞
빈 모역재축회상 음진미접 회우무기 즉인사지다단 노
生之自困, 可爲嘆息, 何所勝言! 急步忽來, 惠音見及. 伏承
생지자곤 가위탄식 하소승언 급보홀래 혜음견급 복승
求恤民瘼, 宣布詔條, 去宿弊以便人, 興無窮之長利. 非獨見
구휼민막 선포조조 거숙폐이편인 흥무궁지장리 비독견
哲人明達之量, 不以進退爲心, 而竊喜遠方凋瘵之民, 獲被
철인명달지량 불이진퇴위심 이절희원방조채지민 획피
愷悌之化. 示及新堤之作, 俾之紀次其事. 舊學荒蕪, 文思衰
개제지화 시급신제지작 비지기차기사 구학황무 문사쇠
落, 旣無曩昔少壯之心氣, 而有患禍難測之憂虞. 是以言澀
락 기무낭석소장지심기 이유환화난측지우우 시이언삽

意窘, 不足盡載君子規模閎達之志, 而無以稱岳人所欲稱揚
의군 부족진재군자규모굉달지지 이무이칭악인소욕칭양
歌頌之勤. 勉强不能以副來意, 愧悚愧悚. 秋序方杪, 洞庭早
가송지근 면강불능이부래의 괴송괴송 추서방초 동정조
寒, 嚴召未間, 千萬自重.
한 엄소미간 천만자중

3-1. 【연서連庶[51] 직방職方에게 보내는 편지】[52]

구양수歐陽脩는 말씀드립니다. 얼마 전 보내신 편지를 받기는 했지만 추운 날씨에 안부가 어떠신지요. 경사京師에서 보잘것없이 지내는 저는 다행스럽게도 원례元禮[53]를 만나기는[54] 했지만 쇠약하고 병이 들어 즐거움이라고는 없어 다시 장년壯年에 유람하던 즐거움이 다시는 없을 듯합니다.

쓰다 남겨놓았던 당唐나라 역사책은 이미 마무리하고 나니 남쪽으로 돌아가고픈 마음이 날듯합니다[55]. 그대는 결연한 마음으

51 연서連庶(?~?) : 송宋나라 안주安州 응산應山 사람이다. 자는 거석居錫·군석君錫이다. 구양수歐陽脩가 그의 학문을 높여 천거하여 곤산현昆山縣 지주에 임명되었으나 나아가지 않았다.

52 가우嘉祐 5년(1060, 54세)에 한림학사翰林學士로 있을 때 보낸 편지이다.

53 원례元禮 : 송宋나라 안주安州 응산應山 사람인 연상(連庠, ?~?)의 자이다. 연서連庶의 아우로, 벼슬은 도관낭중都官郎中을 역임했다.

54 원례元禮……만나기는 : 구양수歐陽脩는 이해에 《당서唐書》를 새로 수찬하여 올린 공으로 7월에 예부시랑禮部侍郎에 제수되었고, 9월에 한림학사翰林學士에 제수되었으며 11월에 추밀부사樞密副使에 제수되었다. 경사京師에 있을 때 원례元禮와 만났다. 원례는 연상連庠으로, 연서連庶의 아우다.

55 남쪽으로……날듯합니다 : 여릉廬陵은 경사京師의 남쪽에 속해 있는 땅으로 구양수는 고향으로 돌아가고 싶은 마음이 간절했다. 그래서 남쪽으로 돌아가고픈 마음이 날듯하다고 한 것이니 마음이 급하다는 말이다.

로 마침내 유유자적한 한가한 때를 만났으니 청아한 정취가 늙은이에게 편하다는 것을 응당 아실 것입니다. 더구나 나라의 녹만 축내면서 보탬이라고는 없으니 어찌 저 같은 보잘것없는 사람이 이 자리에 오래 있을 수 있겠습니까? 만날 날을 기약할 수가 없으니 그대를 위해 말씀드리니 추운 날씨에 더욱 몸을 아끼시길 바랍니다.

【答連庶職方】
답연서직방

某啓. 近嘗辱惠問, 不審寒來體履如何? 京師區區, 幸時與
모계 근상욕혜문 불심한래체리여하 경사구구 행시여
元禮相見, 然衰病鮮悰, 無復壯年遊從之樂也. 殘史已終篇,
원례상견 연쇠병선종 무부장년유종지락야 잔사이종편
南歸之思如欲飛爾. 君錫決然, 遂獲閑居之適, 應知此趣眞
남귀지사여욕비이 군석결연 수획한거지적 응지차취진
老者之所便也. 況竊祿甚厚, 於國無補, 豈堪碌碌久此乎. 握
노자지소편야 황절록심후 어국무보 기감녹록구차호 악
手未期, 聊爲君錫道此. 盛寒多愛.
수미기 료위군석도차 성한다애

3-2. 【연서連庶 직방職方에게 보내는 편지】[56]

구양수歐陽脩는 말씀드립니다. 채주蔡州에 태수가 된 지도[57] 벌써 반년이 지났는데, 노년에 온갖 병들이 번갈아 공격해와 한가한 곳에서 편안히 지내고 싶어 봄을 지내고 휴가를 내어 모든 일을

56 희령熙寧 4년(1071, 65세) 2월에 채주지주蔡州知州로 있을 때 보낸 편지이다.
57 채주茱州……된 지도 : 희령 3년(1070) 7월에 다시 채주지주蔡州知州가 되었다. 채주蔡州는 하남河南 여녕부汝寗府에 있다.

내팽개치고 있습니다. 서로 지척의 거리에 있으면서도 안부를 드리지 못하고 있었는데 심부름꾼이 와서 편지를 전해주니 부끄럽고도 감사합니다. 당신께서 편안하게 잘 지내신다는 소식에 기뻤습니다.

저는 쇠약한 몸으로 바라던 하나의 언덕[58]을 얻지 못해 근심과 두려움에 억지로 견디며 지내고 있습니다. 고현高賢[59]께서는 원대한 식견으로 일찍이 세속을 벗어나셨으니 마땅히 끝없는 복과 장수를 누리실 것입니다. 그리워하면서도 서로 만날 날을 기약할 수가 없습니다. 따뜻해지는 봄 날씨에 몸을 보중하시기 바랍니다.

【答連庶職方】
답연서직방

某啓. 守蔡忽已半歲, 老年百病交攻, 賴此閑僻偸安. 然猶經
모계 수채홀이반세 노년백병교공 뢰차한벽투안 연유경
春在告, 人事曠廢. 咫尺相去, 闕於馳問. 使至, 辱書, 旣慚
춘재고 인사광폐 지척상거 궐어치문 사지 욕서 기참
且感, 喜承尊候康裕. 某以衰殘, 未遂一丘之願, 勉强憂畏.
차감 희승존후강유 모이쇠잔 미수일구지원 면강우외
惟思高賢遠識, 早能超出塵累, 宜享福壽於無涯也. 企慕企
유사고현원식 조능초출진누 의향복수어무애야 기모기
慕. 相見未期, 初暄保愛.
모 상견미기 초훤보애

58 하나의 언덕 : 원문은 '一丘'. '一丘一壑'의 준말이다. 하나의 언덕과 하나의 골짜기라는 뜻으로, 은퇴하여 초야에서 산수를 즐기는 것을 말한다. 《한서漢書》 〈서전 상敍傳上〉에 "하나의 골짜기에서 낚시하면 만물이 그 뜻을 어지럽히지 못하고, 하나의 언덕에서 소요하면 천하가 그 즐거움을 바꾸지 못한다.[漁釣於一壑 則萬物不奸其志 棲遲於一丘 則天下不易其樂]"라는 구절이 있다.

59 고현高賢 : 연서連庶를 이른다.

4. 【연상낭중連庠郎中에게 보내는 편지】[60]

구양수歐陽脩는 말씀드립니다. 재주는 없고 힘은 모자라 주어진 임무는 저에게 걸맞지 않아 애초부터 보답할 방법이 없어 한갓 스스로 애만 쓰면서, 인사조차 모두 내팽개치고 있으니[61] 친구들도 애상하게 여기고 있으니 작은 허물을 꾸짖지 않으실 것이라 믿습니다.

호외湖外의 풍토는 어떻습니까? 지난번에는 안부가 조금 좋지 않다는 소식을 들었는데 지금은 좋아지셨다니 기쁩니다. 군석君錫 형에게도 오랫동안 편지를 받지 못했습니다. 일이 많고 바빠서 한 통의 편지조차 보내지 못해 부끄럽고 죄송합니다. 보내주신 감귤은 매우 맛있었습니다. 멀리서 보내기 어려운데 더욱 감사합니다. 봉단차鳳團茶[62] 몇 덩어리[餠][63]리를 보내 그나마도 성의를 표할 뿐입니다. 한 해가 저물어 가는데 새해 봄에는 더욱더 몸을 아끼시기를 빌겠습니다.

---

60 연상낭중連庠郎中에게……편지 : 언제 썼는지 미상인 편지이다.

61 인사조차……있으니 : 친구들에게 안부를 자주 전하지 못하고 있으니, 자신을 상황을 헤아려 나무라지 말기를 바란다는 의미이다.

62 봉단차鳳團茶 : 찻잎을 쪄서 뭉친 고형차의 일종으로 엽전처럼 만들어서 '돈차'라고 부르기도 했고, 용무늬, 봉황무늬를 음각해서 '용단승설龍團勝雪', '용봉단차龍鳳團茶'라고 부르기도 했다. 구양수歐陽脩의 《귀전록歸田錄》에 의하면, 휘종徽宗 선화 2년(1120) 정가간鄭可簡이 만들어 황제에게 바쳤다고 한다.

63 덩어리[餠] : 차를 떡의 형태로 뭉쳐 발효한데서 이르는 말로, 이러한 차를 흔히 '떡차[餠茶]'라고도 한다. 그 외 모양에 따라 '덩이차[團茶]', '벽돌차[磚茶]' 등으로 부른다.

【與連庠郎中】
여연상랑중

某啓. 才薄力劣, 任非其稱, 初無報效, 徒自爲勞, 人事都廢,
모계 재박역열 임비기칭 초무보효 도자위로 인사도폐

恃親舊見哀而不責小故. 湖外風土如何? 向承體中, 亦小不
시친구견애이불책소고 호외풍토여하 향승체중 역소불

佳, 今喜清康. 君錫兄, 亦久不承問. 多事悤悤, 不曾作得一
가 금희청강 군석형 역구불승문 다사총총 부증작득일

書, 慚悚慚悚. 惠柑甚佳, 遠地難致, 尤爲珍感. 鳳團數餠,
서 참송참송 혜감심가 원지난치 우위진감 봉단수병

聊表信而已. 歲律遽窮, 新春多愛.
료표신이이 세율거궁 신춘다애

5. 【장직방張職方[64]에게 보내는 편지[65]】[66]

구양수歐陽脩는 말씀드립니다. 경사京師에 모인지 한해가 지났는데, 헤어진 서운함을 어찌 이기겠습니까? 진흙 길에도 막힘 없이 벌써 진주陳州에 도착하였습니다.[67] 때때로 비를 만나 배안은 그리 덥지 않았습니다. 계구界溝를 지나니 땅이 척박하여 뽕나무와 산뽕나무조차 시들하니 영주潁州가 참으로 풍요로운 땅임을 비로소 알게 되어 더욱 사람을 그립게 합니다.

---

64 장직방張職方(?~?) : 미상이다.

65 장직방張職方에게……편지 : 〈송도주장직방送道州張職方〉시에 "과거에 급제하여 청삼입고 함께 유람하던 일 추억하네. 가련타! 그대 백발에 고을 수령이 되었구려.[送道州張職方詩云 桂籍青衫憶共遊 憐君華發始爲州之句]"라고 하였다.

66 황우皇祐 2년(1050, 44세)에 응천부지주應天府知州로 있을 때 편지이다.

67 진주陳州에 도착하였습니다 : 구양수歐陽脩는 이해 7월에 매부 장구년張龜年이 양성襄城에서 죽자, 전갈을 받고 행차를 하였다. 진陳은 하남성河南省 진주부陳州府를 이른다.

아이들이 만수탑萬壽搭을 바라보면서도 오히려 대두사臺頭寺라고 하니 그 말을 듣고 나도 모르게 서글픈 마음이 들었습니다. 진주를 지나면 편지를 부치기 어려울까 걱정입니다. 가을 더위에 더더욱 몸을 아끼시길 바랍니다.

【與張職方】
여 장 직 방

某啓. 相聚逾年, 別來豈勝思戀. 道塗無阻, 行已及陳. 時時
모 계 상 취 유 년 별 래 기 승 사 연 도 도 무 조 행 이 급 진 시 시

得雨, 舟中不熱. 自過界溝, 地土卑薄, 桑柘蕭條, 始知潁眞
득 우 주 중 불 열 자 과 계 구 지 토 비 박 상 자 소 조 시 지 영 진

樂土, 益令人眷眷爾. 小兒輩望見萬壽塔, 尚指以爲臺頭, 聞
낙 토 익 영 인 권 권 이 소 아 배 망 견 만 수 탑 상 지 이 위 대 두 문

其語, 不覺愴然爾. 過陳, 恐難附書. 秋暑多愛.
기 어 불 각 창 연 이 과 진 공 난 부 서 추 서 다 애

6-1. 【왕랑중王郎中68에게 보내는 편지】69

구양수歐陽脩는 말씀드립니다. 지난번 하삭河朔70에서 편지로 가르침을 받은 적이 있는데 인사에 변고가 많아 답장을 드릴 겨를조차 없었습니다. 곧이어 또 자야子野71의 부고를 들었지만 마침 회남淮南으로 옮기게 되어72 노인과 아이들을 데리고 두 번이

68 왕랑중王郎中 : 왕도손王道損을 이른다.

69 경력慶曆 8년(1048, 42세)에 양주지주楊州知州로 있을 때 보낸 편지이다.

70 하삭河朔 : 하북河北을 이르는데, 하남성河南省 덕휘부德輝府에 속한다.

71 자야子野 : 대제待制 왕질王質(1001~1045)을 이른다. 왕도손王道損(?~?)의 집안사람으로 부고를 들은 것으로 생각된다.

72 회남淮南으로……되어 : 이해 양주지주楊州知州로 옮겼는데 저주滁州에서 양

나 배에 타고 내려 비로소 이곳에 도착을 하였습니다. 때문에 친구들과 더불어 서로 조문할 겨를조차 없었습니다.

자야처럼 어진 사람은 얻기 어렵습니다. 이 때문에 천하의 공통된 논의로 모두가 애석하게 여기고 있습니다. 만약 얻기 어려운 친구라면 한스러움 또한 끝이 없을 것이니 괴롭습니다. 예부터 어진 사람이라도 죽지 않을 수는 없지만, 아름다운 이름만은 영원히 없어지지 않고 남아있습니다.

무릇 자야를 위해 애통하고 애석하게 여기는 친구들은 오직 이 일로 자신의 슬픈 감정을 위로할 수 있을 것입니다. 범공范公[73]의 묘지문은 매우 상세하고도 거짓 없는 기록이어서 매우 좋았습니다. 새해가 시작되니 더욱 몸을 보중하시어 저의 그리움에 위안이 되도록 하십시오.

【與王郎中】
여왕랑중

某啓. 向在河朔, 嘗辱書爲誨, 人事多故, 未暇復問. 尋而又
모계 향재하삭 상욕서위회 인사다고 미가복문 심이우

聞子野之訃, 値某遷郡淮南, 扶挈老幼, 凡再登舟, 再出陸,
문자야지부 치모천군회남 부설노유 범재등주 재출륙

주楊州까지 옮기면서 몇 번의 배를 오르내리며 비로소 고을에 도착하였다.

73 범공范公 : 범중엄范仲淹(989~1052)을 이른다. 자는 희문希文이고, 시호 문정文正이다. 인종仁宗의 친정親政이 시작되자 부름을 받아 중앙에서 간관諫官이 되었다. 그러나 그 무렵 곽황후郭皇后의 폐립문제를 놓고 찬성파인 재상 여이간呂夷簡과 대립했기 때문에 다시 지방으로 쫓겨났다. 그 뒤로 구양수歐陽修 · 한기韓琦 등과 함께 여이간 일파를 비난하였으며, 자기들 스스로 군자의 붕당朋黨이라고 자칭하여 경력당의慶曆黨議를 불러일으켰다. 저서로 《범문정공집范文正公集》이 있다.

始至敝邑, 用此亦未暇與交游相弔. 子野之賢難得, 此天下
시지폐읍 용차역미가여교유상조 자야지현난득 차천하

公議共惜之. 若相知之難得, 則其私恨, 亦有萬萬不窮之意,
공의공석지 약상지지난득 즉기사한 역유만만불궁지의

苦事苦事. 自古賢者無不死, 惟令名不朽, 則爲永存矣. 凡朋
고사고사 자고현자무불사 유영명불후 즉위영존의 범붕

友爲子野痛惜者, 惟可以此一事自寬而已. 范公志文, 詳悉
우위자야통석자 유가이차일사자관이이 범공지문 상실

而實錄, 甚善甚善. 新歲伊始, 千萬保重, 以慰瞻詠.
이실록 심선심선 신세이시 천만보중 이위첨영

6-2. 【왕랑중王郎中[74]에게 보내는 편지】[75]

구양수歐陽脩는 말씀드립니다. 전인專人[76]이 도착해서 편지를 받았습니다. 추위가 지나고 정사를 보시는 나머지에 잘 지내신다니 그리움이 참으로 위안이 되었습니다.

저는 쇠약하고 병들어 몸을 지탱하지도 못하는데 갑자기 번잡한 직책으로 몰아대고 독려하니 감히 사양도 못하고 있습니다. 사실 능력도 없고 즐겁지도 않으니 견디지 못할 것입니다. 화직華職을 맡은 지도[77] 벌써 한 해가 넘었으니 마땅히 달리 아름답게 쓰일 곳[78]이 있을 것입니다. 말씀하신 것을 받아 보았으니 감

74 왕랑중王郎中(?~?) : 미상이다.

75 가우嘉祐 3년(1058, 52세)에 개봉부지주開封府知州로 있을 때 보낸 편지이다.

76 전인專人 : 소식이나 물건 등을 전하기 위해 특별히 보내는 사람을 이른다.

77 화직華職을 맡은 지도 : 이해 6월에 임시로 개봉부지주開封府知州를 맡았다.

78 아름답게 쓰일 곳 : 원문은 '美用'. 《후한서後漢書》 〈순리열전循吏列傳〉에 "실로 날개의 아름다운 쓰임은 한갓 배와 등에 난 털처럼 아무 쓸모없는 것만은 아니다."라고 하였다.

히 가르침을 따르지 않겠습니까?

저는 눈병을 앓은 지 10년이 되었는데[79] 갑자기 책상에서 일을 하는 것이 고통스러워 동지冬至가 지나면 남쪽 지방 수령守令[80]으로 갈 것을 청할 것입니다. 추워지는 날씨에 몸을 잘 조섭하시기 바랍니다.

【與王郎中】
여왕랑중

某啓. 專人至, 辱書, 承經寒爲政外, 福履淸康, 實慰瞻企.
모계 전인지 욕서 승경한위정외 복리청강 실위첨기

某衰病不支, 遽蒙以煩冗驅策, 不敢固辭. 其實非所能, 亦非
모쇠병부지 거몽이번용구책 불감고사 기실비소능 역비

所樂, 又非所堪也. 居華已逾年, 當別有美用. 承見諭, 敢不
소락 우비소감야 거화이유년 당별유미용 승견유 감불

如敎. 某病目十年, 遽爲几案所苦, 冬至後, 自當請麾南去
여교 모병목십년 거위궤안소고 동지후 자당청휘남거

矣. 向寒保攝.
의 향한보섭

---

79 눈병을……되었는데 : 이해 개봉부開封府에서 사직을 간청하며 올린 차자箚子에 "오랫동안 앓던 눈병이 나이가 들수록 점점 더 쇠약해져만 가니 외직으로 나가 쇠잔한 몸을 구완할 수 있도록 해주십시오.[是年 有辭開封府箚子云 久患目疾 年齒漸衰 乞一外任 以養衰殘]"라고 하였다.

80 남쪽지방 수령守令 : 원문은 '麾南'. '麾'는 '배척하다'는 의미로, 관원이 외직外職으로 나가는 것을 말한다. 죽림칠현竹林七賢 중 한 사람인 완함阮咸이 몇 번 천거를 받고도 조정에 들어가지 못하다가 순욱荀勗의 배척을 한 번 받고는 시평태수始平太守로 나갔던 고사에서 유래한다.

7. 【곽형부郭刑部[81]에게 답하는 편지】[82]

구양수歐陽脩는 말씀드립니다. 아이를 통해 편지를 보내려던 중에 파발擺撥 편에 보내신 편지를 받고 헤아릴 수 없이 기쁘고 위안이 되었습니다. 아울러 봄추위에 안부가 좋으신 줄 알았습니다.

숭산嵩山의 소실少室[83]로 유람가신다는 소식에 어찌 부럽지 않겠습니까? 이 즐거움은 언제나 산인처사山人處士 만이 누릴 수 있습니다. 관복을 입은 벼슬아치들의 허둥대는 급한 마음과 견주어본다면 뜻을 이룬다고 하더라도 늙지 않으면 병이 들 것입니다. 비록 등산임수登山臨水의 흥치가 있어 힘써 그것을 해보지만 이미 수고로움을 이길 길 없습니다. 정신이 완전하고 기운이 용맹하여 공처럼 마음이 가는 데로 즐기는 사람은 백에 한둘도 안 됩니다.

저는 참으로 시력이 멀리까지 보지도 못하고 발걸음은 높은 곳에 오르지도 못하니 한탄스럽습니다. 서로 만날 기약조차 없습니다. 점점 따뜻해지는 날씨에 더욱 몸을 아끼시길 바랍니다.

【答郭刑部】
답곽형부

某啓. 方欲因兒子行奉狀, 遞中忽辱書, 可量欣慰. 兼審春
모계 방욕인아자행봉장 체중홀욕서 가량흔위 겸심춘

---

81 곽형부郭刑部 : 곽보郭輔(?~?)를 이른다.

82 가우嘉祐 4년(1059, 53세)에 한림학사翰林學士로 있을 때 보낸 편지이다.

83 소실少室 : 《일통지一統志》에 "산에 세 개의 봉우리가 있는데 동쪽을 '대실大失', 서쪽을 '소실少室'이라고 한다."고 하였다.

寒, 動履淸勝. 承諭以嵩少之遊, 豈勝跂羨. 此樂常爲山人處
한 동리청승 승유이숭소지유 기승기선 차락상위산인처

士得之. 衣冠仕宦, 比其汲汲, 得如其志, 不老則病矣, 雖有
사득지 의관사환 비기급급 득여기지 불로즉병의 수유

登臨之興, 勉强而爲之, 已不勝其老也. 若神完氣銳, 惟意所
등임지흥 면강이위지 이불승기노야 약신완기예 유의소

適, 如公之樂者, 百無一二人也. 如某者, 目固不能遠望, 足
적 여공지락자 백무일이인야 여모자 목고불능원망 족

亦不任登高矣. 可歎可歎. 相見未涯, 向暖加愛.
역불임등고의 가탄가탄 상견미애 향난가애

8. 【주직방朱職方[84]에게 보내는 편지】[85]

구양수歐陽脩는 말씀드립니다. 오랫동안 편지를 드리지 못했습니다. 여름 날씨가 뜨거운데 공무 보시는 나머지에 안부는 좋으신지요? 진선시승陳銑寺丞은 훌륭한 선비입니다. 저주滁州에서 함께 벼슬을 한 적이 있는데[86], 지금은 남쪽으로 돌아갔으니 만나 뵙고 싶다면 잊지 마시고 마음에 담아 두시기를 바랍니다.

마침 《당사唐史》를 마무리 짓느라[87] 바쁘게 편지를 쓰느라 예를 갖추지 못하였으니 용서하시기 바랍니다. 날씨가 더워지는데 몸을 아끼시기를 바랍니다.

84 주직방朱職方 : 주처약朱處約(?~?)을 이른다.

85 가우嘉祐 5년(1060, 54세)에 한림학사翰林學士로 있을 때 보낸 편지이다.

86 저주滁州에서……있는데 : 경력慶歷 5년(1045, 39세)에 저주지주滁州知州로 있었다.

87 《당사唐史》를……짓느라 : 이해 7월 새로 편수한 《당서唐書》를 올렸다. 이 편지에서 '한더위[方暑]'라고 하였는데, 바로 당唐나라 역사가 마무리되어 갈 때라서 '바쁘다[忙迫]'고 한 것이다.

【與朱職方】
여 주 직 방

某啓. 久不奉狀. 夏熱, 公外竊惟體履休勝. 陳銑寺丞, 佳士
모 계 구 불 봉 장 하 열 공 외 절 유 체 리 휴 승 진 선 사 승 가 사
也, 曾在滁州同官. 今其南歸, 願拜識, 幸希留念也. 屬《唐
야 증 재 저 주 동 관 금 기 남 귀 원 배 식 행 희 유 념 야 속 당
史》終篇, 忙迫作書, 不謹備, 恕之. 方暑愼愛.
사 종 편 망 박 작 서 불 근 비 서 지 방 서 신 애

9. 【채성부蔡省副[88]에게 보내는 편지】[89]

구양수歐陽脩는 머리를 조아립니다. 공사가 바빠 오랫동안 소식을 전하지 못했습니다. 편지를 받아 보고 이미 배에 오르셨다는 소식을 듣고도 끝내 다시 작별 인사도 드리지 못하였으니 그리움을 이길 길이 없습니다. 날이 짧아 해가 질 무렵 집으로 돌아오니 손님들이 벌써 집안에 가득하여 자지도 먹지도 못하는 것이 늘 있는 일이라 습관이 되었습니다. 이 때문에 오랫동안 문안 편지를 드리지 못해 부끄럽고 죄스럽습니다.

여음汝陰 군자[90]가 오랫동안 병을 앓다가 조금 나아져서 마땅히 돌아가야 하지만 아직도 뵙지 못하고 있습니다. 너그럽게 자애하시고 약을 잘 살펴 드십시오. 간절한 마음을 다하지 못합니다.

---

88 채성부蔡省副(?~?) : 미상이다.

89 황우皇祐 원년(1049, 43세) 영주지주潁州知州 재임 시에 보낸 편지이다

90 여음汝陰 군자 : '汝陰'은 영주潁州를 이르며, 군자는 구양수歐陽脩를 이른다. 그가 은퇴한 뒤 자신이 한때 수령으로 있었던 영주潁州 여음汝陰에 살았던 데서 이른다.

【與蔡省副三通】
여채성부삼통

某頓首. 公私悤悤, 久闕致誠. 辱教字, 承已登舟, 遂不復一
모돈수 공사총총 구궐치성 욕교자 승이등주 수불부일
得叙別, 可勝瞻戀. 短景, 日暮還家, 客已盈室, 寢食殆廢,
득서별 가승첨연 단경 일모환가 객이영실 침식태폐
習以爲常. 以此久不奉問, 慚罪慚罪. 汝陰, 君子久處, 疾少
습이위상 이차구불봉문 참죄참죄 여음 군자구처 질소
間, 當來歸. 未見, 惟寬中自愛, 審用藥餌. 不盡區區.
간 당래귀 미견 유관중자애 심용약이 부진구구

10-1. 【급사給事 오중복吳中復91에게 보내는 편지】92

구양수歐陽脩는 말씀드립니다. 어머니를 잃은93 여생으로 멀리 교외에서 물러나 지내고 있었는데 특별히 찾아와주시니 감격하여 목이 메는 마음을 어찌 감당이나 하겠습니까? 은혜롭게 아름다운 글을 보내주시어 마침내 영광스럽게 볼 수 있었으니 비록 상중에 정신이 없는 상황이지만 저를 깨우치고 경계시키는 글인 줄 알았습니다.

가주嘉州94에 있을 때 《육정淯井95》같은 작품은, 어진 말은 이

91 오중복吳中復(1011~1029) : 자는 중서仲庶로, 홍국군興國軍 영흥永興 사람이다. 아우 오기복吳畿復과 함께 1038년 진사에 입격하여 사천四川 아미현령峨眉縣令을 거쳐 1070년 성도부成都府 지주知州가 되었다가 후에 급사중給事中이 되었다.

92 황우皇祐 5년(1053, 47세)에 영주(潁州)에서 어머니를 장례 치를 때 보낸 편지이다.

93 어머니를 잃은 : 이때 공의 어머니가 돌아가시고 영주潁州에서 지내고 있었다. 그래서 '어머니를 잃은 여생'이라고 한 것이다.

94 가주嘉州 : 사천성四川省 가정부嘉定府에 속한다.

롭고 널리 전해지니 이는 문자상의 빈말이 아님을 알 수 있습니다. 공의 재주와 명예를 흠모한 지가 참으로 이미 오래되었는데, 대강이나마 높고 깊은 뜻을 보고는 더욱 탄복하였습니다.

상복을 입은 처지라 찾아뵙고 감사를 드리지 못하고 이렇게 두서없이 안부의 말씀을 드립니다. 저는 태부집사太博執事이신 중서仲庶께 두 번 절합니다. 2월 28일.

【與吳給事中復】
여오급사중복

某啓. 罪逆餘生, 遠屛郊外, 特承顧訪, 感咽何勝. 仍沐寵惠
모계 죄역여생 원병교외 특승고방 감인하승 잉목총혜

雄編, 俾遂榮覽, 雖在哀迷, 亦知開警. 如嘉州淯井之作, 有
웅편 비수영람 수재애미 역지개경 여가주육정지작 유

以見仁言之利溥, 而非文字之空言也. 欽仰材譽, 固已有日,
이견인언지리부 이비문자지공언야 흠앙재예 고이유일

粗窺高蘊, 益用歎服. 限以衣制, 不能謁謝, 聊叙此不次. 某
조규고온 익용탄복 한이의제 불능알사 료서차불차 모

再拜仲庶太博執事. 二月二十八日.
재배중서태박집사 이월이십팔일

10-2. 【급사給事 오중복吳中復에게 보내는 편지】[96]

구양수歐陽脩는 말씀드립니다. 만나서 밝은 가르침을 받고 싶

95 육정淯井 : 구양수歐陽脩의 《육일시화六一詩話》에 "소자첨은 촉蜀나라 사람으로, 일찍이 육정감淯井監에서 오랑캐들의 궁대弓袋를 얻었다.[蘇子瞻 蜀人也 嘗於淯井監 得夷人弓衣云云]"고 하였다. '육정淯井의 작품'은 오급사의 문장을 이르는데, 유익하고 실용적이어서 빈말과는 다르다.

96 가우嘉祐 3년(1058, 52세)에 개봉부윤開封府尹으로 있을 때 보낸 편지이다.

었지만 그러지 못해 그립기만 합니다. 여름 더위에 안부가 좋으시다는 것을 알았습니다. 저는 갑자기 임금의 명령[97]이 있었는데 이는 뜻밖에 나온 것입니다. 저는 뛰어난 재주라곤 없는 데다 다른 염려가 적지 않아 어제 이미 사직을 간청하였으니 아마 면직될 수 있을 듯합니다. 만약 받아들여지지 않는다면 뜻을 고수하고 관직을 피하기 어려울까 걱정입니다.

말씀하신 묘지문은 제가 어찌 감당하겠습니까만 충의를 기뻐하고 사모하는 마음으로 즐겁게 글을 지어 묘지석 끝에 제 이름을 올릴 수 있어 마침내 사양하지 않았으니 송구합니다. 간절한 저의 감회를 능히 다 말씀드릴 수 없습니다. 저는 간원사인집사諫院舍人執事께 머리를 조아립니다.

【與吳給事中復】
여오급사중복

某啓. 思奉清論不可得, 徒用企想. 夏熱, 承體氣佳裕. 某此
모계 사봉청론불가득 도용기상 하열 승체기가유 모차

者忽有尹命, 殊出意外, 不惟才非所長, 加以他慮不淺, 昨已
자홀유윤명 수출의외 불유재비소장 가이타려불천 작이

懇辭, 庶可得免. 如其不獲, 恐難堅避. 辱命志文, 鄙拙豈足
간사 서가득면 여기불획 공난견피 욕명지문 비졸기족

當之? 第以欣慕忠義, 樂於紀次, 因得附名於石末, 遂不敢辭
당지 제이흔모충의 락어기차 인득부명어석말 수불감사

爾. 惶悚惶悚. 鄙懷區區, 不能具道. 某頓首諫院舍人執事.
이 황송황송 비회구구 불능구도 모돈수간원사인집사

97 임금의 명령 : 원문은 '尹命'. 연보에는 '君命'으로 되어 있다. 구양수歐陽脩는 이해 6월 '용도각학사권지개봉부龍圖閣學士權知開封府'의 관직이 더해졌다. 이 편지는 여름에 썼다. 그래서 갑자기 임금의 명령이 있었다고 한 것이다.

10-3. 【급사給事 오중복吳中復에게 보내는 편지】[98]

구양수歐陽脩는 말씀드립니다. 새로운 법령으로 오가는 것을 허락했지만 아직도 직무에 시달려 찾아뵐 경황조차 없습니다. 추운 날씨에 안부가 좋으시리라 생각합니다.

지난번 요청하신 묘갈문[99]에 대한 말씀을 오랫동안 미루어 두고 있습니다.[100] 요사이 눈병으로 휴가를 얻어 억지로 글을 지었습니다.[101] 그렇지만 쇠약하여 아무런 생각이 없이 겨우 글을 짓기는 했지만 아름다운 덕을 드러내기에는 부족하여 부끄럽고 죄송합니다. 눈이 어둡고 흐려 충분히 쓰지 못하였습니다. 이만 줄입니다.

【與吳給事中復】
여 오 급 사 중 복

某啓. 新令, 雖許往還, 尙以職事牽冗, 未皇祗謁. 計寒凜體
모계 신령 수허왕환 상이직사견용 미황지알 계한름체

氣淸康. 前承要墓碣, 久稽應命. 近因病目在告, 始得牽强.
기청강 전승요묘갈 구계응명 근인병목재고 시득견강

衰朽無意思, 僅能成文, 不足以發揚令德, 慚恐慚恐. 昏眩不
쇠후무의사 근능성문 부족이발양영덕 참공참공 혼현불

能多書. 謹此.
능다서 근차

98 가우嘉祐 3년(1058, 52세)에 개봉부윤開封府尹으로 있을 때 보낸 편지이다.

99 묘갈문 : 이전 편지에서 말한 묘지문墓誌文이다.

100 오랫동안……있습니다 : 원문은 '久稽應命'. 구계久稽는 '지체하다'는 의미이다.

101 요사이……지었습니다 : 대개 여름부터 겨울까지 말씀대로 하지 못해 눈병으로 휴가를 얻어 집에서 지내면서 억지로 글을 지었다.

11-1. 【이유후李留後[102]에게 보내는 편지】[103]

구양수歐陽脩는 말씀드립니다. 지난번 승방僧坊에 임시로 거처하고 있었는데 공사公私에 바빠 급히 이별하였으니 보고픈 마음을 어찌 이기겠습니까? 심부름꾼이 편지를 가져와 당신께서 부임지에 도착하여 겨울을 보내시면서 잘 지내고 계시다니 조금이나마 그리운 마음에 위안이 되었습니다.

저는 한결같이 법도나 지키는 우매한 선비일 뿐이니 어찌 때에 쓰임을 감당이나 하겠습니까? 더욱이 쇠약하고 병이 들어 떨치고 일어나는 것이 참으로 어려우니 연경禋慶[104]을 지나 지방수령으로 나가게 된다면 다행일 것입니다.

공근公謹이 군령郡令이 되어 참으로 즐거운 일이기는 하지만 어진 분이 멀리 외지에 나가니 지금의 상황으로 보아 반드시 오래가기는 어려울 것입니다. 눈병은 안정을 얻어 걱정이 없으니 더욱 정신이 맑을 것입니다. 저는 침침한 시력이 날로 심해져 글자가 마치 구름과 안개에 가려진 듯 흐릿하니 한가한 곳에서 병든 몸이나 잘 구완했으면 합니다. 매서운 추위에 때를 위해 자중하시기 바랍니다.

---

102 이유후李留後 : '留後'는 이단원李端愿(?~1091)의 자이다. 이해 이후李候가 진동군유후鎭東軍留後로 여주廬州로 나가 수령이 되었다.

103 가우嘉祐 2년(1057, 51세)에 한림학사翰林學士로 있을 때 보낸 편지이다.

104 연경禋慶 : 이해 12월 계성전啓聖殿에 삼후三后의 어진을 모실 때 구양수가 예원사禮院使가 되었는데 이곳을 지나며 한결같이 외임을 간청했던 일을 말한다.

【與李留後】
여이유후

某啓. 嚮以僑寄僧坊, 公私多故, 悤悤爲別, 豈勝馳情. 使至
모계 향이교기승방 공사다고 총총위별 기승치정 사지

惠書, 竊承下車經寒, 動履清福, 粗慰瞻仰. 某一守經愚儒
혜서 절승하거경한 동리청복 조위첨앙 모일수경우유

爾, 豈堪適時之用. 加以衰病, 勉强實難, 過禋慶, 得遂一麾
이 기감적시지용 가이쇠병 면강실난 과인경 득수일휘

爲幸矣. 公謹爲郡誠可樂, 然賢者遠外, 於今之時, 勢必難
위행의 공근위군성가락 연현자원외 어금지시 세필난

久. 目疾得靜安息慮, 當益清明. 某昏花日甚, 書字如隔雲
구 목질득정안식려 당익청명 모혼화일심 서자여격운

霧, 亦冀一閑處將養爾. 深寒, 惟望爲時自重.
무 역기일한처장양이 심한 유망위시자중

11-2. 【이유후李留後에게 보내는 편지】[105]

구양수歐陽脩는 두 번 말씀을 드립니다. 요사이 돌아오는 사람을 통해 부쳐주신 편지를 받았습니다. 이때 부쳐주신 맑은 샘물을 가져온 사람[106]이 당신의 편지도 가져와 추운 봄 날씨에 잘 지내시는 줄 알았습니다. 아울러 보내신 맑은 부사산浮槎山의 샘물[107]은 서둘러 마셔보니 물맛이 매우 좋아 참으로 의심할 것 없이 일품이었습니다. 물건은 본래 드러나지 않는 그윽한 곳에 있

105 가우嘉祐 3년(1058, 52세)에 한림학사翰林學士로 있을 때 보낸 편지이다.

106 맑은……사람 : 이유후李留後가 맑은 물을 보냈기 때문에 '기수인寄水人'이라고 하였다.

107 부사산浮槎山의 샘물 : 〈부사산수기浮槎山水記〉에, '부사산과 용지산은 모두 여주에 있지만 물맛을 비교하면 부사산의 물에 크게 미치지 못한다.[浮槎山與龍池山 皆在廬州界中 較其水味 不及浮槎遠甚]'는 구절이 있다.

다가 어진 사람을 통해 세상에 드러나니 이것이 제가 공경하고 사모하는 마음에 즐겁게 글[108]을 지었습니다.

마침 관반사館伴使[109]로 거란의 사신을 만나[110] 급히 대궐에 도착하느라 자못 애를 쓰고 있으니 일을 마치면 마땅히 서둘러 가겠습니다. 돌아가는 인편에 편지를 드립니다.

【與李留後】
여 이 유 후

某再拜. 近因人還, 嘗得附狀. 茲者, 寄水人至, 又辱書, 審
모 재 배 근 인 인 환 상 득 부 장 자 자 기 수 인 지 우 욕 서 심
春寒體況淸康. 兼惠淸泉, 亟飮甚甘, 實如不疑所品. 物固有
춘 한 체 황 청 강 겸 혜 청 천 극 음 심 감 실 여 불 의 소 품 물 고 유
處於幽晦而發於賢哲者, 茲鄙夫欣慕, 樂於紀述也. 適値館
처 어 유 회 이 발 어 현 철 자 자 비 부 흔 모 락 어 기 술 야 적 치 관
伴契丹人使, 旦夕到闕, 頗區區, 須事畢, 當馳上也. 人還,
반 글 단 인 사 단 석 도 궐 파 구 구 수 사 필 당 치 상 야 인 환
謹奉此.
근 봉 차

11-3. 【이유후李留後에게 보내는 편지】[111]

구양수歐陽脩는 말씀드립니다. 봄부터 날씨가 고르지 못한데 조섭하시는 안부는 좋으신지요. 지난번에 보내신 부사산浮槎山의

108 글 : 이해 2월 24일에 지은 〈부사산수기浮槎山水記〉을 이른다.

109 관반사館伴使 : 외국에서 사신이 왔을 때 접대를 맡아보던 임시 벼슬아치를 이른다.

110 관반사館伴使로……만나 : 이해 2월 거란에서 사신을 파견하여 국모國母의 초상을 알려왔는데 구양수歐陽脩는 관반館伴이 되었다.

111 가우嘉祐 3년(1058, 52세)에 한림학사翰林學士로 있을 때 보낸 편지이다.

물112을 받아 이를 소재로 〈부사산수기浮槎山水記〉를 짓도록 하였고, 또 우편을 통해 편지를 보내주셨는데 한동안 답장을 드리지 못했던 것은 억지로라도 보잘것없는 기문을 짓지 못해서입니다.

저는 중년에 병이 많아 문사文思가 쇠락하여 글을 잘 짓지 못하니, 자못 말씀을 감당하지 못하고 있습니다. 글솜씨는 이래서 다시는 잘못된 글을 쓰고 싶지 않으니 진실로 허물하지 마십시오. 자리子履113가 글씨를 써준다니 더욱 다행입니다. 감히 공을 번거롭게 하면서까지 글씨를 쓰게 할 수는 없습니다. 황공합니다.

【與李留後】
여이유후

某啓. 自春氣候不常, 伏惟攝理淸康. 前承惠浮槎山水, 俾之
모계 자춘기후불상 복유섭리청강 전승혜부사산수 비지

作記, 又於遞中辱書, 久不爲報, 蓋牽强拙記未成爾. 某中年
작기 우어체중욕서 구불위보 개견강졸기미성이 모중년

多病, 文思衰落, 所記非工, 殊不堪應命. 文辭已如此, 不欲
다병 문사쇠락 소기비공 수불감응명 문사이여차 불욕

更自謬書, 亮不爲罪. 然得子履一揮, 尤幸, 蓋不敢煩公謹眞
갱자류서 량불위죄 연득자리일휘 우행 개불감번공근진

翰也. 皇恐皇恐.
한야 황공황공

---

112 부사산浮槎山의 물 : 〈부사사팔기시浮槎寺八記詩〉에 "가우嘉祐 연간에 유후留後 이단원李端愿이 여주廬州에 수령이 되어 부사浮槎를 나에게 보여주었다.[嘉祐中 李留後端愿 守廬州 以浮槎遺余]"라고 하였다. 부사산浮槎山은 신현愼縣의 남쪽 35리에 있다.

113 자리子履 : 육경陸經(?~?)의 자이다. 월주越州 사람으로 호는 숭산노인嵩山老人이다. 일찍이 구양수와 함께 관각館閣에 있으면서 수찬修撰을 지냈다. 행서行書를 잘 써서 구양수가 다른 사람을 위해 비지碑誌를 지을 때면 반드시 육경에게 글씨를 쓰게 했다.

12-1. 【왕형공王荊公[114]에게 보내는 편지】[115]

구양수歐陽脩는 두 번 절합니다. 갑자기 헤어졌었는데 마침내 새해가 되었습니다. 그간에 한 통의 편지를 부치기는 했으나 너무 서두르는 바람에 제 마음을 다 담지 못해 지금까지도 한스럽습니다. 비록 서두르지 않았어도 간절한 저의 회포를 다 담아내지는 못하였을 것입니다. 당신의 아우[116]가 찾아와 만나 소식을 알게 되었습니다.

요사이 봄추위에 어머니를 모시고 만복을 누리고 계시다니 그지없이 기쁘고 위안이 되었습니다. 어진 사람은 조정에 머물지 않고 쇠약하고 병든 사람들은 조정에서 쫓겨나지 않아서[117] 모두 분수를 잃었지만 어디로 허물을 돌리겠습니까?

저는 새봄부터 눈이 더욱 흐릿하고 귀는 어두워 오래도록 글을 쓰지 못할까 매우 두렵습니다. 평소에 품은 것들을 다 풀지도 못한 채 끝내 평범한 사람으로 죽게 될까 걱정입니다. 나머지 자세한 사연들은 다 말하지 않습니다. 부모님 모시고 몸을 아끼시길 바랍니다. 이만 줄입니다.

---

114 왕형공王荊公 : '荊公'은 왕안석王安石(1021~1086)의 봉작이다. 자는 개보介甫이고, 호는 반산半山이다.

115 가우嘉祐 3년(1058, 52세) 봄에 한림학사翰林學士로 있을 때 보낸 편지이다.

116 당신의 아우 : 왕안석王安石의 아우 왕안례王安禮(1034~1095)를 이른다. 자는 화보和甫다.

117 어진……않아서 : 개보介甫처럼 훌륭한 사람은 조정에 머무르지 못하고 쇠약하고 병든 사람은 쫓겨나지 않는다고 하는 것은 구양수 스스로를 말하는 것이다.

【與王荊公】
여왕형공

某再拜. 相別忽焉, 遂見新歲. 中間嘗一得附書, 其如悤遽,
모재배 상별홀언 수견신세 중간상일득부서 기여총거

不盡鄙懷, 於今猶以爲恨. 雖然, 遂使不悤遽, 區區之懷, 亦
부진비회 어금유이위한 수연 수사불총거 구구지회 역

不能盡也. 賢弟來, 得相見, 備審動止. 卽日春寒, 奉太夫人
불능진야 현제래 득상견 비심동지 즉일춘한 봉태부인

萬福, 喜慰無限. 賢者, 不能留之朝, 衰病者, 不得放去, 皆
만복 희위무한 현자 불능유지조 쇠병자 부득방거 개

失其分, 歸咎何所? 某自新春來, 目益昏, 耳亦不聰, 大懼難
실기분 귀구하소 모자신춘래 목익혼 이역불총 대구난

久於筆硯. 平生所懷, 有所未畢, 遂恐爲庸人以死爾. 其他細
구어필연 평생소회 유소미필 수공위용인이사이 기타세

故不足道, 惟奉親自愛. 不宣.
고부족도 유봉친자애 불선

12-2. 【왕형공王荊公에게 보내는 편지】118

구양수歐陽脩는 말씀드립니다. 근래 양주楊州에서 부탁하여 편지를 보냈는데 반드시 받아 보셨겠지요. 이별한 뒤로 그립지 않은 날이 없었습니다. 가을 날씨가 조금 서늘해지는데 당신께서 만복을 누리며 잘 지내실 것으로 생각합니다.

비릉毗陵119은 이름난 고을인데 공이 처음 부임하여 백성들이 은혜를 입게 되었습니다. 그리고 부모님 모시는 즐거움120은 날마다 더욱 끝이 없으시겠지요. 저는 이곳에서 그리 즐겁지 않으

118 가우嘉祐 3년(1058, 52세)에 한림학사翰林學士로 있을 때 보낸 편지이다.

119 비릉毗陵 : 강소성江蘇省 상주부常州府로 개보介甫가 이해에 상주지주常州知州로 있었다.

120 부모님 모시는 즐거움 : 개보介甫는 관사官舍에서 어머니를 모시고 있었다.

니 평소의 뜻이 모두 어긋났고[121] 여러분들도 특별히 바깥 비난을 두려워하며 머무르기를 권하니 옛 군자들의 거취가 이와 같았습니다.

여혜경呂惠卿[122]은 학자로서 그에게 미칠 만한 사람이 드무니 그와 함께 절차탁마切磋琢磨한다면[123] 이르지 못할 경지가 없을 것입니다. 그의 행차에 안부 편지를 드립니다.

【與王荊公】
여왕형공

某啓. 近託楊州附書, 必達. 自拜別, 無日不瞻企. 秋氣稍凉,
모계 근탁양주부서 필달 자배별 무일불첨기 추기초량
伏惟尊候萬福. 毗陵名郡, 下車之始, 民其受賜, 然及侍親爲
복유존후만복 비릉명군 하거지시 민기수사 연급시친위
道之樂, 日益無涯矣. 某怏怏于此, 素志都違, 諸公特以外議
도지락 일익무애의 모앙앙우차 소지도위 제공특이외의
爲畏, 勉相留, 古之君子去就乃若是也. 呂惠卿, 學者罕能及,
위외 면상류 고지군자거취내약시야 여혜경 학자한능급
更與切磨之, 無所不至也. 因其行, 謹附此咨起居.
갱여절마지 무소부지야 인기행 근부차자기거

---

121 평소의……어긋났고 : 공의 대개 여러 차례 상소를 올려 외직을 청하였지만 조정에서 허락하지 않았다.

122 여혜경呂惠卿(1032~1112) : 북송 천주泉州 진강晉江 사람으로. 자는 길보吉甫다. 인종仁宗 가우嘉祐 2년(1057 진사가 되었다. 왕안석王安石과 경의經義에 대해 논하다가 일치하는 점이 많아 교유했다. 왕방王雱과 함께 《삼경신의三經新義》를 편수했다.

123 그와……절차탁마切磋琢磨한다면 : 여혜경呂惠卿은 이후 개보介甫의 간악한 잔당이 되었다. 구양수歐陽脩는 이 편지에서 자못 그를 칭찬하였으니 구양수는 개보를 알지 못했고 아울러 혜경을 잘 알지 못했다. 사람을 알기란 참으로 어렵다.

13-1. 【두기공杜祁公[124]에게 보내는 편지】[125]

구양수歐陽脩는 말씀드립니다. 초가을에도 날씨가 더운데 벼슬에서 물러나신 상공각하相公閣下[126]께서는 만복을 누리고 계시겠지요? 지난번 저는 안질로 고생을 하다가 양주揚州에서 영주潁州로 왔습니다.[127] 이곳에 온 지 한철이 지났는데도 편지를 보내지 못한 것은 대개 안질로 괴롭고 저의 집에 연고가 많았기 때문이지만 그대를 그리는 마음이 어느 날인들 잊었겠습니까?

지난겨울 자미子美[128]가 세상을 떠나서, 어진 사람의 불행을 천하가 슬퍼하는데, 공께서는 배나 더 애통하실 것으로 생각합니다.

저는 나이가 마흔셋인데 머리가 모두 희어지고 눈은 침침합니다. 어머니는 일흔 노인으로 쇠약해져만 갑니다. 저의 신세가 이와 같아 나라의 은혜를 갚지도 못하고 매번 자신을 생각하면 탄

124 두기공杜祁公 : '祁公'은 두연杜衍(978~1057)의 봉호이다. 북송北宋의 정치가이며 재상이다. 월주越州 산음山陰 사람으로 자는 세창世昌이고, 시호는 정헌正獻이다. 부필富弼 · 범충엄范忠淹 등과 폐정을 개혁했다.

125 황우皇祐 원년(1049, 43세) 가을에 영주지주潁州知州로 있을 때 보낸 편지이다.

126 상공각하相公閣下 : 두기공杜祁公은 당시 이미 파직되었기 때문에 '벼슬에서 물러나신 상공[致政相公]'이라고 하였다.

127 양주揚州에서……왔습니다 : 구양수歐陽脩는 경력慶曆 8년(1048)인 무자년戊子年부터 양주지주揚州知州로 있었다. 이해 기축년己丑年에 영주지주潁州知州로 옮기면서 편지를 보내지 못한 것을 말한다.

128 자미子美 : 소순흠蘇舜欽(1008~1048)의 자이고, 호는 창랑옹滄浪翁이다. 그의 형 소순원蘇舜元(1006~1054)도 북송 때 문인이다. 젊을 때 구양수歐陽脩 등이 본격적으로 고문운동을 제창하기 전부터 고문 쓰기를 제창했다. 또한 범중엄范仲淹의 경력정학운동을 지지하여 개혁에 반대하는 수구세력의 공격과 모함을 많이 받았다. 그는 소주蘇州에서 병으로 41살에 세상을 떠났다.

식만 나옵니다. 저를 아시고 대우하시는 것이 지극히 깊은데 감히 이렇게 자질구레한 말만 하니 황공합니다.

가을 더위가 아직도 물러가지 않고 장마로 인한 재앙이 든 이때 늘 더욱더 몸을 보중하시기를 빕니다. 보잘것없는 저의 간절한 바람을 가누지도 못하고 안부 편지를 드립니다.

【與杜祁公】
여두기공

某啓. 孟秋猶熱, 伏惟致政相公閣下尊體動止萬福. 昨者, 某
모계 맹추유열 복유치정상공각하존체동지만복 작자 모
以目疾爲苦, 自楊州來穎. 至此經時, 闕於奉狀, 蓋以目疾無
이목질위고 자양주래영 지차경시 궐어봉장 개이목질무
悰, 私門多故, 然其企望門館, 何日而忘? 頃自去冬子美之逝,
종 사문다고 연기기망문관 하일이망 경자거동자미지서
賢人不幸, 天下所哀, 伏計台慈, 倍深痛悼. 某年方四十有三,
현인불행 천하소애 복계태자 배심통도 모년방사십유삼
而鬢髮皆白, 眼目昏暗. 慈母垂老, 羸病厭厭. 身世若斯, 國
이빈발개백 안목혼암 자모수노 리병염염 신세약사 국
恩未報, 每以自念, 慨然興嗟. 知遇至深, 敢玆瑣碎, 皇恐皇
은미보 매이자념 개연흥차 지우지심 감자쇄쇄 황공황
恐. 秋暑未退, 霖雨爲災, 伏惟順時倍加保重. 卑情所望, 不
공 추서미퇴 림우위재 복유순시배가보중 비정소망 불
任區區, 謹奉啓起居.
임구구 근봉계기거

13-2. 【두기공杜祁公에게 보내는 편지】[129]

구양수歐陽脩는 머리를 조아려 말씀드립니다. 선달 매서운 추위에 상공각하相公閣下께서는 만복을 누리고 계시리라 생각합니

129 황우皇祐 원년(1049, 43세) 겨울에 영주지주潁州知州로 있을 때 보낸 편지이다.

다. 제가 요행히 이웃 고을의 태수가 되었을 당시130 달려 나가 안부를 여쭙고 싶었습니다. 그러나 가을부터 연로하신 어머니께서 병으로 누워 계신 데도 궁벽한 고을이라 의약이라고는 전혀 없었습니다. 그러나 겨울이 되자 조금씩 안정을 취하고 있습니다.131 이 일로 달을 넘기도록 안부 편지를 드리지 못하였습니다.

어린아이들이 여러 해 그대의 덕을 입어 공을 그리워하는 마음을 어느 날이나 그치겠습니까? 절서節序에 따라 자중하시고 큰 복을 받아 장수하시기 바랍니다. 간절한 저의 마음을 이길 길 없습니다. 문안 편지를 드립니다.

【與杜祁公】
여 두 기 공

某頓首啓. 季冬極寒, 伏惟相公閣下, 尊候動止萬福. 某幸得
모 돈 수 계 계 동 극 한 복 유 상 공 각 하 존 후 동 지 만 복 모 행 득

守官近郡, 當時欲奔走候問起居. 而自秋以來, 老母臥病, 郡
수 관 근 군 당 시 욕 분 주 후 문 기 거 이 자 추 이 래 노 모 와 병 군

既僻小, 絶無醫藥, 逮冬至之後, 方得漸安. 由此逾月, 曠闕
기 벽 소 절 무 의 약 체 동 지 지 후 방 득 점 안 유 차 유 월 광 궐

書啓之禮. 蕞爾小子, 蒙德有年, 瞻望門牆, 何日而已. 伏願
서 계 지 례 최 이 소 자 몽 덕 유 년 첨 망 문 장 하 일 이 이 복 원

順時自重, 以迎遐福, 以隆壽考. 卑情不勝區區, 謹奉啓咨問.
순 시 자 중 이 영 하 복 이 융 수 고 비 정 불 승 구 구 근 봉 계 자 문

130 이웃……당시 : 구양수歐陽脩는 이해 영주지주穎州知州가 되었다.

131 가을부터……있습니다 : 공의 어머니가 가을부터 병이 들어 11월이 되어 나았다.

14-1. 【정문간공程文簡公[132]에게 보내는 편지】[133]

보내주신 맛있는 술은 잘 받았으니 감사하고 부끄러운 마음이 한둘이 아닙니다. 경사京師에서 날마다 속세의 근황에 괴롭게 지내느라 다시 맑은 생각이라고는 없고 술잔을 마주하는 즐거움조차 없습니다. 지난해 즐거이 모시던 때를 생각하니 벌써 한해가 지났습니다.

유호柳湖[134]는 진주陳州의 감당나무[135]와 같습니다. 그리워 송축하는 한 것은 진주陳州 사람들에게 남겨져 뒷날 고사로 삼아 공의 고상한 마음이 세상에 밝게 드러날 것으로 생각합니다. 저는 재주와 말솜씨가 없는 데다 일도 바빠 겨를이 없습니다. 서늘한 가을이 되면 반드시 평소의 소망했던 시를 지을 것이니, 시권詩卷의 끝에라도 붙여진다면 매우 다행일 것입니다.

【與程文簡公】
여정문간공

蒙頒寄佳醞, 感愧非一. 京師日苦俗狀, 無復淸思, 臨觴之
몽반기가온 감괴비일 경사일고속장 무부청사 임상지

---

132 정문간공程文簡公 : '文簡'은 정림程琳(988~1056)의 시호이다. 자는 천구天球이다.

133 지화至和 2년(1055, 49세) 가을에 한림학사翰林學士로 있을 때 보낸 편지이다.

134 유호柳湖 : 항주杭州의 서호西湖를 이르는데, 버드나무가 많은 데서 붙여진 이름이다.

135 진주陳州의 감당나무 : 《시경詩經》에서 '무성한 감당나무'라고 하였으니, 소공召公을 찬미한 내용이다. 이 시는 인용하여 문간공文簡公이 진주陳州에서 덕정德政을 베푼 것을 칭송하여 진주陳州 사람들에게 남겨주려고 한 것을 말한다.

樂, 未始有之. 思擧歲留奉淸歡, 不覺已期年矣. 柳湖, 陳之
락 미시유지 사거세유봉청환 불각이기년의 유호 진지
甘棠. 思有所頌述, 以遺陳人, 爲他噎故事, 以彰公之雅志.
감당 사유소송술 이유진인 위타일고사 이창공지아지
不惟拙訥, 直以多事匆匆, 殊所不暇. 秋涼必償素願, 得次詩
불유졸눌 직이다사총총 수소불가 추량필상소원 득차시
榜之末, 亦大幸矣.
방지말 역대행의

14-2. 【정문간공程文簡公에게 보내는 편지】136

구양수歐陽脩는 말씀드립니다. 어제 지방인 회서淮西137로 가고 싶다던 간청이 받아들여져 편지로 배를 빌려 부하府下를 나가 한번 만나 뵙기를 기대하였습니다. 그렇게만 된다면 저의 기쁘고 다행스러운 감회를 어떻게 다 말로 하겠습니까?

바뀐 직책에 대해 아직 사은숙배謝恩肅拜도 하지 않았는데 은지恩旨로 다시 머물러 있으니138 외롭고 무능한 몸으로 언제나 보답할 수 있겠습니까? 나아가고 물러나는 것이 너무 급해 어떻게 해야 할지 모르겠습니다. 거듭 조정을 번거롭게 하는 것이라 감히 경솔하게 진달하지 못하고 뻔뻔스러운 얼굴로 큰길을 다니는 쓸모없는 사람이 되었을 뿐입니다.

136 지화至和 2년(1055, 49세) 가을에 한림학사翰林學士로 있을 때 보낸 편지이다.

137 회서淮西 : 채주蔡州를 이른다.

138 은지恩旨……있으니 : 이해 6월 상소를 올려 재상宰相과 진집사陳執事에 관한 논하였다. 곧이어 외직을 간청하여 채주지주蔡州知州로 나가게 되었는데, 뒤에 유창劉敞이 상소를 올려 공을 머물게 하였다. 7월에 다시 옛 관직을 받았다.

공께서 저를 사랑해주신 것이 다른 사람과 비교할 수 없지만, 출처의 절의에 대해서 제가 입을 다물고 있을 수 없습니다. 세상일이 날로 새로워지는데 어찌해야 할지 모르겠습니다. 저의 간절한 마음을 지필로 다 적을 수조차 없습니다. 더운 가을 날씨에 절서에 따라 나라를 위해 자중하시기를 빌겠습니다.

【與程文簡公】
여정문간공

某啓. 昨得請淮西, 方作書乞舟, 謀出府下, 冀得一奉言色.
모계 작득청회서 방작서걸주 모출부하 기득일봉언색
私懷喜幸, 何可勝言! 而改職未謝, 恩旨復留. 孤拙無庸, 於
사회희행 하가승언 이개직미사 은지부유 고졸무용 어
時何報? 進退遑遽, 莫知所爲. 重以屢煩朝聽, 未敢輕有所
시하보 진퇴황거 막지소위 중이누번조청 미감경유소
陳, 靦顔周行, 碌碌而已. 荷公愛顧, 非比他人, 出處之節,
진 전안주행 녹록이이 하공애고 비비타인 출처지절
不敢自黙. 時事日新, 未知如何? 區區非紙墨所布也. 秋熱,
불감자묵 시사일신 미지여하 구구비지묵소포야 추열
惟乞以時爲國自重.
유걸이시위국자중

15-1. 【증선정공曾宣靖公[139]에게 보내는 편지】[140]

구양수歐陽脩는 말씀드립니다. 산군山郡[141]은 외지고 적막해

---

139 증선정공曾宣靖公 : '宣靖'은 증공량曾公亮(998~1078)의 시호이다. 천주泉州 진강晉江 사람으로 자는 명중明仲이고, 호는 낙정樂正이다. 추밀사樞密使와 동중서문하평장사同中書門下平章事 등을 역임했고, 연국공兗國公, 노국공魯國公으로 봉해졌다. 편저서로 《무경총요武經總要》가 있다.

140 경력慶曆 5년(1045, 39세)에 저주지주滁州知州로 있을 때 보낸 편지이다.

서[142] 인사가 거의 끊어졌습니다. 전에 기거원起居院[143]으로 보낸 편지를 가져갔던 사람이 돌아와 공의 편지를 받았습니다. 이별한 지 한참이나 되었는데 안부가 좋으시다니 위안되는 마음 감당할 수 없었습니다.

제가 살고 있는 이곳은 비록 외지고 적막하지만, 어머니를 모시고 녹을 받고 있으니 매우 다행입니다. 어리석고 보잘것없는 저는 마음속으로 본래 나라에 보답하려고 하였으나 원수만 불러들이고 재앙을 당하였으니[144] 그러한 상황은 너무도 당연합니다. 그런데도 조그만 도움도 되지 못하니 저의 잘못 때문에 사단이 일어 손해만 있고 이익은 없으니 부끄럽고 한탄스럽습니다. 그런데도 지금 은총을 입어 배부르게 먹고 편안히 지내고 있으니, 어떻게 얼굴을 들고 다니겠습니까? 만날 기약이 없지만 추운 겨울 날씨에 몸을 잘 보중하시기 바랍니다.

---

141 산군山郡 : 저주滁州지역으로 장강長江과 회하淮河 사이에 있다.

142 산군山郡은……적막해서 : 구양수歐陽脩는 이해 8월에 저주지주滁州知州로 내려왔다. 저주는 산속 작은 고을로 땅은 외지고 일은 한가하였다고 한다.

143 기거원起居院 : 송宋나라 때 두었던 관서로 황제의 일상을 기록하는 일을 담당하던 곳이다.

144 원수만……당하였으니 : 본래 나라에 보답하려고 하였지만 원수를 초래하고 도모했지만 원수만 불러들이고 재앙을 당하였다는 것은 대가 당시 구양수歐陽脩가 글을 올려 제 재상을 내쫓아야 된다고 논하였다가 소인들의 미움을 샀다. 구양수歐陽脩의 죽은 누이의 딸 장씨張氏와 부적절한 관계라는 누명으로 법에 저촉되어 구양수歐陽脩는 이일로 인하여 벼슬에서 물러났기 때문에 손해만 있고 이익은 없어 부끄럽고 탄식스럽다고 하였다.

【與曾宣靖公】
여증선정공

某啓. 山郡僻寂, 習閒成懶, 凡於人事, 幾廢絶. 前者, 送起
모계 산군벽적 습한성나 범어인사 기폐절 전자 송기
居院文字人回, 特沐手誨. 違別茲久, 伏承德履甚休, 可勝慰
거원문자인회 특목수회 위별자구 복승덕리심휴 가승위
浣. 某居此, 雖僻陋, 然奉親尸祿, 優幸至多. 愚拙之心, 本
완 모거차 수벽누 연봉친시록 우행지다 우졸지심 본
貪報國, 招仇取禍, 勢自當然. 然裨補未有一分, 而緣某之
탐보국 초구취화 세자당연 연비보미유일분 이연모지
故, 事起多端, 有損無益, 可爲愧嘆. 今而冒寵名, 飽食自便,
고 사기다단 유손무익 가위괴탄 금이모총명 포식자편
何以爲顔也? 未期良會, 冬冷保重.
하이위안야 미기량회 동냉보중

16. 【손위민공孫威敏公 원규元規[145]에게 보내는 편지】[146]

구양수歐陽脩는 머리를 조아립니다. 급한 심부름꾼이 서주徐州에서 돌아와 편지를 받으니 7월에 길을 나서 큰 깃발을 앞세우고 섬서陝西[147]로 가신 줄 알았습니다. 요사이 더운 가을 날씨에 대감의 안부는 좋으신지요.

어제는 범공范公[148]댁에서 보낸 편지를 받았는데 묘지명을 부탁하셨더군요. 어머니께서 돌아가시어 슬프고 괴롭던 중이라[149]

145 손위민공孫威敏公 원규元規 : 손원규孫元規(996~1066)를 이른다.

146 황우皇祐 4년(1052, 46세) 가을에 어머니의 초상을 치르면서 보낸 편지이다.

147 서주徐州……섬서陝西 : 서주徐州는 지금 강소성江蘇省에 속한다. 손원규孫元規는 상서이부낭중尙書吏部郎中으로 섬서도전운사陝西都轉運使가 되었다. 칠월수도七月首塗는 7월에 비로소 길을 나섰음을 말한다. 그래서 큰 깃발을 세우고 서西로 향하였다. 서西는 섬서陝西를 말한다.

148 범공范公 : 범중엄范仲淹(989~1052)을 이른다.

문자를 지을 마음의 실마리조차 없지만 범공의 덕재德才를 어찌 쉽사리 말할 수 있겠습니까? 참소와 비방을 간별하고 충성과 간사함을 판별할 때는 위로는 조정의 체면을 손상시키지 않으며 아래로는 원망하는 원수의 눈초리를 피하지 않은 채 이렇게 붓을 들기가 난감합니다.

저는 평생 외롭고 보잘것없이 살면서 범공께서 깊이 알아주시고 칭찬해 주셨는데, 마침 어머니의 초상을 당하여 특별히 힘을 다하지 못했지만, 이 글을 짓는 것을 저의 직분으로 여기고 있으니 마땅히 힘쓰겠습니다. 다시 여러분들과 함께 힘을 모으고 상의해서 모쪼록 온당하게 처리하여야 할 것입니다.

공께서 행장을 지으신다고 허락하셨다니 매우 잘 되었습니다. 앞으로 시호諡號와 의관議官에 관한 문서를 청할 때는 유사有司가 이를 근거로 의논하여야 크게 무게가 실리는 공적인 근거를 가지는 문서150가 될 것이니 서둘러 써주시기를 청합니다. 다만 행장을 보아야 이를 근거로 끌어들여 그것을 할 수 있습니다. 입대入對151하고 조금 머물렀다가 섬서로 갈 것입니다.

얼마 남지 않은 더위에 몸을 보중하시기를 빌겠습니다. 때때로 편지를 보내주시어 외롭고 궁벽한 저를 위안이 되게 하십시오.

149 어머니께서……중이라 : 이해 2월 구양수歐陽脩는 어머니의 초상을 당했기 때문에 슬프고 괴롭던 중이라 마음속에 실마리를 찾을 수 없다고 하였다.

150 공께서……문서 : 범공范公의 행장行狀을 위민공威敏公이 지었다. 행장을 얻어야 시호를 청할 수 있으니 유사有司가 이를 근거로 의논하여 정하니 이것이 큰 공적인 안건이다.

151 입대入對 : 조정에 들어가 임금을 뵙는 것을 이른다.

【與孫威敏公元規】
여 손 위 민 공 원 규

某叩首. 急足自徐還, 辱書, 承以七月首塗, 大旆遂西. 卽日
모 고 수 급 족 자 서 환 욕 서 승 이 칠 월 수 도 대 패 수 서 즉 일

秋暑, 伏惟台候萬福. 昨日范公宅得書, 以埋銘見托. 哀苦中
추 서 복 유 태 후 만 복 작 일 범 공 택 득 서 이 매 명 견 탁 애 고 중

無心緖作文字, 然范公之德之才, 豈易稱述? 至於辨讒謗, 判
무 심 서 작 문 자 연 범 공 지 덕 지 재 기 이 칭 술 지 어 변 참 방 판

忠邪, 上不損朝廷事體, 下不避怨仇側目, 如此下筆, 抑又艱
충 사 상 불 손 조 정 사 체 하 불 피 원 구 측 목 여 차 하 필 억 우 간

哉! 某平生孤拙, 荷范公知奬最深, 適此哀迷, 別無展力, 將
재 모 평 생 고 졸 하 범 공 지 장 최 심 적 차 애 미 별 무 전 력 장

此文字, 是其職業, 當勉力爲之. 更須諸公共力商榷, 要須穩
차 문 자 시 기 직 업 당 면 력 위 지 갱 수 제 공 공 력 상 각 요 수 온

當. 承公許作行狀, 甚善. 便將請謚、議官文書, 有司據以爲
당 승 공 허 작 행 장 심 선 편 장 청 익 의 관 문 서 유 사 거 이 위

議, 大是一重公據, 請早揮筆. 只見行狀, 亦當牽率爲之也.
의 대 시 일 중 공 거 청 조 휘 필 지 견 행 장 역 당 견 솔 위 지 야

入對少留, 應當西邁. 殘暑, 千萬保攝. 時乞惠問, 以慰孤窮.
입 대 소 류 응 당 서 매 잔 서 천 만 보 섭 시 걸 혜 문 이 위 고 궁

17.【여안도余安道[152]에게 보내는 편지】[153]

구양수歐陽脩는 머리를 조아려 두 번 절합니다. 이별한 지 5~6년이 흘렀지만[154] 하루도 남쪽을 바라보며 그리워하지 않는 날

152 여안도余安道 : '安道'는 여정余靖(1000~1064)의 자이다. 본명은 정靖이다. 범중엄范仲淹을 파직하라는 일로 간언했다가 폄적貶謫되었다. 여효표茹孝標의 중상모략으로 관직을 버리고 귀향했다.

153 경력慶曆 원년(1041, 35세)에 관각교감館閣校勘, 권동지태상례원權同知太常禮院으로 있을 때 보낸 편지이다.

154 5~6년이 흘렀지만 : 대개 구양수歐陽脩는 경우景祐 3년(1036에 범중엄이 벼슬에서 물러나자 고약눌高若訥에게 편지를 보내 꾸짖어 이릉령夷陵令으로

이 없었습니다. 저는 연로하신 어머니와 어린아이들을 데리고 바닷길과 육지를 내달려 풍파와 매서운 안개를 헤치고 1만3천 리를 두루 다녔지만, 다행히 어머니는 별고 없으십니다.

저의 완연히 학문은 발전이 없고 도는 더해지지 않은 채 나이만 먹고 기력은 갈수록 쇠약해져 가니 끝내는 보잘것없이 세상 흘러가는 데로 살면서 이름 없는 사람이 되고 만단 말입니까?

그대는 또 불행히도 부모님께서 돌아가시어 곤궁하게 지내고 있어 안부도 벗들에게 전하지 못하는 상황인데 다른 일에 마음을 쓰시겠습니까?

아! 하늘이 과연 그대를 곤궁하게 하려는 것인지요! 머지않아 상복을 벗는다고 하니 마땅히 조만간 짐을 꾸려 여러 해 동안 쌓인 간절한 그리움을 조금이나마 풀겠습니다. 광문증생廣文曾生155은 학문과 지식이 놀랍고 그대에게 글을 배운 적이 있다고 해서 대략이나마 안부를 말하였습니다. 그가 가는 편에 편지를 부쳐 안부를 전합니다.

【與余安道】
여 여 안 도

某頓首再拜啓. 爲別五六歲, 未嘗一日不企而南望. 然某攜
모 돈 수 재 배 계 위 별 오 육 세 미 상 일 일 불 기 이 남 망 연 모 휴

老幼, 浮水奔陸, 風波霧毒, 周行萬三四千里, 侍母幸無恙.
노 유 부 수 분 륙 풍 파 무 독 주 행 만 삼 사 천 리 시 모 행 무 양

강등되었다. 4년(1037에 건덕령乾德令으로 자리를 옮겼다. 강정康定 원년(1040에 소환되어 다시 관각館閣의 벼슬을 받고 《숭문총목崇文總目》을 편수하였다. 이때까지 거의 5~6년이 지났다.

155 광문증생廣文曾生 : 안도安道의 문도이다. 광문廣文은 학관學官의 이름이다.

其如頑然學不益進, 道不益加, 而年齒益長, 血氣益衰, 遂至
기여완연학불익진 도불익가 이년치익장 혈기익쇠 수지
碌碌隨世而無稱邪? 安道, 又不幸丁家艱, 窮居極處, 起居安
녹록수세이무칭야 안도 우불행정가간 궁거극처 기거안
否, 不通於朋友, 況欲施於他邪? 嗚呼! 天果欲窮吾人乎! 承
부 불통어붕우 황욕시어타야 오호 천과욕궁오인호 승
不久服除, 當早治裝, 以少解積歲區區之思. 廣文曾生, 文識
불구복제 당조치장 이소해적세구구지사 광문증생 문식
可駭, 云嘗學於君子, 略能道動靜. 因其行, 聊書此爲問.
가해 운상학어군자 략능도동정 인기행 료서차위문

18-1. 【풍장정공馮章靖公156에게 보내는 편지】157

구양수歐陽脩는 머리를 조아립니다. 오랫동안 문안 편지를 드리지 못하였습니다. 중간에 편지를 받으니 감사한 마음 어찌 끝이 있겠습니까? 추운 겨울에 대감께서 만복하신지요?

저는 쇠약하고 병이 들어 작은 고을을 얻어 안질을 조섭하기를 기대하였으나158 2~3년 사이에 돌아가 늙을 곳을 생각하고 있습니다. 그런데 이 소원이 이루어지지 않다가 갑자기 관리의 일을 책임을 맡게 되었으니 정력을 모두 소진하도록 어찌 힘쓰지 않겠습니까! 연말 연초가 지나지 않아 마땅히 강서로 행차가

156 풍장정공馮章靖公 : '章靖'은 풍경馮京(1021~1094)의 시호이다. 송宋나라 악주鄂州 강하江夏 사람으로, 자는 당세當世고, 호는 첨산瀸山이다. 왕안석王安石의 신법에 반대하여 잘못된 부분을 개선할 것을 주장했다.

157 가우嘉祐 3년(1058, 52세)에 개봉부지주開封府知州로 있을 때 보낸 편지이다.

158 작은……기대하였으나 : 구양수歐陽脩가 상소를 올려 여러 차례 외직을 청하였는데 작은 고을을 얻어 눈병을 조섭하기를 기대하였다.

있을 것입니다.[159]

장인어른 설薛[160]은 기국이 민첩하니 하동河東의 풍토와 백성들의 일을 자문하여 막부를 보좌할 수 있어서 매우 다행입니다. 저는 눈병이 병폐가 되어 편지지를 마주하고도 정갈하게 쓰지 못하지만, 외직에서 진무하며 절서에 따라 나라를 위해 자중하시기 바랍니다.

【與馮章靖公】
여풍장정공

某頓首. 區區久闕致問. 中間辱書, 爲感何已. 冬寒, 伏惟台
모돈수 구구구궐치문 중간욕서 위감하이 동한 복유태

候萬福. 某以衰病, 期得一小郡養拙, 三二年間, 謀一貴老之
후만복 모이쇠병 기득일소군양졸 삼이년간 모일귀노지

地. 此願未獲, 遽被責以吏事, 精力耗竭, 何止强勉! 不出歲
지 차원미획 거피책이리사 정력모갈 하지강면 불출세

末春初, 當有江西之行矣. 薛親幹敏, 河東風土、民間事緖
말춘초 당유강서지행의 설친간민 하동풍토 민간사서

可以詢問, 得佐幕府, 甚幸甚幸. 某以目疾爲梗, 臨紙草率,
가이순문 득좌막부 심행심행 모이목질위경 임지초솔

惟冀鎭撫外, 以時爲國自重.
유기진무외 이시위국자중

159 관리의……것입니다 : '관리의 일에 책임을 졌다는 것[責以吏事者]'은 이해 6월에 권지개봉부權知開封府의 소임을 맡았다. 구양수歐陽脩는 당시 상소를 올려 홍주洪州로 나갈 것을 청하였다. 그래서 연말연초에 당연히 강서江西로 나갔다고 하였다.

160 장인어른 설薛 : 원문은 '薛親'. 경우景祐 4년(1038, 31세)에 설규薛奎의 딸과 결혼하였다.

18-2. 【풍장정공馮章靖公에게 보내는 편지】[161]

저는 말씀드립니다. 합비合肥[162]로 직소職所를 옮기고 나서 한 통의 편지를 보냈습니다. 그 후 다시 소식이 막혔었는데 더운 여름 날씨에 존형의 안부는 어떠하신지요? 여주廬州는 회남淮男에서도 일이 많은 고을인데, 부임하여 다스리는 처음에는 마땅히 조금은 조목들이 줄어 번거롭겠지만 지금은 어느덧 즐길만한 취미가 다른 고을보다 많아졌겠지요.

정사를 살피는 나머지에 때를 위해 자중하시기 바랍니다. 돌아오시기를 기다리며 사대부와 벗들의 바람에 위안이 되게 하십시오.

【與馮章靖公】
여 풍 장 정 공

某啓. 自承移鎭合肥, 嘗一得奉狀. 其後區區更闕附問, 不審
모 계 자 승 이 진 합 비 상 일 득 봉 장 기 후 구 구 갱 궐 부 문 불 심
酷暑以來尊候何似? 廬在淮南爲劇郡, 竊惟下車布治之初, 當
혹 서 이 래 존 후 하 사 려 재 회 남 위 극 군 절 유 하 거 포 치 지 초 당
少煩條敎, 旣而可樂之趣, 則有多於他邦也. 伏惟視政之暇,
소 번 조 교 기 이 가 락 지 취 즉 유 다 어 타 방 야 복 유 시 정 지 가
爲時自重. 佇俟來歸, 以慰士大夫朋友之望.
위 시 자 중 저 사 래 귀 이 위 사 대 부 붕 우 지 망

161 가우嘉祐 4년(1059, 53세) 여름에 추밀부사樞密副使로 있을 때 보낸 편지이다.
162 합비合肥 : 여주부廬州府 합비현合肥縣이다.

18-3. 【풍장정공馮章靖公[163]에게 보내는 편지】[164]

구양수歐陽脩는 말씀드립니다. 금릉金陵[165]으로 직소職所를 옮기고 나서 안부를 드리지 못했습니다. 더운 여름을 보내며 복을 많이 받으시겠지요. 강산의 아름다운 경치는 맑은 흥취에 도움이 되지만 현자가 외직에 오랫동안 계신 것이 어찌 조정의 뜻이겠습니까? 저의 간절한 사사로운 마음도 아실 것입니다.

저는 쇠약하고 병들어 고향으로 돌아가고 싶은 마음 간절하여 《당사唐史》를 지어 임금께 아뢰어[166] 말씀드렸지만 윤허 받지 못하였습니다. 나아가도 보탬이 없고 물러나는 것도 뜻을 얻지 못해 큰길을 다니는 것에 부끄러워 몸 둘 바를 모르겠습니다. 서로 만날 기약이 없으니 때를 위해 자애하시어 여망에 부응하시기 바랍니다.

【與馮章靖公】
여 풍 장 정 공

某啓. 自承移鎭金陵, 遂疏奉問. 經暑, 竊惟體履多福. 江山
모 계 자 승 이 진 금 릉 수 소 봉 문 경 서 절 유 체 리 다 복 강 산

之勝, 實足以資清興, 而賢者久居於外, 豈朝廷之意哉? 朋友
지 승 실 족 이 자 청 흥 이 현 자 구 거 어 외 기 조 정 지 의 재 붕 우

163 풍장정공馮章靖公 : '章靖'은 풍경馮京(1021~1094)을 이른다. 자는 당세當世이고, 호는 첨산灊山이다. 시호는 문간文簡이다. 신종神宗이 즉위하자 어사중승御史中丞이 되었다. 왕안석王安石의 신법에 반대하여 잘못된 부분을 개선할 것을 주장했다. 저서로 《첨산집灊山集》이 있다.

164 가우嘉祐 5년(1060, 54세)에 추밀부사樞密副使로 있을 때 보낸 편지이다.

165 금릉金陵 : 강소성江蘇省 강녕부江寧府에 있다.

166 저는……아뢰어 : 이해 7월에 구양수歐陽脩는 《당서唐書》를 수찬하고 고향으로 돌아가 쇠약하고 병든 몸을 구완하기를 청하였다.

區區之私, 又可知也. 某衰病, 迫於歸計, 唐史奏御, 遽陳危
구 구 지 사 우 가 지 야 모 쇠 병 박 어 귀 계 당 사 주 어 거 진 위

懇, 而未蒙聽允. 進無所補, 退不獲志, 負愧周行不知所措.
간 이 미 몽 청 윤 진 무 소 보 퇴 불 획 지 부 괴 주 행 부 지 소 조

相見益無涯, 惟爲時自愛, 以副瞻望.
상 견 익 무 애 유 위 시 자 애 이 부 첨 망

18-4. 【풍장정공馮章靖公에게 보내는 편지】[167]

구양수歐陽脩는 말씀드립니다. 쇠약하고 병들어 보잘것없이 지내 거론할 것이라곤 없으니 헛되이 저버려 부끄럽기만 합니다. 저는 얼굴 두껍게 인사도 내팽개치고 오랫동안 안부도 드리지 못한 채 다만 간절히 그리워만 할 뿐입니다.

어제 경연에 나오라는 말씀을 듣고도 아직도 외지에 머물고 있다는 소식을 들었으니 사대부들의 바람에 위안이 되기에 부족하다는 것은 진실로 친구의 사적인 논의가 아닙니다.

편지를 받고 더운 여름을 지나 가을로 접어드는데, 잘 지내신다는 소식을 들었습니다. 아름다운 강산은 공무하시는 나머지 흥취를 돕습니다. 아직은 조정의 지엄한 부르심이 없으나 나라를 위해 자중하시기 바랍니다.

【與馮章靖公】
여 풍 장 정 공

某啓. 衰病碌碌無所稱, 徒負愧恥. 區區强顔, 人事廢曠, 久
모 계 쇠 병 녹 록 무 소 칭 도 부 괴 치 구 구 강 안 인 사 폐 광 구

167 가우嘉祐 6년(1061, 55세)에 추밀부사樞密副使로 있을 때 보낸 편지이다.

闕致問, 但深瞻企. 昨承進寵經筵, 而尚留居外, 未足以慰士
궐치문 단심첨기 작승진총경연 이상유거외 미족이위사

大夫之望, 實非交遊之私論也. 辱惠書, 承經暑涉秋, 動履清
대부지망 실비교유지사론야 욕혜서 승경서섭추 동리청

安. 江山英勝, 聊助公餘之興. 未嚴召間, 希爲國自重.
안 강산영승 료조공여지흥 미엄소간 희위국자중

19-1. 【유원보劉原父[168]에게 보내는 편지】[169]

구양수歐陽脩는 말씀드립니다. 전개專介[170]를 통해 편지를 받고 섣달 추위에 정사를 돌보시는 안부가 편안하시다고 하니 그립던 마음에 위안이 되었습니다. 저는 쇠약하고 병든 상황에 이러한 번거로운 일을 만나 이미 세 번이나 강서江西로 나갈 것을 청하였으니[171] 정초에는 반드시 윤허하실 것입니다.

정자에 배를 대고 머무르니 평산당平山堂[172]이 눈에 들어오는데, 어진 주인의 맑은 말씀을 듣는다면 어찌 막힘없이 시원하지 않겠습니까? 때를 위해서 몸을 아끼시길 바랍니다.

【與劉原父】
여유원보

某啓. 專介辱書, 承此嚴寒爲政外尊體休裕, 實慰企想. 某以
모계 전개욕서 승차엄한위정외존체휴유 실위기상 모이

168 유원보劉原父 : '原父'는 유창劉敞(1019~1068)의 자이다. 호는 공시公是다.

169 가우嘉祐 2년(1057, 51세)에 한림학사翰林學士로 있을 때 보낸 편지이다.

170 전개專介 : 어떤 일을 전적으로 위임하여 보내는 심부름꾼을 이른다.

171 세 번이나……청하였으니 : 구양수歐陽脩는 일찍이 세 번이나 상소를 올려 홍주洪州로 나갈 것을 청하였다. 홍주는 강서성江西省에 속한다.

172 평산당平山堂 : 구양수歐陽脩는 경력慶曆 8년(1048)에 양주지주楊州知州로 있을 때 평산당平山堂을 지었다.

衰病, 當此煩冗, 已三請江西, 要在正初必可得. 艤舟亭次,
쇠 병 당 차 번 용 이 삼 청 강 서 요 재 정 초 필 가 득 의 주 정 차

寓目平山, 奉賢主人淸論, 豈不豁然哉! 伏冀爲時自愛.
우 목 평 산 봉 현 주 인 청 론 기 불 활 연 재 복 기 위 시 자 애

19-2. 【유원보劉原父에게 보내는 편지】[173]

구양수歐陽脩는 말씀드립니다. 더운 날씨에 다시 그늘지니 이 좋은 계절에 아마도 비가 오려나 봅니다. 건녕建寧의 여론이 시끄러운데 벼슬아치들은 반드시 벌을 받을 것입니다.

뒷날 유람을 가고 싶지 않았지만, 생각을 전할 수 있어 다행입니다. 인사가 이처럼 어려운데 오사란烏絲欄[174]은 지난번 편지에서 말씀하신 것처럼 먹물을 들이지 않고 지금 돌려 드리고, 징심지澄心紙[175]에 한 문장을 써서 겨우 말씀을 드립니다.

금앵전金櫻煎을 보내드리고 진우슬眞牛膝[176] 한두 묶음을 구하니, 성유聖兪[177]에게 얻은 것이 많지 않아서입니다.

【與劉原父】
여 유 원 보

某啓. 暖甚果復作陰, 嘉節, 豈遂爲雨邪? 建寧物論益喧, 當
모 계 난 심 과 부 작 음 가 절 기 수 위 우 야 건 녕 물 론 익 훤 당

173 가우嘉祐 4년(1059, 53세)에 한림학사翰林學士로 있을 때 보낸 편지이다.

174 오사란烏絲欄 : 검은 줄을 친 종이를 이른다.

175 징심지澄心紙 : 종이의 이름이다.

176 금앵전金櫻煎을……진우슬眞牛膝 : 금앵전金櫻煎과 진우슬眞牛膝은 모두 약의 이름이다.

177 성유聖兪 : 매요신梅堯臣(1002~1060)의 자이다.

制之人, 必被收理. 後日之遊, 且不欲往, 幸爲致意. 人事之
제지인 필피수리 후일지유 차불욕왕 행위치의 인사지
難乃爾, 烏絲闌依前書不染墨, 今納還, 當以澄心紙試書一
난내이 오사란의전서불염묵 금납환 당이징심지시서일
章塞命也. 金櫻煎謹送, 却乞眞牛膝一二束, 爲聖兪處所得
장색명야 금앵전근송 각걸진우슬일이속 위성유처소득
不多爾.
부다이

19-3. 【유원보劉原父에게 보내는 편지】[178]

구양수歐陽脩는 말씀드립니다. 날씨가 사랑스러워 좋은 계절의 모임을 그만둘 수가 없습니다. 당시 함께 즐겁게 웃을 것으로 생각했었는데 그대만 가지 못하였으니, 인사란 것이 생각처럼 되기 어려운 것이 참으로 늘 이렇습니까?

개보介甫[179]가 보내준 새로 지은 시 수십 편은 모두 훌륭하였습니다. 기쁘게도 이러한 것으로 적막하지 않아 말씀드립니다. 시축詩軸은 다 보고 나서 보내드리겠습니다. 마침 근심으로 자다가 일어나 답장을 보냅니다.

【與劉原父】
여유원보

某啓. 時色可愛, 不廢佳節之會. 謂當時同一笑, 而原父獨不
모계 시색가애 불폐가절지회 위당시동일소 이원보독불
往, 人事難得如意, 固常如此邪? 得介甫新詩數十篇, 皆奇
왕 인사난득여의 고상여차야 득개보신시수십편 개기

178 가우嘉祐 4년(1059, 53세)에 한림학사翰林學士로 있을 때 보낸 편지이다.
179 개포介甫 : 왕안석王安石의 자이다.

絶, 喜此道不寂寞, 以相告. 試軸, 俟看了馳上. 適因悶睡起,
절 희차도부적막 이상고 시축 사간요치상 적인민수기

奉答不謹.
봉답불근

19-4. 【유원보劉原父에게 보내는 편지】[180]

구양수歐陽脩는 말씀드립니다. 어제 뵙고서 북이원지北李園池로 갔더니 나무 그늘이 푸르고 경치도 이미 바뀌었는데 그대만 자리에 없어서 모임을 마칠 때까지 그리웠습니다. 게다가 바람에 날리는 모래가 더욱 미웠는데, 이렇게 편지를 드립니다.

전에 개보介甫의 시를 요구하신 편지를 받고 자정咨呈[181]을 통해 한두 편을 부쳤습니다. 그리고 보내드리기 마땅치 않은 것은 없애버렸습니다. 아마도 이해하겠지요?

【與劉原父】
여유원보

某啓. 昨日奉見後, 遂之北李園池, 見木陰蔥翠, 節物已移,
모계 작일봉견후 수지북이원지 견목음총취 절물이이

而原父獨不在, 但終席奉思. 加以風沙, 益可憎爾. 輒此奉
이원보독부재 단종석봉사 가이풍사 익가증이 첩차봉

報. 前承要介甫詩, 謹以咨呈, 其一二篇, 不當傳者, 特爲剪
보 전승요개보시 근이자정 기일이편 부당전자 특위전

去之矣. 恐知.
거지의 공지

---

180 가우嘉祐 4년(1059, 53세)에 한림학사翰林學士로 있을 때 보낸 편지이다.

181 자정咨呈 : 공문서의 일종으로, '咨'는 동등한 관청사이에 주고받는 문서이고 '呈'은 상급 관청에 보내는 문서를 이른다.

19-5. 【유원보劉原父에게 보내는 편지】[182]

구양수歐陽脩는 말씀드립니다. 며칠 동안 만나 뵙지 못하였습니다. 늦더위가 심한데 잘 지내시겠지요. 어제 군수들이 모여 무더위에 찬 것을 지나치게 마셔 복통을 앓았고, 아울러 자질구레한 일로 마침내 휴가를 청하였었는데 3~4일이면 곧바로 업무에 나아갈 것입니다.

특별히 번거롭게 문안하고 염려해주시니 감사하고 부끄러운 마음이 어찌 끝이 있겠습니까? 매우 건조한데 언제나 물을 마실 수 있겠습니까? 이렇게 쓸쓸한 적이 없었습니다. 돌아가는 인편에 답장을 보냅니다.

【與劉原父】
여 유 원 보

某啓. 數日不奉見. 餘暑頗甚, 伏惟起居佳勝. 昨日群牧特
모 계 수 일 불 봉 견 여 서 파 심 복 유 기 거 가 승 작 일 군 목 특

會, 以熱中飮冷過多, 偶爲腹疾, 兼以少幹故, 遂且在告, 只
회 이 열 중 음 냉 과 다 우 위 복 질 겸 이 소 간 고 수 차 재 고 지

三兩日, 當卽出叅. 特煩問念, 感愧曷已. 幹燥非常, 何時可
삼 양 일 당 즉 출 참 특 번 문 념 감 괴 갈 이 간 조 비 상 하 시 가

飮? 未嘗如此寥落也. 人還, 謹啓爲謝.
음 미 상 여 차 요 락 야 인 환 근 계 위 사

182 가우嘉祐 4년(1059, 53세)에 한림학사翰林學士로 있을 때 보낸 편지이다.

19-6. 【유원보劉原父에게 보내는 편지】[183]

구양수歐陽脩는 말씀드립니다. 특별히 문안 편지를 보내주시니 감사하고 부끄러운 마음 어찌 다하겠습니까? 저는 복통이 아직도 낫지를 않아[184] 쇠약한 나이에 이미 버텨내기가 힘들 것 같아 감히 음식을 먹지 못해 마침내 휴가를 냈습니다. 열약熱藥[185]을 많이 복용하지 못하고 오직 새벽에 일어나 한차례 복용할 뿐입니다.

대개 집에서 늘 복용하던 약은 이미 아무런 효과도 없지만 새롭게 공을 들인 보람을 기대할 뿐입니다. 가르침을 받고 마땅히 절제하겠습니다. 매이梅二[186]가 편치 않다는 소식을 들었는데 안부를 전하고 싶습니다.

【與劉原父】
여 유 원 보

某啓. 特辱問念, 感愧曷已. 某腹疾猶未平, 衰年已覺難支,
모 계 특 욕 문 념 감 괴 갈 이 모 복 질 유 미 평 쇠 년 이 각 난 지

以不敢常食, 遂且在告. 熱藥不敢多服, 惟晨起一服爾. 蓋自
이 불 감 상 식 수 차 재 고 열 약 불 감 다 복 유 신 기 일 복 이 개 자

---

183 가우嘉祐 4년(1059, 53세)에 한림학사翰林學士로 있을 때 보낸 편지이다.

184 복통이……않아 : 앞 편지에 말했던 복통이 때를 넘기고도 낫지 않고 있다고 하였다.[卽前書 所言服疾 逾時未痊]

185 열약熱藥 : 마른 생각이나, 부자附子 따위와 같이 더운 성질을 가진 약을 이른다.

186 매이梅二 : 매요신梅堯臣(1002~1060)을 이르는 말로, 자는 성유聖兪이고, 호는 완릉宛陵이다. 매이梅二는 집안에서 두 번째 아들인데서 이르는 말이다. 구양수歐陽脩와 함께 송시宋詩의 개척자이다. 관리로서는 불우하여, 오랫동안 지방관리를 계속하다가 49세 때 겨우 진사에 급제, 구양수의 소개로 도관원외랑道官員外郞이라는 중앙 관직을 지냈다.

家常服者, 已頑無效, 冀新功爾. 承教, 當節之也. 亦聞梅二
가상복자 이완무효 기신공이 승교 당절지야 역문매이

不安, 方欲致問.
불안 방욕치문

19-7. 【유원보劉原父에게 보내는 편지】187

구양수歐陽脩는 말씀드립니다. 원보原甫가 서쪽 고향으로 돌아갔으니 비록 관제에는 얽매이지 않겠지만 붕우들은 절로 적막해졌습니다. 더구나 마침내 책임을 맡고 있어 다른 길을 걷는다고 하더라도 그 정황을 알 수 있습니다.

우연히 생동할 봄기운을 생각하면, 옛 도읍에는 아름다운 경치가 많을 것인데, 즐거움이 어찌 끝이 있겠습니까? 명성과 이욕에 골몰하여 의혹에 빠진 사람은 노고를 감당하지 못하면서 다만 즐거움만 생각하고 있습니다.

거칠게나마 식견을 갖추었지만 아울러 쇠약하고 병마저 들어서 이일을 남에게 말할 수도 없으니 그대만은 헤아려 주시려는지요? 풍편에 다행히 여러 번 안부 편지를 전해주시니 그립던 마음에 위안이 되었습니다.

【與劉原父】
여유원보

某啓. 自原甫旣西, 雖不爲官制所拘, 朋遊亦自寂寞. 況遂當
모계 자원보기서 수불위관제소구 붕유역자적막 황수당

187 가우嘉祐 5년(1060, 54세)에 한림학사翰林學士로 있을 때 보낸 편지이다.

憂責, 履異途, 其爲情況可知. 偶思春物將動, 故都多佳致,
우 책 리 이 도 기 위 정 황 가 지 우 사 춘 물 장 동 고 도 다 가 치
爲樂, 豈復可涯? 汩沒聲利, 惟溺惑者, 不勝其勞而但見其
위 락 기 부 가 애 골 몰 성 리 유 익 혹 자 불 승 기 로 이 단 견 기
樂. 粗有識知, 兼以衰病, 此事難爲他人道, 獨不知原甫諒之
락 조 유 식 지 겸 이 쇠 병 차 사 난 위 타 인 도 독 부 지 원 보 량 지
否. 因風幸數垂問, 以慰瞻企.
부 인 풍 행 수 수 문 이 위 첨 기

19-8. 【유원보劉原父에게 보내는 편지】[188]

구양수歐陽脩는 말씀드립니다. 봄부터 딸아이들의 병으로 괴로운 데다 온갖 근심으로 애를 태우느라 끝내 편지를 드리지 못하였습니다. 그리고 또 괴이하게도 오래도록 당신의 편지를 받지 못하니 무슨 혐의로 배척을 당했는지 모르겠습니다. 처음에는 서주西州의 물건이 많을 것이라 기대했었는데 지금 말 한마디 적은 촌지조차 얻지 못하고 있으니 하물며 그 나머지는 어떠하겠습니까?

저는 늙고 보잘것없는 상황을 견딜 수 없습니다. 자신을 돌아보면 끝내 만에 하나라도 보탬이 없을까 걱정인데 쇠약하고 병든 몸은 갈수록 더해만 가고 사방에서 허물과 책망이 이르니 어찌해야 하겠습니까?

봄 경치가 한창인데 고향의 유적을 다 돌아볼 수는 없지만, 아침저녁으로 경치를 실컷 누리면서도 이러한 경치를 감상하기 어려운 사람을 위해 소중히 여기지 않을까 걱정입니다. 모쪼록 부러

188 가우嘉祐 6년(1061, 55세)에 추밀부사樞密副使로 있을 때 보낸 편지이다.

워만 하고 이러한 경치를 얻지 못하는 사람이 있다는 것도 알아주십시오.[189]

현제賢弟[190]도 만나기 어려우니 지난날처럼 여러 어진 벗들과 형식을 잊고 자적自適함을 취하지 못하고 있을 뿐입니다. 서재西齋에는 먼지만 쌓여 다시는 사람의 자취라곤 없습니다. 그대도 연일 한가하여 간략하게나마 회포를 풀 수 있다면 다행이겠습니다. 그러나 공께서 청한淸閑한 즐거움을 누리시면서 친구들에게 겨를을 내주시지 않는 것은 마땅치 않습니다.[191]

그 나머지 세속의 각박하고 모진 일들은 말씀드리지 않겠습니다. 따뜻해져 가는 날씨에 자애하시어 보고픈 마음에 위안이 되게 하십시오. 자화子華[192]의 편지를 받으니 서쪽으로 가서 섬서陝西와 옹주雍州에 도착해서 머문다고 하였는데 과연 그렇습니까? 손가락이 오그라들고 또 왼손도 심해지고 두 눈도 겨우 사물만 구별할 수 있을 정도이니 나머지는 형편을 아시겠지요?

189 봄……알아주십시오 : 봄이 오니 고향의 경치가 매우 아름다울 것인데, 그곳에 있는 사람은 그러한 상황을 얻는 것이 어렵다는 것을 모르지만 외부에 있는 사람은 부러워만하고 얻지 못하는 사람이 있다고 한 것은 대개 구양수歐陽脩는 스스로 고향으로 돌아가고 싶지만 그러지 못하는 상황을 말한 것이다.

190 현제賢弟 : 원보原甫의 아우를 이르는 듯하다. 유창劉敞의 아우 유분劉攽(1023~1089)을 이른다.

191 공께서……않습니다 : 구양수歐陽脩는 스스로 일이 번다하여 안부를 전하지 못하고 있지만 원보原甫는 청한淸閑한 즐거움을 누리면서도 편지로 문안도 하지 않는 것은 마땅히 않다고 한 것이다.

192 자화子華 : 자화학사自華學士는 공의 문집에 시가 가장 많이 실린 사람으로, 한헌숙韓獻肅(1012~1088)을 이른다.

【與劉原父】
여유원보

某啓. 自春以來, 苦兒女輩疾病, 憂煎百端, 遂闕馳問. 亦然
모계 자춘이래 고아녀배질병 우전백단 수궐치문 역연
怪久不承惠音, 不審何嫌, 遽見斥外? 始望西州之物甚衆, 今
괴구불승혜음 불심하혐 거견척외 시망서주지물심중 금
一言寸紙, 猶不可得, 況於其他乎? 某老拙無堪, 自顧恐終無
일언촌지 유불가득 황어기타호 모노졸무감 자고공종무
所爲以補萬一, 而衰病日益, 咎責四至, 其將奈何? 春物爛
소위이보만일 이쇠병일익 구책사지 기장내하 춘물난
發, 古都遺跡不可勝覽, 但恐厭飫朝夕, 不以難得可惜, 須知
발 고도유적불가승람 단공염어조석 불이난득가석 수지
有羨而不可得者爾. 賢弟, 亦稀相見, 蓋不能得如往日, 與諸
유선이불가득자이 현제 역희상견 개불능득여왕일 여제
賢忘形取適爾. 西齋塵土, 無復人迹. 幸連日暇, 故略得少布
현망형취적이 서재진토 무부인적 행연일가 고약득소포
區區. 然公方亨清閑之樂, 不宜無暇於故人也. 其他俗事薄
구구 연공방형청한지락 불의무가어고인야 기타속사박
惡, 可不掛耳. 惟向暖多愛, 以慰傾企, 得子華書, 言西去當
악 가불괘이 유향난다애 이위경기 득자화서 언서거당
於陝、雍留連, 果能如此否? 手指拘攣, 又添左手, 兩目僅辨
어섬 옹유연 과능여차부 수지구련 우첨좌수 양목근변
物, 其餘可知.
물 기여가지

20. 【채군모蔡君謨[193]에게 보내는 편지】[194]

구양수歐陽脩는 말씀드립니다. 보내주신 앵녕옹櫻寧翁의 먹은 매우 감사합니다. 좋은 물건은 참으로 얻기 어렵지만 다른 사람

193 채군모蔡君謨 : 북송 때 문인이자 서예가인 채양蔡襄(1012~1067)을 이르며, 군모君謨는 그의 자이다. 안진경顔眞卿의 영향을 받아 필치가 호방하였다.

194 가우嘉祐 연간(1056~1063, 50세~57세)에 참지정사參知政事로 있을 때 보낸 편지이다.

과 비교하면 아직도 두 개가 부족합니다. 그윽한 서재에서 고요한 때를 틈타 붓과 벼루를 희롱하며 자못 여기에 의지하고 지내니 아무리 많아도 싫지가 않습니다. 번거롭게 말씀드려도 싫어하지 않으시리라 생각합니다. 나머지는 만나서 감사드리겠습니다.

【與蔡君謨】
여 채 군 모

某啓. 辱惠櫻寧翁墨, 多荷多荷. 佳物誠爲難得, 然比他人,
모 계 욕 혜 앵 녕 옹 묵 다 하 다 하 가 물 성 위 난 득 연 비 타 인
尙少其二. 幽齋隙寂時, 點弄筆硯, 殊賴於斯, 雖多無厭也.
상 소 기 이 유 재 극 적 시 점 농 필 연 수 뇌 어 사 수 다 무 염 야
煩聒, 計不爲嫌矣. 諸留面謝.
번 괄 계 불 위 혐 의 제 유 면 사

21. 【증자고曾子固[195]에게 보내는 편지】[196]

구양수歐陽脩는 말씀드립니다. 비록 한동안 만나지 못했지만 여러 차례 편지를 보내주시고 새로 지은 글을 보여주시니 그리운 마음에 매우 위안이 되었습니다. 올해의 과장科場에서 낙제를 하셨더군요. 덕을 쌓고 뜻을 길러 더욱 멀리 이르기를 기약하시는 것이 보잘것없는 저의 바람입니다.

저는 이곳에서 다행히 의연하게 지내고는 있지만, 산골이라 함께 종유할 벗이 적어 날로 더욱 정신은 흐려집니다. 게다가 늙어

---

195 증자고曾子固 : '子固'는 증공曾鞏(1019~1083)의 자이다. 당송팔대가唐宋八大家의 한 사람으로 강서성江西省 남풍南豐 출신이다. '남풍선생南豐先生'이라고도 한다. 39세 때에 소동파蘇東坡와 함께 진사시進士試에 합격하였다. 저서로 《원풍유고元豐類稿》 등이 있다.

196 경력慶曆 6년(1046, 40세)에 저주지주滁州知州로 있을 때 보낸 편지이다.

학문은 퇴보하니 예전에 익혔던 학문은 벌써 아무 쓸모가 없게 되어버렸으니 한유韓愈가 말한 것처럼 끝내 소인으로 돌아간단 말입니까?[197] 풍문으로 인하여 멀리서 편지 보내시는 것을 아끼지 마십시오. 만나기 전까지 몸을 보중하시기 바랍니다.

【與曾子固】
여증자고

某啓. 雖久不相見, 而屢辱書及示新文, 甚慰瞻企. 今歲科
모계 수구불상견 이누욕서급시신문 심위첨기 금세과
場, 偶滯遐擧. 畜德養志, 愈期遠到, 此鄙劣之望也. 某此幸
장 우체하거 휵덕양지 유기원도 차비열지망야 모차행
自如, 山州少朋友之遊, 日愈昏塞, 加之老退, 於舊學已爲廢
자여 산주소붕우지유 일유혼색 가지노퇴 어구학이위폐
失, 而韓子所謂終於小人之歸乎? 因風, 不惜遠垂見敎. 未
실 이한자소위종어소인지귀호 인풍 불석원수견교 미
良會間, 自重自重.
량회간 자중자중

22. 【범경인範景仁에게 보내는 편지】[198]

구양수歐陽脩는 말씀드립니다. 전인專人[199]을 통해 보내신 편

197 한유韓愈가……말입니까 : 〈오잠五箴〉에 "내가 소년 시절엔, 다재다능해지길 바라서, 이른 아침부터 밤늦도록 부지런히 노력했었는데, 내가 지금에 와서는 이미 배부르게 먹고 놀기만 하여, 이른 아침부터 밤늦도록 아무런 하는 일이 없다. 아, 나여, 지각이 없구려. 장차 군자가 되기를 포기하고, 소인이 되려나 보구려.[余少之時 將求多能 蚤夜以孜孜 余今之時 旣飽而嬉 蚤夜以無爲 嗚呼余乎 其無知乎 君子之棄 而小人之歸乎]"라고 하였다.

198 치평治平 4년(1067, 61세)에 참지정사參知政事에서 해임되어 박주지주亳州知州로 가려고 할 때 보낸 편지이다.

지를 받고 따뜻한 봄 날씨에 잘 지내시는 줄 알았습니다. 저는 성은을 입어 중책에서 벗어나 박주지주亳州知州200가 되어 개인적으로는 편하게 되었으니 다행스러움을 다 말씀드릴 수가 없습니다. 그밖에 소란스러운 일201은 궁중 안팎의 소문이 대략 이와 같기 때문에 저의 번거로운 말을 기다릴 필요가 없을 것입니다.

당신의 부하府下에 배를 매어두고 한번 주인을 방문한다면 조금이나마 그리워하는 간절한 마음이 풀릴 것입니다. 돌아가는 인편에 감사의 말씀을 드립니다.

【與範景仁】
여범경인

某啓. 專人辱書, 伏承春暄體候清福. 某蒙恩許解重任, 得亳
모계 전인욕서 복승춘훤체후청복 모몽은허해중임 득박

便私, 其爲優幸, 不可勝述. 其他諠譊, 中外所聞, 大略祇如
편사 기위우행 불가승술 기타훤노 중외소문 대략지여

此, 故不待煩言. 惟繫舟府下, 一見主人而過, 粗釋瞻思之懇
차 고부대번언 유계주부하 일견주인이과 조석첨사지간

爲足矣. 人還, 姑此布謝.
위족의 인환 고차포사

---

199 전인專人 : 어떤 소식이나 물건을 전하기 위하여 특별히 보내는 사람을 이른다.

200 박주지주亳州知州 : 이해 어사 팽사영彭思永 등이 유언비어로 공을 모략하자 공은 힘써 물리쳤지만 형부상서刑部尙書, 박주지주亳州知州로 옮겨졌다.

201 소란스러운 일 : 당시 구양수歐陽脩의 처남인 설종유薛宗孺가 구양수에게 앙심을 품고 근거 없이 구양수를 비방하는 말을 지어내어 이를 중승中丞 팽사영彭思永에게 전달하였고, 팽사영이 다시 이를 장지기蔣之奇에게 전하니, 장지기가 마침내 소장을 갖추어 구양수를 탄핵하였던 일을 이른다.

23. 【왕자야王子野[202]에게 보낸 편지】[203]

구양수歐陽脩는 운사학사運使學士 자야子野 형께 재배합니다. 따뜻한 봄 날씨에 당신께서는 잘 지내시는지요? 작년 윤달부터 동군東郡 활주통판滑州通判으로 녹을 받아 어머니를 봉양하고 있으니[204] 제가 바라던 대로여서 다행한 일이지만 궁벽하여 날로 비루해지고 있습니다. 경사京師에 있을 때 자야 형께서 배를 타고 떠날 때 이별하지도 못하였습니다.

이후 전송한 사람이 돌아와 손님들을 머물게 하고 매우 기뻐하면서 술을 지나치게 많이 마셔 친족들이 모두 형의 약한 몸을 걱정했었다는 것을 알았는데, 이후로도 다시 술을 마시는지요? 공께서는 스스로 잘 조섭하여 육식을 끊고 담박한 음식을 즐기시는데 더구나 술에 있어서는 어떠하겠습니까?

한 번의 이별로 갑자기 남북으로 헤어져 안부 편지도 전하지 못하니 자중하시어 저의 간절한 마음에 위안이 되게 하십시오. 이만 줄입니다. 구양수는 머리를 조아립니다.

【與王子野】
여 왕 자 야

某頓首再拜 運使學士子野兄. 春暄, 伏惟尊候萬福. 自去年
모 돈 수 재 배 운 사 학 사 자 야 형 춘 훤 복 유 존 후 만 복 자 거 년

---

202 왕자야王子野 : '子野'는 왕질王質(1001~1045)의 자이다. 송宋나라 대명大名 사람이다. 천장각대제天章閣待制 등을 역임하였다.

203 경력慶曆 3년(1043, 37세)에 지간원知諫院으로 있을 때 보낸 편지이다.

204 작년……있으니 : 구양수歐陽脩는 경력慶曆 2년(1042) 9월부터 활주통판滑州通判가 되었기 때문에 동군東郡으로 녹을 받아 어머니를 모시게 되었다고 한 것이다.

閏月來東郡以就祿養, 幸如所欲. 惟僻陋, 日益愚鄙爾. 在京
윤 월 래 동 군 이 취 녹 양 행 여 소 욕 유 벽 루 일 익 우 비 이 재 경
下時, 子野兄舟行, 不克攀別. 其後送者還, 頗知留客甚歡,
하 시 자 야 형 주 행 불 극 반 별 기 후 송 자 환 파 지 유 객 심 환
而飮酒差多, 親族, 皆以素羸奉憂. 不知其後復飮否? 子野
이 음 주 차 다 친 족 개 이 소 리 봉 우 부 지 기 후 부 음 부 자 야
善自攝, 猶能絶葷血, 甘淡薄, 況於酒邪? 一別頓爾南北, 闕
선 자 섭 유 능 절 훈 혈 감 담 박 황 어 주 야 일 별 돈 이 남 북 궐
於候問, 惟冀自重, 以慰區區. 不宣. 某頓首.
어 후 문 유 기 자 중 이 위 구 구 불 선 모 돈 수

24. 【왕심보王深甫[205]에게 보내는 편지】[206]

구양수歐陽脩는 말씀드립니다. 지난번에 그대가 경사京師에 있을 때 세속의 번다한 일로 늘 만나지 못했습니다. 이미 떠나고 나서도 때때로 안부 편지도 드리지 못하였습니다. 겉으로 드러난 것만 보자면 어찌 소원하고 게으른 것이 아니겠습니까마는 마음속을 보자면 그렇지 않습니다.

인편이 와서 보내신 편지를 받고 어머니를 모시며 잘 지내신다니 제 마음에 위안이 되었습니다. 저는 날로 더더욱 쇠약하고 병이 들어 세상일에 별다른 뜻이 없습니다. 최근 영주潁州에 밭을 샀는데 복건을 쓰고 두서너 사람과 밭 사이를 오갈 것을 생각하고 있으니, 그 즐거움으로 여생을 마칠 수 있을 것입니다. 그

205 왕심보王深甫 : '深甫'는 왕회王回(1023~1065)의 자이다. 송宋나라 복주福州 후관侯官 사람이다. 인종仁宗 가우嘉祐 2년(1057에 진사가 되어 위진주부衛眞主簿에 임명되었지만 스스로 사직하고 영주로 돌아왔다.

206 치평治平 원년(1064, 58세)에 참지정사參知政事로 있을 때 보낸 편지이다.

러나 상황으로 보아 속히 떠날 수가 없는 것은 결행하지 못하는 것이 아니라 오히려 늦다고 생각하는데,[207] 그대는 어떻게 생각하십니까? 그대의 아우가 엊그제 서쪽으로 갈 때 잠깐 만났습니다. 추운 날씨에 몸을 아끼시기를 빌겠습니다.

【與王深甫】
여왕심보

某啓. 嚮者, 深甫在京師, 則以俗冗不常得相見. 旣去, 又不
모계 향자 심보재경사 즉이속용불상득상견 기거 우불
時爲信問. 視其外, 豈非疏且慢哉? 然求諸中, 則不然也. 人
시위신문 시기외 기비소차만재 연구제중 즉불연야 인
至, 惠問, 承奉太夫人萬福, 下情瞻慰. 某衰病日增, 殊無世
지 혜문 승봉태부인만복 하정첨위 모쇠병일증 수무세
間意趣. 近買田穎上, 思幅巾與二三君往來田閭間, 其樂尙
간의취 근매전영상 사폭건여이삼군왕래전여간 기락상
可終此餘年爾. 而其勢未能速去, 非爲之不果, 猶須晩獲也.
가종차여년이 이기세미능속거 비위지불과 유수만획야
深甫以謂如何? 賢弟昨西, 略見爾. 祁寒, 更乞自愛.
심보이위여하 현제작서 약견이 기한 갱걸자애

25-1. 【장백진章伯鎭[208]에게 보내는 편지】[209]

구양수歐陽脩는 머리를 조아립니다. 궁벽한 산골 마을[210]이라

207 오히려 늦다고 생각하는데 : 당시 구양수歐陽脩는 쇠약하고 늙어 영주潁州로 돌아갈 것을 청하였지만 조정에서 윤허하지 않다.

208 장백진章伯鎭 : '伯鎭'은 장민(章岷, ?~?)의 자이다. 평강강군추관平江軍推官을 지냈다.

209 경력慶曆 5년(1045, 39세)에 저주지주滁州知州로 있을 때 보낸 편지이다.

210 산간……궁벽하여 : 구양수歐陽脩는 이해 저주지주滁州知州로 좌천되었다. '궁벽한 산골 마을[山郡僻絶]'은 저주滁州를 이른다.

남들과 왕래도 없었는데 매번 편지를 받을 때마다 감사하고 부끄러운 마음을 어찌 이기겠습니까?

저는 얕은 재주에 비해 총애가 지나쳐 너무 가벼운 화禍[211]를 얻어 이렇게 편안하니 매우 천행天幸이라 할 것입니다. 그대가 강군江郡에 머무른 지도[212] 벌써 한해가 지났습니다. 크게 형통하는 것은 때가 있으니 먼저 조금 삼가는 것이 비색否塞한 상황을 뚫고 나가는 이치일 것입니다. 자애하시어 그리워 기도하는 마음에 부응하시기 바랍니다.

【與章伯鎭】
여 장 백 진

某頓首. 山郡僻絶, 不與人通. 每辱誨問, 何勝感愧. 某材薄
모 돈 수 산 군 벽 절 불 여 인 통 매 욕 회 문 하 승 감 괴 모 재 박
寵過, 得禍甚輕, 獲此優安, 至爲天幸. 伯鎭, 尙淹江郡, 忽
총 과 득 화 심 경 획 차 우 안 지 위 천 행 백 진 상 엄 강 군 홀
已踰年. 大亨有時, 先以小抑, 亦通否之理然也. 惟冀自愛,
이 유 년 대 형 유 시 선 이 소 억 역 통 부 지 리 연 야 유 기 자 애
以副瞻禱.
이 부 첨 도

25-2. 【장백진章伯鎭에게 보내는 편지】[213]

구양수歐陽脩는 지난번 눈병이 심해져 영주지주潁州知州를 청

211 가벼운 화禍 : 구양수歐陽脩는 고아인 조카 장씨張氏의 일로 귀양 간 것을 이른다. 반대파에 의해 누이의 딸 장씨張氏와 남녀관계가 있다는 누명을 쓰고 저주滁州로 좌천되었던 사건을 말한다.

212 강군江郡……지도 : 그 역시 좌천된 듯하다.

213 황우皇祐 원년(1049, 43세)에 영주지주潁州知州로 있을 때 보낸 편지이다.

해 스스로 편안하게 지내고 있습니다.[214] 게으름을 수양하고 졸렬함을 감추기에 적당한 곳을 얻었습니다. 장강長江과 회수淮水에 배를 띄우니 세상을 벗어난 듯 즐겁습니다.

급한 심부름꾼이 멀리서 와서 이별의 편지를 받고, 또 따뜻한 봄 날씨에 안부가 좋으시다는 것을 알았습니다. 서로 거리가 멀어질수록 그리움은 더욱 간절합니다. 몸을 잘 보중하시기를 간절히 빕니다.

【與章伯鎭】
여 장 백 진

某昨以目病爲梗, 求潁自便. 養慵藏拙, 深得其宜. 泛舟長
모 작 이 목 병 위 경 구 영 자 편 양 용 장 졸 심 득 기 의 범 주 장

淮, 翛然其樂. 急足遠至, 辱書爲別, 且承春暄寢味多福. 相
회 소 연 기 락 급 족 원 지 욕 서 위 별 차 승 춘 훤 침 미 다 복 상

去益遠, 瞻望徒勞, 千萬保重.
거 익 원 첨 망 도 로 천 만 보 중

25-3. 【장백진章伯鎭에게 보내는 편지】[215]

구양수歐陽脩는 자미子美[216]가 죽었다는 소식을 들으니 다시

---

214 눈병이……있습니다 : 구양수歐陽脩는 이해(43세) 1월에 영주지주潁州知州로 전임되었다.

215 황우皇祐 원년(1049, 43세)에 영주지주潁州知州로 있을 때 보낸 편지이다.

216 자미子美 : '子美'는 소순흠蘇舜欽(1008~1048)의 자이다. 북송北宋 때 관리이자 시인이다. 범중엄範仲淹의 경혁혁신慶曆革新을 지지하여 수구파의 반발이 심했다. 어사중승禦史中丞 왕홍진王拱辰이 부하관리로 하여금 그를 탄핵하게 하여 파직되어 소주蘇州에서 지냈다. 송시宋詩의 개산조사開山祖師라고 할 수 있는 매요신梅堯臣과 더불어 '소매蘇梅'라고 일컬어졌다. 저서로

살고 싶은 마음이 없어집니다. 벗들이 거의 다 죽고 남은 사람이라고는 늙지 않으면 병든 사람이고 그렇지 않으면 세상살이에 고생하는 사람들이라 근심스럽게 합니다. 그중에서도 자미는 더욱 심하였으니 애통합니다. 제문祭文[217]을 읽으니 슬픔만 더할 뿐입니다.

당신의 훌륭한 작품이 서호西湖에 오기를 기다렸다가 상쾌하게 읊조리겠습니다. 회양淮陽에서 애써 저곳에 이른다면 필시 조금이나마 세속의 걱정을 떨쳐버리고 힘써 그대의 작품에 가까울 수 있을 것입니다.[218]

보내주신 차는 필요했던 것이니 매우 감사합니다. 병이 들고 나서 일절 술을 끊고 나니 더욱 무료했었는데 이 물건에 기대어 맑은 흥치를 더할 수 있겠습니다.

【與章伯鎭】
여 장 백 진

某自聞子美之亡, 使人無復生意. 交朋淪落殆盡, 存者不老
모 자 문 자 미 지 망 사 인 무 부 생 의 교 붕 윤 락 태 진 존 자 불 노
卽病, 不然困於世路, 愁仁愁人. 就中子美尤甚, 哀哉! 祭文
즉 병 불 연 곤 어 세 로 수 인 수 인 취 중 자 미 우 심 애 재 제 문
讀之, 重增其悲爾. 盛作, 俟至西湖, 方快吟味. 淮陽苦區區
독 지 중 증 기 비 이 성 작 사 지 서 호 방 쾌 음 미 회 양 고 구 구
到彼, 必少祛俗慮, 尙可勉强以攀作者. 惠茗, 正爲所少之
도 피 필 소 거 속 려 상 가 면 강 이 반 작 자 혜 명 정 위 소 소 지

《소순흠집蘇舜欽集》 등이 있다.

217 제문祭文 : 당시 구양수는 소순흠蘇舜欽을 위해 제문을 지었다.

218 가까이……것입니다 : 원문은 '攀作'. 반작攀作은 작가의 숲에 가까울 수 있다는 뜻이다. 작가는 장백진章伯鎭을 가리킨다.

物, 多荷多荷. 自病來, 絶不飮酒, 尤爲無聊, 正藉此物以增
물 다하다하 자병래 절불음주 우위무료 정자차물이증

清興爾.
청흥이

26. 【왕보지王補之[219]에게 보내는 편지】[220]

구양수歐陽脩는 말씀드립니다. 요사이 배를 타고 경계를 지날 때 보내신 편지를 받고[221] 서늘한 가을에 안부가 좋으시다니 기뻤습니다. 채주蔡州에 이르는 길은 멀어서 감히 말이나 수레를 초청하지도 못하고, 또 문안을 올리지도 못하였습니다. 영접과 편지를 모두 드리지 못하고 있으니 부끄러움과 한스러움을 어찌 이기겠습니까?

저는 주청奏請을 허락하신 은혜를 입어 일없는 궁벽한 고을에서 쇠약한 나이에 병들어 지친 몸으로 국록이나 축내면서 편히 지내고 있으니 매우 다행입니다. 다시 만날 날이 없으니 언제나 몸을 아끼시길 바랍니다.

【與王補之】
여왕보지

某啓. 近者, 行舟過界上, 特辱惠書, 喜承秋冷氣體安和. 以
모계 근자 행주과계상 특욕혜서 희승추랭기체안화 이

---

219 왕보지王補之 : '補之'는 왕무구王無咎(1024~1069)의 자이다. 남성현南城縣 사람이다. 증공曾鞏의 매부다.

220 희녕熙寧 3년(1070, 64세)에 채주지주蔡州知州로 있을 때 보낸 편지이다.

221 편지를 받고 : 이해 7월 구양수歐陽脩는 채주지주蔡州知州로 바뀌어 왕씨의 부하府下를 지나다가 편지를 받았다.

至郡道里差遙, 不敢曲邀車騎, 又失於上問, 全乏迎候, 豈勝
지군도리차요 불감곡요거기 우실어상문 전핍영후 기승

愧恨. 某蒙恩得請, 郡僻事簡, 衰年疲病, 苟祿偸安, 甚爲幸
괴한 모몽은득청 군벽사간 쇠년피병 구녹투안 심위행

也. 款見未涯, 以時自愛.
야 관견미애 이시자애

27. 【용도龍圖 송차도宋次道[222]에게 보내는 편지】[223]

구양수歐陽脩는 말씀드립니다. 여러 날 만나 뵙지 못했습니다. 서늘한 가을 날씨에 안부는 좋으신지요. 일찍이 배여회裵如晦[224]에게 부탁하여 간청하고 약간의 서적을 빌려줄 것을 아뢰려고 했었는데 어렵지 않다는 답을 주셨습니다.

지금 우선 《구국사九國史》를 빌리고 싶으니, 혹시라도 때마다 두서너 국사國史를 빌려주는 것도 좋을 것이니 오래 지체하지 않겠습니다. 먼저 빌렸던 《통록通錄》은 먼저 돌려 드립니다. 번거롭게 말씀드리니 황송함을 어찌 이기겠습니까?

【與宋龍圖次道】
여송용도차도

某啓. 多日不奉見. 秋冷, 竊承體氣佳裕. 嘗託裵如晦致懇,
모계 다일불봉견 추랭 절승체기가유 상탁배여회치간

222 송차지宋次道 : '次道'는 송민구宋敏求(1019~1079)의 자이다. 용도龍圖는 그가 용도각직학사龍圖閣直學士를 지낸데서 이른다. 북송北宋 때의 정치가이자 학자이다. 왕요신王堯臣이 《당사唐史》를 편수하자 편수관이 되었다.

223 가우嘉祐 연간(1056~1063, 50세~57세)에 한림학사翰林學士로 있을 때 보낸 편지이다.

224 배여회裵如晦 : '如晦'는 배욱裵煜(?~1067)의 자이다. 양주주지揚州知州를 지냈다.

欲告借少書籍, 承不爲難. 今先欲借九國史, 或逐時得三兩
욕고차소서적 승불위난 금선욕차구국사 혹축시득삼양

國亦善, 庶不久滯也. 先假通錄, 謹先歸納. 煩聒, 豈勝惶悚.
국역선 서불구체야 선가통록 근선귀납 번괄 기승황송

28. 【용도龍圖 왕승지王勝之[225]에게 보내는 편지】[226]

구양수歐陽脩는 말씀드립니다. 전개專介[227]를 통해 보내신 편지를 받고 여름과 가을을 보내며 잘 지내시는 줄 알았습니다. 여름비의 재앙을 예전에는 듣지 못했고 재난을 구휼하는 것은 그 일이 하나의 단서가 아닙니다. 저의 말은 남들의 신임을 받기에도 부족하고 재주는 오늘날 쓰이기에 부족한데도 국록만 축내고 있으니 매번 절로 한탄만 할 뿐입니다.

보내신 편지를 받고 조금의 현실적인 환란을 감당할 수 있는데도 말이 신임받지 못하는 것은 무엇 때문입니까? 다른 사연들은 만나지 않고서는 소회를 다할 수가 없습니다. 조금 추워지는 날씨에 늘 몸을 보중하시기 바랍니다.

【與王龍圖勝之】
여왕용도승지

某啓. 專介辱書, 承涉夏秋, 體氣淸適. 暑雨爲孼, 古所未聞,
모계 전개욕서 승섭하추 체기청적 서우위얼 고소미문

225 왕승지王勝之 : '勝之'는 왕익유王益柔(1015~1086)의 자이다. 하남河南 사람으로 왕서王曙의 아들이다. 집현전교리集賢殿校理를 지냈다.

226 가우嘉祐 2년(1057, 51세)에 한림학사翰林學士로 있을 때 보낸 편지이다.

227 전개專介 : 어떤 일을 전적으로 위임받아 가는 심부름꾼을 이른다.

救災恤患, 事匪一端. 某言不足爲人信, 才不足爲時用, 徒耗
구 재 휼 환 사 비 일 단 모 언 부 족 위 인 신 재 부 족 위 시 용 도 모

廩祿, 每自咄嗟而已. 承見諭, 實當今之實患也, 其如言之不
름 록 매 자 돌 차 이 이 승 견 유 실 당 금 지 실 환 야 기 여 언 지 불

見信何! 他非相見, 莫盡所懷. 稍寒, 惟當以時保嗇.
견 신 하 타 비 상 견 막 진 소 회 초 한 유 당 이 시 보 색

29. 【심대제沈待制[228]에게 보내는 편지】[229]

구양수歐陽脩는 말씀드립니다. 여러 날 편지를 드리지 못했는데 혹독한 더위는 여느 해와 비교할 수 없을 정도입니다. 젊은 사람도 감당하기 어려운데 쇠약하고 늙은 사람이야 묻지 않아도 알 것입니다. 보내신 편지를 받고 안부가 좋으시다니 매우 위안이 됩니다.

지방 풍속[230]에 입추 일에 가을 더위의 정도를 점치는데 지금의 상황을 보니 오히려 다시 혹독하게 더울 것 같습니다. 그렇지만 세상에서 말하는 봄추위·가을더위·늙은이의 건강, 이 세 가지는 끝내 오래가지 않는 것들입니다. 왕안석王安石의 시는 매우 아름답고 화운和韻도 더욱 정밀하니 다 보시고 저에게도 보여주십시오.

228 심대제沈待制 : '待制'는 심막沈邈(?~?)이 천장각대제天章閣待制를 지낸데서 이른다. 자는 자산子山이다.

229 경력慶曆 3년(1043, 37세)에 지간원知諫院으로 있을 때 보낸 편지이다.

230 지방 풍속 : 지방 풍속에 한밤중 때 입추 때 옷을 벗기도 하고 한낮에 입추 때 옷을 입기도 한다. 가을에 옷을 벗는 것은 더워서이고 가을에 옷을 입는 것은 추워서이다.

【與沈待制】
여심대제

某啓. 數日不奉問, 苦暑, 非常歲之比, 少壯者, 自不能當,
모계 수일불봉문 고서 비상세지비 소장자 자불능당

衰病之人, 不問可知焉. 辱教, 承體氣淸安, 甚慰. 俗以立秋
쇠병지인 불문가지언 욕교 승체기청안 심위 속이입추

日卜秋暑多少, 據今日之勢, 猶當更猖狂爾. 然世言春寒、
일복추서다소 거금일지세 유당갱창광이 연세언춘한

秋熱、老健, 爲此三者, 終是不久長之物也. 介甫詩甚佳, 和
추열 노건 위차삼자 종시불구장지물야 개보시심가 화

韻尤精, 看了却希示下.
운우정 간요각희시하

30. 【학사學士 유자정劉子正[231]에게 보내는 편지】[232]

구양수歐陽脩는 머리를 조아리고 말씀드립니다. 어머니의 상을 당하여 남은 목숨[233]으로 초상을 치르느라 공께서 다스리는 곳의 길을 빌렸다가 수고롭게 공의 행차가 저의 곤궁한 저의 집을 왕림하게 하였으니 감사하고 부끄러운 마음을 어떻게 말씀드리겠습니까?

상복을 입고 있는 처지라 나아가 뵙지도 못하고 있으니 이것이 거듭 한스럽습니다. 잠깐 멀어진 것이니 나라를 위해 자중하시기 바랍니다. 편지를 부치며 감사를 드립니다.

231 유자정劉子正 : '子正'은 유식劉湜(?~?)의 자이다. 명明나라 때 벼슬아치로, 하남河南 태강현太康縣 사람이다.

232 황우皇祐 4년(1052, 46세)에 어머니 정鄭 씨가 돌아가셨을 때 보낸 편지이다.

233 어머니께서……목숨 : 이해 공은 어머니 정부인이 돌아가시는 근심을 당했기 '죄역罪逆'이라는 등의 말을 썼다.

【與劉學士子正】
여유학사자정

某叩頭言. 罪逆餘生, 護喪假道, 乃勞台旆, 枉顧孤窮, 感愧
모 고 두 언　죄 역 여 생　호 상 가 도　내 노 태 패　왕 고 고 궁　감 괴
之誠, 何以雲諭! 限玆凶斬, 無由詣見, 斯又重以爲恨也. 乍
지 성　하 이 운 유　한 자 흉 참　무 유 예 견　사 우 중 이 위 한 야　사
遠, 爲邦自重. 謹附手疏敍謝.
원　위 방 자 중　근 부 수 소 서 사

31. 【사경초謝景初[234]에게 보내는 편지】[235]

구양수歐陽脩는 절하고 말씀드립니다. 오랫동안 편지를 드리지 못한 것은 인편이 없었기 때문입니다. 요사이 정사를 돌보시고 부모님 모시며 잘 지내시는지요. 저는 다행히 잘 지내고 있고 고을은 외져 일이 많지 않습니다. 그렇지만 몸은 점점 늙어가 공부에 게을러 오직 잠자는 것만 좋아할 뿐입니다.

족하께서는 도가 치밀하고 저술이 반드시 많을 것이니 급한 심부름꾼이 돌아올 때 아끼지 마시고 부쳐주시길 바랍니다. 추운 봄 날씨에 몸을 보중하시기 바랍니다.

【與謝景初】
여사경초

某拜啓. 久不作書, 蓋由無便. 卽日爲政外奉親萬福. 某幸
모 배 계　구 부 작 서　개 유 무 편　즉 일 위 정 외 봉 친 만 복　모 행

234 사경초謝景初(1020~1084) : 자는 사후師厚이고 호는 금시옹今是翁이다. 절강성浙江省 부양富陽 사람으로 대리평사大理評事를 지냈다.

235 황우皇祐 원년(1049, 43세)에 영주지주潁州知州로 있을 때 보낸 편지이다.

且安, 郡僻少事. 然漸老, 懶於爲學, 惟喜睡爾. 足下爲道方
차안 군벽소사 연점로 나어위학 유희수이 족하위도방

銳, 著述必多, 此急足回, 無惜爲寄. 春寒, 保重.
예 저술필다 차급족회 무석위기 춘한 보중

구소수간
歐蘇手簡
제2권

1-1. 【소경少卿 설공기薛公期[1]에게 보내는 편지】[2]

구양수歐陽脩는 두 번 절하고 말씀드립니다. 동원東園[3]에서 한 번 작별하고 여름에서 가을을 지나 지금 벌써 겨울이 되었습니다. 하남河南[4]에서 거슬러 올라가 회수淮水[5]를 건너 장강에 배를 띄워, 5천 리 길을 110일 여정으로 겨우 형남荊南[6]에 도착해서, 집안의 형을 만나니 경사京師에서 나올 때 그대의 편지가 있었다고 합니다. 애타게 보고 싶고 이별 후의 일들을 알고 싶었지만, 며칠을 찾아도 보이지 않는다고 하여 끝내 그만두었습니다.

저는 남쪽으로 행차하고 나서 다행히 늙은이와 아이들 모두 병이 없고 풍랑과 파도도 심하게 나쁘지는 않아 뱃길로 가는 사람들이 두려워할 만한 곳들도 평탄하게 지나갔습니다. 지금 여기에 도착한 것은 지난번 이릉夷陵[7]의 강물이 매우 좋아서 3~4일도 지나지 않아 도착할 수 있었습니다. 오래전에 풍토가 좋아서 멥쌀과 큰 물고기와 배·밤·감귤·차·죽순 등이 생산되고 1~2천 호의 고을 백성은 아무런 걱정이 없다고 들었습니다.

저 같은 죄인이 이런 곳에 벼슬을 얻게 된 것은 매우 다행입니

1 설공기薛公期 : '公期'는 설중유薛仲儒(?~?)의 자이고, 소경少卿은 관직명이다.
2 경우景祐 3년(1036, 30세)에 이릉현령夷陵縣令으로 폄적되었을 때 쓴 편지이다.
3 동원東園 : 구양수歐陽脩의 문집 가운데 '이수재李秀才의 동원정東園亭'이라는 기록과 '진주眞州의 동원東園'이라는 기록이 있는데 어느 곳인지는 분명치 않다.
4 하남河南 : 원문은 '汴'. 하남의 옛 지명이다.
5 회수淮水 : 지금의 강소성江蘇省 회안부淮安府에 속해 있다.
6 형남荊南 : 지금의 호북성湖北省 형주부荊州府에 속해 있다.
7 지난번 이릉夷陵 : 이해 5월에 구양수가 섬주陝州 이릉현령夷陵縣令이 되었다.

다. 다만 연로沿路에 많은 친구들과 지인들이 데리고 온 사람들 가운데 몇 명의 인편에게 편지를 써서 경사京師로 들여보내 그대와 비로소 올겨울에 강주降州8로 갈 것을 약속하였으니 반드시 오래지 않아 행차할 것입니다.

매번 채군모蔡君謨9의 집에서 만났던 일들을 추억할 때마다 자못 꿈속의 일과 같습니다. 언제나 서로 만날 수 있을지 모르겠지만 자애하기를 빌겠습니다. 인편을 통해 군황君貺10에게 부친 편지는 도착하였을 것입니다. 지금 백발의 종을 경사京師로 들여보내 편지를 부치고 이만 줄입니다.

【與薛少卿公期】
여 설 소 경 공 기

某頓首再啓. 東園一別, 自夏涉秋, 今倏冬矣. 泝汴絶淮, 泛
모 돈 수 재 계 동 원 일 별 자 하 섭 추 금 숙 동 의 소 변 절 회 범

大江, 凡五千里, 一百一十程, 纔至荊南. 見家兄, 言出京時
대 강 범 오 천 리 일 백 일 십 정 재 지 형 남 견 가 형 언 출 경 시

有公期書. 渴得一見, 要知別後事, 然數日尋之不見, 遂已.
유 공 기 서 갈 득 일 견 요 지 별 후 사 연 수 일 심 지 불 견 수 이

某自南行, 所幸老幼皆無病恙, 風波不甚惡, 凡舟行人所懼
모 자 남 행 소 행 노 유 개 무 병 양 풍 파 불 심 악 범 주 행 인 소 구

處, 皆坦然而過. 今至此, 嚮夷陵江水極善, 亦不越三四日可
처 개 탄 연 이 과 금 지 차 향 이 릉 강 수 극 선 역 불 월 삼 사 일 가

到. 久聞好水土, 出粳米、大魚、梨、栗、甘橘、茶、筍, 而
도 구 문 호 수 토 출 갱 미 대 어 리 율 감 귤 다 순 이

---

8 강주降州 : 지금의 산서성山西省 평양부平陽府에 속해 있다.

9 채군모蔡君謨 : '君謨'는 채양蔡襄(1012~1067)의 자이다. 안진경顔眞卿의 영향을 받아 호방한 필치로 이름났다.

10 군황君貺 : 왕공진王拱辰(1012~1085)의 자이다. 송宋나라 개봉開封 함평咸平 사람으로, 원명은 공수拱壽이다. 시호는 의각懿恪이다. 관직은 창덕군절도사彰德軍節度使까지 올랐다. 저서로 《치평개감治平改鑑》 등이 있다.

縣民一二千戶, 絶無事. 罪人得此, 爲至幸矣. 只是沿路多故
현 민 일 이 천 호 절 무 사 죄 인 득 차 위 지 행 의 지 시 연 로 다 고
舊相識, 所至牽率, 又少便人作書入京. 公期, 始約今冬赴降
구 상 식 소 지 견 솔 우 소 편 인 작 서 입 경 공 기 시 약 금 동 부 강
州, 必非久行矣. 每憶君謨家會, 頗如夢中. 未知相見何時,
주 필 비 구 행 의 매 억 군 모 가 회 파 여 몽 중 미 지 상 견 하 시
惟自愛而已. 因人便, 附書在君貺處, 乃可達. 今因遣白頭奴
유 자 애 이 이 인 인 편 부 서 재 군 황 처 내 가 달 금 인 견 백 두 노
入京, 謹附狀. 不宣.
입 경 근 부 장 불 선

1-2. 【소경少卿 설공기薛公期에게 보내는 편지】[11]

구양수歐陽脩 머리를 조아리고 말씀드립니다. 그대와 동문에서 이별한 지 어느덧 벌써 한해가 지났습니다.[12] 남북이 단절되어 서로 간의 거리가 만 리나 떨어져 소식마저 끊어졌으니 이치상 당연합니다. 어제 허주許州에서 안부 편지를 받고 관하官下의 근황이 매우 좋다는 것을 알았습니다. 요사이 공무의 나머지에 곤내閫內의 식구들과 몸을 보존하며 편안히 잘 계시리라 믿습니다.

저는 이곳에서 지내는 근황이 모두 예전 그대로입니다. 연로하신 어버이는 다행히 매우 편안합니다. 새로 맞이한 처[13]가 갑자기 궁벽하고 누추한 곳에 와서 기쁨과 슬픔을 함께하고 담박한 음식도 달게 여기니 이것은 우리들이 난처하게 여기는 것이

11 경우景祐 4년(1037, 31세)에 이릉현령夷陵縣令으로 있을 때 보낸 편지이다.

12 그대와……지났습니다. : 구양수가 이릉夷陵에서 지낸지 이미 1년이 되었다. 연보에 의하면 구양수가 이해(31세) 3월 허창許昌에서 설규薛奎의 딸과 세 번째 혼인을 하였다.

13 새로 맞이한 처 : 원문은 '室中'. 새로 장가든 아내 설부인薛夫人을 말한다.

고, 또 저에게는 다행스러운 일입니다. 매우 감사합니다.

그대가 고향에서 벼슬살이 할 때의 즐거움을 헤아릴 만합니다. 지난달 보름에 거문고와 바둑과 좋은 술을 가지고 만난 것을 생각하면 어떻게 이러한 만남을 이룰 수 있겠습니까? 저는 오랫동안 궁벽한 곳에서 생활하여 고담枯淡[14]한 것이 버릇이 되어 지난날의 즐거웠던 마음이라고는 전혀 없고 오직 병만 점점 깊어가는 것을 깨달을 뿐입니다. 저의 사람됨이 편지를 쓰는 일에 게을러졌지만, 그대를 사모하는 저의 마음이 나태해진 것은 아닙니다.

오직 어진 그대가 살펴주시길 바랍니다. 참소와 비방이 풀리지 않았으니[15] 무슨 수로 서로 만나겠습니까? 병을 조심하시고 더욱 몸을 아끼시기를 바랍니다. 경사京師에 이르는 인편을 통해 자수 두세 글자 안부해 주시기 바랍니다. 제 마음[16]처럼 속마음을 다하지 못하고 이만 줄입니다.

【與薛少卿公期】
여설소경공기

某頓首. 自公期東門之別, 忽已逾年. 南北之殊, 相去萬里,
모돈수 자공기동문지별 홀이유년 남북지수 상거만리

14 고담枯淡 : 청렴결백하여 욕심이 없는 것을 이른다.

15 참소와……않았으니 : 구양수가 범문정공范文正公의 일에 연좌되어 귀양 갔는데 조정에서 참소와 비방이 그치지 않았다.

16 마음 : 원문은 '方寸'. 《삼국지三國志》〈제갈량전諸葛亮傳〉에 삼국 시대 서서徐庶가 제갈량諸葛亮과 함께 유비劉備를 도와 대업을 이루려 하였는데, 조조曹操가 서서의 모친을 억류하여 인질로 삼고는 서서를 부르자, 서서가 "지금 이미 노모를 잃은 상태라서 마음이 산란하기만 하여 어떤 일에도 보탬이 되지 못할 것이니 이제 작별할까 한다.[今已失老母 方寸亂矣 無益於事 請從此別]"라고 하고는 마침내 유비를 떠나 조조에게 갔다는 고사에 나온 말이다.

音信疏絶, 於理固然. 昨日許州, 蒙訊問, 備審官下爲況甚
음신소절 어리고연 작일허주 몽신문 비심관하위황심
佳. 邇來諒惟自公之餘, 與閫內貴屬, 各保淸休. 某居此, 爲
가 이래량유자공지여 여곤내귀속 각보청휴 모거차 위
況皆如常. 親老, 幸甚安. 室中驟過僻陋, 便能同休戚, 甘淡
황개여상 친노 행심안 실중취과벽루 편능동휴척 감담
薄, 此吾徒之所難, 亦鄙夫之幸也. 多荷多荷. 公期遊宦故
박 차오도지소난 역비부지행야 다하다하 공기유환고
鄕, 其樂可量. 思昔月中琴、弈、尊酒之會, 何可得邪? 某久
향 기락가량 사석월중금 혁 존주지회 하가득야 모구
處窮僻, 習成枯淡, 頓無曩時情悰, 惟覺病態漸侵爾. 弊性懶
처궁벽 습성고담 돈무낭시정종 유각병태점침이 폐성나
於作書, 區區思慕之心, 非有怠也, 惟仁者察之. 讒謗未解,
어작서 구구사모지심 비유태야 유인자찰지 참방미해
相見何由? 惟愼疾加愛. 因人至京, 頻示三兩字爲禱. 其如
상견하유 유신질가애 인인지경 빈시삼양자위도 기여
方寸莫能盡也. 不宣.
방촌막능진야 불선

1-3. 【소경少卿 설공기薛公期에게 보내는 편지】[17]

구양수歐陽脩는 말씀드립니다. 어제 편지를 써놓고도 아직까지 부치지 못하고 있었는데, 갑자기 인편이 와서 보내신 편지를 받으니 한 달 남짓한 근심과 그리운 회포가 모두 풀려서 아내[18]도 매우 위안이 되었습니다. 기쁜 것은 더위를 무릅쓰고 관서에 도착해서 존장尊丈과 아이들 모두 평안한 것입니다. 이어 자못 군郡의 일로 마음 쓰시면서 이렇게 시간을 쉽게 흘려보내고 계실

17 가우嘉祐(1056~1063)와 치평治平(1064~1067) 연간에 참지정사參知政事로 있을 때 보낸 편지이다.

18 아내 : 구양수의 세 번째 아내인 설부인薛夫人을 이른다.

것을 알겠습니다.

저는 지난번 이릉吏陵과 건덕乾德에 있을 때 늘 백성들의 일로 날을 보내는 것을 즐거움으로 삼았는데 진실로 이렇게 한다면 좌천되었다는 마음이 들지 않을 것입니다. 저는 우연히 시가市街의 임세약淋洗藥[19]을 사용하는 바람에 풍기風氣가 발동하여 왼쪽 다리의 통증으로 며칠 전에 휴가를 청하였습니다.[20] 뜻밖의 소식을 전해 당신께서 번거롭게 염려를 끼쳤으니 감사하고 부끄럽습니다. 무더위에 공적인 일 외에 더욱 몸을 아끼시기를 바랍니다. 아내도 편지를 썼으니 여기서는 많은 말씀을 드리지 않고 이만 줄입니다.

【與薛少卿公期】
여설소경공기

某啓. 昨日作書. 未及發, 忽得來介所惠書, 頓釋月餘憂想之
모계 작일작서 미급발 홀득래개소혜서 돈석월여우상지
懷, 家人尤以爲慰也. 所喜涉暑到官, 尊幼各安寧. 仍知頗以
회 가인우이위위야 소희섭서도관 존유각안녕 잉지파이
郡事爲意, 如此日月, 亦易銷遣. 某嚮在夷陵、乾德, 每以民
군사위의 여차일월 역이소견 모향재이릉 건덕 매이민
事便爲銷日之樂. 苟能如此, 殊無謫官之意也. 某偶因用街
사편위소일지락 구능여차 수무적관지의야 모우인용가
市淋洗藥, 拔動風氣, 左脚疼痛, 數日在告. 不意傳報, 特煩
시임세약 발동풍기 좌각동통 수일재고 불의전보 특번
軫念, 感愧感愧. 盛暑, 公外加愛. 家人亦自有書, 此不多述.
진념 감괴감괴 성서 공외가애 가인역자유서 차부다술
不宣.
불선

19 임세약淋洗藥 : 환부를 씻고 적셔주는 약의 일종이다.

20 휴가를 청하였습니다 : 원문은 '告'. 휴가 등을 간청한 것을 이른다.

1-4. 【소경少卿 설공기薛公期에게 보내는 편지】[21]

구양수歐陽脩는 말씀드립니다. 요사이 세 통의 편지를 한꺼번에 받고 여주汝州에 도착한 이후의 안부를 알게 되어 애타게 그립던 마음에 매우 위안이 됩니다. 요즈음 공무 외에 안부가 좋으시고 식구들도 모두 잘 지내실 것으로 생각합니다. 금년 여름 경사京師는 몹시 덥고 역병이 아직도 사라지지 않고 있습니다.

허주許州와 낙주洛州가 특히 심하다는 말을 들었는데, 여주汝州만 역병이 없다니 다행입니다. 아무리 그렇기는 하지만 고을 일이 오래도록 다스려지지 않고 부임하고 나서 마음을 수고롭게 하지 않은 적이 없었습니다. 이제 반드시 조금씩 일이 쉬워진다면 점차로 즐거워질 것입니다. 최상崔庠의 죄안이 이미 판결이 났으니 조정의 관보[22]에 반드시 드러날 것입니다. 그의 죄상은 처음 듣고 놀랐던 것과는 다르지만 죄명이 또한 무거우니 그를 천거한 대부분의 사람도 죄를 벗어나지는 못할 것이니, 이 또한 어찌하겠습니까?

치주淄州[23]에서는 요사이 편지가 없어 괴롭습니다. 저는 올해 더위를 먹어 얼음물을 마시는 일이 잦고 눈병[24]이 자주 생겨 휴

21 가우嘉祐(1056~1063)와 치평治平(1064~1067) 연간에 참지정사參知政事로 있을 때 보낸 편지이다.

22 조정의 관보 : 원문은 '邸報'. 조정의 관보官報로서 경저京邸에서 지방 고을로 띄우는 연락 보고 문서 등을 말한다.

23 치주淄州 : 지금의 산동성山東省 제남부濟南府 속한다.

24 눈병 : 원문은 '黑花'. '안화眼花'라고도 하며, 눈앞에서 꽃이나 모기와 같은 것이 어른어른하게 보이는 눈병을 말한다.

가를 청한 일이 많습니다. 집안 어린아이는 다행히 잘 지냅니다. 제일 늦게 편지를 가져온 사람에게 답장을 받아가도록 타일렀지만, 번번이 맘대로 떠나버렸습니다. 그러므로 우편을 통해서 편지를 보내드립니다. 삼복더위가 심한 이때 몸을 아끼시길 바라며 이만 줄입니다.

【與薛少卿公期】
여설소경공기

某啓. 近竝捧三書, 具審至汝以來動靜, 甚慰企渴爾. 比日竊
모계 근병봉삼서 구심지여이래동정 심위기갈이 비일절
惟公外體履清福, 貴眷各安和. 今夏京師大熱, 疾疫尚未衰
유공외체리청복 귀권각안화 금하경사대열 질역상미쇠
息. 頗聞許、洛特盛, 幸喜汝獨無之. 雖然, 郡事久不治, 下
식 파문허 낙특성 행희여독무지 수연 군사구불치 하
車之始, 不無勞心. 今必稍簡, 則漸可樂矣. 崔庠案已斷, 邸
거지시 불무노심 금필초간 즉점가락의 최상안이단 저
報必見, 罪狀不若初聞之可駭, 然刑名亦重, 擧主多不免, 茲
보필견 죄상불약초문지가해 연형명역중 거주다불면 자
亦奈何? 淄州近不得書, 應是煩惱. 某今歲病暑, 飮冰水多,
역내하 치주근부득서 응시번뇌 모금세병서 음빙수다
目生黑花, 多在告. 擧家幼小幸安. 最後將書來人, 戒渠來取
목생흑화 다재고 거가유소행안 최후장서래인 계거래취
書, 輒私去, 故於遞中致此. 暑伏方盛, 愼愛. 不宣.
서 첩사거 고어체중치차 서복방성 신애 불선

1-5. 【소경少卿 설공기薛公期에게 보내는 편지】[25]

구양수歐陽脩는 말씀드립니다. 동지[26]에 경사가 들어, 편지를

---

25 치평治平 2년(1065, 61세)에 참지정사參知政事로 있을 때 보낸 편지이다.

26 동지 : 원문은 '新陽'. 양효陽爻가 처음으로 생겨나는 음력 11월 동지를 이른다.

받고서 잘 지내신다는 것을 알았습니다. 인편에 보내신 편지를 받고 감사하고 위안되는 마음을 헤아릴 수 없습니다. 경사京師에 홍수가 난 뒤로 연이어 눈이 내렸는데, 그대가 근래에 교례郊禮를 지냈더니[27] 날이 개었습니다. 청성青城[28]에서 재계하며 밤을 지내자 구름과 해가 맑게 화합하고 사람들의 마음이 활짝 펼쳐져 마침내 대례大禮를 완성하게 되었습니다. 다 늙은 저의 자질로도 일을 집행하면서 수고를 잊었습니다.

이전에는 공사의 일로 바빠 오래도록 편지를 드리지 못하였습니다. 지금부터는 마땅히 장차 쉬어야 하겠습니다. 한결같이 날씨가 개어서 끝없는 허황된 논의를 막게 되었으니 하늘이 내린 다행입니다. 나머지는 필묵으로 다 말씀드릴 수 없습니다. 돌아가는 인편에 겨우 한두 자 씁니다. 심한 추위에 몸을 아끼시길 바랍니다.

【與薛少卿公期】
여설소경공기

某啓. 新陽納慶, 伏承動履多福. 人至辱書, 感慰無量. 京師
모계 신양납경 복승동리다복 인지욕서 감위무량 경사

水後, 繼以陰雪, 甫近郊禮次開晴. 青城宿齋, 雲日澄和, 人
수후 계이음설 보근교례차개청 청성숙재 운일징화 인

情舒暢, 遂成大禮. 衰朽之質, 執事忘勞. 前此公私事叢, 久
정서창 수성대례 쇠후지질 집사망로 전차공사사총 구

闕致問. 自是而後, 應且休息. 一晴鎭遏無限浮議, 天幸天
궐치문 자시이후 응차휴식 일청진알무한부의 천행천

27 경사京師에……지냈더니 : 연보에 의하면 이해 8월에 큰 홍수가 있었고, 또 11월에 남교南郊에서 기우제를 지냈다.

28 청성青城 : 송대宋代 남교南郊에서 하늘에 제사지낼 때 제단 밖에 세워둔 궁실宮室을 이른다.

幸. 餘非筆墨可罄. 人還, 僅布一二. 深寒多愛.
행 여비필묵가경 인환 근포일이 심한다애

1-6. 【소경少卿 설공기薛公期에게 보내는 편지】[29]

구양수歐陽脩는 말씀드립니다. 아전[遞吏]이 영주潁州를 들러 전해준 편지를 받고 한가하고 여유롭게 겨울을 잘 지내시고 식구들도 모두 편안하다고 하니 위안이 되었습니다. 저는 아이들과 함께 다행히 잘 지내고 있습니다.

저는 영주 시골집에 돌아온 지 벌써 백여 일이 되어서 거의 조금씩 점차 차례를 갖추어가고 있으면서 그런대로 마음 졸이는 상황은 면하여 비로소 조금씩 한가한 가운데 취미가 있음을 깨닫습니다.[30] 그러나 눈과 발에 난 병이 애초부터 조금도 줄어들지 않고 있으니 대개 여러 해 묵은 괴로움은 갑자기 줄어들기는 어려운 상황이기 마련인데, 또 나이를 먹고 늙어갈수록 더욱 쇠약해져만 갑니다. 마치 가만히 앉아서 많은 녹봉을 받으면서도 아무런 하는 일 없이 먹고 마시는 것 같아 요행스러운 부끄러움에 감격할 따름입니다.

공께서 임기가 차서 조정의 명령으로 벼슬이 교체될 기약이 있으니 늦겨울에 회수淮水와 영주潁州 사이[31]로 배를 타고 가신

---

29 희령熙寧 4년(1071, 65세)에 벼슬에서 물러나 영주潁州에서 있을 때 보낸 편지이다.

30 시골집에……깨닫습니다 : 연보에 의하면 구양수는 이해 6월에 문전학사文殿學士 태자소사太子少師가 되었고, 7월에 영주潁州로 돌아왔다.

31 회수淮水와 영주潁州 사이 : 구양수歐陽脩의 《문충집文忠集》 〈내제집서內制

다면 마땅히 한번 뵐 수 있을 것입니다. 그러나 만나기 전에 조정의 명령이 있어 다른 곳으로 자리가 옮겨질까 걱정입니다. 그렇지 않다면 어찌 기쁘게 바라는 마음을 이기겠습니까? 매서운 추위에 만나지 못하지만, 몸을 아끼시길 바랍니다.

【與薛少卿公期】
여설소경공기

某啓. 迓吏過州, 辱書, 承經寒體況清裕, 貴眷各安, 甚慰勤
모계 아리과주 욕서 승경한체황청유 귀권각안 심위근

企. 某與諸幼, 幸各如宜. 自還田舍, 已百餘日, 庶可稍成倫
기 모여제유 행각여의 자환전사 이백여일 서가초성윤

理, 粗免勞心, 始覺漸有閑中趣味. 然目、足之疾, 初未少
리 조면노심 시각점유한중취미 연목 족지질 초미소

損, 蓋累年舊苦, 勢難頓減, 又迫於年齒, 愈老而益衰. 其如
손 개누년구고 세난돈감 우박어년치 유노이익쇠 기여

坐享厚俸, 飮食無爲, 僥幸之愧, 感激而已. 承美替有期, 冬
좌향후봉 음식무위 요행지괴 감격이이 승미체유기 동

末行舟淮穎, 當得一會面. 但恐未間, 別有美命就移, 不然,
말행주회영 당득일회면 단공미간 별유미명취이 불연

豈勝欣望也. 深寒, 未相見間, 多愛多愛.
기승흔망야 심한 미상견간 다애다애

1-7. 【소경少卿 설공기薛公期에게 보내는 편지】[32]

구양수歐陽脩는 말씀드립니다. 요사이 보내신 편지를 받고 편안히 경사京師에 잘 도착했다는 기쁜 소식을 받았으니 매우 위안

集序〉에 "아 내가 이제 늙었으니, 회수와 영수 사이에 밭을 하나 살까 한다.[嗚呼予且老矣 方買田淮穎之間]"라는 구절이 있다.

32 희령熙寧 5년(1072, 66세)에 벼슬에서 물러나 영주穎州에서 있을 때 보낸 편지이다.

이 됩니다. 비로소 경사京師에 도착했다면 인사이동이 반드시 많을 것이지만 벌써 강주降州로 돌아간다고 아뢰었다 하니 어찌 이리도 급하게 서두르시는지요? 조금도 피곤하지 않으신가요?

요사이 봄 날씨가 따뜻한데 잘 지내시는지요? 저는 이별하고 나서 의원에게 병든 치아를 뽑아 마침내 고통에서 벗어났습니다. 하지만 아직도 입을 벌리고 술을 마시지 못하는 쓸쓸한 정황에 다만 해와 함께 쇠약해져 가는 것을 느끼겠습니다. 문집 서문33은 벌써 다 써 두었으나 다시 판각을 마치기를 기다렸다가 한꺼번에 보내드리겠습니다.

한가롭게 지내느라 인편을 얻어 편지를 보내기가 쉽지가 않으니 이 편지가 경사京師에 도착할 무렵이면 벌써 서쪽으로34 떠났을 것으로 생각합니다. 그러므로 인편을 통해 가져가 다른 사람에게 전해 강주降州에 이르도록 하였기 때문에 다른 것은 말씀드리지 않습니다. 따듯해져 가는 이때에 몸을 아끼시고 빨리 돌아와 그리운 저의 마음에 부응하여 주십시오.

【與薛少卿公期】
여설소경공기

某啓. 近辱書, 喜獲平安到京, 甚慰傾企. 乍至都下, 人事必
모계 근욕서 희획평안도경 심위경기 사지도하 인사필
多, 仍審已謁告歸降州, 何其速也, 不亦少勞乎. 卽日春暄,
다 잉심이알고귀강주 하기속야 불역소로호 즉일춘훤
竊惟氣體淸適. 某自相別後, 令醫工脫去病齒, 遂免痛苦. 然
절유기체청적 모자상별후 영의공탈거병치 수면통고 연

33 문집의 서문 : 구양수의 문집에 설간숙薛簡肅 문집의 서문이 실려 있는 것으로 보아 설간숙의 문집을 말하는 듯하다. 공기公期는 간숙簡肅의 아들이다.

34 서쪽으로 : 산서성山西省에 있는 강주降州를 말한다.

至今尚未敢放口吃酒, 情悰索然, 但覺一歲衰如一歲爾. 集
지금상미감방구흘주 정종삭연 단각일세쇠여일세이 집
序已了, 秖候更了鐫刻, 一併納呈. 閑居難得人便附書, 比此
서이료 지후갱료전각 일병납정 한거난득인편부서 비차
書至京, 計已西去, 故令人齎轉附至絳, 故未及其他. 惟嚮暖
서지경 계이서거 고영인재전부지강 고미급기타 유향난
保愛, 早還, 以副瞻思.
보애 조환 이부첨사

2. 【왕학사王學士[35]에게 보내는 편지】[36]

구양수歐陽脩는 머리를 조아리고 말씀드립니다. 경사京師에서 보잘것없이 지내고 있어 아침부터 저녁까지 공사公私에 아무런 보탬도 없습니다. 어진 사람을 만나 토론하고자 하는 생각도 때를 얻지 못하고 있습니다.

요사이 두 번이나 왕림하셨는데도 모두 만나 뵙지 못하였으니 서운함을 어찌 이기겠습니까? 추운 날씨에 안부는 어떠신지요? 조만간 마땅히 댁으로 찾아뵐 생각입니다. 만나지 못하는 동안에 우선 이렇게 답장을 드리니 헤아려 주십시오.

【與王學士】
여왕학사

某頓首. 京師區區, 自朝及夕, 無益於公私. 而思接賢者之
모돈수 경사구구 자조급석 무익어공사 이사접현자지
論, 亦不得時. 近兩辱見顧, 皆不獲迎候, 豈勝爲恨. 寒陰,
론 역부득시 근양욕견고 개불획영후 기승위한 한음

35 왕학사王學士(?~?) : 미상이다.

36 가우嘉祐 연간(1056~1063, 51세~57세)에 한림학사翰林學士로 있을 때 보낸 편지이다.

不審氣體何似? 旦夕當卜至門. 未間, 先此爲謝, 冀有以亮之而已.
불심기체하사 단석당복지문 미간 선차위사 기유이량지이이

3. 【증학사曾學士[37]에게 보내는 편지】[38]

구양수歐陽脩는 말씀드립니다. 근래에 돌아가는 인편을 통하여 보내신 졸기拙記[39]를 받고 거듭 편지를 받으니 부끄럽고 감사한 마음을 이루 말로 다하겠습니까? 아울러 가을 추위에 제점형옥관提點刑獄官을 지내시는 여가에 잘 지내시는 줄 알았습니다.

저는 채주蔡州와 지척의 거리인데도 발병으로 병폐가 되어 여기에 잠시 머무르다가[40] 훌쩍 다시 한 달이 지났습니다. 늦지 않게 관소官所로 향할 것입니다. 수주壽州와 채주蔡州는 서로 바라보는 가까운 곳이니 때때로 뵙고 문안드리겠습니다. 객지에 우거하고 있어 급히 답장을 씁니다.

---

37 증학사曾學士 : 증공량曾公亮(998~1078)을 이른다. 명중明仲이고, 호는 낙정樂正이다. 시호는 선정宣靖이다. 북송北宋 때 관리이자 군사가, 사상가이다. 동중서문하평장사同中書門下平章事 등을 역임했고, 연국공兗國公과 노국공魯國公으로 봉해졌다. 소훈각昭勳閣 24공신功臣의 한 사람이다. 편저서로 《무경총요武經總要》가 있다.

38 희령熙寧 3년(1069, 63세)에 채주지주蔡州知州가 되었을 때 보낸 편지이다.

39 졸기拙記 : 고인에 대해 간단한 기록을 이른다.

40 여기에 잠시 머무르다가 : 연보에 의하면 구양수는 이해 7월에 채주지주蔡州知州에 제수되고 9월에 채주에 도착하였는데, 이 편지는 8~9월 사이에 쓴 것으로 추정된다. 채주로 떠날 때에 발병으로 인하여 객사에 거주하며 우거하는 중이었다.

【與曾學士】
여증학사

某啓. 近因人還, 得附拙記, 荐枉書尺, 其爲愧荷, 可勝道也.
모계 근인인환 득부졸기 천왕서척 기위괴하 가승도야
兼審秋寒, 提按之暇動履淸福. 某去蔡咫尺, 以病足爲梗, 少
겸심추한 제안지가동리청복 모거채지척 이병족위경 소
留於此, 忽復逾月. 匪晩, 向官所. 壽、蔡相望, 時得拜問.
류어차 홀부유월 비만 향관소 수 채상망 시득배문
旅寓中草率爲謝.
여우중초솔위사

4-1. 【장학사張學士[41]에게 보내는 편지】[42]

구양수歐陽脩는 말씀드립니다. 그사이 보내신 편지를 받고서 허둥대느라 아직도 답장을 쓰지 못했는데, 또다시 편지를 받고서 저를 아끼시는 간절한 마음에 더더욱 감사하고 부끄럽습니다.

저는 일찍이 두 손의 가운데 손가락이 오그라드는 병을 앓은 적이 있어서 의원이 사생환四生丸[43]을 복용하게 하였는데, 손가락이 오그라들지는 않으나 약의 독성분이 화근이 되어 뺨에 통증이 몰려오고 연주창連珠瘡[44]이 생기는 바람에 목구멍이 종기로 막혀서 무더위 속에 자못 살고 싶은 마음이 없다가 최근에야

41 장학사張學士 : 장방평張方平(1007~1091)을 이른다. 북송北宋 때의 대신으로, 자는 안도安道이고, 호는 낙전거사樂全居士이다. 참지정사參知政事에 제수되었으나 나아가지 않았다.

42 가우嘉祐 5년(1060, 54세)에 한림학사翰林學士에 임명되었을 때 보낸 편지이다.

43 사생환四生丸 : 담에 사열邪熱이 왕성한 담열膽熱과 열이 속에 쌓여 있는 적열積熱을 치료한다. 대황大黃, 박초朴硝, 조각皀角, 흑축黑丑으로 구성된다.

44 연주창連珠瘡 : 목 부위에 단단한 멍울이 생겨 삭지 않아 통증이 계속되고 연주나력連珠瘰癧이 터져 진물이 흐르며 자꾸 퍼져나가는 부스럼을 이른다.

풀렸습니다. 몸이 쇠약하여 온갖 병이 번갈아 공격해오니 이곳에 오래 살기가 어려울 듯합니다. 그래서 차츰 물러나 죄를 면하고 싶습니다.45 병을 명분으로 물러난다면 오히려 행복한 사람일 것입니다.

말을 타고 순행하면서 언제 한번 도성을 들러 잠시나마 만날 수 있을는지요? 만날 때까지 언제나 몸을 아끼시기를 빌겠습니다. 중의仲儀46가 자식을 잃어 길을 나설 날이 지체되고 있습니다. 이러한 일들로 오히려 남은 시간을 번거롭게 합니다. 충경沖卿47은 아마 아직 돌아오지 않았을 것으로 생각하여 편지에 언급하지 않으나 마음은 간절합니다.

【與張學士】
여장학사

某啓. 中間辱惠書, 未遑修答, 又辱惠書, 意愛勤勤, 重增感
모계 중간욕혜서 미황수답 우욕혜서 의애근근 중증감
愧. 某以嘗患兩手中指攣搐, 爲醫者俾服四生丸, 手指雖不
괴 모이상환양수중지련휵 위의자비복사생환 수지수불
搐, 而藥毒爲孽, 攻注頤頷間結核, 咽喉腫塞, 盛暑中, 殆不
휵 이약독위얼 공주이함간결핵 인후종색 성서중 태불
聊生, 近方銷釋. 衰朽百病交攻, 難堪久處茲地, 漸欲謀爲退
료생 근방소석 쇠후백병교공 난감구처자지 점욕모위퇴
縮, 得免罪戾. 以疾爲名而去, 猶是幸人. 使騎巡歷, 何時一
축 득면죄려 이질위명이거 유시행인 사기순력 하시일
過都下, 少遂握手. 未間, 以時自愛. 仲儀喪子, 應滯行期.
과도하 소수악수 미간 이시자애 중의상자 응체행기

45 점차……싶습니다 : 구양수歐陽脩는 가우嘉祐 연간에 여러 차례 상소를 올려 병으로 외직을 청하였다.

46 중의仲儀 : 왕소王素(1007~1073)의 자이다. 북송北宋 때의 대신으로 왕단王旦의 아들이다. 단주안찰사澶州觀察使, 청주관찰사青州觀察使 등을 역임하였다.

47 충경沖卿 : 오충吳充(1021~1080)의 자이다. 북송北宋 때의 대신이다.

許事猶煩餘暇. 沖卿恐猶未歸, 未及作書, 爲懇.
허사유번여가 충경공유미귀 미급작서 위간

4-2. 【장학사張學士에게 보내는 편지】48

구양수歐陽脩는 말씀드립니다. 저의 쇠약한 병을 감당할 수 없는데 외람되이 분수에 넘치는 벼슬을 받아 부끄럽고 두려운 차에 갑자기 편지를 받았습니다. 아울러 아름다운 시詩까지 보내주시니 어찌 보배롭게 읽고자 하는 마음을 이길 수 있겠습니까?

호원湖園과 들판의 취미는 인근 고을에는 없어 오매불망 여기에 마음이 있었는데 어찌 잊을 수가 있겠습니까? 만약 잘못을 저지른 책임에서 용케 달아나 그곳으로 돌아가 늙으면서 용렬하고 보잘것없는 저 자신을 수양이라도 한다면 얼마나 다행이겠습니까? 세모의 추운 날씨에 만나서 정담을 나눌 기약조차 없으니 언제나 자중하시기를 바랍니다.

【與張學士】
여장학사

某啓. 衰病無堪, 叨竊過分, 方深愧懼, 遽辱誨存. 兼承惠寄
모계 쇠병무감 도절과분 방심괴구 거욕회존 겸승혜기
佳篇, 豈勝珍誦? 湖園野趣, 近郡所無, 夢寐在焉, 何嘗忘也.
가편 기승진송 호원야취 근군소무 몽매재언 하상망야
若得遇逃罪責, 歸老其間, 遂養慵拙, 何勝幸也. 歲晩寒凜,
약득우도죄책 귀노기간 수양용졸 하승행야 세만한름
款言未期, 惟冀以時自重.
관언미기 유기이시자중

---

48 가우嘉祐 5~6년(1060~1061, 54세~56세) 사이에 보낸 편지이다.

5. 【육학사陸學士[49]에게 보내는 편지】[50]

구양수歐陽脩는 말씀드립니다. 한동안 문안 편지를 드리지 못했는데, 갑자기 편지를 받으니 감사하고 위안되는 마음을 어떻게 이기겠습니까? 아울러 겨울을 잘 지내고 계신다는 것을 알았습니다.

저는 쇠약하고 병들어 얼마 남지 않은 목숨으로 고향으로 돌아가 늙기를 간청하였는데, 벼슬에 올라 겸직까지[51]하게 되었으니 모두 특별한 은혜에서 나온 것이어서 영광스럽고 다행스러운 부끄러움을 말로 할 수가 없습니다. 다만 여러 해 동안 앓고 있던 병이라 갑자기 낫기는 어려울 듯합니다. 그렇지만 이렇게 한가한 곳에 벼슬을 얻어서 편안히 양생하기에 충분하니 이 또한 다행입니다. 끝내 고향으로 돌아가 만날 기약이 없으니 그립기만 합니다. 더욱 아끼시기를 간절히 바랍니다.

【與陸學士】
여 육 학 사

某啓. 久闕奉問, 忽枉以書, 奚勝感慰? 兼審經寒履況沖裕.
모 계 구 궐 봉 문 홀 왕 이 서 해 승 감 위 겸 심 경 한 이 황 충 유

某衰病餘生, 得請歸老, 而遷官兼職, 皆出特恩, 榮幸之愧,
모 쇠 병 여 생 득 청 귀 노 이 천 관 겸 직 개 출 특 은 영 행 지 괴

---

49 육학사陸學士 : 육경陸經(?~?)을 이른다. 자는 자리子履이다.

50 희령熙寧 4년(1071, 65세 54세)에 벼슬에서 물러나 영주潁州에 있을 때 보낸 편지이다.

51 벼슬이 올라 겸직까지 : 구양수가 희령熙寧 4년에 채주蔡州에 있으면서 여러 차례 상소를 올려 벼슬에서 물러날 것을 간청하였다. 그러나 6월에 태자소사太子少師에 제수 되었으며 문전학사文殿學士를 겸직하였다.

無以爲諭. 第久疾累年, 頓難減損, 然得此閑適, 足以安養,
무이위유 제구질누년 돈난감손 연득차한적 족이안양

又其幸也. 遂復田畝, 無期會見, 企仰而已. 千萬加愛.
우기행야 수부전묘 무기회견 기앙이이 천만가애

6-1. 【안직강顔直講[52]에게 보내는 편지】[53]

구양수歐陽脩는 말씀드립니다. 지난번 전례에 따라 직강直講 벼슬에서 파직되었다는 소식은 처음 들었을 때는 믿지 못하였으나 편지를 받고서야 비로소 과연 그러한 사실에 놀랐습니다. 또 회양淮陽[54]으로 벼슬을 옮기는 명이 있었다는 것을 알았는데, 군자의 진퇴가 도와 거리가 멀지 않아 부끄럼이 없다면 거처하는 곳이 모두 즐거울 것입니다.

더구나 회양淮陽은 집과 가까운 편한 곳이 아닙니까? 진실로 호연지기浩然之氣에 흔들림이 없을 것입니다. 교년交年[55]에 눈 쌓인 매서운 추위에 잘 지내시리라 생각합니다. 길은 머지않아 동쪽에 당도하겠지만 서로의 거리가 더욱 멀어져 언제나 만나볼 수 있겠습니까? 더욱 몸을 아끼시기를 간절히 바랍니다.

52 안직강顔直講 : '直講'은 안복顔復(?~?)의 벼슬이다. 자는 장도長道이다. 희령熙寧 연간에 국자감國子監 직강直講 벼슬을 지냈다.

53 희령熙寧 3년(1070, 64세)에 청주지주淸州知州로 있을 때 쓴 편지이다.

54 회양淮陽 : 지금의 하남성河南省 진주부陳州府이다.

55 교년交年 : 12월 24일을 이른다. 송대宋代에 이 날을 '교년절交年節'이라 한데서 온 말로, 이 날은 잠을 자지 않고 집집마다 부엌 신에게 제사를 지냈다. '소절야小節夜' · '소년야小年夜'라고도 한다.

【與顔直講】
여안직강

某啓. 嚮傳例罷學職, 初聞可疑, 及辱書, 始駭果然. 又承有
모계 향전례파학직 초문가의 급욕서 시해과연 우승유

淮陽之命, 君子出處不違道而無愧, 則所居皆樂. 況淮陽近
회양지명 군자출처불위도이무괴 즉소거개락 황회양근

家之便乎? 亮不動浩然之氣也. 交年, 積雪極寒, 體況想佳.
가지편호 량부동호연지기야 교년 적설극한 체황상가

計行李不久當東, 相去逾遠, 會見何時? 千萬加愛.
계행리불구당동 상거유원 회견하시 천만가애

6-2. 【안직강顔直講에게 보내는 편지】56

구양수歐陽脩는 말씀드립니다. 지난번 경사京師에 있을 때 마침 그대가 왔지만 인사가 바빠서 조용히 만나 고담高談을 나누지 못하였습니다. 제가 박주亳州에 도착하여 그대가 국자감國子監 직강直講의 벼슬로 돌아갔다는 소식을 듣고 출처를 서로 잃어버렸으니 참으로 서운하였습니다.

요사이 추위에 잘 지내고 계시리라 생각합니다. 저는 궁벽한 박주亳州의 수령에서 물러나 매우 다행입니다. 그렇지만 쇠약함과 병이 침범해 오고, 심지는 흐려지니 오래도록 영광스런 총애를 입기는 어려울 듯합니다. 눈병으로 괴로워서 편지를 마주하고 붓을 잡기가 어려우니 저의 보잘것없는 마음을 다 펴지 못합니다. 새해에는 더욱 몸을 아끼시길 바랍니다.

---

56 치평治平 4년(1067, 61세)에 박주지주亳州知州로 있을 때 보낸 편지이다.

【與顏直講】
여안직강

某啓. 嚮在京師, 會吾子來, 人事怱怱, 不能以從容接高論.
모계 향재경사 회오자래 인사총총 불능이종용접고론
及至亳, 聞還直學館, 出處相失, 誠可悵仰. 近惟經寒, 體況
급지박 문환직학관 출처상실 성가창앙 근유경한 체황
淸適. 某退守僻州, 甚爲優幸. 而衰病侵凌, 心志昏耗, 諒難
청적 모퇴수벽주 심위우행 이쇠병침릉 심지혼모 량난
久竊榮寵也. 目疾爲苦, 臨紙艱於執筆, 鄙懷莫罄. 新歲, 惟
구절영총야 목질위고 임지간어집필 비회막경 신세 유
冀加愛.
기가애

6-3. 【안직강顏直講에게 보내는 편지】[57]

구양수歐陽脩는 말씀드립니다. 쇠약하고 병이 들어 인사를 모두 끊고 지내느라[58] 오래도록 편지를 드리지 못하였습니다. 우편을 통해 겨울을 잘 지내고 계신 줄 알았습니다. 학사學舍에 오래도록 머물면서[59] 도道를 즐거움으로 삼으시니 필시 권태롭지는 않으실 것입니다.

저는 두 눈이 더욱 흐려져서 오래도록 억지로 힘쓰기가 어려워 수주壽州로 보내 달라고 벌써 두 번이나 차자箚子로 간청하였으니, 조만간 저의 간청이 받아들여져서 서쪽으로 돌아가게 된다

57 희령熙寧 2년(1069, 63세)에 청주지주淸州知州로 있을 때 보낸 편지이다.

58 쇠약하고……끊고 지내느라 : 연보에 의하면 이해 8월 청주지주靑州知州를 맡고 있었다.

59 학사學舍에……머물면서 : 국자감國子監 직강直講에 오래도록 머물러 있음을 말한 것이다.

면 영주潁州와 가까워 편리해지기를 바랄 뿐입니다.60 서로 만날 기약이 없으니 보잘것없는 저의 마음을 다 말씀드리지 못합니다.

【與顔直講】
여안직강

某啓. 衰病, 人事多廢, 久不奉書. 遞中辱問, 承經寒, 體況
모계 쇠병 인사다폐 구불봉서 체중욕문 승경한 체황
清適. 學舍久淹, 然以道爲樂, 必無倦也. 某兩目益昏, 難久
청적 학사구엄 연이도위락 필무권야 모양목익혼 난구
勉强, 乞壽已再, 旦夕冀得請西歸, 近潁爲便爾. 相見未涯,
면강 걸수이재 단석기득청서귀 근영위편이 상견미애
鄙誠莫道.
비성막도

6-4. 【안직강顔直講에게 보내는 편지】61

저는 요사이 벼슬을 사직하고 고향에서 노후를 보내려는 뜻이 받아들여졌으니62 이러한 은혜는 간절한 바람에서 나왔습니다.

저는 소갈消渴과 오림五痳63의 고통이 봄부터 발작하여, 이번

60 수주壽州……바랍니다 : 구양수歐陽脩의 문집에 의하면, 수주壽州로 보내달라는 차자箚子를 청한 것이 두 번 있었다. 수주壽州는 안휘성安徽省 봉양부鳳陽府에 있다. 청주青州에서 수주壽州로 돌아간 이해에 영주潁州의 집을 지었는데, 수주壽州와 영주潁州는 가까운 곳이다. 영주潁州도 안휘성安徽省에 있다.

61 희령熙寧 4년(1071, 65세)에 벼슬에서 물러나 영주潁州로 돌아와 보낸 편지이다.

62 벼슬을……받아들여졌으니 : 구양수歐陽脩는 이해 7월 영주潁州로 돌아갔다. 원문은 '歸老'. 나이가 많아 벼슬에서 물러나 고향으로 돌아가 노후를 보내는 '치사귀로致仕歸老'를 이른다.

63 소갈消渴과 오림五痳 : 소갈消渴은 몸에 허열虛熱이 생겨 살이 빠지는 병증으로 지금의 당뇨병과 유사하다. 오림五痳은 노림勞淋·혈림血淋·기림氣淋·

혹독한 더위를 겪고 나서 더욱 심해졌습니다. 대체로 여러 해 묵은 질병은 형편상 쉽게 회복되기는 쉽지 않습니다. 그러나 지금부터 편안하고 한가롭게 지내면서 점차로 조섭하고 보양하기를 바랄 뿐입니다. 두 눈이 너무 어두워 책을 잡기조차 어려워 세월64을 보내기가 어렵습니다. 또 친구들의 모임도 아득히 기약조차 할 수 없어 끝내 도의道義를 듣지 못할까 걱정이니 점점 용렬한 사람이 되고 말 것입니다. 남은 더위에 더욱 몸을 아끼시기를 바랍니다.

【與顏直講】
여안직강

某茲者, 得請歸老, 恩出萬幸. 惟所苦渴淋, 自春發作, 經此
모자자 득청귀로 은출만행 유소고갈림 자춘발작 경차

暑毒尤甚. 蓋以累年之疾, 勢不易平, 然自此安閑, 冀漸調養
서독우심 개이누년지질 세불이평 연자차안한 기점조양

爾. 兩目昏甚, 艱於執卷, 顧難銷晷景. 又親朋之會, 邈不可
이 양목혼심 간어집권 고난소귀경 우친붕지회 막불가

期, 恐遂不聞道義, 默默浸爲庸人爾. 殘暑, 加愛.
기 공수불문도의 묵묵침위용인이 잔서 가애

석림石淋 · 열림熱淋의 5가지 임증淋證이다.

64 세월 : 원문은 '晷景'. 세월을 의미한다. 한유韓愈의 〈추회시秋懷詩〉에 "근심 속에 세월을 보내노니, 해와 달은 도환 같아라.[憂愁費晷景 日月如跳丸]"라고 하였다.

7. 【양직강梁直講[65]에게 보내는 편지】[66]

구양수歐陽脩는 말씀드립니다. 쇠약하고 병이 들어 벼슬에서 물러나 은둔하니 저절로 자취가 감추어지는데 갑자기 보내신 편지를 받고서 당신께서 잊지 않고 돌보아 주시니 감격스러움을 쉽사리 다 말씀드리지 못하겠습니다. 아울러 화창한 봄 날씨에 잘 지내신다니 기뻤습니다.

동董 직강直講이 학사學舍에서 와서 여러 사람들의 안부를 자세히 알려주고는, 이제 돌아갔습니다. 그 역시 제가 있는 군아郡衙의 상황을 자세히 보았으니 이야기를 나누는 사이에 언급할 것입니다. 눈병으로 시력이 더욱 흐려져서 붓을 잡기조차 어렵습니다. 언제나 몸을 아끼시기를 바랍니다.

【與梁直講】
여 양 직 강

某啓. 衰病退藏, 自宜屛跡, 忽辱惠問, 雅眷不忘, 其爲感著,
모 계 쇠 병 퇴 장 자 의 병 적 홀 욕 혜 문 아 권 불 망 기 위 감 저

未易遽陳. 兼喜春和, 氣體淸裕. 董直講來自學舍, 具道群居
미 이 거 진 겸 희 춘 화 기 체 청 유 동 직 강 래 자 학 사 구 도 군 거

之詳, 今其還也. 亦備見郡齋之況, 燕譚之際, 諒可及之. 病
지 상 금 기 환 야 역 비 견 군 재 지 황 연 담 지 제 량 가 급 지 병

目愈眊, 然艱於執筆. 惟以時加愛.
목 유 모 연 간 어 집 필 유 이 시 가 애

---

65 양직강梁直講 : 양사맹梁師孟(1020~1091)을 이른다. 자는 순지醇之이다.

66 희령熙寧 초기 박주지주亳州知州로 있을 때 보낸 편지이다.

8-1. 【초전승焦殿丞[67]에게 보내는 편지】[68]

구양수歐陽脩는 말씀드립니다. 며칠을 재사齋舍에 있다가 오늘 아침 일찍 막 돌아왔습니다. 일찍이 와서 약을 가져갔다는 소식을 들었는데 안부는 좋으신지요? 합격자 명단[69]을 보았더니 수재秀才 장도張燾[70]가 이미 합격을 하였으므로[71] 그가 이곳으로 와서 겨울을 보내려고 할는지는 모르겠습니다. 다만 겨울 공부를 하려는 그가 아이들의 시끄러운 소리를 싫어할까 걱정이 되지만 그렇지 않다면 많은 유익함을 얻을 것입니다. 저는 오늘 집에 있으니 언제든 들러주신다면 한가롭게 잠시 이야기를 나눌 수 있을 것입니다.

【與焦殿丞】
여초전승

某啓. 以數日齋祠, 今早方歸. 知曾來取藥, 體中佳否? 見解
모계 이수일재사 금조방귀 지증래취약 체중가부 견해

---

67 초전승焦殿丞 : 초천지焦千之(?~1080)를 말한다. 자는 백강伯强이며, 구양수歐陽脩에게 수학하여 '고제高弟'라고 일컬어졌다.

68 가우嘉祐 원년(1056, 50세)에 한림학사翰林學士로 있을 때 보낸 편지이다.

69 합격자 명단 : 원문은 '解牓'. 과거시험에서 초시初試의 합격자를 발표하는 '방牓'이라고 한다. 향시鄕試에서 장원으로 급제한 사람을 말하기도 한다. '牓'은 '榜'과 같다.

70 장도張燾(1013~1082) : 자는 경원景元이고, 임복臨濮 사람이다. 재주와 지혜가 민첩하여 진사가 된 후로 하북河北, 하동河東, 섬서陝西 등지의 형옥刑獄을 잘 다스려 공적이 높았다. 영종英宗 치평治平 4년(1067에 용도각 직학사龍圖閣直學士가 되었고, 성도부지주成都府知州를 지냈다. 70세에 낙양 기영회에 참여하였다.

71 합격을 하였으므로 : 장도張燾가 이미 성시省試에 합격하여, 다음해 치르지는 회시會試에 참여할 자격을 얻었다.

牓, 張燾秀才已獲薦, 不知肯且來此過冬否? 只恐他要冬課,
방 장도수재이획천 부지긍차래차과동부 지공타요동과

嫌小兒喧聒, 不然, 蒙益則多矣. 某今日在家, 隨早晚見過,
혐소아훤괄 불연 몽익즉다의 모금일재가 수조만견과

閑話小時.
한화소시

8-2. 【초전승焦殿丞에게 보내는 편지】[72]

구양수歐陽脩는 말씀드립니다. 여러 날 매우 날씨가 더웠는데, 그대의 심정은 어떻습니까? 마침 저의 큰아들 발發[73]에게 군목사群牧司[74]로 가라고 했는데, 서강西岡으로 되돌아 돌아갔다니 무슨 말씀인지요?

이곳의 서재西齋[75]는 제법 시원하고 남풍이 잦아 매우 지낼 만합니다. 음식도 만족스럽습니다. 참으로 아무도 찾아오는 사람이 없어 때로 조용히 이야기 나눌 수 있으니 다시 한번 생각해 보시고 의심하지 말아 주십시오. 이렇게 상의하는 말씀을 드리고 답장을 기다립니다. 구양수는 말씀드립니다.

【與焦殿丞】
여초전승

某啓. 數日大熱, 不審意思如何? 適令發至群牧司, 云已却
모계 수일대열 불심의사여하 적영발지군목사 운이각

72 가우嘉祐 원년(1056, 50세)에 한림학사翰林學士로 있을 때 보낸 편지이다.

73 큰 아들 발發 : 구양수歐陽脩의 큰 아들인 구양발歐陽發(1040~1089)을 이른다. 자는 백화伯和이다.

74 군목사群牧司 : 전승관서殿丞官署를 이른다.

75 서재西齋 : 원문은 '西位'. 구양수가 있는 관서의 서쪽 재실齋室을 의미한다.

歸西岡, 不審何謂? 此中西位頗寬涼, 多南風, 甚可居. 至於
귀서강 불심하위 차중서위파관량 다남풍 심가거 지어
飮食, 亦可取快. 固無形跡矣, 兼時得閑話, 請更思之, 勿以
음식 역가취쾌 고무형적의 겸시득한화 청갱사지 물이
爲疑也. 謹此咨啓, 俟報. 某啓.
위의야 근차자계 사보 모계

8-3. 【초전승焦殿丞에게 보내는 편지】[76]

구양수歐陽脩는 말씀드립니다. 여러 날 편지를 받지 못했는데 잘 지내시는지요? 마땅히 차츰 회복되고 있을 것으로 생각하나 찾아주시지 않는 것이 이상하여 이렇게 편지를 드립니다.

병으로 소식을 몰라 답답하고 싶지 않으니 저에게 소식을 알려 근심을 풀어주는 것이 약을 먹는 것보다 아마도 효과가 나을 듯합니다. 만약 출입할 수 있다면 들려주시기를 바랍니다. 필요한 사람과 말은 와서 빌려 가시고, 약은 상의하고 검토하여야 약의 효과를 다 볼 수 있을 것입니다. 이렇게 상의하는 말씀을 드립니다. 구양수는 두 번 절하고 올립니다.

【與焦殿丞】
여초전승

某啓. 數日不承問, 不審體中如何? 當漸平和. 但怪不見過,
모계 수일불승문 불심체중여하 당점평화 단괴불견과
故此奉問. 凡疾病, 不欲滯鬱, 頗須消息有以散釋, 其效多於
고차봉문 범질병 불욕체울 파수소식유이산석 기효다어
服藥. 若能出入, 幸相過. 要人馬來取. 至於藥物, 亦當商榷,
복약 약능출입 행상과 요인마래취 지어약물 역당상각

76 가우嘉祐 원년(1056, 50세)에 한림학사翰林學士로 있을 때 보낸 편지이다.

乃盡其理. 謹此咨啓. 某再拜.
내진기리 근차자계 모재배

8-4. 【초전승焦殿丞[77]에게 보내는 편지】[78]

구양수歐陽脩는 말씀드립니다. 서로 헤어지고 나서 편지를 쓰려고 했는데, 갑자기 불의不疑[79] 학사學士에게서 돌아오라는 명령이 있었다는 소식을 받았습니다. 이후로 다시 편지를 보내고 싶었는데 뱃길이 반드시 벌써 노정路程에 있을 것으로 생각되어 부칠 곳도 없는 데다 또 오래지 않아 서로 만날 것이기에 굳이 편지를 쓸 필요가 없었습니다.

그런데 때마침 편지를 받고서 만날 시간이 빠르게 다가오는 것이 기뻤습니다. 또 혹독한 더위에 안부가 좋으신 줄 알았습니다. 나머지는 모두 만나서 말씀을 다 나누기로 하겠습니다. 저는 올여름에 더위를 먹어 소임을 다할 수 없는 데다 천식까지 걸려 마침내 휴가를 청하였습니다. 대체로 쇠약하고 늙어가는 모습이 절로 이렇습니다. 심부름 온 사람을 머물게 하고 이렇게 대충 편지를 써서 부칩니다.

77 초전승焦殿丞 : 초천지焦千之(?~1080)를 이른다. 북송北宋 때의 학자로, 자는 백강伯强이다. 국자감직강國子監直講 등을 역임하였다. 구양수歐陽脩의 제자로, 경술經術에 정통했다.

78 가우嘉祐 6년(1062, 56세)에 참지정사參知政事로 있을 때 보낸 편지이다.

79 불의不疑 : 소필邵必(?~?)의 자이다. 단양丹陽 사람으로 상원주부上元主簿를 지냈다.

【與焦殿丞】
여초전승

某啓. 自相別後, 方欲作書, 遽承不疑學士有來歸之命. 自後
모계 자상별후 방욕작서 거승불의학사유래귀지명 자후
更欲附書, 則思舟行必已在道, 無處可附. 亦以不久相見, 不
갱욕부서 즉사주행필이재도 무처가부 역이불구상견 불
必爲書也. 適得信, 喜來甚速, 且承酷熱中, 體氣清安, 其他
필위서야 적득신 희래심속 차승혹열중 체기청안 기타
皆可盡於相見也. 某爲今夏病暑, 不可勝任, 又得喘疾, 遂且
개가진어상견야 모위금하병서 불가승임 우득천질 수차
在告. 蓋衰老之態, 自然如此也. 略留來人, 附此草草.
재고 개쇠노지태 자연여차야 약유래인 부차초초

9-1.【소전승蘇殿丞[80]에게 보내는 편지】[81]

구양수歐陽脩는 말씀드립니다. 특별히 보내신 편지와 아울러 전서篆書로 비문碑文[82]을 받았습니다. 저양滁陽의 자연은 참으로 절경인데 경솔하게 지은 것이라 글의 뜻이 깊지 않습니다.

다만 당신의 빼어난 글을 멀리 번거롭게 저에게 전해주니, 취옹정醉翁亭이 영원히 전해지게 되어 기쁘고도 하고 보잘것없는 문장을 가릴 수 없어 부끄럽습니다. 감사한 마음을 어찌 다시 말씀드리겠습니까? 돌아가는 심부름꾼에게 이렇게 감사한 마음을 폅니다. 옛날부터 사용하던 용미연龍尾硯[83] 한 개와 봉차鳳茶[84]

80 소전승蘇殿丞 : 소당경蘇唐卿(?~?)을 이른다. 자는 치효致堯이다.

81 황우皇祐 2년~3년(1050~1051, 44세~45세) 사이에 응천부지주應天府知州로 있을 때 보낸 편지이다.

82 전서篆書로 비문碑文 : 당시 구양수歐陽脩의 〈취옹정기醉翁亭記〉를 소당경蘇唐卿이 직접 써서 비현費縣의 현재縣齋에 석각하였다.

83 용미연龍尾硯 : 벼룻돌의 이름이다. 흡주歙州, 즉 휘주徽州의 벼룻돌이 가장

한 근으로 제 마음을 표합니다.

【與蘇殿丞】
여 소 전 승

某啓. 特承書問, 兼惠篆碑. 滁陽山泉, 誠爲勝絕, 而率然之
모 계 특 승 서 문 겸 혜 전 비 저 양 산 천 성 위 승 절 이 솔 연 지

作, 文鄙意近. 乃煩雋筆以傳于遠, 旣喜斯亭之不朽, 又愧陋
작 문 비 의 근 내 번 준 필 이 전 우 원 기 희 사 정 지 불 후 우 괴 누

文莫掩, 感仰之抱, 寧復宣陳. 專人還, 謹此敘謝. 舊用龍尾
문 막 엄 감 앙 지 포 영 부 선 진 전 인 환 근 차 서 사 구 용 용 미

硯一枚, 鳳茶一斤, 聊表意.
연 일 매 봉 다 일 근 료 표 의

9-2. 【소전승蘇殿丞에게 보내는 편지】[85]

구양수歐陽脩는 말씀드립니다. 지난번에 방문해주셨는데, 때마침 많은 일로 고달파 잠시도 정담을 나누지 못하였습니다. 요즈음에 안부를 들으니, 벌써 비현費縣[86]으로 돌아갔다고 하니 다만 매우 원망스럽기만 합니다. 보내신 편지를 받고서 봄을 지내시며 잘 지내시는 줄 알았습니다.

저는 쇠병으로 피로하고 고달파서 날마다 억지로 힘을 쓰고는

아름답다고 하는데, 무원현婺源縣 용미산龍尾山에서 난다. 석질石質이 단단하여 먹을 갈기에 좋다고 한다.

84 봉차鳳茶 : 용봉차龍鳳茶로, 차 가운데 가장 질이 좋다.

85 황우皇祐 2년~3년(1050~1051, 44세~45세) 사이에 응천부지주應天府知州로 있을 때 보낸 편지이다.

86 비현費縣 : 지금의 산동성山東省 기주부沂州府에 있었던 비현費縣을 말하는데, 당시 소전승蘇殿丞이 이곳에서 벼슬하고 있었다.

있으나 은혜에 보답할 길을 몰라 감히 수고로움을 말할 수가 없습니다. 지척에 있으면서도 소식이 막히니[87] 오직 간절히 몸을 아끼시길 바랍니다.

【與蘇殿丞】
여 소 전 승

某啓. 前日辱見顧, 屬苦多事, 不得少申款曲. 比奉詗, 則承
모 계 전 일 욕 견 고 속 고 다 사 부 득 소 신 관 곡 비 봉 형 즉 승

已歸縣矣, 但深怏怏也. 辱惠書, 竊審經春, 體氣淸裕. 某衰
이 귀 현 의 단 심 앙 앙 야 욕 혜 서 절 심 경 춘 체 기 청 유 모 쇠

病疲憊, 日自强勉, 未知報效, 不敢言勞. 咫尺阻闊, 惟多愛.
병 피 비 일 자 강 면 미 지 보 효 불 감 언 로 지 척 조 활 유 다 애

10-1. 【소편례蘇編禮[88]에게 보내는 편지】[89]

구양수歐陽脩는 말씀드립니다. 그대가 서쪽으로 돌아간 뒤로 그대의 집에서 온 편지[90]가 있었는데, 갑자기 행차를 하였다는 소식을 들었습니다. 당시 작은아들이 병으로 누워서 한창 근심

87 지척에……막히니 : 희령熙寧 원년과 2년 사이에 구양수가 청주青州에서 직임을 맡았는데, 청주와 기주沂州는 산동성山東省에 속하였고 연접해 있었다.

88 소편례蘇編禮 : 소순蘇洵(1009~1066)을 말한다. 자는 명윤明允이고, 호는 노천老泉이다. 아들 소식蘇軾 · 소철蘇轍과 함께 당송팔대가의 한 사람이다. 28세 때 과거에 낙제하자 그때까지 지은 글들을 모두 불태워버리고 두문불출하며 오로지 독서에 전념하여 육경六經에서 제자백가諸子百家를 두루 꿰뚫고 대문장가가 되었다.

89 가우嘉祐 2년(1058, 52세)에 보낸 편지이다.

90 그대의……문안편지 : 원문은 '家問'. 소순蘇洵의 가서家書이다. 연보에 의하면 이해 4월 소순의 어머니 정씨程氏의 우환으로 인한 가서가 있었다.

하던 중이라 만나지 못하였습니다.

그사이 촉蜀[91]으로 돌아가고 나서 보내신 편지를 받았는데, 오늘 그대의 아들이 도착하여 편지를 받고 당신께서 잘 지내신다고 하니 아울러 위안이 되었습니다. 그대는 뛰어난 글솜씨로 당시 사람들에게 추중을 받았는데 어찌 오랫동안 먼 변방에서 오래도록 궁핍하게 지낼 수야 있겠습니까? 아직은 서로 만날 기약이 없으나 자신을 아끼시기를 간절히 바랍니다.

【與蘇編禮】
여 소 편 례

某啓. 自足下西歸, 承有家問, 忽遽而行. 時一小子臥病, 方
모 계 자 족 하 서 귀 승 유 가 문 홀 거 이 행 시 일 소 자 와 병 방

憂悶中, 不得相見. 中間得還蜀後所惠書, 及今者賢郎人至,
우 민 중 부 득 상 견 중 간 득 환 촉 후 소 혜 서 급 금 자 현 랑 인 지

得書, 承尊履休康, 併以爲慰. 足下文行見推於時, 豈久窮居
득 서 승 존 리 휴 강 병 이 위 위 족 하 문 행 견 추 어 시 기 구 궁 거

於遠方者? 未相會間, 千萬自愛.
어 원 방 자 미 상 회 간 천 만 자 애

10-2. 【소편례蘇編禮에게 보내는 편지】[92]

구양수歐陽脩는 말씀드립니다. 여러 날 동안 찾아뵙지 못하였습니다. 거처를 옮기기가 쉽지 않았다는 소식을 받았는데, 처음에는 풍토가 조화롭지 못하다[93]는 소소한 사연을 말하는 줄 알았습니다.

---

91 촉蜀 : 소순蘇洵의 고향이다.

92 치평治平 3년(1066, 60세)에 참지정사參知政事로 있을 때 보낸 편지이다.

93 거처하는……조화롭지 못하다 : 동파東坡의 연보에 의하면 이해, 도성의 직사

어제 그대의 자제94가 들러 아직도 건강이 좋지 못한 줄 알았습니다. 아침저녁으로 안부는 어떠하신지요? 다시 조섭하고 삼가며 약을 드시기를 바랍니다. 달려가 안부를 여쭐 길이 없어95 오로지 이렇게만 소식을 드립니다.

【與蘇編禮】
여소편례

某啓. 多日不奉見. 承遷居不易, 初聞風氣不和, 謂小小爾.
모계 다일불봉견 승천거불이 초문풍기불화 위소소이
昨日賢郎學士見過, 始知尚未康平. 旦夕來, 體中何似? 更冀
작일현랑학사견과 시지상미강평 단석래 체중하사 갱기
調愼藥食. 無由馳候, 專奉此.
조신약식 무유치후 전봉차

11-1. 【서무당徐無黨96에게 보내는 편지】97

구양수歐陽脩는 말씀드립니다. 진양眞陽에서 헤어지고 나서 벌써 지금에 이르렀습니다. 세월은 멈추지 않아 어느덧 대상大祥98

관直史館으로 있었는데, '거처할 곳을 옮기기가 쉽지 않다.'고만 말하여, 처음 도성에 거처하면서 풍토로 인하여 병에 걸린 줄 몰랐음을 말한 것이다.

94 그대의 자제 : 원문은 '賢郎'. 동파東坡를 말한다.

95 달려가……길이 없어 : 장안도張安道의 〈노소묘표老蘇墓表〉에 "《태상예서太常禮書》를 완성하고 보고도 하지 못하고 병으로 죽었으니, 치평治平 3년(1066) 4월이다."라고 하였다. 당시는 처음 병에 걸렸을 때이다.

96 서무당徐無黨(1024~1086) : 절강성浙江省 오강五崗의 당촌塘村 사람이다. 구양수歐陽脩에게 고문을 배웠고 황우皇祐 연간에 예부시禮部試에 급제하여 군교수郡敎授 벼슬을 지냈다.

97 지화至和 원년(1054, 48세)에 어머니의 상례에 탈상을 하고 경사京師로 돌아와 보낸 편지이다.

이 되었으니 그리워 울부짖고 가슴을 치며 오장이 찢어지는 불효한 죄를 하늘에 호소할 길이 없으니 슬프고 괴롭습니다.

오래도록 편지를 받지 못해 날마다 무일無逸99 아우와 그리워하고 있었는데, 갑자기 편지를 받았습니다. 길에서 감기에 걸렸다가 지금은 회복되었다니 기쁩니다. 또 회수淮水는 가물어서 물이 얕아졌지만 비록 물이 깊어져 서로 만나고 싶어도 뱃길이 지체될까 걱정입니다.100 마침내 관서로 나가야 하는 기한을 놓치고 말았으니, 만약 일에 지장이 있다면 영수零水101로 나아가 서쪽으로 가는 것이 나을 것입니다. 만약 회수로 갈 수 있다면 영수零水와 거리를 따지지 말고 회수로 오는 것이 좋겠습니다.

그대의 아우가 이곳에 있어 적막하게 지내던 중에 서로 짝이 되어 크게 다행이었습니다. 저는 가을 기운이 선선해지면 이곳을 떠날 생각인데, 남과 북 사이에 어디로 갈지는 아직 모르겠습니다.102 《오대사五代史》103는 어제 증자고曾子固104를 만나 의

98 어느덧 대상大祥 : 연보에 의하면 이해 5월에 구양수歐陽脩는 어머니의 탈상이 있었다.

99 무일無逸 : 서무당徐無黨의 아우이다.

100 회수淮水는……걱정입니다 : 회수는 남양南陽에서 발원하는데, 당시 가뭄으로 물이 얕아져 뱃길이 늦어질까를 염려한 것이다.

101 영수零水 : 원문은 '汴'. 양양襄陽의 영수零水를 말한다.

102 서늘한 가을에……모르겠습니다. : 연보에 의하면 공은 이해 6월에 군郡을 떠나고자 상소를 하였다. 도성을 떠나기를 바랐으나 남과 북의 적당한 곳을 알지 못하였으며, 명이 정해진 것이 없었기 때문이다.

103 《오대사五代史》 : 중국의 후량後梁·후당後唐·후진後晉·후한後漢·후주後周 등 오대五代 역사를 기록한 정사正史이다. 《구오대사舊五代史》와 《신오대사新五代史》 2가지가 있는데, 여기서 말하는 것은 송宋나라의 구양수歐陽脩가 지은 《신오대사》이다. 《신오대사》는 《오대사기五代史記》라고도 하며,

논해서 지금 다시 고치고 싶지만 아직은 기약할 수 없습니다. 뜻을 전하기 어려운 부분에 주석을 달았는데, 대체로 전본傳本에는 그렇게 할 수가 없지만 전본傳本이 아니라면 주석을 달기는 더욱 어려울 것이니 이 부분을 모쪼록 만나서 의논하여야 할 것입니다. 개복改服[105]하는 슬프고 괴로운 가운데 분주하게 사람들의 행차를 대접하느라 이 정도로만 하고 편지를 드립니다.

【與徐無黨】
여 서 무 당

某啓. 眞陽相別, 忽以及玆. 日月不居, 大祥奄及, 攀號擗踊,
모 계 진 양 상 별 홀 이 급 자 일 월 불 거 대 상 엄 급 반 호 벽 용

五內分崩, 不孝罪逆, 蒼天莫訴, 哀苦哀苦! 久不得書, 日與
오 내 분 붕 불 효 죄 역 창 천 막 소 애 고 애 고 구 부 득 서 일 여

無逸弟想望. 忽捧來示, 承在道曾感疾, 喜今復常. 又知淮水
무 일 제 상 망 홀 봉 래 시 승 재 도 증 감 질 희 금 복 상 우 지 회 수

淺澁, 雖深欲相見, 但恐阻滯. 遂失赴官之期, 若於事有妨,
천 삽 수 심 욕 상 견 단 공 조 체 수 실 부 관 지 기 약 어 사 유 방

則不若且就汴流西上. 如淮水可行, 與汴不爭遠近, 卽茲來
즉 불 약 차 취 변 류 서 상 여 회 수 가 행 여 변 부 쟁 원 근 즉 자 래

爲善. 賢弟在此, 寂寞中相伴, 大幸. 某秋涼方卜離此, 南北
위 선 현 제 재 차 적 막 중 상 반 대 행 모 추 량 방 복 리 차 남 북

未至何適?《五代史》, 昨見曾子固議, 今却重頭改換, 未有了
미 지 하 적 오 대 사 작 견 증 자 고 의 금 각 중 두 개 환 미 유 료

期. 仍作注有難傳之處, 蓋傳本固未可, 不傳本則下注尤難,
기 잉 작 주 유 난 전 지 처 개 전 본 고 미 가 부 전 본 즉 하 주 우 난

모두 74권으로 본기 12권 · 열전 45권 · 고考 3권 · 세가世家 10권 · 연보年譜 1권 · 부록 3권으로 구성되어 있다. 원래 개인의 저서였으나 나중에 정사正史가 되었다.

104 증자고曾子固 : '子固'는 송宋나라 문인 증공曾鞏(1019~1083)의 자이다. 호는 남풍南豐이며, 뛰어난 고문古文 작가로 경술經術에도 조예가 깊어 당송팔대가의 한 사람으로 꼽힌다. 저서로《원풍유고元豐類稿》 등이 있다.

105 개복改服 : 상례喪禮의 절차에 따라 옷을 바꾸어 입는 것을 이른다.

此須相見可論. 改服哀苦中忙迫, 偶奉接人行, 聊此.
차수상견가론 개복애고중망박 우봉접인행 료차

11-2. 【서무당徐無黨에게 보내는 편지】106

구양수歐陽脩는 말씀드립니다. 사람이 와서 보내신 편지를 받고, 민지澠池의 읍재107에서 공부하며 근심 없이 지내신다니 매우 위안이 되었습니다. 보내신 글은 매우 아름다웠습니다. 그러나 문체가 처음에는 치달리다가도 한참 후에는 마땅히 문절文節을 수렴해서 간결하고 엄정하도록 하여 간혹 때에 맞게 맘껏 뜻을 펼쳐 고정된 하나의 문체가 되지 않게 한다면 좋겠습니다.

저는 이렇게 죄를 기다리고 있으니 참으로 보잘것없지만 일을 통해 은혜에 보답할 것을 기필합니다. 사대부들에게 당한 꾸짖음이 깊은데도 저를 깊이 대우하시고 지나치게 아끼시니 가슴에 간직하지 않을 수 있겠습니까? 겨울 추위에 자신을 아끼시기를 바랍니다. 치재致齋108하는 곳에 있어서 대략 씁니다.

---

106 가우嘉祐 2년(1058, 52세)에 한림학사翰林學士로 있을 때 보낸 편지이다.

107 민지澠池의 읍재 : 원문은 '涖官'. 민지澠池는, 지금의 하남성河南省에 속해 있다.

108 치재致齋 : 제사의 재계는 산재散齊와 치재致齋로 나뉘는데, 《예기禮記》〈제통祭統〉에 "안에서는 치재致齋하고 밖에서는 산재散齋한다. 치재하는 날에 제사하는 분의 거처하시던 것을 생각하며, 웃고 말씀하시던 것을 생각하며, 뜻하시던 것을 생각하며, 좋아하시던 것을 생각하며, 즐기시던 것을 생각하여, 재계한 지 3일에 마침내 위하여 재계했던 조상을 보게 된다.[致齊於內 散齊於外 齊之日 思其居處 思其笑語 思其志意 思其所樂 思其所嗜 齊三日 乃見其所爲齊者]"라고 하였다.

【與徐無黨】
여서무당

某啓. 人至辱書, 承蒞官進學無恙, 甚以爲慰. 所寄文字, 大
모계 인지욕서 승리관진학무양 심이위위 소기문자 대
佳. 然作文之體, 初欲奔馳, 久當收節, 使簡重嚴止[109], 或時
가 연작문지체 초욕분치 구당수절 사간중엄지 혹시
肆放以自舒, 勿爲一體, 則盡善矣. 某此待罪, 誠碌碌, 然期
사방이자서 물위일체 즉진선의 모차대죄 성녹록 연기
必有爲而自效. 士大夫見責者深, 是待我厚而愛之過爾, 敢
필유위이자효 사대부견책자심 시대아후이애지과이 감
不佩服? 冬寒自愛. 在致齋處草草.
불패복 동한자애 재치재처초초

12. 【두대부杜大夫[110]에게 보내는 편지】[111]

구양수歐陽脩는 두 번 절하고 말씀드립니다. 오래도록 소식을 듣지 못하였습니다만 여름을 지내고 가을을 건너도록 부모님[112]을 모시는 나머지 잘 지내실 줄 압니다. 근래에 단주澶州와 위주魏州의 물이 넘쳐서 회남淮南에서는 으레 인가에 권유하여 짚[113]을 바치도록 하였습니다. 회수淮水 사람들은 이미 가난한데다 길은 멀고 날짜는 촉박해 절대로 명을 따를 수 있는 사람이 없습니다. 조정의 뜻을 권유하여 사람들에게 반포하도록 하고, 또 임명

109 嚴止 : 다른 판본에는 '嚴正'으로 되어 있어 이를 근거로 수저하여 번역하였다.
110 두대부杜大夫(?~?) : 당시 남경南京 응천부應天府에 있던 사람으로, 미상이다.
111 경력慶曆 8년(1048, 42세)에 양주지주楊州知州로 있을 때 보낸 편지이다.
112 부모님 : 원문은 '榮侍'. 부모님이 모두 생존해 계신 것을 이른다.
113 짚 : 원문은 '梢草'. 《전주구소수간箋注歐蘇手簡》에 "내가 생각하기에 초초稍草는 짚[稻草]의 오자인 듯하다.[愚意度之 稍草 或稻草之訛]"라고 하여 이를 근거로 수정하여 번역하였다.

하여 일을 맡기도록 하니 어느 쪽을 따라야 할지 모르겠습니다. 남경南京114에도 반드시 지휘를 할 것이니 본부에서는 어떤 계획을 세웠는지요? 권유를 받고 도착한 사람들이 다소 도착하였는데 어떻게 그들을 타이르고 누구에게 일을 맡겨야 하겠습니까?

저는 재주가 없고 능력도 부족한데, 매우 두터운 은혜를 받았습니다. 조정에서 하수河水의 일로 위급하다는 소식을 들었으니 마땅히 힘을 다해 도울 것입니다. 그러나 만약 일에 아무런 보탬도 되지 않고 나라에서 회수淮水 사람들의 원망을 수용하게 된다면115 중한 죄를 받게 될 것입니다. 먼 지방이라 일의 상황을 몰라 급히 이렇게 자문咨文을 드리니 혹시라도 권유할 방법이 있다면 훌륭한 방법을 청하여 조금씩 위급한 상황을 벗어나려고 합니다. 바빠서 자세히 말씀드리지 못합니다. 서늘한 가을 날씨에 보중하시기 바랍니다.

【與杜大夫】
여 두 대 부

某再拜. 久不聞問, 經夏涉秋, 榮侍外體履多福. 近爲澶、魏
모 재 배 구 불 문 문 경 하 섭 추 영 시 외 체 리 다 복 근 위 단 위

河決, 淮南例令勸誘人戶進納稍草. 淮人旣貧, 而道遠期促,
하 결 회 남 예 령 권 유 인 호 진 납 초 초 회 인 기 빈 이 도 원 기 촉

絶無應命者. 朝旨勸誘, 使人傳宣, 又令差定, 莫知所從. 南
절 무 응 명 자 조 지 권 유 사 인 전 선 우 영 차 정 막 지 소 종 남

京亦必須有指揮, 不知本府如何擘劃? 見勸到人戶多少, 如
경 역 필 수 유 지 휘 부 지 본 부 여 하 벽 획 견 권 도 인 호 다 소 여

114 남경南京 : 지금의 강소성江蘇省 강영부江甯府이다.

115 하수河水의 일로……수용하게 된다면 : 하수河水의 일이 아무리 위급하다지만 가혹하게 독려하여 회수淮水 백성들을 괴롭힐 수 없다고 한 것은 백성을 어린아이처럼 보호하려는 마음을 볼 수 있다.

何誘之, 孰是差定? 某才薄能劣, 受恩厚甚, 聞朝廷以河事爲
하유지 숙시차정 모재박능열 수은후심 문조정이하사위
急, 正當竭力補報. 然若於事無益, 而爲國斂怨於淮人, 則重
급 정당갈력보보 연약어사무익 이위국렴원어회인 즉중
爲可罪也. 爲遠方不知州體, 急走此奉咨, 或有勸誘之術, 願
위가죄야 위원방부지주체 급주차봉자 혹유권유지술 원
乞餘矩, 稍濟其急. 忙中不子細, 秋涼保重.
걸여구 초제기급 망중불자세 추량보중

13-1. 【왕선휘대부王宣徽大夫[116]에게 보내는 편지】[117]

구양수歐陽脩는 말씀드립니다. 급한 인편을 통해 보내신 편지를 받고 새해 잘 지내시고 대감의 안부가 만복을 누리고 계시다니 평소의 그리던 마음에 조금이나마 위안이 됩니다.

저는 여기에서 아무런 하는 일 없이 자리만 차지하고 국록을 도둑질[118]하고 있어서 죄에서 벗어나고자 생각하지만 갈 곳을 모르겠습니다. 나이는 날로 더해만 가고 생각은 날로 쇠약해지니 낙주洛州로 돌아가려는 흥취를 어떻게 막을 수 있겠습니까? 이웃에 살려는 생각[119]을 허락하신 것은 한때의 훌륭한 일이니 다만

116 왕선휘대부王宣徽大夫 : 왕공진王拱辰(1012~1085)을 이른다. 송宋나라 사람으로, 자는 군황君貺이고, 원명은 공수拱壽이다. 개봉부지주開封府知州, 정주鄭州와 단주澶州의 지주로 나갔다. 저서로 《치평개감治平改鑑》 등이 있다.

117 가우嘉祐 원년(1057, 51세) 봄에 한림학사翰林學士로 있을 때 보낸 편지이다.

118 헛되이……도둑질 : 원문은 '尸竊'. '시체처럼 아무런 하는 일 없이 자리만 지키고 앉아서 국록을 도둑질 한다.'는 '시위절록尸位竊祿'의 준말이다.

119 이웃 살려는 생각 : 원문은 '卜隣'. 자신을 왕한과 견주어 상대방과 이웃하기를 원한다는 뜻이다. 두보의 시 〈증위좌승贈韋左丞〉에 "이옹은 나와 알기를 요구하였고, 왕한은 내 이웃에 살기를 원하였네.[李邕求面識 王翰願卜鄰]"라고 하였다.

공의 공업이 이루어지기를 바랄 뿐입니다. 비否와 태泰[120]가 교차하는 것은 일상적인 이치입니다. 그러나 이 역시 오래 머무르기 어려우니 어찌 다만 친교를 바라겠습니까? 날씨는 점점 따듯해지는데, 늘 자신을 아끼시기를 바랍니다.

【與王宣徽大夫】
여왕선휘대부

某啓. 急足至辱書, 伏承履茲新正, 台候萬福, 少慰翹企之素
모계 급족지욕서 복승리자신정 태후만복 소위교기지소
也. 某屍竊於此, 思逃罪戾, 未知其所. 年齒日增, 心意日耗,
야 모시절어차 사도죄려 미지기소 년치일증 심의일모
歸洛之興何可遏? 承示許以卜隣, 亦一時盛事, 但須公功業
귀낙지흥하가알 승시허이복인 역일시성사 단수공공업
成爾. 否泰常理, 亦難稽久, 豈止交親之願也? 陽候嚮和, 惟
성이 부태상리 역난계구 기지교친지원야 양후향화 유
冀以時自愛.
기이시자애

13-2. 【왕선휘대부王宣徽大夫에게 보내는 편지】[121]

구양수歐陽脩는 말씀드립니다. 근래에 요사이 관부로 돌아가는 급한 심부름꾼을 통해 간략하게나마 감사하고 간절한 보고픈 마음을 전합니다. 요즈음 봄추위에 정사를 돌보시는 나머지에 대감께서 만복을 누리실 것이라 생각합니다.

120 비否와 태泰 : 세상의 성쇠와 운명의 순역順逆이 서로 극에 이르러 바뀌게 됨을 말한다. 《주역周易》의 〈비괘否卦〉는 하늘과 땅의 기운이 서로 막혀서 통하지 않는 것을 상징하고, 〈태괘泰卦〉는 반대로 만물이 형통하게 되는 것을 상징한다.

121 가우嘉祐 5년(1062, 56세)에 한림학사翰林學士로 있을 때 보낸 편지이다.

저는 아직도 여기에서 마냥 날짜나 끌다가 또 봄꽃이 더욱 활짝 핀 것을 보고 있습니다. 다만 제가 눈병으로 어지럽지만 술 마시고 싶은 마음을 이기지 못하니 즐거움이라고는 없습니다. 대부大府[122]는 꽃피는 시절에 어떠하신지요? 지난번 그곳에서 지냈던 때를 추억하면 그다지 꽃이 활짝 피지는 않았었습니다.

지난번에 편지와 석연石硯[123]을 받았는데, 이번에 또 세 개를 보내시니 연이어 마땅히 다시 아름다운 것을 구해서 보내드리겠습니다. 지척에서 그리워만 하고 있으니 늘 자중하시기 바랍니다.

【與王宣徽大夫】
여 왕 선 휘 대 부

某啓. 近因急足還府, 略布謝懇. 卽日春寒, 仰惟鎭撫外台候
모 계 근 인 급 족 환 부 약 포 사 간 즉 일 춘 한 앙 유 진 무 외 태 후

萬福. 某尙此遷延, 又見春花益盛, 第以目病眩晃, 不勝飮酒,
만 복 모 상 차 천 연 우 견 춘 화 익 성 제 이 목 병 현 황 불 승 음 주

鮮悰爾. 不審大府花時如何? 憶曩在彼, 不甚盛也. 前承問及
선 종 이 불 심 대 부 화 시 여 하 억 낭 재 피 불 심 성 야 전 승 문 급

石硯, 今且致三枚, 續當更求佳者. 咫尺瞻企, 惟以時自重.
석 연 금 차 치 삼 매 속 당 갱 구 가 자 지 척 첨 기 유 이 시 자 중

13-3. 【왕선휘대부王宣徽大夫에게 보내는 편지】[124]

구양수歐陽脩는 말씀드립니다. 감사하고 그리운 마음은 모두

122 대부大府 : 낙양洛陽의 하남부河南府를 이른다.

123 석연石硯 : 구양수歐陽脩의 〈연보硯譜〉에 의하면 서석瑞石, 염석簾石 외에 강주絳州의 각석角石, 귀주歸州의 대완석大浣石, 청주靑州의 자금석紫金石 등 세 가지가 있다고 하는데, 어느 것인지 알 수 없다.

124 가우嘉祐 6년(1063, 57세) 가을에 참지정사參知政事로 있을 때 보낸 편지이다.

앞서 말씀드린 것과 같습니다. 가을 추위에 대감의 안부가 만복할 것으로 생각합니다. 저는 쇠약하고 병든 몸으로 외람되이 자리를 차지하여[125] 은혜를 근심으로 여기고 있는데 스스로 노졸함을 성찰하였으니 어찌 일찍이 이러한 바람을 감히 싹틔울 수 있었으며 남들이 또한 어찌 이것을 기약할 수 있었겠습니까? 그러나 일이 뜻밖에 나와 오히려 몰래 탐낸 증거가 되었습니다.

그대가 재주와 덕망과 덕업을 쌓은 것이 30여 년인데, 하루아침에 모두의 바람에 부응하여 사대부의 소원을 흔쾌하게 하였으니 노후한 사람이 마땅히 여음汝陰의 농촌에 있으면서[126] 농부와 시골 노인과 함께 서로 하례를 드립니다. 인사가 진실로 항상 이와 같아서 말씀한 바를 내치는 것이 어떻게 구휼하기에 충분한 것이겠습니까?

하물며 낙주洛州의 정사는 훌륭한 명성이 있어서 처음부터 이간질하는 말이 없었습니다. 아마 알 것입니다. 새로운 명령이 더해져서 인사가 분분하여 치사致謝가 늦어지게 되었으니 황공합니다.

【與王宣徽大夫】
여왕선휘대부

某啓. 謝懇已具如右. 秋寒, 台候萬福. 某衰病忝冒, 以寵爲
모계 사간이구여우 추한 태후만복 모쇠병첨모 이총위

125 쇠약하고……차지하여 : 이때 구양수歐陽脩는 호부시랑戶部侍郎과 참지정사參知政事를 맡고 있었다.

126 여음汝陰의 농촌에 있으면서 : '汝陰'은 영주穎州이다. 스스로 물러나 여음의 농부가 되기를 원하였다.

憂, 自省蹇拙, 曷嘗敢萌此望, 人亦曷嘗期此? 然事出意外,
우 자성건졸 갈상감맹차망 인역갈상기차 연사출의외

猶竊叨據. 君貺材望德業三十餘年, 一日歸副具瞻, 以快士
유절도거 군황재망덕업삼십여년 일일귀부구첨 이쾌사

大夫之願, 老朽之人當在汝陰田畝, 與農夫野叟相賀. 人事
대부지원 노후지인당재여음전묘 여농부야수상하 인사

固常如此, 所示排擯, 曾何足恤? 矧洛政善譽, 初無間言也.
고상여차 소시배빈 증하족휼 신낙정선예 초무간언야

恐知之. 以新忝命, 人事紛紛, 致謝稽晚, 皇恐皇恐!
공지지 이신첨명 인사분분 치사계만 황공황공

13-4. 【왕선휘대부王宣徽大夫에게 보내는 편지】[127]

구양수歐陽脩는 말씀드립니다. 스스로 외람되이 분에 넘치는 것으로[128] 일찍이 우편을 통해 감사한 마음을 전하였습니다. 요사이 겨울 날씨가 몹시 추운데 잘 지내시는지요.

저는 쇠약하고 병든 몸을 무릅쓰고 있으나 재주가 없는데도 총애는 두터워 반드시 손상이 뒤따를 것이니, 벗[君貺]에게 사랑을 받는 처지에 무엇으로 저에게 가르침을 주시겠습니까? 바랄 뿐입니다.

가인家人[129]의 말에, 군황君貺의 아내[130]가 어제저녁에 몸이 좋

127 가우嘉祐 6년(1063, 57세) 겨울에 참지정사參知政事로 있을 때 보낸 편지이다.

128 분에 넘치는 것으로 : 이때에 조정에서 갑자기 추부樞府에 임명하였으니 실로 감히 바라던 바가 아니었음을 말한 것이다.

129 가인家人 : 구양수歐陽脩의 아내인 설부인薛夫人을 말한다.

130 군황君貺의 처 : 원문은 '十四姨夫人'. 열네번 째 항렬의 이모뻘 되는 사람으로, 군황君貺의 아내를 말한다. 군황君貺의 처는 설부인薛夫人과 자매 항렬이다.

지 않다고 했는데 이미 나왔다고 하니 기쁩니다. 공기公期[131]는 이로 말미암아 부모님께로 떠났으나[132] 제 마음이 간절하니 한 번 말하여 물어볼 수 있을 것입니다. 여러 가지 자질구레한 사연들은 다시 번거롭게 말씀드리지 않겠습니다. 세모가 되어 쓸쓸한데 언제나 나라를 위하여 자중하시기 바랍니다.

【與王宣徽大夫】
여왕선휘대부

某啓. 自叨竊非望, 嘗於郵中致謝懇. 卽日冬候, 遂爾凝寒,
모계 자도절비망 상어우중치사간 즉일동후 수이응한
仰惟動履淸福. 某勉强衰病, 才薄寵益, 損必隨之, 親朋見
앙유동리청복 모면강쇠병 재박총익 손필수지 친붕견
愛, 何以爲敎? 有望有望. 見家人言十四姨夫人昨夕違和,
애 하이위교 유망유망 견가인언십사이부인작석위화
喜已平愈. 公期由此專去省候, 鄙懷區區, 因話一可詢問. 凡
희이평유 공기유차전거성후 비회구구 인화일가순문 범
諸委瑣, 不復煩言. 歲晚憀慄, 惟以時爲國自重.
제위쇄 불부번언 세만료율 유이시위국자중

14. 【심내한沈內翰[133]에게 보내는 편지】[134]

구양수歐陽脩는 말씀드립니다. 편지를 받고서 매서운 추위에 잘 지내신다니 그리던 마음에 조금이나마 위안이 되었습니다.

---

131 공기公期 : 설중유薛仲儒(?~?)를 말한다. 설부인薛夫人과 형제이다.

132 부모님께로 떠났으니 : 당시 설중유薛仲儒는 성묘를 하러 강주降州로 떠났다.

133 심내한沈內翰 : 심구沈遘(1025~1067)을 말한다. 송宋나라 전당錢塘 사람으로, 호는 서계西溪이고, 자는 문통文通이다. 월주越州와 항주杭州 등의 지주知州를 지냈다. 저서로 《서계집西溪集》 등이 있다.

134 치평治平 원년(1064, 58세)에 참지정사參知政事로 있을 때 보낸 편지이다.

여항餘杭[135]이 당신의 어진 정치로 백성의 풍속이 두터운 곳으로 돌아가기를[136] 기약하였었는데, 갑자기 이렇게 내직으로 부르는 조정의 명령이 있었습니다.

그러나 그대가 떠나고 나서도 남기신 은혜를 그리워하는 마음이 사람들에게 남아있을 것입니다. 모쪼록 봄물이 불어날 때면 조정으로 돌아갈 수 있겠지만, 만날 날은 아직도 아득합니다. 언제나 몸을 아끼시기를 바랍니다.

【與沈內翰】
여 심 내 한

某啓. 辱書, 承祁寒, 動履清休, 少慰瞻企. 餘杭德政, 民俗
모 계　욕 서　승 기 한　동 리 청 휴　소 위 첨 기　여 항 덕 정　민 속

方期歸厚, 而遽此嚴召. 然去思遺惠, 亦足以在人. 亮須春
방 기 귀 후　이 거 차 엄 소　연 거 사 유 혜　역 족 이 재 인　량 수 춘

水, 方可還朝. 會見尚遙, 更冀爲時珍嗇.
수　방 가 환 조　회 견 상 요　갱 기 위 시 진 색

15-1. 【왕단명王端明[137]에게 보내는 편지】[138]

구양수歐陽脩는 말씀드립니다. 동지가 되어 편지를 보내려고

135 여항餘杭 : 절강성浙江省 항주부杭州府에 속한다. 당시 구양수歐陽脩는 한림학사翰林學士로 항주지주杭州知州로 있었다.

136 두터운 곳으로 돌아가기를 : 원문은 '歸厚'. 《논어論語》 〈학이學而〉에 나오는 증자曾子의 말에 "어버이 상을 당했을 때 신중히 행하고 먼 조상들을 정성껏 제사 지내면 백성의 덕이 두터운 데로 돌아갈 것이다.[愼終追遠 民德歸厚矣]"라는 말이 있다.

137 왕단명王端明 : '端明'은 단명전학사端明殿學士를 지낸 왕도王陶(?~?)을 이른다. 자는 낙도樂道이고, 시호는 문각공文恪公이다. 진주지주陳州知州 등을 지냈다.

138 경력慶歷 8년(1048, 42세) 겨울에 양주지주楊州知州로 있을 때 보낸 편지이다.

했었는데, 갑자기 보내신 편지를 받으니 감사하고 부끄러웠습니다. 새봄[139]에 경사가 드니 어질고 온축된 마음을 드러내어 백성들에게 은택을 내리기를 축원하는 마음 이기지 못하겠습니다.

저는 요사이 오르는 열이 너무 심하였는데 편지에 말씀하신 것을 보니 "수화미제괘水火未濟卦[140]로 마땅히 자신의 내면을 살피는 방법을 행하여야 한다."고 하였습니다. 실행한 지 아직 채 한 달도 되지 않아 두 눈에 통증이 몰려들어 쪼개질 듯하고 글자를 쓰는 것도 곤란할 뿐만 아니라 눈앞에 닥치는 사물도 바로 보지 못하니 이로 말미암아 끝내는 폐인이 되지나 않을까 겁이 납니다. 근심스러운 것은 조금도 글을 순서를 정하는 일조차 마무리 짓지 못하고 있습니다. 아시리라 믿고 감히 말씀드립니다. 심한 추위에 보중하시기 바랍니다.

---

139 새봄 : 원문은 '新陽'. 신양은 본래 초봄을 뜻하는데, 음력 11월에 하나의 양효陽爻가 처음으로 생겨나 1월이 되면 세 개의 양효가 하괘下卦에 자리하고 세 개의 음효가 상괘에 자리하는 태괘泰卦를 이루는바, 땅을 뜻하는 하괘의 곤괘坤卦가 모두 양효로 바뀐 것을 가리킨다.

140 수화미제괘水火未濟卦 : 《주역周易》의 팔괘八卦에서 물을 상징하는 감괘坎卦가 아래쪽에 위치하고, 불을 상징하는 이괘離卦가 위쪽에 위치한 것이다. 정상적인 상태는 따뜻한 기운이 위로 올라가고, 차가운 기운은 아래에 머무른다. 따라서 불의 기운은 아래쪽에 있어서 위로 솟구치려고 해야 하고, 물의 기운 위쪽에 있어서 아래로 내려와야 한다. 이것이 수화기제水火旣濟 즉 수화水火가 이미 조화를 이룬 괘卦이다. 반면 물을 상징하는 감괘坎卦가 아래쪽에 있고 불을 상징하는 이괘離卦가 위쪽에 있다는 것은, 불과 물의 기운이 서로 화합하지 못한다는 의미이다. 위쪽은 더욱 뜨거워지고 아래쪽은 더욱 차가워지는 형국이 수화미제水火未濟 즉 수화水火가 미처 조화를 이루지 못하는 상태가 된다.

【與王端明】
여왕단명

某啓. 至節方欲拜狀, 遽辱惠問, 感愧感愧. 新陽納慶, 奮發
모계 지절방욕배장 거욕혜문 감괴감괴 신양납경 분발
賢蘊, 以澤斯民, 不勝祝願也. 某近以上熱太盛, 有見教云:
현온 이택사민 불승축원야 모근이상열태성 유견교운
"水火未濟, 當行內視之術." 行未逾月, 雙眼注痛如割, 不惟
수화미제 당행내시지술 행미유월 쌍안주통여할 불유
書字艱難, 遇物亦不能正視, 但恐由此遂爲廢人. 所憂者, 少
서자간난 우물역불능정시 단공유차수위폐인 소우자 소
撰次文字未了爾. 恃相知敢布. 深寒保重.
찬차문자미료이 시상지감포 심한보중

15-2. 【왕단명王端明에게 보내는 편지】[141]

구양수歐陽脩는 절하고 말씀드립니다. 요사이 급한 심부름꾼이 관부官府에서 돌아와, 편지를 받고 서늘한 초가을 날씨에 안부가 청복하심을 알고 그립던 마음에 매우 위안이 되었습니다. 아울러 그사이 심하지 않은 병으로 고생하시다가 지금은 벌써 회복되셨다니 기쁩니다. 어진 정사는 청간淸簡하고 한해 농사는 풍년이 들어 백성들은 즐거우니 진실로 마음을 가다듬고 정신을 수양[142]하기에 충분합니다.

저는 쇠약하여 병이 들었으나 병명조차 알기 어려운데, 노환이

141 희령熙寧 원년(1068, 62세)에 박주지주亳州知州로 있을 때 편지이다.

142 마음을 가다듬고 정신을 수양 : 원문은 '頤神'. 이신양성頤神養性의 준말로, 마음을 가다듬어 정신을 수양한다는 뜻이다. 《주역周易》의 〈이괘頤卦〉는 산山을 뜻하는 간괘艮卦와 우레[雷]를 뜻하는 진괘震卦의 결합이다. 또한 이頤는 '턱'이라는 뜻인데, 턱을 움직여 음식물을 씹어 몸을 기르기 때문에 '기르다[養]'라는 의미가 파생되었다.

란 것이 혹 귀나 혹 눈, 한두 곳에 지나지 않으나 모든 늙은이의 병은 한꺼번에 몸에 몰려드니 이때문에 하루빨리 고향으로 돌아가고픈 마음뿐입니다. 보내주신 약방문藥方文을 받으니 아껴주시는 마음에 더욱 감사하며, 이미 처방대로 약을 지었습니다. 지척에 있으면서도 만날 기약조차 없지만 언제나 몸을 아끼시기를 바랍니다.

【與王端明】
여왕단명

某拜啓. 近急足自府回, 辱書, 承此初涼, 動履淸福, 甚慰勤
모배계 근급족자부회 욕서 승차초량 동리청복 심위근

企. 兼審中間小疾爲苦, 喜已平和. 仁政淸簡, 歲豊民樂, 亮
기 겸심중간소질위고 희이평화 인정청간 세풍민락 량

足頤神. 某衰病難名, 凡老患, 或耳或目, 不過一二, 諸老之
족이신 모쇠병난명 범노환 혹이혹목 불과일이 제노지

疾, 竝在一身, 所以歸心不得不速也. 蒙惠藥方, 益荷意愛,
질 병재일신 소이귀심부득불속야 몽혜약방 익하의애

已依方合和也. 咫尺未涯瞻款, 惟時自愛.
이의방합화야 지척미애첨관 유시자애

15-3. 【왕단명王端明에게 보내는 편지】[143]

구양수歐陽脩는 말씀드립니다. 저는 한가하고 궁벽한 곳에 지내고 있으면서 게으름만 길러 오랫동안 편지도 보내지 못하였습니다.[144] 인편을 통해 편지를 받았으니 감사와 위안되는 마음을 어찌 그치겠습니까?

143 희령熙寧 3년(1070, 64세)에 채주지주蔡州知州로 있을 때 보낸 편지이다.
144 저는……못하였습니다 : 구양수歐陽脩가 이해 7월 채주지주蔡州知州로 있었다.

저는 여기에서 다행히 노졸함을 감추고 매우 편안함을 이루었습니다. 쇠약하여 병이 침범해 오는 데다 집안의 골치 아픈 일들로 다시는 즐거운 일이라고는 없으니 진실로 복이 지나치면 재앙이 생겨 이러한 일을 초래한 것입니다. 자신의 분수를 헤아려 멈출 줄 알아야 하니 고향으로 돌아가고픈 마음 간절합니다. 지척에 있으면서도 만나서 정담을 나누지 못합니다. 세모의 매서운 추위에 언제나 자중하시기를 바랍니다.

【與王端明】
여 왕 단 명

某啓(모계). 某以閑僻(모이한벽), 養成懶慢(양성나만), 久闕拜問(구궐배문). 專人辱書(전인욕서), 感慰曷已(감위갈이). 某此幸藏拙(모차행장졸), 極遂優安(극수우안). 其如衰病侵凌(기여쇠병침릉), 加以私門煩惱(가이사문번뇌), 無復情悰(무부정종), 亮由福過災生致此爾(량유복과재생치차이). 所以量分知止(소이량분지지), 切於思歸也(절어사귀야). 咫尺莫奉宴言(지척막봉연언). 歲暮隆寒(세모융한), 伏冀爲時自重(복기위시자중).

15-4. 【왕단명王端明에게 보내는 편지】[145]

구양수歐陽脩는 말씀드립니다. 어제 성상의 은혜를 입어 쇠약한 늙은이를 가엾게 여겨 벼슬에서 물러날 것을 허락받았습니다. 스스로 마을에서 문을 닫고 지내느라 인사도 거의 끊어져 이로 인해 한동안 편지를 드리지도 못하였습니다. 평소 돌보아 주신

145 희령熙寧 4년(1071, 65세) 겨울에 벼슬을 그만두고 영주潁州로 물러나 있을 때 보낸 편지이다.

마음을 잊지 못하고 있었는데 편지를 보내 빠짐없이 저를 깨우쳐 주시니 적막하게 지내던 저에게 위안이 되었습니다. 사귀는 정이 다 드러날[146] 때 풍속을 장려하여 풍속과 의리가 미치는 곳마다 이로움이 넓어질 것입니다.

비단 병든 저만이 덕을 입었을 뿐만이 아니니 감사하고 부끄럽습니다. 아울러 겨울을 지내는 대감의 안부가 만복을 누리고 계신 줄 알았습니다. 한가로운 가운데 넉넉하고 다행스러움이 참으로 많지만, 친구와 더욱 만나기 어려우니 이것이 간절합니다. 세모의 매서운 추위에 편안히 지내시며 수양하시어 필요로 할 때 다시 등용되시기를 바랍니다.

【與王端明】
여 왕 단 명

某啓. 昨蒙上恩, 閔其衰老, 許遂退休. 自杜門里巷, 人事
모계 작몽상은 민기쇠노 허수퇴휴 자두문이항 인사

幾廢, 以是久闕致誠. 而雅眷不忘, 惠然垂問, 誨諭稠重,
기폐 이시구궐치성 이아권불망 혜연수문 회유조중

以慰寂寞. 於交情乃見之時以勵俗, 風義所及, 其利博矣.
이위적막 어교정내견지시이여속 풍의소급 기리박의

非止病夫之荷德也, 感愧感愧! 兼審經寒台候萬福. 閑中優
비지병부지하덕야 감괴감괴 겸심경한태후만복 한중우

146 사귀는 정이 다 드러나니 : 《사기史記》〈급정열전汲鄭列傳〉에, 한漢나라 적공翟公이 정위廷尉로 있을 때에는 빈객이 서로 다투어 찾아오는 바람에 문전성시門前成市를 이루었다가, 파직된 뒤에는 한 사람도 찾아오지 않아 문 앞에 참새 잡는 그물[雀羅]을 칠 정도가 되었는데, 다시 복관復官되니 빈객들이 찾아오기 시작하자, 문에다 큰 글씨로 써서 내걸고 "한번 죽고 한번 삶에 우정을 알 수 있고 한 번 가난하고 한 번 부유함에 친구의 태도를 알 수 있으며, 한번 귀하고 한번 천해짐에 속마음이 다 보이도다.[一死一生乃知交情 一貧一富乃知交態 一貴一賤交情乃見]"라고 했다는 고사가 있다.

幸實多，但交親益難會見，此爲區區．歲晩凝冽，惟宴居頤
행실다 단교친익난회견 차위구구 세만응렬 유연거이

養，以需復用．
양 이수부용

16-1. 【왕의민공王懿敏公[147]에게 보내는 편지】[148]

구양수歐陽脩는 말씀드립니다. 며칠 사이에 부치신 게와 밤을 모두 받았습니다. 비록 편지는 없었으나 존형의 안부가 좋으시다는 것을 알고는 기뻤습니다.

저는 이곳에서 지내는 것이 마치 물고기와 새가 연못과 새장에 갇힌 것이나 마찬가지입니다. 한해가 어느덧 이미 다 지나가는데 쇠약함과 병이 날마다 다시 침범 해오고 있습니다. 교유는 대부분 밖에서 이루어지는데, 덩그러니 이곳에서만 지내고 있으니 제 마음을 아실 것입니다.

오늘 채대인蔡大人[149]의 편지를 받았는데, 오래도록 병을 앓다가 최근에 와서야 몸이 나았다고 합니다. 인생에서 만남과 헤어짐, 근심스러운 온갖 일들 속에 언제나 만날 수 있겠습니까? 더구나 내년에 남쪽으로 떠나기로[150] 결정하고 간청을 하였으니

147 왕의민공王懿敏公 : '懿敏'은 왕소王素(1007~1073)의 시호이다. 북송 인종仁宗 때의 문신으로 자는 중의仲儀이다. 공부상서工部尙書 등을 지냈다.

148 가우嘉祐 2년(1058, 52세)에 한림학사翰林學士로 있을 때 보낸 편지이다.

149 채대인蔡大人 : 채양蔡襄(1012~1067)을 말한다. 자는 군모君謨이고, 시호는 충혜忠惠이다. 소식蘇軾 · 황정견黃庭堅 · 미불米芾과 함께 송宋나라 4대가로 꼽힌다.

150 남쪽으로 떠나기로 : 구양수歐陽脩가 여러 차례 상소를 올려 외직을 청하였

마침내 더욱 호胡와 월越[151]처럼 멀어지게 되었습니다. 언제나 자중하시기를 바라며, 편지를 마주하니 더욱 보고픈 마음 간절합니다.

【與王懿敏公】
여왕의민공

某啓. 數日之間, 併承寄惠蟹、栗. 雖不得書, 亦喜尊候萬
모계 수일지간 병승기혜해 율 수부득서 역희존후만
福. 某居此, 如魚鳥之池籠. 歲律忽已遒盡, 衰病日復侵攻,
복 모거차 여어조지지롱 세율홀이주진 쇠병일부침공
交遊多在外, 塊然處此, 情緖可知. 今日得蔡大書, 言久病,
교유다재외 괴연처차 정서가지 금일득채대서 언구병
近方就安. 人生聚散, 憂患百端, 相見何時. 況開年決求南
근방취안 인생취산 우환백단 상견하시 황개년결구남
去, 遂益爲胡越也. 惟以時自重, 臨紙區區.
거 수익위호월야 유이시자중 임지구구

16-2. 【왕의민공王懿敏公에게 보내는 편지】[152]

구양수歐陽脩는 말씀드립니다. 인편이 와서 아름다운 글을 보내주시니 어찌 보배로이 읽고자 하는 마음을 이길 수 있겠습니까? 더욱이 번거로운 일들을 다스리는 여가에도 오히려 저에게까지 편지를 보내주시는지요?

으니 영주穎州와 수주壽州에 뜻이 있었다.

151 호胡와 월越 : 두 곳의 땅이 각각 북방과 남방에 있기 때문에 서로 멀리 떨어진 것을 비유하는 말로 쓰인다. 《회남자淮南子》〈숙진훈俶眞訓〉에 "다르다는 관점에서 보면 간담도 호월이 되고, 같다는 시각에서 보면 만물이 한 울타리 안에 있다.[自其異者視之 肝膽胡越 自其同者視之 萬物一圈也]"라고 하였다.

152 가우嘉祐 6년(1063, 57세)에 추밀부사樞密副使로 있을 때 보낸 편지이다.

저의 집에 국화 몇 떨기가 있는데 지난해에 저절로 꽃을 피워서 곧바로 여러 공을 초청하여 중양절을 지날 때까지 여러 차례 모임을 가졌으나 올가을에는 전혀 한 번도 감상할 수 없습니다. 헌상軒裳[153]과 같은 외물은 사람들에게 누가 되니 득실을 자세히 따져야 하니 어찌 구차하게 이를 할 수 있겠습니까? 그대[仲儀]와 여러 공이 외지에서 돌아오고 나서 잠시나마 조용히 모실 것을 깊이 생각하였지만, 자못 겨를이 없었습니다. 지금 모임이 있어서 언행을 함부로 할 수 없으니 한탄스럽습니다. 밤이 되어 이 정도만 쓰고 답장을 드립니다.

【與王懿敏公】
여왕의민공

某啓. 人至, 辱惠以佳篇, 豈勝珍誦? 益見治煩餘暇, 猶能及
모계 인지 욕혜이가편 기승진송 익견치번여가 유능급
此. 弊齋有菊數叢, 去歲自開, 便邀諸公, 比過重陽, 凡作數
차 폐재유국수총 거세자개 편요제공 비과중양 범작수
會, 今秋無復一賞. 軒裳外物, 爲累於人, 細較其得失, 何用
회 금추무부일상 헌상외물 위누어인 세교기득실 하용
區區? 自仲儀與數公自外歸, 甚思少奉從容, 殊未有暇. 今
구구 자중의여수공자외귀 심사소봉종용 수미유가 금
有會, 亦不放曠, 可歎可歎. 値夜, 且奉此爲謝.
유회 역불방광 가탄가탄 치야 차봉차위사

153 헌상軒裳 : '軒'은 높은 관원이 타는 수레이고, '裳'은 관원의 정식 복장이다.

17-1. 【소자용蘇子容[154]에게 보내는 편지】[155]

구양수歐陽脩는 말씀드립니다. 비가 그친 하늘빛이 아름다워 기어이 성을 나서는 행차를 하였군요. 진흙 길이라 피곤하셨을 것으로 생각합니다. 청명절의 약속은 당공唐公[156]을 데리고 들러 국수[157] 한 그릇을 먹었을 뿐입니다. 나머지는 예로 여길만한 것이 없습니다. 이 정도로만 쓰고 이만 줄입니다.

【與蘇子容】
여 소 자 용

某啓. 晴色可佳, 必遂出城之行. 泥濘, 竊惟勞頓. 淸明之約,
모 계 청 색 가 가 필 수 출 성 지 행 니 녕 절 유 노 돈 청 명 지 약

幸率唐公見過, 喫一碗不托爾. 餘無可以爲禮也. 專此不宣.
행 솔 당 공 견 과 끽 일 완 불 탁 이 여 무 가 이 위 례 야 전 차 불 선

---

154 소자용蘇子容 : '子容'은 소송蘇頌(1020~1101)의 자이다. 소송의 아버지인 소신蘇紳과 양적梁適이 함께 간사한 일을 한 흔적이 있어 그때 사람들이 '蘇'를 '초두草頭'라 하고, '梁'을 '목각木脚'이라 하여 은어로 사용하였다. 《전주구소수간箋注歐蘇手簡》에는, 소송蘇頌에게 보낸 편지로 주석을 달았지만, 만약 소송蘇頌에게 보낸 편지라면, 남경南京에 있던 소송이 영주潁州로 왔어야 가능하다.

155 황우皇祐 5년(1053, 47세)에 영주潁州에서 상喪 중에 있을 때 보낸 편지이다.

156 당공唐公 : 당개唐介(1010~1069)이다. 송宋나라 인종仁宗 때의 직신直臣으로, 자는 자방子方이며 시호는 질숙質肅이다. 전중시어사殿中侍御史로서 재상인 문언박文彦博과 간관 오규吳奎를 탄핵하자, 인종이 노하여 춘주별가春州別駕로 폄척하였다. 왕거정王擧正이 처벌이 너무 엄중하다고 하자 인종이 곧바로 뉘우치고서 영주英州로 이배移配하고는, 당개가 혹시라도 중도에 죽어 직신直臣을 죽였다는 오명을 남길까 봐 중사中使에게 호위하도록 명한 일이 있다.

157 한 그릇의 국수 : 원문은 '一碗不托'. 불탁은 국수를 말한다. '밀가루가 들어있지 않은 국수[無麵之不托]'라 하여 근본적인 요소를 준비하지 않고서 어떤 일을 성사시키려는 무모한 행위를 뜻하는 말로 쓰인다.

17-2. 【소자용蘇子容[158]에게 보내는 편지】[159]

구양수歐陽脩는 말씀드립니다. 저는 외롭고 보잘것없는 처지인데 성상의 은혜와 연민을 입어서 한 고을을 내게 맡겨주시어[160] 늙은 몸을 보양하도록 하였습니다. 또 당신께서 다스리는 부部[161]에 벼슬을 얻어 마침내 공의 비호에 의지할 수 있게 되어 위태롭던 마음이 편안하니 어찌 천행을 이길 수 있겠습니까?

저는 이곳에 도착한 지 벌써 여러 달이 되었습니다. 다행히 농사는 풍년이 들고 도둑은 사라지고 백성들의 송사도 드물고 메뚜기로 인한 피해도 많지 않아 수시로 박멸하고 있습니다. 재령齋舲[162]을 타고 변주汴州로 내려가 제일 먼저 박주亳州에 도착할 것이라고 친히 하신 약속을 받았으니 만나 뵙고 저의 간절한 마음을 펴겠습니다. 사람들의 행차를 전송하고 맞이하느라 우선 이 정도로만 쓰고 존후께 문안 편지를 올립니다. 이만 줄입니다.

---

158 소자용蘇子容 : '子容'은 소송蘇頌(1020~1101)의 자이다. 시호는 장간正簡이다. 송宋나라 때 관리이자 천문학자, 천문기계제작자, 약물학자이다. 양주지주揚州知州 등을 역임하였다. 저서로 《도경본초圖經本草》와 《신의상법요新儀象法要》 등이 있다.

159 치평治平 4년(1067, 61세)에 박주지주亳州知州로 있을 때 보낸 편지이다.

160 한 고을을 맡겨주시어 : 구양수歐陽脩는 이해 3월에 박주지주亳州知州를 역임하였다.

161 당신께서 다스리는 부部 : 당시 박주亳州는 소송蘇頌이 관할하던 부部에 속하던 지역이다.

162 재령齋舲 : 원래는 재계할 때 사용하는 음식을 실은 배를 이르는 말이었으나, 송宋나라 때는 재선齋船의 경우처럼 일반적으로 배를 이르는 대명사로 쓰였다.

【與蘇子容】
여소자용

某啓. 某以孤拙, 蒙上恩憐, 予之一州, 俾養衰朽. 又得在使
모계 모이고졸 몽상은련 여지일주 비양쇠후 우득재사
部, 遂依公庇, 頓安危心, 豈勝天幸! 某至此已數月, 幸歲豊
부 수의공비 돈안위심 기승천행 모지차이수월 행세풍
盜息, 民事亦稀, 蝗蝻不多, 隨時撲滅. 承齋舲下汴, 首及弊
도식 민사역희 황남부다 수시박멸 승재령하변 수급폐
封, 當得親受約束, 面布懇誠. 謹因迎迓人行, 姑此上問尊
봉 당득친수약속 면포간성 근인영아인행 고차상문존
候. 不宣.
후 불선

18-1. 【한위공韓魏公[163]에게 보내는 편지】[164]

구양수歐陽脩는 말씀드립니다. 요사이 급히 돌아오는 심부름꾼을 통해 대략 안부를 받았습니다. 세모의 화창한 날씨에 대감의 안부가 좋으시리라 생각합니다.

본주本州의 장추관張推官[165]이 계극棨戟[166]으로 찾아가려고 하

163 한위공韓魏公 : 북송北宋의 명재상인 한기韓琦(1008~1075)를 말한다. 자는 치규稚圭, 시호는 충헌忠獻이다. 젊어서 진사에 합격하여 사천四川의 기민飢民 190만 명을 구제하고, 이어 서하西夏의 침입을 격퇴하여 변경 방비에도 역량을 과시함으로써, 30세에 이미 명성을 떨쳤다.

164 경력慶曆 6년(1046, 41세)에 저주지주滁州知州로 있을 때 보낸 편지이다.

165 본주本州의 장추관張推官 : 본주는 저주滁州를 말한다. 장추관張推官은 미상이다.

166 계극棨戟 : 적흑색 비단으로 싼 나무창으로, 고대에 관리가 쓰던 의장의 일종이다. 고대에 관리들이 사용하던 의장儀仗 가운데 하나로 밖으로 나갈 때 전도前導로 삼았던 것이다. 후대에는 문정門庭에도 벌여 세웠다 한다. 여기서는 한기韓琦의 수부帥府를 이른다. 《구당서舊唐書》〈장검전張儉傳〉에 "당唐나라 제도에 3품 이상은 문에 계극을 벌려 세운다.[唐制三品以上 門列棨戟]"

는데, 오래전에 본주의 문하에서 나갔다고 합니다. 이 사람은 벼슬자리에 임하면서 겸선兼善167하였으니, 자신의 직분을 잘 지키고 자신의 힘으로 일을 잘 처리하였습니다. 아마도 만나지 못한 지 오래되어 본관의 안부를 알고 싶어 하시겠기에 삼가 이렇게 편지를 드립니다.

【與韓魏公】
여한위공

某啓. 近急足還, 嘗略拜問. 歲暮晴和, 伏惟台候動止萬福.
모계 근급족환 상약배문 세모청화 복유태후동지만복
本州張推官, 欲造棨戟, 云舊出門下, 此人涖官廉善, 謹守其
본주장추관 욕조계극 운구출문하 차인리관염선 근수기
職, 亦可自了. 恐不見多年, 要知本官行止, 謹此拜聞.
직 역가자료 공불견다년 요지본관행지 근차배문

18-2. 【한위공韓魏公에게 보내는 편지】168

구양수歐陽脩는 말씀드립니다. 어제 상복을 벗은169 뒤로 대궐로 소환되었지만, 출처를 정하지 못했던 것은 모두 저의 옹졸하고 고지식함으로 때문에 그렇게 된 것이니 헤아려 주시리라 생

라는 구절이 있다.

167 겸선兼善 : 《주례周禮》 〈천관소재天官小宰〉에 "관부官府를 다스리는 육계六計의 방법으로 관리의 치적을 고과하는 데 있어서, 첫 번째는 염선廉善이고, 두 번째는 염능廉能이고, 세 번째는 염경廉敬이고, 네 번째는 염정廉正이고, 다섯 번째는 염법廉灋이고, 여섯 번째는 염변廉辨이다.[官府之六計 弊群吏之治 一曰廉善 二曰廉能 三曰廉敬 四曰廉正 五曰廉法 六曰廉辨]"라는 구절이 있다.

168 지화至化 원년(1054, 48세)에 한림학사翰林學士로 있을 때 보낸 편지이다.

169 상복은 벗은 : 원문은 '除服'. 상기喪期가 지나 상복을 벗는 것을 이른다.

각합니다. 이 직책에 임명되고[170] 나서 일찍이 우편을 통하여 감사의 편지를 올렸습니다.

저는 쇠약하고 병이 들어 수염과 귀밑머리가 모두 희어지고 두 눈도 병이 들었는데, 어찌 다시 벼슬에 나아갈 바람이 있겠습니까? 천하의 책망이 과중하지만 한스럽게도 할 수 있는 것이라고는 없으니, 나아가는 것도 조정에 보탬이 되지 않고 물러나는 것도 과감하게 떠나지도 못하니 보잘것없는 제가 끝내 용렬한 사람이 되어 친구들에게 부끄러움이나 끼칠까 두렵습니다. 밤낮으로 부끄럽고 두려워서 어떻게 가르침을 받아야 할지 모르겠지만, 간곡한 가르침을 듣고 싶은 마음이 참으로 간절합니다.

【與韓魏公】
여한위공

某啓. 昨自服除召還闕, 出處不定, 皆由蹇拙使然, 諒惟悉
모계 작자복제소환궐 출처부정 개유건졸사연 량유실

察. 自忝此職, 嘗於遞附啓爲謝. 某衰病, 鬚鬢悉白, 兩目昏
찰 자첨차직 상어체부계위사 모쇠병 수빈실백 양목혼

花, 豈復更有榮進之望? 而天下責望過重, 恨無所爲, 進不能
화 기부갱유영진지망 이천하책망과중 한무소위 진불능

補益朝廷, 退不能決去, 恐碌碌遂爲庸人, 以貽知己之羞爾.
보익조정 퇴불능결거 공녹록수위용인 이이지기지수이

夙夜愧懼, 不知何以見教, 願聞誨勤之言, 眞切眞切.
숙야괴구 부지하이견교 원문회근지언 진절진절

18-3. 【한위공韓魏公에게 보내는 편지】[171]

170 이 직책에 임명되고 : 《당서唐書》를 찬수하는 일을 맡은 것을 이른다. 당시 참지정사參知政事 유원劉沆이 《당서唐書》를 찬수하도록 주청하였다.

구양수歐陽脩는 말씀드립니다. 사문에 복이 없어 어려서부터 형제가 적은 것[172]이 괴로웠는데 오직 남아 있던 두 조카 가운데 또 그 한 명이 죽고 말았으니 쇠약한 노년의 고통스러운 감정을 참으로 이겨내기 어렵습니다.

번거롭게 재상宰相께서 특별히 위문을 주시니 어찌 슬픔과 감사함의 지극함을 이길 수 있겠습니까? 혹독한 더위가 다시 기승을 부리는데 대감의 안부가 좋으신 줄 알았습니다. 내일 휴가를 청하여 마땅히 모시고 말씀을 듣겠습니다. 삼가 이렇게 편지로 사례의 말씀을 드립니다.

【與韓魏公】
여한위공

某啓. 以私門薄祐, 少苦終鮮, 惟存二姪, 又喪其一, 衰晩感痛, 情實難勝. 仰煩台慈, 特賜慰卹, 豈任哀感之至. 酷暑復盛, 伏承台候萬福. 來日參假, 當奉言侍. 謹且附此叙謝.

모계. 이사문박우, 소고종선, 유존이질, 우상기일, 쇠만감통, 정실난승. 앙번태자, 특사위술, 기임애감지지. 혹서부성, 복승태후만복. 래일참가, 당봉언시. 근차부차서사.

18-4. 【한위공韓魏公에게 보내는 편지】[173]

구양수歐陽脩는 머리를 조아리고 말씀드립니다. 문안을 드리

---

171 치평治平 원년~2년(1064~1065, 58세~59세)에 참지정사參知政事로 있을 때 보낸 편지이다.

172 형제가 적은 것 : 원문은 '終鮮'. 《시경詩經》 〈왕풍王風 · 양지수揚之水〉에 "끝내 형제가 적어, 우리 두 사람뿐이네.[終鮮兄弟 維予二人]"라는 구절에서 유래한다.

173 치평治平 원년~2년(1064~1065, 58세~59세)에 참지정사參知政事로 있을 때 보낸 편지이다.

지 못한지 어느덧 다시 며칠이나 되었습니다. 가을 더위에 대감께서 잘 지내시는 줄 알았습니다.

저는 남은 독에 침범을 당해 목과 뺨 사이에 또 종핵腫核[174]이 생겨서 목으로 음식을 삼킬 수조차 없으니 전에 비해 고통이 조금 덜하기는 하지만 아침저녁으로 힘써 벗어나고 싶습니다. 거듭 번거롭게 대감께서 염려해주셔서 특별히 안부를 물어주시니 감사하고 부끄러운 마음을 이길 수 없습니다. 보잘것없는 제가 편지를 받들어 삼가 이 정도로만 하고 감사한 마음을 폅니다.

【與韓魏公】
여한위공

某頓首啓. 不獲瞻奉, 忽復數日. 秋暑, 伏承台候萬福. 某以
모돈수계 불획첨봉 홀부수일 추서 복승태후만복 모이

餘毒所攻, 頸頰間, 又爲腫核, 第以不入咽喉, 比前所苦差
여독소공 경협간 우위종핵 제이불입인후 비전소고차

輕, 旦夕欲且勉出. 重煩台念, 特賜存問, 不勝感愧, 區區謹
경 단석욕차면출 중번태념 특사존문 불승감괴 구구근

奉此叙謝.
봉차서사

18-5. 【한위공韓魏公에게 보내는 편지】[175]

구양수歐陽脩는 두 번 절하고 말씀드립니다. 요사이 급히 관부로 돌아가는 인편을 통해 간략하나마 편지를 보내 감사하고 간절한 마음을 드렸습니다. 정월 명절에 관리의 직책에 제한이 되

174 종핵腫核 : 작고 딱딱하게 부어오른 증상을 말한다.

175 희령熙寧 4년(1071, 65세)에 채주지주蔡州知州로 있을 때 보낸 편지이다.

어 한 번도 하례하는 빈객의 반열에 나아갈 길이 없었습니다.

공께서는 큰 공훈을 세운 나라의 기둥과 주춧돌로[176] 신명이 도움으로 모든 복이 이를 것입니다. 봄기운이 아직도 차가운데 조정을 위하여 몸을 아끼고 소중히 여겨 위로 돌보아 주시는 은혜에 부응하시기 바랍니다. 저의 송축하는 마음 지극합니다.

【與韓魏公】
여 한 위 공

某頓首再拜啓. 近急足還府, 奉狀粗布謝懇. 新正令節, 限以
모 돈 수 재 배 계 근 급 족 환 부 봉 장 조 포 사 간 신 정 영 절 한 이

官守, 無由一厠賀賓之列. 元勳柱石, 神明所相, 百福來臻.
관 수 무 유 일 측 하 빈 지 열 원 훈 주 석 신 명 소 상 백 복 래 진

春氣尚寒, 伏惟爲朝愛重, 上副眷荷. 下情祝頌之至.
춘 기 상 한 복 유 위 조 애 중 상 부 권 하 하 정 축 송 지 지

18-6. 【한위공韓魏公에게 보내는 편지】[177]

구양수歐陽脩는 말씀드립니다. 지난번에 번번이 졸렬한 시를 대감께 들려드렸었는데, 이윽고 특별히 총애하시어 화답시를 보내주시니 적막한 가운데 위안이 될 뿐만이 아니라 웅혼한 문구는 진실로 벌써 사람들의 눈과 귀를 놀라게 하였습니다.

176 나라의 기둥과 주춧돌로 : 원문은 '柱石'. 주석신柱石臣, 주석지신柱石之臣과 같은 말이다. 기둥과 주춧돌처럼 나라의 중임을 맡은 신하를 일컫는 말이다. 《한서漢書》〈원후전元后傳〉에 "왕상은 내행이 돈독하여 위중함이 있고 지위가 장상을 두루 거쳤으니 나라의 기둥과 주춧돌 같은 신하이다.[王商內行篤有威重 位歷將相 國家柱石臣也]"라는 구절이 있다.

177 희령熙寧 4년(1071, 65세)에 벼슬에서 물러나 영주潁州로 돌아와서 보낸 편지이다.

저는 한가하게 거처하며[178] 마침 문을 닫고 지내고 있어서 인편을 만나기가 쉽지 않아 마침내 답장이 늦었으니 어찌 지극히 감사하고 다행스럽고 부끄럽고 두려운 마음을 이길 수 있겠습니까? 왕랑중王郎中이 관부로 나아가는 인편을 통해 간략하게 말씀드립니다.

【與韓魏公】
여한위공

某啓. 向嘗輒以拙詩塵浼台聽, 尋蒙特賜寵和, 不惟以慰寂
모계 향상첩이졸시진매태청 심몽특사총화 불유이위적
寥, 而雄文大句, 固已警動人之耳目. 屬閑居杜門, 難偶信
요 이웅문대구 고이경동인지이목 속한거두문 난우신
便, 遂稽布謝, 豈勝感幸愧恐之至也! 因王郎中詣府的便, 少
편 수계포사 기승감행괴공지지야 인왕랑중예부적편 소
道萬一.
도만일

19-1. 【부정공富鄭公[179]에게 보내는 편지】[180]

구양수歐陽脩는 말씀드립니다. 비 내리는 무더운 날씨에 대감의 안부는 어떠하신지요? 촉蜀 땅에 소순蘇洵[181]이라는 사람이

178 한가하게 거처하며 : 구양수歐陽脩는 당시 이미 벼슬에서 물러 나와 영주潁州로 돌아와 있었다.

179 부정공富鄭公 : 부필富弼(1004~1083)을 이른다. 송宋나라 사람으로 자는 언국彦國이고, 시호는 문충文忠이다. 저서로 《부정공시집富鄭公詩集》이 있다.

180 가우嘉祐 원년(1056, 50세)에 한림학사翰林學士로 있을 때 보낸 편지이다.

181 소순蘇洵(1009~1066) : 북송 때 사람으로, 자는 명윤明允이고, 호는 노천老泉·노소老蘇이다. 당송팔대가의 한 사람으로, 소식蘇軾과 소철蘇轍의 아버지이다.

있는데 문학에 뛰어난 선비로, 스스로 '덕망 있는 사람에게 달려 나아가서 한번 뵙고 싶은데 청할 곳이 없다.'라고 합니다.

그러나 순洵은 멀리 시골에 있는 사람으로 제가 공에게 신용할 만한 사람이라고 생각하여 먼저 추천해주기를 요구합니다.[182] 이미 그의 부탁을 물리칠 수도 없고 또한 차마 속일 수도 없어 번번이 당신께 말씀을 드립니다. 가부와 진퇴는 공의 말씀에 달려 있습니다.

【與富鄭公】
여 부 정 공

某啓. 暑雨, 不審台候何似? 有蜀人蘇洵者, 文學之士也, 自
모계 서우 불심태후하사 유촉인소순자 문학지사야 자

云奔走德望, 思一見而無所求. 然洵遠人, 以謂某能取信於
운분주덕망 사일견이무소구 연순원인 이위모능취신어

公者, 求爲先容. 旣不可却, 亦不忍欺, 輒以冒聞. 可否進退,
공자 구위선용 기불가각 역불인기 첩이모문 가부진퇴

則在公命也.
즉재공명야

19-2. 【부정공富鄭公에게 보내는 편지】[183]

구양수歐陽脩는 말씀드립니다. 남은 더위에 대감의 안부가 맑

---

182 먼저……요구합니다 : 원문은 '先容'. 남을 좋게 소개하여 등용시키는 것을 말한다. 《주례周禮》〈고공기考工記·함인函人〉에 "무릇 갑옷을 만들려면 반드시 먼저 용을 만든다.[凡爲甲必先爲容]"라고 하였는데, 그 주석에 '용容'은 모형[象式]이라 하였다. 여기에서 유래하여 무슨 일이 있기 전에 사람을 좋게 소개하여 추천하는 것을 선용先容이라 한다.

183 치평治平 2년(1065, 49세)에 참지정사參知政事로 있을 때 보낸 편지이다.

게 복 받으시는 줄 알았습니다. 인편이 와서 편지를 받으니 어찌 감복한 마음을 이길 수 있겠습니까?

공께서 공무로 휴가를 청했을 때 정해진 법도에 구애가 되어 부득이 때때로 문후를 드리지 못하였으니 이것이 참으로 한스럽습니다. 지금 당신의 행차가 서쪽에 도착하였는데 한 번도 문하로 찾아뵙지 못하였으니 세상의 통념에 가깝지 않은 듯합니다.[184] 아울러 여러 공들의 뜻도 이와 마찬가지일 것으로 생각합니다. 이 때문에 비록 공의 간절한 가르침을 받았지만, 감히 말씀을 따르지 못하였습니다. 황송합니다. 돌아가는 인편에 이 정도로만 쓰고 이만 줄입니다.

【與富鄭公】
여부정공

某啓. 餘暑未祛, 伏承台候動履淸福. 人至辱賜簡, 豈勝感
모계 여서미거 복승태후동리청복 인지욕사간 기승감
復. 自公在告, 爲常制所拘, 不得時申候見, 固以爲恨. 今者
복 자공재고 위상제소구 부득시신후견 고이위한 금자
大旆當西, 不一造門下, 竊意不近人情. 兼料諸公意必同此,
대패당서 불일조문하 절의불근인정 겸료제공의필동차
所以雖承誨勤, 未敢聞命也. 皇恐皇恐! 人還, 謹此不宣.
소이수승회근 미감문명야 황공황공 인환 근차불선

184 세상의……듯합니다 : 《장자莊子》 〈소요유逍遙遊〉에 "나는 그의 말을 듣고 황하와 한수처럼 한없이 놀랐으니, 크게 사리에 맞지 않아 세상의 통념에 가깝지 않았기 때문이다.[吾驚怖其言 猶河漢而無極也 大有逕庭 不近人情焉]"라는 구절이 있다. 경逕은 문밖의 작은 길이고 정庭은 집 앞의 마당이니, 거리가 서로 멀리 떨어진 것을 표현하는 말이다.

20-1. 【오정헌공吳正獻公[185]에게 보내는 편지】[186]

구양수歐陽脩는 말씀드립니다. 그대와 헤어지고 나서 어느덧 새해가 되어 보내신 편지를 받고 겨울을 지내시는 안부가 좋으신 줄 알았습니다.

저는 외롭고 곤궁한 모습으로 세상과 부합하기를 구하지 않고 쇠약하고 병마저 더하니 언제나 마음을 강호에 둔 지 오래입니다. 이것은 친구들도 함께 분명히 아는 일입니다. 그런데 요사이 갑자기 벼슬에 임명이 되었으니 이는 뜻밖에 나온 것이라 책임은 너무 막중한데[187] 평소에 쌓은 실력도 없어 일을 망치지 않을 것을 어떻게 기대 하겠습니까?

제가 깊은 사랑을 받은 사람이기는 하지만 긍휼히 여길만합니다. 그렇지 않다면 무엇으로 말씀해 주시겠습니까? 황송합니다. 새봄에 봄을 아끼시어 그리운 저의 마음에 부응하시기를 바랍니다. 구양수는 재배합니다.

【與吳正獻公】
여오정헌공

某啓. 奉別, 忽見新歲辱書, 承經寒動履休勝. 某以孤拙之
모계 봉별 홀견신세욕서 승경한동리휴승 모이고졸지

姿, 不求合世, 加以衰病, 心在江湖久矣. 此友親所共亮之
자 불구합세 가이쇠병 심재강호구의 차우친소공량지

---

185 오정헌공吳正獻公 : '正獻'은 오충吳充(1021~1080)의 시호이다. 자는 충경沖卿이다.

186 가우嘉祐 6년(1061, 55세)에 참지정사參知政事로 있을 때 보낸 편지이다.

187 책임은 너무 막중한데 : 구양수歐陽脩는 가우嘉祐 5년 11월에 추밀부사樞密副使에 제수되었다.

也. 玆者遽叨誤選, 實出意外, 任責已重, 而無素蘊, 不敗何
야 자자거도오선 실출의외 임책이중 이무소온 불패하

待? 見愛深者, 但可吊也. 不然, 何以敎之? 惶恐惶恐! 新春
대 견애심자 단가적야 불연 하이교지 황공황공 신춘

保愛, 以副瞻祝. 某再拜.
보애 이부첨축 모재배

20-2. 【오정헌공吳正獻公에게 보내는 편지】188

구양수歐陽脩는 머리를 조아리고 말씀드립니다. 공사 간의 연고가 많아 잠시 안부를 드리지 못하였습니다. 인산因山으로 행역行役을189 하고 나서 일이 평소 생각해 오던 것이 아니라서 매번 사직의 주청奏請을 볼 때마다 노고와 염려를 알기에 충분하였습니다. 또한 요사이 자못 실마리를 잡았다는 소식에 참으로 공처럼 정밀하고 민첩한 사람이 아니라면 해낼 수 없는 일일 것으로 생각하였습니다.

저는 쇠약하고 노후한데 저같이 역량이 부족한190 사람에게 벼슬이 잘못 내려졌으니 이렇게 수많은 어려움이 산적한 때 어떻게 하면 죄를 면할 수 있을지 모르겠습니다. 요사이 저는 쇠약하고 병든 끝에 며느리들과 함께 모두 잘 지내고 있는 것을 그대

188 가우嘉祐 8년(1063, 57세)에 참지정사參知政事로 있을 때 보낸 편지이다.

189 인산因山으로 행역行役을 : 가우嘉祐 8년 3월에 인종仁宗이 승하하자 장례를 치르는 산릉山陵의 일에 나아갔다.

190 역량이 부족한 : 원문은 '器使'. 재주와 역량을 헤아려서 쓴다는 말이다. 《논어論語》 〈자로子路〉에 "군자는 섬기기는 쉬워도 달래기는 어려우며, 사람을 부리는데 있어서는 그릇의 정도에 따라 한다.[君子易事而難說也 及其使人也 則器之]"라고 하였다.

도 아실 것입니다.

【與吳正獻公】
여오정헌공

某頓首拜啓. 公私多故, 稍闕致問. 自因出[191]赴役, 事非素
모돈수배계 공사다고 초궐치문 자인출 부역 사비소

料, 每見奏削, 足知勞慮也. 亦承邇來頗有倫緒, 諒非精敏不
료 매견주삭 족지노려야 역승이래파유윤서 량비정민불

能濟也. 某以衰朽, 謬膺器使, 當此多艱, 未知何以免於罪
능제야 모이쇠후 류응기사 당차다간 미지하이면어죄

戾. 卽此衰病之餘, 與兒婦輩各安, 想知.
려 즉차쇠병지여 여아부배각안 상지

20-3. 【오정헌공吳正獻公에게 보내는 편지】[192]

구양수歐陽脩는 머리를 조아리고 말씀드립니다. 저는 시골 사람이라 은둔하고 지내는 것이 마땅하지만 공께서는 정사가 한창 바쁜 와중에도 오히려 제 생일[193]을 자세히 기억해주시고 후덕한 예물을 보내주시니 독실하게 보살펴 주시는 은혜에 감사와 두려운 마음이 교차합니다. 저는 쇠약하고 병들어 물러나 은둔하고[194] 있어서 인사에 혹 힘을 쓸 수가 없으니 벗께서 반드시

191 因出 : 다른 판본에는 '因山'으로 되어 있어, 수정하여 번역하였다.

192 희령熙寧 5년(1072, 66세)에 벼슬에서 물러나 영주潁州에 있을 때 보낸 편지이다.

193 제 생일 : 6월 21일이 구양수의 생일이다.

194 물러나 은둔하고 : 원문은 '退藏'. 정자程子가 《중용장구中庸章句》의 도道에 대하여 "펼쳐 놓으면 천지 사방에 가득 차고, 거두어들이면 물러가 은밀한 데에 감추어져서 그 의미가 무궁하니, 이는 다 진실한 학문이다.[放之則彌六合 卷之則退藏於密 其味無窮 皆實學也]"라고 한 데서 유래한다.

너그러이 용서해주십시오. 이렇게 만분의 일 이나마 감사의 말씀을 대신합니다.

【與吳正獻公】
여오정헌공

某頓首啓. 某田野之人, 自宜屛縮, 而況機政方繁, 猶蒙曲記
모돈수계 모전야지인 자의병축 이황기정방번 유몽곡기
其生日, 貺之厚禮, 仰佩眷意之篤, 感懼交竝. 某以衰病退
기생일 황지후례 앙패권의지독 감구교병 모이쇠병퇴
藏, 人事或不能勉力, 友親必賜寬恕, 謹此以代布謝之萬一.
장 인사혹불능면력 우친필사관서 근차이대포사지만일

21-1. 【오정숙공吳正肅公[195]에게 보내는 편지】[196]

구양수歐陽脩는 말씀드립니다. 휴가를 받은 지 여러 날이 되었는데 아직도 뵙지 못하니 더욱 목이 타게 그립습니다. 편지를 받고 남은 겨울에 안부가 좋으신 줄 알았습니다.

저는 쇠약하고 병든 몸을 스스로 이길 수가 없는데 왼쪽 팔이 아파 옷을 매고 홀을 꽂는 것조차 모두 할 수가 없어서 여러 공들께 간절히 말씀드려 사직을 청하려고 하는데,[197] 어느 겨를에 다

195 오정숙공吳正肅公 : '正肅'은 오규吳奎(1011~1068)의 시호이다. 자는 장문長文이다.

196 가우嘉祐 3년(1058, 52세)에 한림학사翰林學士로 있을 때 보낸 편지이다.

197 사직을 청하려고 하는데 : 원문은 '乞骸'. 걸해골乞骸骨의 준말로 사직을 청할 때 쓰는 말이다. 해골이 고향으로 돌아가 묻힐 수 있게 해 달라고 청하는 것으로, 나이 많은 신하가 벼슬을 내려놓고 그만두기를 임금에게 청원하는 것이다. 비슷한 말로 걸해골乞骸骨 · 걸귀乞歸 · 걸신乞身 · 걸퇴乞退 · 걸해乞骸 · 걸치사乞致仕 등이 있다.

시 바깥 논의가 어떠한지 돌아보겠습니까? 보내주신 편지를 받으니 감사합니다. 갑자기 일이 바빠 서둘러 쓰고 이만 줄입니다.

【與吳正肅公】
여오정숙공

某啓. 在告累日, 不獲瞻見, 尤所企渴. 辱教, 承餘寒體氣清
모계 재고누일 불획첨견 우소기갈 욕교 승여한체기청
佳. 衰病極不自勝, 左臂疼痛, 繫衣、搢笏皆不得, 懇告諸
가 쇠병극불자승 좌비동통 계의 진홀개부득 간고제
公, 幾乎乞骸也, 何暇復顧外論如何哉? 承見諭, 感仰感仰!
공 기호걸해야 하가부고외론여하재 승견유 감앙감앙
乍出事叢, 草草不悉.
사출사총 초초불실

21-2. 【오정숙공吳正肅公에게 보내는 편지】[198]

저는 병중에 지관知府에서 해직[199]되었다는 소식을 듣고서 마치 새장에서 풀려난 새와 같으니 친구들이 그 소식을 들으면 마땅히 저를 위해서 기뻐할 것입니다. 외직을 청한 지 다시 한 계절이 되어 식구들을 데리고 오르내리느라 거듭 수고로웠습니다.

며칠 안으로 거처가 정해져서 조금 안정이 되면 마침내 공을 따라 유람하겠습니다. 보잘것없는 시는 한 번 웃어주십시오.

【與吳正肅公】
여오정숙공

某病中聞得解府事, 如釋籠縛, 交朋聞之, 應亦爲愚喜也. 請
모병중문득해부사 여석농박 교붕문지 응역위우희야 청

---

198 가우嘉祐 4년(1059, 53세)에 개봉지주開封知州에서 물러난 뒤에 보낸 편지이다.
199 해직 : 이해 2월 구양수歐陽脩는 개봉지주開封知州에서 면직이 되었다.

外又須更作一節, 般挈上下, 重以爲勞. 數日卜居稍定, 遂得
외 우 수 갱 작 일 절 반 설 상 하 중 이 위 로 수 일 복 거 초 정 수 득

從公遊矣. 拙詩取笑.
종 공 유 의 졸 시 취 소

22-1. 【조강정공趙康靖公200에게 보내는 편지】201

구양수歐陽脩는 머리를 조아리고 말씀드립니다. 여러 날 동안 뵙지 못하였는데 존후尊候의 안부는 어떠하신지요?

저는 홍수가 나서 황급히 당서국唐書局202으로 이사를 했지만, 또 황성사皇城司203에서 쫓겨나는 바람에 온 식구들이 경황이 없어 어디로 가야 할지 모르다가, 다시 옛집으로 되돌아가고 싶었지만, 지붕 아래로 해가 들어와 밤에 뗏목 위에서 노숙을 하였습니다. 인생의 곤궁함이 한결같이 이 지경에 이르렀습니다. 종과 말을 있는 대로 빌려서 저의 식구들을 옮기려고 하니 부디 막지 마십시오.

【與趙康靖公】
여 조 강 정 공

某頓首拜啓. 累日阻拜見, 不審尊候何似? 某爲水所淹, 倉
모 돈 수 배 계 누 일 조 배 견 불 심 존 후 하 사 모 위 수 소 엄 창

200 조강정공趙康靖公 : '康靖'은 조개趙槪(996~1083)의 시호이다. 자는 숙평叔平이다. 참지정사參知政事 등을 지냈다.

201 지화至和 3년(1056, 50세)에 한림학사翰林學士로 있을 때 보낸 편지이다.

202 당서국唐書局 : 구양수歐陽脩는 이해에 당서唐書를 찬수하라는 명을 받았다. 그러므로 홍수를 피하여 창졸간에 집을 《당서唐書》를 찬수하는 곳으로 옮기고자 하였다.

203 황성사皇城司 : 송宋나라 때 궁중의 출입이나 제반 업무를 담당하던 금군관사禁軍官司의 이름이다.

皇中般家來唐書局, 又爲皇城司所逐, 一家惶惶, 不知所之,
황중반가래당서국 우위황성사소축 일가황황 부지소지
欲却且還舊居, 白日屋下, 夜間上筏子露宿. 人生之窮, 一至
욕각차환구거 백일옥하 야간상벌자노숙 인생지궁 일지
於此! 人馬隨多少, 借般賤累, 幸不阻.
어차 인마수다소 차반천루 행부조

22-2. 【조강정공趙康靖公에게 보내는 편지】[204]

저는 쇠약하고 병이 들어 물러나 은둔하고[205] 있어서 한동안 인사도 하지 못하였으니, 이치로 보아 이상할 것은 없지만 편지를 받지 못해 그리운 마음을 이길 수 없습니다. 여러 번 그대가 보내 준 편지와 새로 지은 화답 시를 보고서 대강이나마 근황을 알게 되었고, 대감의 안부가 좋으시다는 것을 알고는 기뻤습니다.

지난번 찾아주신다는 편지를 받고 비록 하루 종일 기다리면서도 끝내 홍겨운 마음이 일어[206] 감히 앉아서 맞이할 수가 없었습니다. 그러나 또 영주潁州를 그리워하는 간청이[207] 봄에 결정이

204 희령熙寧 3년(1070, 64세)에 청주지주青州知州로 있을 때 보낸 편지이다.

205 은둔하고 : 구양수歐陽脩는 이해 7월에 채주지주蔡州知州로 개차改差되었다. 이 편지는 청주青州에 있을 때 쓴 것으로 추정된다.

206 홍겨운 마음이 일어 : 원문은 '乘興'. 《세설신어世說新語》〈임탄任誕〉에, 산음山陰에 살던 왕휘지가 어느 겨울날 밤에 눈이 펑펑 내리자, 홍에 겨운 나머지 멀리 섬계剡溪에 살고 있는 친구 대규戴逵가 보고 싶어 밤새 배를 저어 그의 집 문 앞까지 찾아갔다. 그런데 정작 집 안으로 들어가지 않고 다시 발길을 돌려 되돌아왔다. 그 이유를 물어보니 "내 본디 홍이 나서 갔다가 홍이 다하여 돌아온 것이다.[吾本乘興而行 興盡而返]"라고 한 고사가 있다.

207 영주潁州를……간청이 : 희령熙寧 원년(1068, 62세)에 영주潁州에 집을 지었으니, 영주로 돌아가고 싶은 마음이 간절하였다.

나니, 그때 만약 제가 녹거鹿車[208]를 타고 문하에 나아가 뵙기를 간청하더라도 아직은 늦지 않을 것입니다. 서로 만나지 못하는 동안 따뜻한 봄 날씨에 언제나 위중衛重 하시기 바랍니다.

【與趙康靖公】
여 조 강 정 공

某衰病退藏, 人事曠廢, 理無足怪, 然亦不承問, 不勝傾馳.
모 쇠 병 퇴 장 인 사 광 폐 리 무 족 괴 연 역 불 승 문 불 승 경 치
屢得君貺書及見唱和新篇, 粗審動靜, 喜承台候萬福. 嚮嘗
누 득 군 황 서 급 견 창 화 신 편 조 심 동 정 희 승 태 후 만 복 향 상
辱許枉顧, 雖日企竚, 乃出於乘輿, 不敢坐邀. 然又思潁之
욕 허 왕 고 수 일 기 저 내 출 어 승 흥 불 감 좌 요 연 우 사 영 지
請, 決在此春, 若得自乘一鹿車造門求見, 亦未爲晩. 未間春
청 결 재 차 춘 약 득 자 승 일 록 거 조 문 구 견 역 미 위 만 미 간 춘
暖, 惟冀以時衛重.
난 유 기 이 시 위 중

23-1. 【여신공呂申公[209]에게 보내는 편지】[210]

구양수歐陽脩는 말씀드립니다. 동주東州[211]에서 은거[212]하면서

208 녹거鹿車 : 사슴 한 마리를 실을 만한 수레라는 뜻으로, 검소한 생활을 의미한다.

209 여신공呂申公 : 여공저呂公著(1018~1089)를 이른다. 자는 회숙晦叔이고, 시호는 정헌正獻이다. 중서시랑中書侍郎 등을 지냈고, 사마광司馬光과 친하였다. 신국공申國公으로 봉해져 '여신공呂申公'이라 불리었다. 저서로《정헌공집正獻公集》이 있다.

210 희령熙寧 3년(1070, 64세)에 청주青州에서 간청한 것이 이루어져 채주지주蔡州知州가 되어 남쪽으로 갈 때 보낸 편지이다.

211 동주東州 : 구양수歐陽脩는 희령熙寧 원년(1068에 병부상서兵部尙書로 옮겼다가 다시 청주지주青州知州 충경동동로안무사充京東東路按撫使에 임명이 되어 9월에 청주에 도착하였다.

오래도록 스스로 감추고 움츠리고 있는 데다 병의 고통으로 인사를 폐하여 마침내 문안 편지를 드리지 못하였습니다.

요사이 채주지주蔡州知州로 벼슬을 바꾸어 달라던[213] 간청이 이루어져 공께서 다스리는 고을로 길을 나섰다가, 경계에 도착해서 편지를 보내고, 남쪽 고을[214]에 도착하여 갑자기 편지를 받았으니 감사하고 부끄러운 마음을 어떻게 이루 다 말로 할 수 있겠습니까? 이어서 덕과 위엄으로 다스리는[215] 나머지에 잘 지내시는 줄 알았습니다.

저는 쇠약한 만년에 왕께서 정말로 병을 앓고 있다는 것을[216]을 믿어주시어 일을 피한다고 꾸짖지 아니하시고 저의 바람이 이루어졌으니 은혜가 간절함에서 나온 것인데, 감사한 마음이 어떠하겠습니까? 나머지는 이만 줄이고 모두 남겨두어 만나서 말씀드리겠습니다.

---

212 은거 : 원문은 '養拙'. 졸렬함을 기른다는 말로, 자신의 재능을 감추고 한가로이 사는 것으로, 은거하여 벼슬길에 나아가지 않음을 뜻한다. 진晉나라 반악潘岳의 〈한거부閑居賦〉에 "온갖 묘한 이치를 누르고 생각을 끊어 마침내 한가로이 노닐며 졸렬함을 기른다.[抑衆妙而絶思 終優游以養拙]"라고 하였다.

213 채주지주蔡州知州로……달라던 : 원문은 '淮西'. 회서는 채주蔡州이다. 구양수歐陽脩는 이해 7월에 채주지주蔡州知州로 벼슬이 바뀌었다.

214 남쪽 고을 : 원문은 '南郡'. 남도南都로 응천부應天府를 이른다.

215 덕과 위엄으로 다스리는 : 원문은 '坐鎭'. 가만히 앉아서 덕과 위엄으로 사람들을 복종시킨다는 말이다.

216 정말로……것을 : 원문은 '實病'. 핑계가 아니라 실제로 병을 앓는 것을 말한다. 주로 벼슬을 사양할 때 병을 핑계 대는 경우가 많았으므로 그런 오해를 피하기 위해 강조한 말로 보인다.

【與呂申公】
여 여 신 공

某啓. 養拙東州, 久自藏縮, 加之病苦廢事, 遂闕拜問. 比者
모 계 양 졸 동 주 구 자 장 축 가 지 병 고 폐 사 수 궐 배 문 비 자

得請淮西, 道出治下, 方俟及疆奉狀, 行次南郡, 遽辱賜敎,
득 청 회 서 도 출 치 하 방 사 급 강 봉 장 행 차 남 군 거 욕 사 교

其爲感愧, 何可勝言. 仍審坐鎭之餘, 動履多福. 某衰晩之
기 위 감 괴 하 가 승 언 잉 심 좌 진 지 여 동 리 다 복 모 쇠 만 지

年, 蒙上信其實病, 不以避事爲責, 而從其所欲, 恩出萬幸,
년 몽 상 신 기 실 병 불 이 피 사 위 책 이 종 기 소 욕 은 출 만 행

何感如之! 餘不復云, 皆留面布.
하 감 여 지 여 불 부 운 개 유 면 포

23-2. 【여신공呂申公에게 보내는 편지】217

구양수歐陽脩는 말씀드립니다. 맑고 흐린 날씨가 늘 변하는데 안부는 어떠하신지요? 지난 4월 보름에 풍성한 향기로운 꽃을 한 번 감상했었는데 이윽고 지고 말았습니다. 옛사람이 “네 가지 즐거움은 함께하기 어렵다”218 하였는데 정말로 그렇습니다.

13일에 당신의 수레가 찾아와주시기를 바랍니다. 초당이 겨우 완성되었으니 한번 오셔서 빛내주시기를 바랍니다. 이 정도로만 말씀드리고 나머지는 남겨두어 만나서 말씀드리겠습니다.

217 희령熙寧 5년(1072, 66세)에 벼슬에서 물러나 영주穎州에 있을 때 보낸 편지이다.

218 네 가지……어렵다 : 남조南朝 사령운謝靈運의 〈의위태자업중집시서擬魏太子鄴中集詩序〉에 “천하에 좋은 날, 아름다운 경치, 기쁜 마음, 즐거운 일 이 네 가지는 함께 갖추기 어렵다.[天下良辰 美景 賞心 樂事 四者難幷]”라고 하였다.

【與呂申公】
여여신공

某啓. 晴陰不常, 不審動履何似? 前日四望, 一賞群芳之盛,
모계 청음불상 불심동리하사 전일사망 일상군방지성

已而遂雨. 古人謂: "四落難竝", 信矣. 十三日欲枉軒騎顧訪.
이이수우 고인위 사락난병 신의 십삼일욕왕헌기고방

蓋以草堂僅成, 幸一光飾之爾. 謹此咨布, 餘留面舒.
개이초당근성 행일광식지이 근차자포 여유면서

24. 【정원진丁元珍[219]에게 보내는 편지】[220]

그대가 외지에 침체되어 있으니[221] 친구로서 마땅히 힘을 다하여야 하는데도 처음부터 묵묵히 아무것도 하지 않고 편지로도 때때로 간절한 뜻을 전하지 못하니 부끄럽고 죄스러움을 말할 필요가 없습니다.

저는 조정의 은혜를 입어 급사중給事中으로 돌아가게[222] 되었는데 비록 조금 조용하고 한적한 자리인데도 바쁘게 날을 보내고 있으나 공사 간에는 아무런 보탬도 되지 못합니다. 이는 경사京師에 있는 사람들의 일상적인 바쁜 모습입니다. 다행히 아주

219 정원진丁元珍 : '元珍'은 정보신丁寶臣(1010~1067)의 자이다. 북송의 관리이자 시인으로 진릉晉陵, 쌍계방雙桂坊 사람이다.

220 가우嘉祐 4년(1059, 53세)에 한림학사翰林學士로 있을 때 보낸 편지이다.

221 외지에 침체되어 있으니 : 당시 정원진丁元珍은 협주판관峽州判官으로 있었다.

222 급사중給事中으로 돌아가게 : 원문은 '歸院'. 구양수歐陽脩는 이해 2월에 개봉지주開封知州에서 면직되어 급사중給事中에 벼슬이 바뀌었다. 급사중은 문하성門下省에 속한 요직으로서, 정령政令의 잘못을 바로잡는 역할을 하였다.

어리석지는 않아서 자못 여기서 벗어나 멀리 달아날 줄은 알면서도 일을 마침내 떨쳐버릴 수가 없습니다. 옛사람이 이른바 '마음대로 하지 못하는 자가 열에 여덟, 아홉이다.'라고 한 것이 이와 비슷합니다.

올해는 정시廷試를 통해 훌륭한 인재를 얻었으니 나라 안팎으로 함께 경사스러워 할 만합니다. 더구나 그대의 훌륭한 사위[223]에게 있어 어찌 오래도록 적체되었던 가운데 하나의 기쁜 일이 아니겠습니까? 지금 호추관胡推官[224]을 통해 편지를 드립니다. 차례대로 육군陸君이 길을 떠나니 작별하면서 간절한 마음을 폅니다.

【與丁元珍】
여 정 원 진

元珍淹屈于外, 交遊所宜出力, 旣黙無所爲, 而至於書問, 亦
원 진 엄 굴 우 외 교 유 소 의 출 력 기 묵 무 소 위 이 지 어 서 문 역

不能時致其勤, 其爲慚罪, 不待言矣. 某自蒙恩歸院, 雖稍清
불 능 시 치 기 근 기 위 참 죄 부 대 언 의 모 자 몽 은 귀 원 수 초 청

閑, 而忽忽度日, 公私無所益, 此處京師者, 汩汩之常態也.
한 이 홀 홀 도 일 공 사 무 소 익 차 처 경 사 자 골 골 지 상 태 야

幸非甚愚, 頗知脫此而遠去, 然事有不得遂去者, 古人所謂;
행 비 심 우 파 지 탈 차 이 원 거 연 사 유 부 득 수 거 자 고 인 소 위

"不如意十常八九者", 殆此類也. 今歲廷試, 得人之盛, 中外
불 여 의 십 상 팔 구 자 태 차 류 야 금 세 정 시 득 인 지 성 중 외

共慶, 況在佳婿, 此豈非久滯中一可喜事哉? 今因胡推官行,
공 경 황 재 가 서 차 기 비 구 체 중 일 가 희 사 재 금 인 호 추 관 행

223 그대의 훌륭한 사위 : 원문은 '佳壻'. 정원진丁元珍의 사위를 말하는데, 그가 오랫동안 외직에 적체되어 있다가 과거에 급제하였다는 소식을 듣고 하는 말이다.

224 호추관胡推官 : 호종유胡宗愈(1029~1094)를 이른다. 자는 완부完夫이다.

謹奉狀. 相次陸君行, 當別布懇.
근봉장 상차륙군행 당별포간

25-1. 【상대제常待制[225]에게 보내는 편지】[226]

구양수歐陽脩는 말씀드립니다. 인편이 드물어 오랫동안 편지가 소원했습니다. 겨울을 지내며 공께서 잘 지내시리라 생각합니다.

저는 쇠약하고 병든 모습이 예나 마찬가지라서 이미 두 번이나 수주壽州로 보내줄 것을 간청하였습니다. 조만간 서쪽으로 돌아가라[227]는 명이 있다면 점차 휴식을 도모하여, 반드시 뒷골목에서 복건幅巾을 얻어 장자長子의 유람을 뒤쫓아 평소의 바람을 이루고야 말겠습니다. 언제나 도를 위하여 몸을 아끼시길 바랍니다.

【與常待制】
여상대제

某啓. 少便, 久疏致問. 經寒, 仰惟德履多福. 某衰病如昨,
모계 소편 구소치문 경한 앙유덕리다복 모쇠병여작

已再請壽陽. 旦夕有命西歸, 漸謀休息, 必得幅巾衡巷, 以從
이재청수양 단석유명서귀 점모휴식 필득폭건형항 이종

長者之遊, 償其素願, 然後已也. 未間, 惟爲道自愛.
장자지유 상기소원 연후이야 미간 유위도자애

225 상대제常待制 : 상질常秩(1019~1077)를 이른다. 자는 이보夷甫이고 경학에 통달하였다. 보문각대제寶文閣待制를 지냈다.

226 희령熙寧 원년(1068, 62세)에 청주지주青州知州로 있을 때 보낸 편지이다.

227 서쪽으로 돌아가라 : 원문은 '西歸'. 구양수歐陽脩는 당시 청주지주青州知州를 맡고 있었으며, 수주壽州는 서쪽에 있었다.

25-2. 【상대제常待制에게 보내는 편지】[228]

구양수歐陽脩는 말씀드립니다. 청주靑州 관서에 도착한 지 어느새 벌써 다시 섣달이 되었는데[229] 늙고 병들고 게을러 문안 편지조차 드리지 못하였습니다. 눈이 오고 나서 날씨가 맑고 차가운데 잘 지내시는지요?

저는 다행히 궁벽한 곳에 있으면서 일이 간소하여 졸렬함을 기르기에 적합하여, 돌아가고 싶은 마음 간절하면서도 오히려 조금 주저하고 있습니다. 만나서 정담을 나눌 기약조차 없으니 추운 겨울에 더욱 몸을 아끼시길 바랍니다.

【與常待制】
여상대제

某啓. 到官忽忽, 已復窮冬, 老病疏慵, 闕於致問. 雪候清冽,
모계 도관홀홀 이부궁동 노병소용 궐어치문 설후청렬

體況想佳. 某幸居僻事簡, 足以養拙, 歸心雖切, 尚少般桓.
체황상가 모행거벽사간 족이양졸 귀심수절 상소반환

款悟未期, 深寒加愛.
관오미기 심한가애

26. 【육신陸伸[230]에게 답하는 편지】[231]

구양수歐陽脩는 말씀드립니다. 인편이 와서 보내신 장문의 편

228 희령熙寧 원년(1068, 62세)에 청주지주靑州知州로 있을 때 보낸 편지이다.

229 어느새……되었는데 : 구양수歐陽脩가 이해 8월에 청주지주靑州知州가 되어 9월에 청주에 도착하여 '어느덧 겨울이 되었다'고 말한 것이다.

230 육신陸伸(?~?) : 구양수歐陽脩의 문인으로, 미상이다.

231 가우嘉祐 연간(1056~1063, 50세~57세)에 한림학사翰林學士로 있을 때 보낸 편지이다.

지와 〈고금잡문古今雜文〉 10축을 받아보았습니다. 육경의 뜻을 깊이 궁구하고 당세의 급선무를 간절히 연구하여 변론과 문사文辭의 사이에 참여하니, 마치 제방이 터지고 도랑이 무너지는 것처럼 아득히 끝없이 쏟아지고 준마를 타고 힘차게 내달리는 것 같았습니다. 그렇다면 그대의 능한 것으로 자신의 마음을 쓰는 데 참여하리란 것은 만나지 않아도 알 수 있습니다.

저는 쇠약하고 병들어 학문을 그만두고 있어 어려움이 많은 때 늘 한가한 곳에 벼슬을 얻기를 바라면서 자신을 포기하기를 즐겼습니다. 그러나 그대만은 홀로 저를 포기하지 않으시고 은혜롭게 저에게 편지를 보내주시니 어떻게 감당하겠습니까? 기쁨과 사모함, 그리고 감사함과 부끄러운 마음에 이렇게 답장을 드리니 부디 저의 간절한 마음을 살펴주십시오.

【答陸伸】
답 육 신

某啓. 人至, 辱示長書及〈古今雜文〉十軸. 其研窮六經之旨,
모 계 인 지 욕 시 장 서 급 고 금 잡 문 십 축 기 연 궁 육 경 지 지

究切當世之務, 與其辨論文辭之際, 如決壅塞, 辟通渠, 以瀉
구 절 당 세 지 무 여 기 변 론 문 사 지 제 여 결 옹 색 벽 통 거 이 사

浩渺之無窮, 御駔駿而馳騁. 然則吾子之所能, 與其所用心
호 묘 지 무 궁 어 장 준 이 치 빙 연 즉 오 자 지 소 능 여 기 소 용 심

者, 不待相見而可知矣. 某衰病廢學, 多難於時, 常幸得空閑
자 부 대 상 견 이 가 지 의 모 쇠 병 폐 학 다 난 어 시 상 행 득 공 한

之處, 苟樂於自棄. 而吾子獨不棄之, 惠然見及, 何以當之?
지 처 구 락 어 자 기 이 오 자 독 불 기 지 혜 연 견 급 하 이 당 지

欣慕感愧, 聊茲爲謝, 幸察其區區.
흔 모 감 괴 료 자 위 사 행 찰 기 구 구

27. 【이학사李學士[232]에게 보내는 편지】[233]

구양수歐陽脩는 말씀드립니다. 국상을 당하고[234] 나서 마음이 쇠약하고 무너져 거의 살 수가 없었습니다. 사모하는 마음에 애통하고 울부짖으며 어떻게 견디시는지요?

멀리서 위문의 편지를 받으니 감격스러워 목이 메는 마음을 어떻게 이길 수 있겠습니까? 외롭고 졸렬한 제가 우연히 옛날 안도安道[235]와 함께 그대를 뵈었습니다. 그러나 지금은 이렇게 쇠약하고 늙어서 재주는 없는데 책임은 무거워서 죽을 바를 모르겠으니 어떻게 보답을 논하겠습니까? 가을을 향해가는 이때, 언제나 더욱 몸을 아끼시길 바랍니다.

【與李學士】
여이학사

某啓. 自遭罹國恤, 衰摧殆無以生. 伏惟感慕攀號, 何以堪
모계 자조리국휼 쇠최태무이생 복유감모반호 하이감

處. 伏承遠賜存慰, 豈勝感咽. 孤拙遭遇, 昔與安道, 皆奉清
처 복승원사존위 기승감인 고졸조우 석여안도 개봉청

光. 今茲衰晚, 才薄責重, 未知死所, 何以論報? 嚮秋, 更冀
광 금자쇠만 재박책중 미지사소 하이논보 향추 갱기

以時加愛.
이시가애

232 이학사李學士(?~?) : 미상이다.

233 가우嘉祐 8년(1063, 57세)에 참지정사參知政事로 있을 때 보낸 편지이다.

234 국상을 당하고 : 이해 3월 복녕전福寧殿에서 인종仁宗의 승하하였다.

235 안도安道 : 장방평張方平(1007~1091)의 자이다. 호는 낙전거사樂全居士이다.

※ 구양수歐陽脩 연보

북송北宋 진종眞宗, 968~1022	
1007년景德 4년 / 1세	6월 21일, 면주綿州(지금의 사천성 면양綿陽)에서 출생함. 자는 영숙永叔.
1010년 대중상부大中祥符 3년 / 4세	부친 구양관歐陽觀이 태주泰州에서 사망. 모친 정鄭씨와 함께 수주隨州로 가서 숙부 구양엽歐陽曄에게 의탁함. 모친은 띠풀로 땅에 그려 구양수에게 글자를 기르침. 시문詩文을 학습하기 시작함.
1016년 대중상부大中祥符 9년 / 10세	집안이 가난하여 책을 빌려서 베껴 암송함. 《창려선생문집昌黎先生文集》잔본殘本 6권을 빌려 읽고 심후웅박深厚雄博함에 감탄하여 시문을 버리고 고문古文창작을 결심함.
인종仁宗, 1022~1063	
1023년 천성天聖 원년 / 17세	수주隨州의 과거에 응시하였으나 낙방함.
1027년 천성天聖 5년 / 21세	예부시禮部試에 응시하였으나 낙방함.
1029년 천성天聖 7년 / 23세	국자감國子監 시험에서 수석을 합격함. 광문관廣文館 학생이 됨. 국학해시國學解試에서도 수석을 차지함.
1030년 천성天聖 9년 / 24세	1월, 예부시禮部試에서 수석을 차지함. 숭정전崇政殿 어시御試에 갑과甲科 14등을 차지함. 장시랑將仕郎, 시비서성교서랑試秘書省校書郎, 서경유수추관西京留守推官이 됨.
1031년 천성天聖 9년, 명도明道 원년 / 25세	3월, 낙양洛陽으로 감. 윤수尹洙·매요신梅堯臣 등과 고문古文과 시를 지으며 문단에 이름을 알림. 스승 서언胥偃의 딸과 혼임함.
2032년 명도明道 원년 / 26세	서경유수추관西京留守推官.
1033년 명도明道 2년 / 27세	공무로 개봉開封으로 갔다가 오는 길에 수주隨州에 들러 숙부 구양엽을 만남. 3월, 낙양으로 돌아오니 부인 서胥씨가 출산 후유증으로 17세의 나이로 사망함. 서경유수추관西京留守推官을 지냄. 승봉랑承奉郎으로 승진함.

1034년 경우景祐 원년 / 28세	종8품 선덕랑宣德郎을 진급. 3월, 낙양에서 임기가 만료되어 양성襄城으로 돌아감. 시대리평사試大理評事 겸 감찰어사監察御使를 제수 받아 진남군절도장서기鎭南軍節度掌書記·관각교감館閣校勘을 맡음. 간의대부諫議大夫 양대아楊大雅의 딸과 혼인. 아내 양씨가 이듬해 9월 사망함.
1036년 경우景祐 3년 / 30세	각관교감館閣校勘. 범중엄范仲淹이 재상 여이간呂夷簡과 마찰로 요주지주饒州知州로 좌천되자, 사간司諫 고약눌高若訥에게 서신을 보내 불의를 보고 간하지 않는다고 질책함. 이릉령夷陵令으로 좌천됨.
1037년 경우景祐 4년 / 31세	설규薛奎의 딸과 세 번째 혼인함. 광화군光化軍 건덕령乾德令으로 전임됨.
1039년 원보寶元 2년 / 33세	건덕현령乾德縣令.
1040년 보원寶元 3년 / 34세	3월, 건덕乾德에 부임함. 섬서안무사陝西按撫使 범중엄范仲淹의 장서기掌書記 제의를 거절함. 6월, 다시 관각교감館閣校勘을 맡아 《숭문총목崇文總目》을 편수함. 태자중윤太子中允으로 전임됨. 장남 발發 출생함.
1041년 경력慶曆 원년 / 35세	《숭문총목崇文總目》 완성 후 집현교리集賢校理로 전임됨. 관각교감館閣校勘·권동지태상례원權同知太常禮院.
1042년 경력慶曆 2년 / 36세	4월, 지례원知禮院이 되어 글을 올려 당시의 폐단을 간한 후 외임을 자청하여 활주통판滑州通判으로 옮김.
1043년 경력慶曆 3년 / 37세	4월, 안주晏殊의 추천으로 활주에서 개봉으로 들어와 태상승太常丞·지간원知諫院으로 전임됨. 우정언지제고右正言知制誥로서 간관諫官의 직무를 수행함.
1044년 경력慶曆 4년 / 38세	용도각직학사龍圖閣直學士·하북도전운안찰사河北道轉運按察使에 제수됨. 11월, 조산대부朝散大夫로 승진하고 신도현개국자信道縣開國子에 봉해져 식읍 5백호를 하사받음.
1045년 경력慶曆 5년 / 39세	범중엄范仲淹·부필富弼·한기韓琦 등이 붕당을 조성한다는 명목으로 파직되어 귀양 가자 그는 《붕당론朋黨論》을 쓰는 등 그들을 변론함. 반대파에 의해 누이의 딸 장씨張氏와 애매한 관계가 있다는 누명을 쓰고 저주지주滁州知州로 좌천됨. 차남 혁奕 출생함.

1046년 경력慶曆 6년 / 40세	저주지주滁州知州로 재임됨. 자신을 취옹醉翁이라 일컬음.
1047년 경력慶曆 7년 / 41세	저주지주滁州知州. 12월, 사면되어 상기도위上騎都尉가 되었고 개국백開國伯에 봉해져 식읍 3백호를 더함. 3남 배裵 출생함.
1048년 경력慶曆 8년 / 42세	기거사인起居舍人을 전임됨. 지제고知制誥로 양주지주楊州知州로 전임됨.
1049년 황우皇祐 원년 / 43세	1월, 안질로 고생함. 영주지주潁州知州로 전임됨. 서호西湖의 경치를 보고 은퇴 후 이곳에서 은거하기로 생각함. 4월, 예부랑중禮部郎中으로 전임됨. 8월, 용도각직학사龍圖閣直學士로 복직됨.
1050년 황우皇祐 2년 / 44세	7월, 응천부지주應天府知州를 거쳐 10월에 이부낭중吏部郎中으로 전임됨. 경거도위輕車都尉가 더해짐.
1051년 황우皇祐 3년 / 45세	응천부지주應天府知州
1052년 황우皇祐 4년 / 46세	모친 정씨鄭氏 사망함.
1053년 황우皇祐 5년 / 47세	모친을 길주吉州 농강瀧岡에 장사지내고 영주潁州로 귀환함.
1054년 황우皇祐 6년, 지화至和 원년 / 48세	동주지주同州知州를 거쳐 9월에 한림학사翰林學士 겸 사관수찬史館修撰이 더해짐. 《신당서新唐書》를 편수함.
1055년 지화至和 2년 / 49세	채주지주蔡州知州 · 우간의대부右諫議大夫에 임명됨. 한림학사翰林學士.
1056년 지화至和 3년, 가우嘉祐 원년 / 50세	낙안군개국후樂安郡開國侯에 임명됨.
1057년 가우嘉祐 2년 / 51세	권지예부공거權知禮部貢擧 · 예부시랑禮部侍郎 · 삼반원三班院 판관에 임명됨. 한림학사翰林學士.
1058년 가우嘉祐 3년 / 52세	한림학사翰林學士 · 용도각직학사龍圖閣直學士 · 개봉부지주開封府知州에 임명됨.
1059년 가우嘉祐 4년 / 53세	급사중給事中 · 호군護軍 봉호를 얻음. 한림학사翰林學士 · 추밀부사樞密副使.
1060년 가우嘉祐 5년 / 54세	《신당서新唐書》를 진상함. 예부시랑禮部侍郎 겸 한림학사兼翰林學士 · 추밀부사樞密副使에 임명됨.

1060년 가우嘉祐 6년 / 55세	호부시랑참지정사戶部侍郎參知政事·개국공開國公·추밀부사樞密副使에 임명됨.
1062년 가우嘉祐 7년 / 56세	참지정사參知政事·정봉대부正奉大夫·주국공柱國公에 임명됨.
1063년 가우嘉祐 8년 / 57세	추밀부사樞密副使·참지정사參知政事·호부시랑戶部侍郎·금자광록대부金紫光祿大夫에 임명됨.
영종英宗, 1064~1067	
1064년 치평治平 원년 / 58세	참지정사參知政事. 이부시랑吏部侍郎으로 전임.
1065년 치평治平 2년 / 59세	임갈증淋渴症으로 외직을 청하였으나 윤허 받지 못함. 《태상인혁례太常因革禮》편찬함.
1066년 치평治平 3년 / 60세	참지정사參知政事. 사직을 청하였으나 윤허 받지 못함.
1067년 치평治平 4년 / 61세	참지정사參知政事·관문전학사觀文殿學士·형부상서刑部尙書·박주지주亳州知州에 임명됨.
신종神宗, 1067~1085	
1068년 희녕熙寧 원년 / 62세	은퇴를 청하였으나 윤허 받지 못함. 병부상서兵部尙書·청주지주靑州知州에 임명됨.
1069년 희녕熙寧 2년 / 63세	청주지주靑州知州에 재임됨.
1070년 희녕熙寧 3년 / 64세	채주지주蔡州知州에 재임됨. 호를 육일거사六一居士로 고침.
1071년 희녕熙寧 4년 / 65세	6월, 관문전학사觀文殿學士·태자소사太子少師로 은퇴함. 채주지주蔡州知州. 영주潁州로 귀환함.
1072년 희녕熙寧 5년 / 66세	7월, 아들 발發 등과 함께 《거사집居士集》을 정리함. 같은 달 영주潁州의 사저에서 사망함. 태자태사太子太師로 추서됨.

구소수간
歐蘇手簡
제3권

1-1. 【사마온공司馬溫公[1]에게 보내는 편지】[2]

봄이 와서 경인景仁[3] 어른이 낙양에서 돌아와 거듭 편지와 함께 훌륭한 〈초연超然[4]〉 시를 보내주시니 여러 날 기뻤습니다. 이윽고 경사京師를 떠나느라 겨를이 없었다가 근래 서주徐州 부임지에 도착하니 모든 부분이 어지럽게 뒤엉겨있어 한동안 답장을 보내지 못해 송구하고 부끄러운 마음 그지없습니다.

요사이 대감의 안부는 어떠하신지요? 저는 염치없이 구차히 녹만 먹으며 자리를 차지하고 있으니 마음속으로 당신께 매우 부끄럽습니다. 만날 기약이 끝이 없으니 오직 나라를 위하여 자중하시기를 바라며, 삼가 문안 편지를 올립니다.

【與司馬溫公】
여사마온공

春來, 景仁丈自洛還, 復辱賜教, 副以〈超然〉雄篇, 喜忭累
춘래 경인장자낙환 부욕사교 부이 초연 웅편 희변누

日. 尋以出京無暇, 比到官, 隨分紛糾, 久稽裁謝, 悚怍無已.
일 심이출경무가 비도관 수분분규 구계재사 송작무이

---

1 사마온공司馬溫公 : 사마광司馬光(1019~1086)을 이른다. 자는 군실君實이고, 호는 속수선생涑水先生이며 시호는 문정文正이다. 죽은 뒤 온국공溫國公에 봉해져 '사마온공司馬溫公'이라고도 불린다. 재상이 된 후 구법당舊法黨의 영수로서 왕안석王安石의 신법당新法黨과 대립하였다. 저서로는 《자치통감資治通鑑》 등이 있다.

2 희령熙寧 10년(1077, 42세) 서주지주徐州知州 재임 시에 보낸 편지이다.

3 경인景仁 : 범진范鎭(1007~108)의 자이다. 인종仁宗 때 지간원知諫院을 거쳐 한림학사翰林學士가 되고, 평생 동안 사마광司馬光과 의기가 서로 합하였고 소식蘇軾과도 교유하였다. 저서로 《동재기사東齋記事》 등이 있다.

4 초연超然 : 《동파전집東坡全集》 9권에 실린 〈재과초연대再過超然臺〉 시詩를 이른다.

比日不審台候何如? 某强顔苟祿忝竊, 中所愧於左右者多
비일불심태후하여 모강안구록첨절 중소괴어좌우자다

矣. 未涯瞻奉, 惟冀爲國自重. 謹奉啓問.
의 미애첨봉 유기위국자중 근봉계문

1-2. 【사마온공司馬溫公에게 보내는 편지】[5]

소식蘇軾[6]은 다시 아룁니다. 〈초연超然〉 시를 보잘것없는 저에게 부쳐주시니 영광스러울 뿐만 아니라, 마침내 동쪽의 비루한 고을로 하여금 영원히 사라지지 않을 훌륭한 일이 되도록 한 것이지만 저를 허여하신 것이 너무 지나치십니다. 오래도록 공의 새로운 글을 보지 못하다가 홀연히 〈독락원기獨樂園記[7]〉를 받고 끝없이 음미하였습니다. 그러다가 문득 자신을 헤아려보지도 못하고 시 한 수[8]를 지었으니 당신의 웃음만 터트리게 할 뿐입니다.

제가 부임하고 있는 팽성彭城[9]은 산수가 아름다워 강호에서

5 희령熙寧 10년(1077, 42세) 서주지주徐州知州 재임 시에 보낸 편지이다.

6 소식蘇軾(1036~1101) : 자는 자첨子瞻이고, 호는 동파東坡이며, 시호는 문충文忠이다. 아버지 소순蘇洵, 아우 소철蘇轍과 함께 '삼소三蘇'로 일컬어졌으며, 이들은 모두 당송팔대가唐宋八大家에 속한다. 저서로 《동파전집東坡全集》이 있다.

7 독락원기獨樂園記 : 사마광司馬光은 벼슬에 나가지 않고 낙양洛陽에 살면서 국자감國子監 옆에 독락원獨樂園이라는 정원을 짓고, 스스로 한가로이 물러나 지내는 즐거움을 적은 글이다.

8 시 한수 : 사마온공司馬溫公이 〈독락원기獨樂園記〉를 보내주며 부탁한 것에 대한 답으로 "청산은 지붕 위에 우뚝 솟아 있고 흐르는 강물은 지붕 밑으로 유유히 흐르는데, 그사이엔 조그마한 정원이 있도다.……[靑山在屋上 流水在屋下 中有五畝園……]"라는 시를 지어서 보냈다.

9 팽성彭城 : 지금의 강소성江蘇省 동산현銅山縣에 있는 곳으로 당시 소식蘇軾

물고기와 게를 짝하고 지내고 있으며 송사도 거의 없고 도적이 적어서 저의 졸렬한 솜씨를 감추기에 매우 좋습니다. 다만 벗들은 멀리 있고 아우 소철蘇轍이 머지않아 임지로 나아갈 것이니 더욱 쓸쓸합니다.

【與司馬溫公】
여사마온공

某再啓. 〈超然〉之作, 不惟不肖附託以爲寵, 遂使東方陋州,
모재계 초연 지작 불유불초부탁이위총 수사동방누주

爲不朽之盛獎事, 然所以與則過矣. 久不見公新文, 忽領〈獨
위불후지성장사 연소이여즉과의 구불견공신문 홀영 독

樂園記〉, 誦味不已. 輒不自揆, 作一詩, 聊發一笑耳. 彭城
락원기 송미불이 첩불자규 작일시 료발일소이 팽성

佳山水, 魚蟹侔江湖, 爭訟寂然, 盜賊衰少, 聊可藏拙. 但朋
가산수 어해모강호 쟁송적연 도적쇠소 료가장졸 단붕

遊闊遠, 舍弟非久赴任, 益岑寂也. 靑山在屋上.
유활원 사제비구부임 익잠적야 청산재옥상

1-3. 【사마온공司馬溫公에게 보내는 편지】[10]

궁벽한 곳[11]의 귀양살이가 마치 우물 속 개구리와 같아 경사京師의 소식은 도무지 듣지 못하고 있습니다. 요즈음 안부는 어떠하신지요? 제가 어리석어 죄를 얻은 것은 스스로 재앙을 불러온 것이니 말할 것이 없습니다. 다만 여파가 그대에게 미쳤으니 자

의 부임지인 서주徐州 지역이다.

10 원풍元豐 4년(1081, 46세) 황주黃州 유배 시에 보낸 편지이다.

11 궁벽한 곳 : 1081년(46세)에 왕안석王安石의 신법新法을 반대하다가 황주黃州로 갔다. 당시 그가 유배 간 동쪽 언덕을 동파東坡라고 이름 지어 농사를 지으며 생활하면서 동파거사東坡居士라는 별칭이 생겼다.

못 한스러움이 매우 깊습니다. 비록 당신의 고아한 풍모와 훌륭한 법도가 이렇게 자질구레한 일로 더럽혀지지는 않겠지만 제가 그 일을 생각하면 등에 가시를 진 것처럼 마음이 불편할 뿐만이 아닙니다.

우거하는 곳이 강과 열 걸음도 떨어지지 않아 바람과 파도와 안개와 운무가 아침저녁으로 변화무쌍하여 강남의 여러 산이 안석 아래에 펼쳐져 있으니 이것은 다행히 과거에는 있지 않던 일입니다. 비록 가난한 근심은 있을지라도 바라는 것은 초라한 옷과 거친 음식[12]에 불과합니다. 뵙고 정담을 나눌 기약이 없으니 편지에 마주하니 정신만 멍합니다. 언제나 더욱 조섭 하시고 몸을 잘 보호하시기를 바랍니다.

【與司馬溫公】
여사마온공

謫居窮僻, 如在井底, 杳不知京洛之耗, 不審邇日寢食何如?
적거궁벽 여재정저 묘부지경락지모 불심이일침식하여
某以愚昧獲罪, 咎自己招, 無足言者. 但波及左右, 爲恨殊
모이우매획죄 구자기초 무족언자 단파급좌우 위한수
深. 雖高風偉度, 非此細故所能塵垢, 然某思之, 不啻芒背
심 수고풍위도 비차세고소능진구 연모사지 불시망배
爾. 寓居去江無十步, 風濤煙雲, 曉夕百變, 江南諸山在几席
이 우거거강무십보 풍도연운 효석백변 강남제산재궤석
下, 此幸未始有也. 雖有窘乏之憂, 願亦布褐藜藿而已. 瞻晤
하 차행미시유야 수유군핍지우 원역포갈여곽이이 첨오
無期, 臨書惘然. 伏乞以時善加調護.
무기 임서망연 복걸이시선가조호

---

12 포갈여곽布褐藜藿 : 가난한 사람의 초라한 옷과 거친 음식을 의미하는데, 소동파蘇東坡의 소박한 바람을 엿볼 수 있다. 오늘날 흔히 알려진 돼지고기 요리인 동파육東坡肉이 그가 황주黃州 유배 당시 개발한 요리다.

2-1. 【이방숙李方叔[13]에게 보내는 편지】[14]

소식蘇軾은 말씀드립니다. 오래도록 문안 편지를 올리지 못해 부끄럽습니다. 우편을 통해 편지를 받고 보니 위로하고 격려하시는 마음이 두터우니 저같이 보잘것없는 사람이 어떻게 이렇게나 당신께 간절히 잊지 못하는 마음이 들도록 했는지요? 요사이 안부는 어떠하신지요?

올해는 더위의 독기가 평년보다 열 배나 더한 데다 밤낮으로 멈추지 않고 내리는 비가 열흘 남짓 되니 문밖에는 물과 하늘이 서로 맞붙었었습니다. 지금은 이미 비가 그치고 날이 개기는 했으나 아래로는 물에 잠기고 위로는 찌는 듯 무더워서 병든 저는 숨만 헐떡일 뿐입니다.

그대는 문을 닫고 저술하는 것으로 자신의 즐거움으로 삼고 있고, 간간이 여러 영재들과 시를 주고받으며 이야기를 나눌 것으로 생각하니 그저 부러울 만합니다. 어느 때나 만날 수 있으려는지요? 오직 매우 자중하시기를 바라며 이만 줄입니다.

【與李方叔】
여 이 방 숙

某啓. 久不奉書問爲愧, 遞中辱手書, 勞勉亦厚, 無狀何以致
모계 구불봉서문위괴 체중욕수서 노면역후 무상하이치

足下拳拳之不忘如此? 比日起居何如? 今歲暑毒十倍尋常
족하권권지불망여차 비일기거하여 금세서독십배심상

---

13 이방숙李方叔 : '方叔'은 이치李廌(1059~1109)의 자이다. 호는 덕우재德隅齋이며, 벼슬에 뜻이 없었다. 저서로 《사우담기師友談記》 등이 있다.

14 원풍元豐 4년(1081, 46세) 황주黃州 유배 시에 보낸 편지이다.

年, 雨晝夜不止者十餘日, 門外水天相接, 今雖已晴, 下潦上
년 우주야부지자십여일 문외수천상접 금수이청 하료상

蒸, 病夫氣息而已. 想足下閉門著述, 自有樂事, 間從諸英唱
증 병부기식이이 상족하폐문저술 자유락사 간종제영창

和談論, 此可羨也. 何時得會合? 惟萬萬自重. 不宣.
화담론 차가선야 하시득회합 유만만자중 불선

2-2. 【이방숙李方叔에게 보내는 편지】[15]

지난해에 많은 사람들 속에서 연이어 장뢰張耒[16]·진관秦觀[17]·황정견黃庭堅[18]·조보지晁補之[19]·방숙方叔·이상履常[20]등을 얻고서 '하늘이 보배를 아끼지 않아 끊이지 않고 얻은 것이다.'라고 마음속으로 생각하였습니다. 요즈음에 세상의 변고를

15 원풍元豐 4년(1081, 46세) 황주黃州 유배 시에 보낸 편지이다.

16 장뢰張耒(1054~1114) : 자는 문잠文潛이고, 호는 가산柯山·완구선생宛丘先生·장우사張右史이다. 진관秦觀·황정견黃庭堅·조보지晁補之 등과 더불어 '소문사학사蘇門四學士'로 일컬어진다. 저서로 《가산집柯山集》 등이 있다.

17 진관秦觀(1049~1100) : 고문古文과 시에 능하였고 특히 사詞에 뛰어났던 중국 북송北宋의 문인이다. '소문사학사蘇門四學士' 중 한 사람이다.

18 황정견黃庭堅 1045~1105) : 자는 노직魯直이고, 호는 산곡山谷·부옹涪翁이다. 장순章淳·채변蔡卞등에게 배척당하여 검주黔州와 융주戎州에 연이어 유배되었다가 다시 의주宜州로 유배 가서 죽었다. 저서로 《여장황선생문집予章黃先生文集》 등이 있다.

19 조보지晁補之(1053~1110) : 자는 무구無咎이고, 자호는 귀래자歸來子며, 호는 제북濟北이다. 대관大觀 말에 달주達州와 사주泗州를 맡아 다스렸다. 나중에 관직을 버리고 귀향하여 자적한 생활을 즐겼다. 서화와 시문, 산문에 두루 뛰어났고, '소문사학사蘇門四學士'의 한 사람이다. 저서로 《관륵집鷄肋集》 등이 있다.

20 이상履常 : 진사도陳師道(1053~1101)의 자이다. 호는 후산거사後山居士다. 강서시파江西詩派를 대표하는 시인이다. 저서로 《후산집後山集》 등이 있다.

겪고 나서 사방을 떠돌아다니느라 다시 그들과 비슷한 사람들을 찾아보려고 해도 아득히 얻을 수가 없었습니다.

저는 이를 통해 인물은 결코 헛되이 나오지 않는다는 것을 알았습니다. 지금 보탬이 되지 않더라도 반드시 후대 사람들을 깨닫게 할 것이니 결코 용렬하게 초목과 함께 썩어 사라질 리가 없습니다. 태迨와 과過[21]는 모두 학문을 그만두지 않았으니 곁에서 연구하는 데 참여시킬 만할 것입니다.

【與李方叔】
여 이 방 숙

頃年於稠人中, 驟得張、秦、黃、晁及方叔、履常輩, 意謂
경 년 어 조 인 중 취 득 장 진 황 조 급 방 숙 이 상 배 의 위

天不愛寶, 其獲蓋未艾也. 比來經涉世故, 間關四方, 更欲
천 불 애 보 기 획 개 미 애 야 비 래 경 섭 세 고 간 관 사 방 갱 욕

求其似, 邈不可得, 以此知人決不徒出. 不有益於今, 必有
구 기 사 막 불 가 득 이 차 지 인 결 부 도 출 불 유 익 어 금 필 유

覺於後, 決不碌碌與草木同腐也. 迨、過皆不廢學, 可令參
각 어 후 결 불 녹 록 여 초 목 동 부 야 태 과 개 불 폐 학 가 영 참

侍几研.
시 궤 연

2-3. 【이방숙李方叔에게 보내는 편지】[22]

소식蘇軾은 말씀드립니다. 요사이 편지를 받았는데 근래에 안부는 어떠하신지요? 저는 제 한 몸으로 죄를 막지 못하고 여러

21 태迨와 과過 : 소동파蘇東坡의 둘째 아들 소태蘇迨(1070~1126)와 셋째 아들 소과蘇過(1072~1123)를 이른다.

22 원풍元豐 4년(1081, 46세) 황주黃州 유배 시에 보낸 편지이다.

친구들까지 연루된 것이 한스럽습니다. 그대는 표연히 벼슬이 없는 사람인데도 거의 죄를 면치 못하였고 순보純甫[23]와 소유少遊[24]는 어찌 하늘에 죄를 얻어 끝내 그들의 목숨을 버린단 말입니까? 말해본들 무슨 유익이 있겠습니까? 공정한 여론에 부쳐둘 뿐입니다. 우환은 아무리 지나갔다지만 다시 마땅히 입을 닫고 만년의 절개를 편안히 해야 할 것입니다. 의심하지 마십시오.

【與李方叔】
여이방숙

某啓. 比辱手教, 邇來所履如何? 某自恨不以一身塞罪, 坐
모계 비욕수교 이래소리여하 모자한불이일신색죄 좌
累朋友, 如方叔, 飄然一布衣, 亦幾不免, 純甫、少遊, 又安
누붕우 여방숙 표연일포의 역기불면 순보 소유 우안
所獲罪於天, 遂斷棄其命? 言之何益? 付之清議而已. 憂患
소획죄어천 수단기기명 언지하익 부지청의이이 우환
雖已過, 更宜掩口以安晩節也. 不訝不訝.
수이과 갱의엄구이안만절야 불아불아

3-1. 【정밀程密[25] 공에게 보내는 편지】[26]

길에서 기쁘게 공의 아들을 만나서 자세한 안부를 들었습니다.

23 순보純甫 : 범조우范祖禹(1041~1098)의 자이다. 사마광司馬光을 따라 《자치통감資治通鑑》을 수찬하였다. 저서로 《범태사집范太史集》이 있다.

24 소유少游 : 진관秦觀(1049~1100)의 자이다. 시문에 능했으며 일찍이 소식蘇軾에 의해 현량방정賢良方正으로 천거되어 태학박사太學博士, 국사원편수國史院編修 등의 벼슬을 역임하였다. 저서로 《회해집淮海集》이 있다.

25 정밀程密(?~?) : 벼슬은 진사시에 합격하여 승무랑承務郎에 이르렀다. 다른 판본의 《동파전집東坡全集》에는 '程'이 '陳'으로 기록되어 있다.

26 원풍元豐 6년(1083, 48세) 황주黃州 유배 시에 보낸 편지이다.

곧이어 특별히 보내주신 인편을 통해 보내신 편지를 받고 요즈음에 존형의 안부가 좋으시다니 감사하고 위안되는 마음 헤아릴 수 없습니다. 구실아치[27]와 가마[28]와 짐을 메는 끈 등을 빌리기를 청하니 번거롭게 하나하나 당신의 마음을 쓰게 합니다.

외로운 여행길에 당신의 도움을 얻어 감사한 마음을 쉽사리 말로 형용할 수 없습니다. 내일 늦게 몽리蒙里에 도착하는 즉시 말씀하신 대로 육지로 나와서 남화사南華寺[29]에 이르면 반나절을 머물렀다가 곧바로 당신의 댁으로 나아갈 것입니다. 한번 당신을 향한 간절한 마음을 토로할 생각에 미리부터 뛸 듯이 기쁩니다.

【與程公密】
여정공밀

途中喜見令子, 得聞動止之詳. 繼領專使手書, 且審卽日尊
도중희견영자 득문동지지상 계영전사수서 차심즉일존

體清勝, 感慰無量. 差借白直兜乘擔索, 一一仰煩神用. 孤旅
체청승 감위무량 차차백직두승담삭 일일앙번신용 고려

獲濟, 荷德之心, 未易云喩. 來日晩方達蒙里, 卽如所敎, 出
획제 하덕지심 미이운유 내일만방달몽리 즉여소교 출

陸至南華, 留半日, 卽造宇下. 一吐區區, 預深欣躍.
륙지남화 유반일 즉조우하 일토구구 예심흔약

---

27 구실아치 : 원문은 '白直'. 녹봉 없이 부리는 구실아치를 이른다.

28 가마 : 원문은 '兜乘'. 가마의 별칭이다.

29 남화사南華寺 : 원래 이름은 남화선사南華禪寺이며 광동성廣東省 소관시韶關市에 있는 사찰이다.

3-2. 【정밀程密 공에게 보내는 편지】[30]

어려운 처지로 일정한 거처도 없이 떠도는[31] 처지에 그대와 같은 군자를 만나 마음을 열고 손뼉 치며 기뻐하며 이야기를 나누니 그 즐거움이 끝이 없습니다. 공께서는 이미 공무로 바쁘시고, 저도 돌아갈 마음이 다급한데 갑자기 조정의 반열로 나아가게 되었으니 어떻게 제 마음을 말로 할 수 있겠습니까? 작별하고 나서 자주 편지를 받으니 말씀의 뜻이 더욱 정중한데다 안부가 좋으시다니 매우 감사하고 위안되었습니다.

저는 고개를 넘어 이미 가의賈誼처럼 붕조鵬鳥에게 물어볼 근심[32]은 없어도 행로에 유배에서 풀려나 경성으로 돌아갈 기쁨[33]은 있을 것입니다. 다만 멀리서 미치는 당신의 덕이 아득하지만, 저에 대한 정을 잊지 않겠습니다. 새봄에 더욱 몸을 보호하시고 단련하시어 조정의 부름을 기다려 주십시오.

---

30 원풍元豐 6년(1083, 48세) 황주黃州 유배 시에 보낸 편지이다.

31 일정한……떠도는 : 원문은 '棲屑'. 고향에 안주하지 못하고 객지에 왕래하며 떠도는 모양을 말한다. 서棲는 '서성대며 돌아다니다'는 뜻이고, 설屑은 '수고스럽고 마음이 편치 않다'는 뜻이다.

32 붕조鵬鳥에게 물어볼 근심 : 원문은 '問鵬之憂'. 한漢나라 때 가의賈誼가 장사왕長沙王의 태부太傅로 있은 지 3년째 되던 해에 부엉이가 날아와 가의의 자리 옆에 앉자 자신의 수명이 길지 못할 것을 알고 비감에 젖어 〈붕조부鵬鳥賦〉를 지어 자신을 위로 하였는데 그 후 오래지 않아서 가의가 요절하였던 데서 온 말이다.

33 유배에서……기쁨 : 원문은 '見蝎之喜'. '見蝎'은 유배에서 풀려나 고향으로 돌아갈 수 있게 되어 기뻤다는 말이다. 한유韓愈의 〈송문창사북유送文暢師北游〉 시에 "지난번에 경관이 될 수 있었나니, 벽 위에 전갈을 보게 되어 기뻐라.[昨來得京官 照壁喜見蝎]"라고 하였다.

【與程公密】
여정공밀

窮途棲屑, 獲見君子, 開懷抵掌, 爲樂未央. 公旣王事靡寧,
궁도서설 획견군자 개회저장 위락미앙 공기왕사미영
某亦歸心所薄, 忽遽就列, 如何可言! 別後亟辱惠書, 詞旨增
모역귀심소박 총거취열 여하가언 별후극욕혜서 사지증
重, 且審起居佳勝, 感慰深矣. 某度嶺, 已無問鵬之憂, 行有
중 차심기거가승 감위심의 모도령 이무문붕지우 행유
見蝎之喜. 但遠德惘惘, 未忘於情. 新春保練, 以需驛召.
견갈지희 단원덕망망 미망어정 신춘보련 이수역소

4-1. 【서중거徐仲車[34]에게 보내는 편지】

소식蘇軾은 말씀드립니다. 어제 이미 내려주신 편지를 받았는데, 오늘 또 마음으로 보낸 선물을 받으니 넘치는 정을 얻어 싣고서 남쪽으로 갑니다. 답장을 드리며 이만 줄입니다.

【與徐仲車】
여서중거

某啓. 昨日旣蒙言贈, 今日又荷心送, 盎然有得, 載之而南
모계 작일기몽언증 금일우하심송 앙연유득 재지이남
矣. 復啓. 不宣.
의 복계 불선

34 서중거徐仲車 : '仲車'는 서적徐積(1028~1103)의 자이다. 시호는 절효節孝이다. 3세에 아버지가 죽었는데 아버지 이름이 석石인 관계로 종신토록 석기石器를 쓰지 않았으며, 어머니가 죽자 3년 동안 시묘살이를 하면서 눈 내리는 밤엔 묘 앞에 엎드려 평시처럼 문안드리며 울부짖었다.

4-2. 【서중거徐仲車에게 보내는 편지】

소식蘇軾은 말씀드립니다. 세 번씩이나 보내신 편지를 받으니 지극한 우려와 염려를 끼쳤습니다. 공자孔子께서 이른바 “진심으로 대한다면 깨우쳐 주지 않을 수 있겠는가![35]”라고 하였으니 응당 띠에 써두고 언제나 잊지 않겠습니다.

보내주신 유명한 처방處方과 좋은 약은 또한 이미 받았으니 매우 영광스럽습니다. 내일 뱃사람에게 청하여 혹 잠시 머물 수는 있겠지만 감히 찾아뵙지는 못합니다. 멀리서 바라만 보게 되어 서글픕니다.

【與徐仲車】
여서중거

某啓. 三辱手敎, 極荷憂念. 孔子所謂: “忠焉能勿誨乎!” 當
모계 삼욕수교 극하우념 공자소위 충언능물회호 당

書諸紳, 寢食不忘也. 名方良藥, 亦已拜賜. 幸甚幸甚. 來日
서제신 침식불망야 명방양약 역이배사 행심행심 내일

舟人借請或小留, 但不敢往謁爾. 占望愴惋.
주인차청혹소류 단불감왕알이 점망창완

5. 【추관推官[36] 모택민毛澤民[37]에게 보내는 편지】[38]

소식蘇軾은 말씀드립니다. 공소公素[39]의 사람이 와서 여러 폭

35 진심으로……있겠는가 : 《논어論語》 〈헌문憲問〉에 나오는 구절이다.

36 추관推官 : 죄인을 추문하는 관원을 말한다.

37 모택민毛澤民 : ‘澤民’은 모방毛滂(1056~1124)의 자이다. 저서로 《동당집東堂集》 등이 있다.

38 원풍元豐 4년(1081, 46세) 황주黃州 유배 시에 보낸 편지이다.

의 편지를 받고서 이미 자세한 안부를 듣고 또 새로운 시 공소가 부친 《쌍석당기雙石堂記40》를 얻었습니다. 오랫동안 오랑캐 땅에 살다가 뜻밖에 '소韶'와 '호濩'41의 남은 음향을 다시 들으니 매우 기쁘고 위안되는 마음 말로 할 수 없습니다.

오래도록 붓과 벼루를 내팽개쳐두어 감히 당신의 시에 화답하지 못하지만, 당신께서는 반드시 저의 뜻을 아실 것입니다. 서로 만날 기약이 없어 편지를 마주하니 멍합니다. 가을 더위에 늘 자신을 보중하시기를 바라며 이만 줄입니다.

【與毛澤民推官】
여모택민추관

某啓. 公素人來, 得書累幅, 旣聞起居之詳, 又獲新詩一篇,
모계 공소인래 득서누폭 기문기거지상 우획신시일편

及公素寄示, 《雙石堂記》. 居夷久矣, 不意復聞韶、濩之餘
급공소기시 쌍석당기 거이구의 불의부문소 호지여

音, 喜慰之極, 無以云喩. 久廢筆硯, 不敢繼和, 必識此意,
음 희위지극 무이운유 구폐필연 불감계화 필식차의

會合無期, 臨書惘惘. 秋暑, 萬萬以時自厚. 不宣.
회합무기 임서망망 추서 만만이시자후 불선

39 공소公素 : 구주태수衢州太守 손분孫賁(?~?)의 자이다.

40 쌍석당기雙石堂記 : 송宋나라 모방毛滂의 《동당집東堂集》에 실린 글로, 원제목은 〈등구주쌍석당정손팔태수공소登衢州雙石堂呈孫八太守公素〉이다.

41 소韶와 호濩 : '韶'는 순舜 임금의 음악이고, '濩'는 탕湯 임금의 음악을 말한다.

6. 【진보지陳輔之[42]에게 보내는 편지】

소식蘇軾은 말씀드립니다. 어제 방문해 주셨는데 제가 병들어 게을러서 미처 일어나 뵙지 못하였으니 매우 부끄러웠습니다. 무더위가 심한 이때 안부는 어떠하신지요? 만 리 바닷가에서 죽지 않고 지금 고향 집에 돌아왔으나 마침내 병이 들어 일어나지 못하는 근심이 있으니 어찌 운명이 아니겠습니까? 만약 잠시라도 여기에 더 머물게 된다면 다시 친구와 함께 한번 웃겠지만 이 또한 바람 밖의 일입니다. 병든 몸을 무릅쓰고 이렇게 몇 글자 씁니다.

【與陳輔之】
여 진 보 지

某啓. 昨日承訪及, 病倦不及起見, 愧仰深矣. 熱甚, 起居何
모 계 작 일 승 방 급 병 권 불 급 기 견 괴 앙 심 의 열 심 기 거 하

如? 萬里海表不死, 歸宿田里得疾, 遂有不起之憂, 豈非命
여 만 리 해 표 불 사 귀 숙 전 리 득 질 수 유 불 기 지 우 기 비 명

耶? 若得少駐, 復與故人一笑, 此又望外也. 力疾, 書此數字.
야 약 득 소 주 부 여 고 인 일 소 차 우 망 외 야 역 질 서 차 수 자

42 진보지陳輔之 : '輔之'는 진보陳輔(?~?)의 자이고, 호는 남곽자南郭子이다. 저서로《진보지시화陳輔之詩話》등이 있다.

7. 【황노직黃魯直[43]에게 보내는 편지】[44]

소식蘇軾은 말씀드립니다. 조晁[45] 군이 시를 부쳐와서 자세히 살펴보니 매우 빼어나고 아름다운데, 진실로 그 집안에 남다른 인재가 많은 것이 아니겠습니까? 그러나 제가 가지고 있는 작은 생각을 그대는 자기 생각인 것처럼 바꾸어 은미하게 그[조晁 군]를 경계시키기 바랍니다. 보통 사람들이 글을 쓸 때는 화평和平함에 힘쓰는 것이 너무 지나쳐서 기괴하게 되어버리고 맙니다. 이것은 대개 부득이 한데서 나와 그렇게 되고 맙니다.

조 군의 문장이 빼어나게 아름다운 것은 조금 이른 듯합니다. 이 말을 곧바로 조 군에게 말할 수도 없습니다. 그렇다고 회피할 생각은 아닙니다. 용감하게 나아가는 기상을 다치게 할까 걱정이지만 친구를 위해 학문을 연마하라고 말해 주는 것이 마땅한데 공께서도 그렇게 생각하시는지요? 이만 줄입니다.

【與黃魯直】
여황노직

某啓. 晁君寄騷, 細看甚奇麗, 信其家多異材耶. 然有少意,
모계 조군기소 세간심기려 신기가다이재야 연유소의

43 황노직黃魯直 : '魯直'은 황정견黃庭堅(1045~1105)의 자이다. 호는 산곡도인山谷道人으로, 보통 '황산곡黃山谷'으로 일컬어진다. 소식蘇軾의 제자로, 장뢰張耒 · 진관秦觀 · 조보지晁補之와 함께 '소문사학사蘇門四學士'로 일컬어졌으며, 소식과 함께 '소황蘇黃'으로 불리기도 한다. 강서시파江西詩派를 개창하였고, 사詞 및 행서 · 초서에 뛰어났다.

44 원풍元豐 3~6년(1080~1083, 45~48세) 황주黃州 유배 시에 보낸 편지이다.

45 조晁 : 조단언晁端彦(1035~1095)을 말한다. 자는 미숙美叔으로, 장돈章惇과 함께 급제하였다.

欲魯直以己意微箴之. 凡人文字, 當務使平和, 至足餘溢爲
욕노직이기의미잠지 범인문자 당무사평화 지족여일위
怪奇, 蓋出於不得已也. 晁文奇麗似差早, 然不可直云爾. 非
괴기 개출어부득이야 조문기려사차조 연불가직운이 비
謂避諱也, 恐傷其邁往之氣, 當爲朋友講磨之語乃宜, 不知
위피휘야 공상기매왕지기 당위붕우강마지어내의 부지
公爲然否? 不宣.
공위연부 불선

8. 【진전도陳傳道[46]에게 보내는 편지】

소식蘇軾은 말씀드립니다. 오래도록 편지를 주고받지 못하여 그리운 마음 말할 수가 없습니다. 특별히 보낸 인편이 편지를 전해주어 예의가 정중하여 편지를 받으니 황공하였습니다. 게다가 요즘에 안부가 좋으시다니 그립던 마음에 조금이나마 위안이 되었습니다.

저는 쇠약하고 병이 들어 공무를 수행하기 어려워 한가로운 고을을 맡게 해 달라고 굳게 간청하였는데 뜻밖에 다시 번거롭고 바쁜 곳에 임무를 받았습니다. 그러나 이미 간청이 내려졌다면 감히 다시 선택할 수 있는 것이 없겠지만, 다만 수령직책을 오랫동안 비워두고 다스리지 못하는 근심이 있을 뿐입니다. 그러나 보내온 편지에 뜻을 얻을 수도, 그렇지 못할 수도 있다고 하신 말씀은 저를 편안하게 하는 말은 아닙니다. 저에게는 어떠한 것들도 취할만한 것이 없는데 조정에 들어가서는 황제의 시

46 진전도陳傳道 : '傳道'는 진사중陳師仲(?~?)의 자이다. 팽성현 사람이다. 저서로는 《황루집黃樓集》 등이 있다.

종侍從이 되고 지방에서는 관찰사[47]가 되니 이렇게 하고도 만나지 못했다고 한다면 다시 무엇을 두고 만났다고 하겠습니까?

배 안에서 더위에 지쳐 무료한데 찾아온 인편은 곧바로 돌아가니 제 마음의 백 분의 일도 다 전하지 못하였습니다. 어느덧 멀리 헤어졌으니 몸을 아끼시기를 간절히 바라며 이만 줄입니다.

【與陳傳道】
여 진 전 도

某啓. 久不接奉, 思仰不可言. 辱專人以書爲貺, 禮意兼重,
모 계　구 부 접 봉　사 앙 불 가 언　욕 전 인 이 서 위 황　예 의 겸 중

捧領惕然, 且審比來起居佳勝, 少慰馳想. 某以衰病難於供
봉 영 척 연　차 심 비 래 기 거 가 승　소 위 치 상　모 이 쇠 병 난 어 공

職, 故堅乞一閑郡, 不謂更得煩劇. 然已得請, 不敢更有所
직　고 견 걸 일 한 군　불 위 갱 득 번 극　연 이 득 청　불 감 갱 유 소

擇, 但有廢曠不治之憂爾. 而來書乃有遇不遇之說, 甚非所
택　단 유 폐 광 불 치 지 우 이　이 래 서 내 유 우 불 우 지 설　심 비 소

以安全不肖也. 某凡百無取, 入爲侍從, 出爲方面, 此而不
이 안 전 불 초 야　모 범 백 무 취　입 위 시 종　출 위 방 면　차 이 불

遇, 復以何者爲遇乎? 舟中倦暑無聊, 來使立告廻, 區區百不
우　부 이 하 자 위 우 호　주 중 권 서 무 료　내 사 입 고 회　구 구 백 부

盡一. 乍遠, 唯千萬自愛. 不宣.
진 일　사 원　유 천 만 자 애　불 선

9. 【한소문韓昭文[48]에게 보내는 편지】

소식蘇軾은 말씀드립니다. 당신[49]과 멀리 헤어진 지 어느덧 벌

47 관찰사 : 원문은 '方面'. 관찰사가 다스리는 행정 구역으로, 관찰사를 지칭한다.

48 한소문韓昭文 : '昭文'은 소문관태학사昭文館太學士를 지낸 한기韓琦(1008~1075)를 이른다. 자는 치규稚圭이고 시호는 충헌忠獻이다. 왕안석王安石의 청묘법靑苗法 실시를 맹렬히 비난하고, 또 거란이 요구해온 영토할양에도 반대하며 왕안석과 정면 대립함으로써 관직에서 물러났다.

써 여러 달이 되었습니다. 해가 바뀌었는데 대감의 안부는 늘 좋으시리라 생각합니다. 변방을 다녀오시느라 따르는 자들은 자못 지쳤을 텐데 저는 날마다 당신께서 돌아오시기를 바라며 말머리만 쳐다보고 있습니다. 다만 어리석은 행동이 죄를 이루어 미처 공께서 돌아오시기 전에 떠날까 걱정입니다. 남은 추위에 나라를 위해 몸을 아끼시기를 바랍니다. 임비교任秘校[50]의 길을 나서는 편에 편지를 부쳐 안부를 여쭙고 이만 줄입니다.

【上韓昭文】
상한소문

某啓. 違遠旌棨, 忽已數月. 改歲, 緬想台候勝常. 邊徼往還,
모계 위원정계 홀이수월 개세 면상태후승상 변요왕환

從者殊勞, 日望馬首. 但迂拙動成罪戾, 恐不能及見公之還而
종자수로 일망마수 단우졸동성죄려 공불능급견공지환이

去爾. 餘寒, 伏冀爲國自愛. 因任秘校行, 謹奉啓參候. 不宣.
거이 여한 복기위국자애 인임비교행 근봉계참후 불선

10. 【조미晁美[51]에게 보내는 편지】[52]

소식蘇軾은 말씀드립니다. 작별한 뒤로 두 통의 편지를 받고서 저를 돌보아주시는 후의厚誼를 말로 할 수가 없습니다. 날마다 답장을 쓰고 싶었지만 졸렬하고 게을러 머뭇거리다 지금에 이르

49 당신 : 원문은 '旌棨'. 관원이 출행할 때에 의장용으로 사용하는 기旗와 나무로 만든 창을 이르는 말이다. 여기서는 관원이 상대를 이르는 말로 쓰였다.

50 임비교任秘校 : '秘校'는 비서성교서秘書省校書의 준말이다.

51 조미晁美 : 조단언晁端彦(1035~1095)을 말한다. 자는 미숙美叔이다.

52 왕안석王安石의 신법에 반대하던 시기(1070년, 35세)에 보낸 편지로 추정된다.

고 말았습니다. 그대의 명철한 아량으로 저의 잘못을 심하게 나무라시지는 않으리라 생각하면서도 자신을 책망한 지 오래되었습니다. 요즈음 존형의 안부는 어떠하신지요?

저는 이렇게 탈 없이 지내고 있지만 새로운 정사[53]를 받들어 시행하면서 법대로 할 수 없는 점이 많습니다. 저에 대한 탄핵이 끊이지 않아 날마다 도태되는 견책을 기다리고 있을 뿐입니다. 만약 관직에서 쫓겨나 고향으로 돌아가게 되어 회淮 땅을 지나게 되면 반드시 존형을 뵙게 될 것입니다. 만나지 못하는 사이에도 나라를 위하여 자신을 잘 보중하시길 바랍니다. 문안 편지를 올리며 이만 줄입니다.

【與晁美】
여조미

某啓. 自別, 兩辱存問, 荷眷契之厚, 無以爲喩. 日欲裁謝,
모계 자별 양욕존문 하권계지후 무이위유 일욕재사
而拙鈍懶放, 因循至今. 計明哲雅量, 不深譴過, 而自訟亦久
이졸둔나방 인순지금 계명철아량 불심견과 이자송역구
矣. 卽日, 不審尊履何如? 某守此無恙, 但奉行新政, 多不如
의 즉일 불심존리하여 모수차무양 단봉행신정 다불여
法. 勘劾相尋, 日俟汰譴耳. 若得放歸, 過淮必遂候見. 未間
법 감핵상심 일사태견이 약득방귀 과회필수후견 미간
爲國自重. 謹奉手啓居, 不宣.
위국자중 근봉수계거 불선

53 새로운 정사 : 왕안석王安石의 신법新法을 말한다.

11. 【손숙정孫叔靜[54]에게 보내는 편지】

소식蘇軾은 말씀드립니다. 오래도록 그대의 치소治所에 머물러 있으면서 후덕하게 대접받은 것이 이미 과분하였습니다. 그런데도 저를 아끼고 염려해주시는 마음의 정성스러운 마음이 끊이지 않았는데, 다시 정성을 다해 종자를 멀리 광경사廣慶寺[55]에까지 이르게 하시니, 쇠약하고 늙은 저 같은 사람이 어떻게 이러한 일을 얻을 수 있었는지요?

작별하고 나서 며칠을 그리워 애타는 마음 그지없었습니다. 동지冬至가 되었는데도 경하례慶賀禮를 드리지 못하니 제 마음이 남쪽으로 치달립니다. 영공의 아드님께서 번거롭게 멀리까지 전별하였는데도 작별의 편지조차 드리지 못하였습니다. 부모님 모시는 것 외에 자신을 진중히 아끼시기를 바랍니다.

강지언江知言[56]이 나를 대신하여 이러한 간절한 마음을 부쳐주고, 아울러 허許·이李·구양歐陽·임林·막莫 등의 여러 선배들에게도 편지를 부쳐주면서, 편지를 쓸 겨를이 없었다는 뜻을 간략하게나마 말씀해 주십시오.

【與遜叔靜】
여 손 숙 정

某啓. 久留治下, 辱眷待之厚, 旣過重矣. 而愛念之意, 拳拳
모 계 구 유 치 하 욕 권 대 지 후 기 과 중 의 이 애 념 지 의 권 권

不已, 更勤從者遠至金刹. 自惟衰朽, 何以獲此. 別來數日,
불 이 갱 근 종 자 원 지 금 찰 자 유 쇠 후 하 이 획 차 별 래 수 일

54 손숙정孫叔靜 : '叔靜'은 손고구孫鼓咎(?~?)의 자이다.

55 광경사廣慶寺 : 남조시대에 지어진 사찰로, 청원현淸遠縣 협산峽山에 있다.

56 강지언江知言(?~?) : 미상이다.

思渴不已. 長至俯邇, 不克展慶, 此心南騖矣. 令子煩遠餞,
사 갈 불 이　장 지 부 이　불 극 전 경　차 심 남 무 의　영 자 번 원 전

不及別狀. 伏惟侍外珍愛, 江知言附此懇, 兼記於許、李、
불 급 별 장　복 유 시 외 진 애　강 지 언 부 차 간　겸 기 어 허　이

歐陽、林、莫諸先輩處, 略道不暇作書之意.
구 양　임　막 제 선 배 처　약 도 불 가 작 서 지 의

12. 【질손侄孫 소원로蘇元老[57]에게 보내는 편지】

원로元老의 조카 수재秀才인 너에게 여러 차례 편지를 받으니 감사하고 위안되었다. 〈십구랑묘표十九郎墓表[58]〉는 본래부터 내가 지으려고 한 것인데, 지금에 와서 어떻게 사양하겠느냐? 지난번에도 오히려 보월寶月[59]의 묘지문을 지었는데 더구나 이 문장은 의리상 마땅히 지어야 한다. 다만 요사이 근심과 두려움이 갈수록 깊어 먹고 마시고 말하고 침묵하는 것을 수없이 생각한 다음에 행동하니 나의 뜻을 이해하리라 생각한다. 만약 죽지 않는다면 끝내 마땅히 지을 것이다.

요사이 귀밑머리가 희어지고 더욱 여위었지만 먹고 마시는 것은 옛날과 마찬가지로 건강하다. 서로 만날 기약조차 없으니 오직 도에 나아가기를 힘써 가문을 일으키고 부모님을 영광스럽게 하기 바란다. 이 늙은이는 바다 건너에서 죽더라도 한스러울 게 없다.

---

57 소원로蘇元老(1078~1124) : 자는 자정子廷이다. 소식蘇軾의 종손이다.

58 십구랑묘표十九郎墓表 : 19번째 항렬에 해당하는 조카의 묘표墓表이지만, 어느 조카인지는 미상이다.

59 보월寶月 : 소식蘇軾의 아버지 소순蘇洵의 친족 형인, 소유간蘇惟簡(1012~1095)의 법명이다. 자는 종고宗古다.

【與侄孫元老】
여질손원로

元老姪孫秀才, 屢得書, 感慰.〈十九郎墓表〉本是老人欲作,
원로질손수재 누득서 감위 십구랑묘표 본시노인욕작
今豈推辭. 向者猶作寶月誌文, 況此文, 義當作. 但以日近憂
금기추사 향자유작보월지문 황차문 의당작 단이일근우
畏愈深, 飮食語默, 百慮而候動, 想喩此意也. 若不死, 終當
외유심 음식어묵 백려이후동 상유차의야 약불사 종당
作爾. 近來鬢鬂雪白, 加瘦, 但健及啖啜如故爾. 相見無期,
작이 근래빈빈설백 가수 단건급담철여고이 상견무기
惟望勉力進道, 起門戶爲親榮. 老人僵仆海外, 亦不恨也.
유망면력진도 기문호위친영 노인강부해외 역불한야

13-1. 【왕주언王周彦[60]에게 보내는 편지】[61]

소식蘇軾은 말한다. 두 차례나 보낸 고아한 편지는 모두 도착하였네. 볼 때마다 더욱 감탄스럽지만 단지 내가 늙고 졸렬해서 작은 답례의 선물도 자네에게 보내지 못한 것이 한스럽다. 또 황주黃州 바닷가에 떨어져 있어 지금 자네의 명성에 조금도 도움이 되지 못하고 있다. 그러나 네가 지은 글은 격조와 기세가 하늘로부터 타고난 것이어서 저절로 공론이 있을 것이니 비록 드러내려고 하지 않아도 그리되지는 않을 것이다. 정부자程夫子[62]께서도 오히려 과거 시험장에서 곤액을 당하였고, 왕현량王賢良도 곤액을 당해 주현州縣으로 나아갔으니 모두 조물주가 밝지 못해서이다.

60 왕주언王周彦 : '周彦'은 소식蘇軾의 조카사위인 왕상王庠(1074~?)의 자이다.
61 원풍元豐 3~6년(1080~1083, 45~48세) 황주黃州 유배 시에 보낸 편지이다.
62 정부자程夫子 : 송宋나라 학자인 정호程顥와 정이程頤를 이른다,

바닷가 풍토가 그다지 심하게 나쁘지는 않아서 아름다운 산수는 있지만 아름다운 사원寺院은 없다. 더구나 선비나 약마저도 없다네. 문을 닫고 반찬 없는 밥을 먹지만 술을 마시지 않아도 거칠게나마 맛이 있다. 눈이 침침하여 게을러 편지를 써보지만 이마저도 편지를 쓸 곳이 많아 상세히 다 쓰지 못하니 살펴주거라. 이만 줄인다.

【與王周彦】
여 왕 주 언

某啓. 前後所寄高文, 無不達者. 每見增歎, 但恨老拙無以少
모 계 전 후 소 기 고 문 무 부 달 자 매 견 증 탄 단 한 노 졸 무 이 소
答來貺. 又流落海隅, 不能少助聲名於當時. 然格力自天, 要
답 래 황 우 유 락 해 우 불 능 소 조 성 명 어 당 시 연 격 역 자 천 요
自有公論, 雖欲不顯揚, 不可得也. 程夫子尙困場屋, 王賢良
자 유 공 론 수 욕 불 현 양 불 가 득 야 정 부 자 상 곤 장 옥 왕 현 량
屈爲州縣, 皆造物有不可曉者. 海隅風土不甚惡, 亦有佳山
굴 위 주 현 개 조 물 유 불 가 효 자 해 우 풍 토 불 심 오 역 유 가 산
水, 而無佳寺院, 無士人, 無醫藥. 杜門食淡, 不飮酒, 亦粗
수 이 무 가 사 원 무 사 인 무 의 약 두 문 식 담 불 음 주 역 조
有味也. 目昏倦作書, 又此信發書極多. 不能詳盡, 察之察
유 미 야 목 혼 권 작 서 우 차 신 발 서 극 다 불 능 상 진 찰 지 찰
之. 不宣.
지 불 선

13-2. 【왕주언에게 보내는 편지】63

27일에 낭娘이 멀리서 보내온 편지를 받고서 부모 모시는 것 외에 다른 탈은 없다니 기뻤다. 19번째 항렬의 조카[十九郎]가 죽

63 원풍元豐 3~6년(1080~1083, 45~48세) 황주黃州 유배 시에 보낸 편지이다.

고 나서부터 한해도 빠짐없이 세 번째 숙부와 큰형수가 연이어 돌아가시고, 근래에는 또 유柳 씨 집안의 작은 고모의 부음을 들었지만 황주黃州 바닷가에 떨어져 있어 날마다 애통한 마음을 가지고 있으니 너는 내 마음을 알 것이다. 형과 여섯 번째 아이도 잘 지내고 있으니 아무 걱정하지 말아라. 낭이 시부모[64]를 잘 모시고 있으니 간략하게나마 말을 전해주어라. 편지를 쓰지는 못한다.

【與王周彦】
여왕주언

念七娘遠書, 且喜侍奉外無恙. 自十九郎遷逝, 家門無空歲,
염 칠 낭 원 서 차 희 시 봉 외 무 양 자 십 구 랑 천 서 가 문 무 공 세

三叔翁, 大嫂繼往, 近日又聞柳家小姑兇訃, 流落海隅, 日有
삼 숙 옹 대 수 계 왕 근 일 우 문 유 가 소 고 흉 부 유 락 해 우 일 유

哀慟, 此懷可知. 兄與六郎却且安健, 幸勿憂也. 因侍立阿
애 통 차 회 가 지 형 여 육 랑 각 차 안 건 행 물 우 야 인 시 립 아

家, 略與道懇, 不敢拜狀也.
가 약 여 도 간 불 감 배 장 야

14-1. 【자유子由[65]에게 보내는 편지】[66]

나는 요사이 종유하는 사람이 드물다 보니 빈객들도 나의 쇠약하고 게으른 것을 알았다네. 나는 사람들과 사귈 때 무게를 달

64 시부모 : 원문은 '阿家'. 시부모를 이르는 말로 가家의 발음이 고姑와 같아 이르는 말이다. 며느리가 시부모를 '아옹阿翁' 또는 '아고阿家'라고 부른다.

65 자유子由 : 소식蘇軾의 아우 소철蘇轍(1039~1112)의 자이다. 아버지 소순蘇洵과 함께 당송팔대가唐宋八大家의 한사람이다.

66 원풍元豐 3~6년(1080~1083, 45~48세) 황주黃州 유배 시에 보낸 편지이다.

아 사귀지 않았는데[67] 이러한 찾아오는 사람이 점점 줄어드니 자못 스스로 다행이라 여기고 있네. 어제는 우연히 자화子華[68]를 만났는데, 늙은 아우가 오랫동안 먼 외지에 있음을 탄식하면서 허물을 들으면 반드시 서로 알리자는 부탁을 받았네.

요사이 유태수劉太守를 검거한 한 가지 일로 체면에 장애가 생기는 바람에 일어나는 의논을 벗어날 길이 없다네. 아우의 큰 절개는 남보다 뛰어나고 작은 일에는 혹 마음에 두지 않으니, 이는 곧 시를 짓는 것과 같아서 높은 경지에 대해서는 옛사람과 짝할 만하지만 잘못 지은 부분에 대해서는 남들의 졸렬한 안목에 비난을 받는 것과 같다네. 세상의 풍속이 각박하여 시비를 따지기를 좋아하니 작은 흠이라도 유념하지 않을 수 없네.

【與子由】
여 자 유

某近絶少過從, 賓客知其衰懶, 不能與人爲輕重, 見顧者漸少,
모 근 절 소 과 종 빈 객 지 기 쇠 라 불 능 여 인 위 경 중 견 고 자 점 소

殊可自幸. 昨日偶見子華, 歎老弟之遠外久之, 蒙見囑聞過必
수 가 자 행 작 일 우 견 자 화 탄 노 제 지 원 외 구 지 몽 견 촉 문 과 필

相告. 近者擧劉太守一事, 體面極生, 不免有議論. 吾弟大節
상 고 근 자 거 유 태 수 일 사 체 면 극 생 불 면 유 의 론 오 제 대 절

過人, 而小事或不經意, 正如作詩, 高處可以追配古人, 而失處
과 인 이 소 사 혹 불 경 의 정 여 작 시 고 처 가 이 추 배 고 인 이 실 처

或受嗤於拙目. 薄俗正好點檢人, 小疵, 不可不留意也.
혹 수 치 어 졸 목 박 속 정 호 점 검 인 소 자 불 가 불 유 의 야

---

67 사람들과……않았는데 : 원문은 '不能與人爲輕重'. 《정관정요貞觀政要》 권5 〈공평公平〉에 "옛날 제갈공명은 소국의 재상이었는데 '나의 마음은 저울처럼 사람에 따라 무게를 달아 사귀지 않는다.'라고 하였다.[昔諸葛孔明小國之相 猶曰吾心如秤 不能爲人作輕重]"라는 구절이 있다.

68 자화子華 : 채포蔡褒(?~?)의 자이다.

14-2. 【자유子由에게 보내는 편지】[69]

우리 형제는 모두 늙었으니 마땅히 늘 스스로 즐겨야 할 것이네. 세상사 온갖 단서들을 모두 마음에 담아둘 필요가 없다네. 이른바 스스로 즐긴다는 것은 또한 세상의 즐거움을 말하는 것이 아니네. 다만 가슴속을 텅 비워 한 물건도 담아두는 게 없는 것이니, 이는 바로 하늘과 땅 사이에 산천초목山川草木과 벌레와 물고기 따위들도 모두 우리들이 즐거워할 것들이라네.

【與子由】
여 자 유

吾兄弟俱老矣, 當以時自娛. 世事萬端, 皆不足介懷. 所謂自
오 형 제 구 노 의 당 이 시 자 오 세 사 만 단 개 부 족 개 회 소 위 자

娛者, 亦非世俗之樂者, 但胸中廓然無一物, 卽天壤之內, 山
오 자 역 비 세 속 지 락 자 단 흉 중 확 연 무 일 물 즉 천 양 지 내 산

川草木蟲魚之類, 皆是供吾家樂事也.
천 초 목 충 어 지 류 개 시 공 오 가 락 사 야

15-1. 【추관推官 정전보程全父[70]에게 보내는 편지】[71]

소식蘇軾은 말씀드립니다. 작별한지가 어느덧 1년이 지났는데, 바다 건너 궁핍하고 외로이 지내고 있어 사람의 왕래도 끊어져 안부를 주고받을 수가 없었습니다. 배가 이르러 홀연히 보내신 소식을 받으니 말할 수 없이 기쁘고 위안되었습니다. 편안히 잘

69 원풍元豐 3~6년(1080~1083, 45~48세) 황주黃州 유배 시에 보낸 편지이다.

70 정전보程全父(?~?) : 미상이다.

71 원풍元豐 4년(1081, 46세) 황주黃州 유배 시에 보낸 편지이다.

지내시고 가족들도 모두 잘 지내시는 줄 알았습니다.

저는 아이와 함께 그런대로 병 없이 지내고 있습니다만, 바닷가 사람이나 이민족72들과 섞여 사느라 더 이상 사람의 도리라고는 없어서 지급받는 생활용품도 구하는 것이 번번이 없습니다. 처음 이곳에 도착하여 관아의 몇 칸 방을 빌리기는 했지만 요사이 다시 쫓겨나는 바람에 땅을 사서 집을 지어야 하는 상황을 벗어날 수 없어 겨우 이슬은 피하게 되었으나 주머니는 한결같이 텅 비어 있습니다. 곤액을 당한 처지에 또 무슨 더 나쁜 것이 있겠습니까? 한쪽으로 내팽개쳐두고 아무 말 없이 그저 한번 웃을 뿐입니다. 평생을 사귀던 친구가 어찌 다시 꿈에 보이는지요? 맑게 놀던 때를 회상하고 때때로 아름다운 시를 암송하면서 적적하고 쓸쓸한 회포를 풀어볼 뿐입니다. 이 밖에 간절히 언제나 자신을 보중하시길 바라며 돌아가는 배편에 바삐 답장을 씁니다.

【與程全父推官】
여정전보추관

某啓. 別遽逾年, 海外窮獨, 人事斷絶, 莫由通問. 舶到, 忽
모계 별거유년 해외궁독 인사단절 막유통문 박도 홀
枉教音, 喜慰不可言. 仍審起居清安, 眷愛各佳. 某與兒子粗
왕교음 희위불가언 잉심기거청안 권애각가 모여아자조
無病, 但黎蜒雜居, 無復人理, 資養所給, 求輒無有. 初至,
무병 단여연잡거 무부인리 자양소급 구첩무유 초지
僦官屋數椽, 近復遭迫逐, 不免買地結茅, 僅免露處, 而囊爲
추관옥수연 근부조박축 불면매지결모 근면노처 이낭위
一空. 困厄之中, 亦何所不有? 置之不足道也, 聊爲一笑而
일공 곤액지중 역하소불유 치지부족도야 료위일소이

72 바닷가 사람이나 이민족 : 원문은 '黎蜒'. 바닷가 사람과 남방 오랑캐를 이른다.

已. 平生交舊, 豈復夢見? 懷想淸遊, 時誦佳句, 以解牢落.
이 평생교구 기부몽견 회상청유 시송가구 이해뇌락
此外萬萬, 以時自重. 舶回, 匆匆布謝.
차외만만 이시자중 박회 총총포사

15-2. 【추관推官 정전보程全父에게 보내는 편지】

별지에서 하신 말씀은 모두 잘 알겠습니다. 전지田地에 관한 일로 이미 방문하였지만, 군郡에서 계약문서를 취득하는 것은 아직도 해결되지 않고 있으나 결코 따져 물을 수가 없었습니다. 당신께서 유념해 주시어 감사하고 죄송합니다.

노졸한 제가 부처의 도를 사모하여 공연히 《능엄경楞嚴經》의 말들을 외워보지만 실제로는 뜻을 알지 못하니 어진 사람이 보게 된다면 곧바로 뜻을 터득하여 이처럼 이치를 드러낼 것입니다. 당신이 지은 말은 매우 정묘한 데 영광스럽게 저에게 보여주시니 감사하고 부끄럽기 그지없습니다.

【與程全父推官】
여정전보추관

別紙示喩, 具曉所示. 是田地問得, 郡中猶取文字未了, 切不
별지시유 구효소시 시전지문득 군중유취문자미료 절불
可問也. 感掛意, 悚息悚息! 老拙慕道, 空能誦《楞嚴》言語,
가문야 감괘의 송식송식 노졸모도 공능송 릉엄 언어
而實無所得, 見賢者得之, 便能發明如此. 誦語精妙, 過辱開
이실무소득 견현자득지 편능발명여차 송어정묘 과욕개
示, 感怍不已.
시 감작불이

15-3. 【추관推官 정전보程全父에게 보내는 편지】[73]

영공의 아드님이 편지와 새로 지은 시를 보내주시니 감사하고 위안되는 마음 더욱 깊습니다. 아드님의 필력이 더욱 발전하니 그대의 집안에 문장가를 배출할 것인데, 어찌 저 같은 아랫사람에게 수고롭게 물으십니까? 저는 늙고 병들어 모든 일을 그만두고 있고 더욱이 편지 쓰는 것에 게으릅니다. 그래서 다만 이 편지만 부치고 다른 사람에게 편지를 보내지 않으니, 책망하지 마십시오.

【與程全父推官】
여정전보추관

令子先輩辱書及新詩, 感慰彌甚. 筆力益進, 家有哲匠矣, 何
영자선배욕서급신시 감위미심 필력익진 가유철장의 하
勞下問乎? 老病百事皆廢, 尤倦爲書. 故止附此紙爾, 不別
로하문호 노병백사개폐 우권위서 고지부차지이 불별
緘也. 不罪不罪!
함야 부죄부죄

15-4. 【추관推官 정전보程全父에게 보내는 편지】[74]

소식蘇軾은 말씀드립니다. 지난해에 치소治所를 지나다가 다행히 만나 뵐 기회를 얻었지만 헤어지고 나서 편지를 드리지도 못하였는데 염려해주시어 멀리서 보내신 편지를 통해 안부가 편안하시다니 감사와 위안이 함께 마음에 모여듭니다. 긴 편지로 과

73 원풍元豐 4년(1081, 46세) 황주黃州 유배 시에 보낸 편지이다.
74 원풍元豐 4년(1081, 46세) 황주黃州 유배 시에 보낸 편지이다.

분한 사랑을 받으니 예의에 지나쳐 쇠약한 늙은이가 감당할 바가 아니나 엎드려 읽으니 부끄러워 땀이 날 뿐입니다. 만남을 기약할 수 없으니 간절히 늘 자중하시기를 빌며 이만 줄입니다.

【與程全父推官】
여정전보추관

某啓. 去歲過治下, 幸獲接奉, 別後有闕上問, 過沐存記, 遠
모계 거세과치하 행획접봉 별후유궐상문 과목존기 원
辱手敎, 且審起居佳安, 感慰兼集. 長牋見寵, 禮意過當, 非
욕수교 차심기거가안 감위겸집 장전견총 예의과당 비
衰老者所宜承當, 伏讀愧汗而已. 未由會見, 萬萬以時自重.
쇠노자소의승당 복독괴한이이 미유회견 만만이시자중
不宣.
불선

15-5. 【추관推官 정전보程全父에게 보내는 편지】[75]

보내신 새로 지은 시와 편지를 받으니 율격律格이 매우 오묘하여 배움이 얕은 저 같은 사람은 흉내도 내지 못하니 감탄하면서 읽기를 마지않습니다. 노졸한 저는 후의에 회답도 하지 못하고 다만 보관만 하고 있으니 좋은 자료로 삼을 뿐입니다. 바쁘게 쓰느라 실례를 하였습니다.

【與程全父推官】
여정전보추관

新詩承寵示, 格律深妙, 非淺學所能髣髴, 歎誦不已. 老拙無
신시승총시 격율심묘 비천학소능방불 탄송불이 노졸무

75 원풍元豐 4년(1081, 46세) 황주黃州 유배 시에 보낸 편지이다.

以答厚意, 但藏之, 永以爲好爾. 忽忽不謹.
이답후의 단장지 영이위호이 홀홀불근

15-6. 【추관推官 정전보程全父에게 보내는 편지】[76]

소식蘇軾은 말씀드립니다. 동지冬至 이후로 복록福祿[77]이 더욱 좋으시고 영광스럽게 저를 찾아오셨는데 만나 뵙지 못해 죄송하고 부끄러운 마음 헤아릴 수 없습니다. 은혜로이 보내주신 양고기와 술과 종이와 차는 후의에 매우 감사합니다. 답장을 늦게 보내지만 책망하지 마십시오.

【與程全父推官】
여정전보추관

某啓. 至後, 福履增勝, 辱訪不果見, 悚怍無量. 寵惠羊酒紙茗, 極荷厚意. 答謝稽緩, 不罪不罪!
모계 지후 복리증승 욕방불과견 송작무량 총혜양주지명 극하후의 답사계완 부죄부죄

15-7. 【추관推官 정전보程全父에게 보내는 편지】[78]

영공의 아드님께서 영광스럽게 방문하여 주셨는데 손님이 많아 정담을 나누지는 못하였습니다. 하찮은 일로 당신을 번거롭

76 원풍元豐 4년(1081, 46세) 황주黃州 유배 시에 보낸 편지이다.

77 복록福祿 : 《시경詩經》〈주남周南 · 규목樛木〉에 "즐거운 군자여, 복록을 편안히 누리리로다.[樂只君子 福履綏之]"라는 구절에서 유래한다.

78 원풍元豐 4년(1081, 46세) 황주黃州 유배 시에 보낸 편지이다.

게 합니다만 하원河源79을 지나던 날 현령80에게 아뢰었는데, 한 사람을 보내 목수木手와 갑두甲頭와 왕고王皐를 잠시 군郡에 이르게 해서 몇 칸 집 재료를 계산하도록 하시되 오직 신속하게 일을 마무리하는 것이 상책입니다. 집안일이 어지러워 미처 편지를 쓰지 못하였으니 책망하지 마십시오. 장생蔣生이 벌목한 것을 보고하고 감독하도록 하였습니다. 강江 군이 방문하였다가 이별하고 나서 본래 편지를 쓰려고 하였으나 술에 취해 열이 나고 손에 힘이 들어가지 않아 많은 편지를 쓰지 못하고 이 편지만 써서 보냅니다.

【與程全父推官】
여정전보추관

令子先輩辱訪及, 客衆不及款話. 少事干煩, 過河源日, 告仲
영 자 선 배 욕 방 급 객 중 불 급 관 화 소 사 간 번 과 하 원 일 고 신

意仙尉差一人押木匠甲頭王皐, 暫到郡中, 令計料數間屋材,
의 선 위 차 일 인 압 목 장 갑 두 왕 고 잠 도 군 중 영 계 요 수 간 옥 재

惟速爲妙. 爲家私紛冗, 不及寫書, 千萬勿罪! 蔣生所斫木,
유 속 위 묘 위 가 사 분 용 불 급 사 서 천 만 물 죄 장 생 소 작 목

亦告略督之. 江君訪別, 本欲作書, 醉熱手軟, 不能多書, 獨
역 고 약 독 지 강 군 방 별 본 욕 작 서 취 열 수 연 불 능 다 서 독

遣此紙而已.
견 차 지 이 이

79 하원河源 : 《일통지一統志》에, 혜주부惠州府 하원현河源縣이라고 하였다.

80 현령 : 원문은 '仙尉'. 현령을 뜻하는 말로서, 한漢나라 때 남창 현위南昌縣尉를 지낸 매복梅福을 가리키는 말이다. 그는 왕망王莽이 정권을 잡자 벼슬을 버리고 산에 들어가 신선이 되었다는 전설에서 기인된 말로 지방관을 뜻한다.

16. 【정수재程秀才[81]에게 보내는 편지】

아이가 이곳에 도착해서 《당서唐書》 한 부를 베끼고 나서 또 《전한서前漢書》를 빌려 베끼고 싶어 합니다. 만일 이 두 책을 다 베끼면 가난뱅이가 갑자기 횡재한 것 같을 것이니, 우습습니다.

늙고 졸렬한 저도 이렇게 하고 싶으나 눈이 흐리고 마음이 피로하여 스스로 수고롭게 할 수가 없어 이렇게 장자壯者에게 말씀드리는 것으로 즐거움으로 삼할 뿐입니다. 종이와 차 등의 아름다운 선물은 감사하고 부끄럽습니다. 존장께서 보내신 약과 나물과 장과 엿과 생강은 모두 이미 잘 받았습니다. 강江 군이 영광스럽게 보내주신 편지는 매우 답장 편지를 쓰고 싶지만 연이어 여러 통의 편지를 쓰려니 게으름이 심해졌습니다. 게다가 많은 답장 편지 때문에 민첩하지 못합니다.

【與程秀才】
여 정 수 재

兒子到此, 抄得《唐書》一部, 又借得《前漢》欲抄. 若了此二
아 자 도 차 초 득 당 서 일 부 우 차 득 전 한 욕 초 약 료 차 이
書, 便是窮兒暴富也. 呵呵. 老拙亦欲爲此, 而目昏心疲, 不
서 편 시 궁 아 폭 부 야 가 가 노 졸 역 욕 위 차 이 목 혼 심 피 불
能自苦, 故樂以此告壯者爾. 紙、茗佳惠, 感怍感怍! 丈丈惠
능 자 고 고 락 이 차 고 장 자 이 지 명 가 혜 감 작 감 작 장 장 혜
藥、菜、醬、糖、薑, 皆已拜賜矣. 江君先輩辱書, 深欲裁
약 채 장 당 강 개 이 배 사 의 강 군 선 배 욕 서 심 욕 재
謝, 連寫數書, 倦甚. 且爲多謝不敏也.
사 연 사 수 서 권 심 차 위 다 사 불 민 야

81 정수재程秀才 : 정전보程全父(?~?)를 이른다.

17. 【주문지周文之[82]에게 보내는 편지】[83]

정鄭 군이 머리가 좋고 학문에 독실하다는 것을 알았지만 그가 지은 시문을 보니 다만 과거에 응시할 수준일 뿐만이 아닙니다. 인편이 떠난다기에 바삐 편지를 씁니다. 서로 만날 수 없어 이러한 뜻을 전합니다. 이공필李公弼[84]도 두세 번 말을 전해 왔지만, 당신께서 멀리서 방문하시겠다는 뜻을 받으니 얼마나 다행인지요? 해주海州에서 궁벽하고 외로이 지내고 있어 사람을 만나는 것조차 기쁜데 하물며 그대와 같이 아름다운 선비는 어떠하겠습니까? 임행파林行婆[85]는 마땅히 건강할 터이나 제가 가지고 있는 향을 그에게 전하고 싶으니 때가 되면 형편에 따라 보내겠습니다. 여덟째 아이의 아내가 불행을 당하였으니 가슴이 아프고 슬픕니다.

【與周文之】
여주문지

鄭君知其俊敏篤問學, 觀所爲詩文, 非止科場手段也. 人去,
정군지기준민독문학 관소위시문 비지과장수단야 인거

忙作書. 不及相見, 且致此意. 李公弼, 亦再三傳語. 承許遠
망작서 불급상견 차치차의 이공필 역재삼전어 승허원

訪, 何幸如之! 海州窮獨, 見人卽喜, 況君佳士乎? 林行婆當
방 하행여지 해주궁독 견인즉희 황군가사호 임행파당

---

82 주문지周文之 : '文之'는 주언질周彦質(?~?)의 자이다. 구주 강산衢州江山 사람이다. 순주수령循州守令을 지냈다.

83 원풍元豐 3~6년(1080~1083, 45~48세) 황주黃州 유배 시에 보낸 편지이다.

84 이공필李公弼(?~?) : 송宋나라 상주常州 사람으로 이희정李熙靖의 아버지다. 통판로通判潞州를 지냈다가 탄핵을 받아 사망하였다.

85 임행파林行婆(?~?) : 임林 씨 성을 가진 사람으로 미상이다. '行婆'는 집에서 부처를 섬기는 노파를 이른다.

健, 有香與之, 到日告便送去也. 八郎房下不幸, 傷悼.
건 유향여지 도일고편송거야 팔랑방하불행 상도

18. 【구양지회歐陽知晦[86]에게 보내는 편지】

그대가 하수오何首烏를 복용한다고 들었는데, 그렇습니까? 이 약은 온후하고 독이 없어서 이습지李習之[87]의 〈하수오전何首烏傳〉을 보면 생으로 먹는 것이지 구워서 먹는 경우는 없습니다. 지금 사람들은 대추나 검은콩 따위를 사용하여 쪄서 익히는데 이는 모두 약효를 떨어뜨리는 것입니다.

저도 이 약을 복용하고 있는데, 그늘에 말린 것을 골라 빻아서 가루로 만들어 대추 속이나 불에 달인 꿀[88]과 섞어 나무절구에 넣고서 만 번을 절구질하여야 환약을 만들 수 있으니 이를 복용하면 그 약효가 뛰어나고 독이 없습니다. 당신께서 이 방법을 모르실 듯하여 말씀드립니다.

【與歐陽知晦】
여구양지회

聞公服何首烏, 是否? 此藥溫厚無毒, 李習之傳, 正爾啖之,
문공복하수오 시부 차약온후무독 이습지전 정이담지

---

86 구양지회歐陽知晦(?~?) : 길주吉州 안복현安福縣 사람이다. 다른 판본에는 제목이 '與文之'로 기록되어 있다.

87 이습지李習之 : '習之'는 이고李翱(772~841)의 자이다. 시호 문공文公이다. 중국 당대唐代 중기의 유학자로, 스승 한유韓愈를 따라 고문을 배웠다. 불교 사상을 채택하여 심성心性 문제에 대한 새로운 이해를 보였다.

88 꿀 : 원문은 '密'. 다른 판본에는 '蜜'로 되어 있다.

無炮製. 今人乃用棗或黑豆之類蒸熟, 皆損其力. 僕亦服此
무 포 제 금 인 내 용 조 혹 흑 두 지 류 증 숙 개 손 기 력 복 역 복 차
藥, 但採得陰乾, 便搗羅爲末, 棗肉或煉密和入木臼中, 萬杵
약 단 채 득 음 건 편 도 라 위 말 조 육 혹 연 밀 화 입 목 구 중 만 저
乃丸, 復極有力無毒. 恐未得此法, 故以奉白.
내 환 복 극 유 력 무 독 공 미 득 차 법 고 이 봉 백

19-1. 【전제명錢濟明[89]에게 보내는 편지】[90]

저는 이미 건주虔州[91]에 도착하였는데, 2월 중순 즈음에 이곳을 떠날 것입니다. 상주常州에 가서 살려고 이번 행차를 결정하였는데, 그곳 고을에 세를 얻거나 살 만한 집이 있는지 모르겠습니다. 만일 살만한 집이 없다면 저는 곧바로 진주眞州나 서주舒州로 가는 것도 다 괜찮습니다. 만약 상주 동문 밖에 배裵씨가 내놓은 팔 집이 있다면 중개인에게 물어보도록 해서 과연 살만하다면 가격이 얼마인지 물어 제 역량이 미친다고 생각되면 곧바로 지름길로 가서 의논하겠습니다. 금릉金陵에 도착하기를 기다렸다가 다시 사람을 보내 여쭙겠습니다. 만약 이 일이 성사되면 공과 지팡이나 짚고 오가며 저의 남은 인생을 즐길 것이니 애사哀詞 가운데 비로소 원하는 것을 이루었습니다.

장가보張嘉父[92]는 지금 잘 지내고 있습니까? 그리움이 날로 그치지 않습니다. 도중에 진소유秦少遊[93]가 갑자기 죽었다는 소식

---

89 전제명錢濟明 : 소동파의 친구라는 것 외에는 알려진 것이 없다.

90 휘종徽宗 원년(1101, 66세) 상주常州로 가는 여행 중에 보낸 편지이다.

91 건주虔州 : 지금의 강서성江西省 감주시贛州市다.

92 장가보張嘉父 : '嘉父'는 장대영張大寧(?~?)의 자이다. 산양山陽 사람이다.

을 들었습니다. 천하를 위해 이 사람을 애석하게 여겨 지금까지 애통합니다.

노직魯直94과 무구無咎95는 모두 벼슬에 기용되었다고 들었는데 공께서는 미친개96에게 물려 아직까지 시골에 살고 있습니다. 다만 황제께서는 하늘이 낳으신 성인이시라97 어두운 곳까지 환히 비칠 것이니 공을 어찌 오래도록 내버려 두시겠습니까? 마음을 편안히 가지시고 자신을 아끼십시오.

【與錢濟明】
여전제명

某已到虔州, 二月中間方離此. 此行決往常州居住, 不知郡
모이도건주 이월중간방이차 차행결왕상주거주 부지군

中有屋可僦可典買者否? 如無可居, 卽欲往眞州、舒州, 皆
중유옥가추가전매자부 여무가거 즉욕왕진주 서주 개

可. 如聞常州東門外, 有裴氏見出賣宅98, 告令一幹事人與
가 여문상주동문외 유배씨견출매택 고영일간사인여

93 진소유秦少遊 : '少遊'는 진관秦觀(1049~1100)의 자이다. 호는 회해거사淮海居士이다. 소식의 제자로, 황정견黃庭堅 · 장뢰張耒 · 조보지晁補之와 함께 '소문사학사蘇門四學士'로 일컬어졌던 인물이다. 저서로는 《회해집淮海集》이 있다.

94 노직魯直 : 황정견黃庭堅(1045~1105)의 자이다. 호는 산곡도인山谷道人이며, 소식蘇軾의 문인으로 '소문사학사蘇門四學士'의 한 사람이다. 강서시파江西詩派의 시조로 일컬어진다.

95 무구無咎 : 조보지晁補之(1053~1110)의 자이다. 호는 제북濟北이며, 소식蘇軾의 문인으로 '소문사학사蘇門四學士'의 한 사람이다.

96 미친개 : 원문은 '猘子'. 《설문해자說文解字》에 "광견야[狂犬也]"라고 하였다.

97 하늘이 낳으신 성인이시지 : 원문은 '天縱'. 《논어論語》〈자한子罕〉에 "자공이 '선생님은 진실로 하늘이 낳으신 거의 성인이시고 또 능력도 많으십니다.[子貢曰 固天縱之將聖 又多能也]'라고 말하였다."라고 한 구절에서 유래한다.

98 有裴氏見出賣宅 : 이본異本에는 "배裵씨가 집을 팔려고 내놓았다는 건주수령 곽자모 대부의 말을 들었는데[有裴氏見出賣宅 虔守霍子侔大夫言]"라는 구절이

問當, 若果可居, 爲問其直幾何, 度力所及, 卽徑往議之. 俟
문당 약과가거 위문기직기하 탁력소급 즉경왕의지 사
至金陵, 當別遣人咨稟也. 若遂此事, 與公杖履往來, 樂此餘
지금릉 당별견인자품야 약수차사 여공장리왕래 락차여
年, 踐哀詞中始願也. 張嘉父今安在? 想日益不止. 途中聞
년 천애사중시원야 장가보금안재 상일익부지 도중문
秦少遊奄忽, 爲天下惜此人物, 哀痛至今. 聞魯直、無咎皆
진소유엄홀 위천하석차인물 애통지금 문노직 무구개
起, 而公爲猘子所齧, 尚棲遲田間. 聖主天縱, 幽蔀畢照, 公
기 이공위제자소설 상서지전간 성주천종 유부필조 공
豈久廢者? 惟萬萬寬中自愛.
기구폐자 유만만관중자애

19-2. 【전제명錢濟明에게 보내는 편지】[99]

소식蘇軾은 말씀드립니다. 멀리서 인편을 통해 편지를 보내 안부를 물어주시는 두터운 은혜에 감사하고 죄송한 마음 그지없습니다. 요즈음에 고을 공무를 보시는 나머지에 안부는 어떠하신지요? 저는 귀양지에 도착하여 문을 닫고 허물을 살피는 것 외에 일체의 다른 일은 없습니다. 장향瘴鄕[100]이 있는 마을의 풍토는 물어보지 않아도 아실 것입니다. 젊은 사람들이야 오래 머무를 수 있겠지만 늙은이에게는 자못 두려운 곳이니 "욕심을 끊고 음식을 절제해야 죽지 않을 것이다."는 말을 이미 가슴에 새겨 두고 있고, 나머지는 천명만 믿을 뿐입니다.

더 있다.

99 소성紹聖 원년(1094, 59세) 혜주惠州 유배 시에 보낸 편지이다.

100 장향瘴鄕 : 바다에서 발생하는 습기가 많은 공기가 풍토병을 일으키는 남쪽 지방을 이른다.

요사이 친구들의 안부 편지가 벌써 끊겼으니 이치나 상황으로 보아 응당 그러할 것입니다. 그런데 그대만은 친구의 의리를 더하고 고아한 의리가 늠름하니 참으로 하늘로부터 천성에서 나온 것입니다. 다만 제가 어떻게 이러한 은혜를 입었는지 부끄럽기만 합니다. 서로 만날 기약조차 없으니 편지를 대하고 보니 서글프기만 합니다. 그대는 갑절이나 더 몸을 보중하시기를 빌며 이만 줄입니다.

【與錢濟明】
여전제명

某啓. 專人遠辱書, 存問加厚, 感悚無已. 比日郡事餘暇, 起
모계 전인원욕서 존문가후 감송무이 비일군사여가 기
居何如? 某到貶所, 闔門省愆之外, 無一事也. 瘴鄕風土, 不
거하여 모도폄소 합문성건지외 무일사야 장향풍토 불
問可知, 少年或可久居, 老者殊畏之. 唯絕嗜欲, 節飮食, 可
문가지 소년혹가구거 노자수외지 유절기욕 절음식 가
以不死. 此言已書之紳矣, 餘則信命而已. 近來親舊書問已
이불사 차언이서지신의 여즉신명이이 근래친구서문이
絕, 理勢應爾. 濟明獨加舊, 高義凜然, 固出天資. 但愧不肖
절 리세응이 제명독가구 고의늠연 고출천자 단괴불초
何以得此! 會合無期, 臨紙愴恨. 惟祝倍萬保重. 不宣.
하이득차 회합무기 임지창한 유축배만보중 불선

20. 【왕성미王聖美[101]에게 보내는 편지】[102]

소식蘇軾은 머리를 조아리고 말씀드립니다. 어제 조정에서 멀

101 왕성미王聖美 : '聖美'는 왕자소王子韶(?~?)의 자이다. 태원太原 사람이다.
102 원우元祐 6년(1091, 56세) 항주杭州에서 조정으로 돌아왔을 때 보낸 편지이다.

리서나마 바라본 것만으로도 자못 오랜 갈증에서 위안이 된 듯합니다.

편지를 받고 안부가 좋으신 줄 알았습니다. 찾아뵐 인연이 없어 아직까지 해후하여 다시 잠깐이라도 만나 뵙기를 바랍니다. 인편이 돌아가 서둘러 답장을 쓰고 이만 줄입니다.

【與王聖美】
여왕성미

某頓首啓. 昨日庭中望見, 殊慰久渴. 辱教, 伏承尊體佳勝.
모돈수계 작일정중망견 수위구갈 욕교 복승존체가승

無緣造門, 尚冀邂逅, 復少須臾. 人還, 布謝草草. 不宣.
무연조문 상기해후 부소수유 인환 포사초초 불선

21. 【이연평李延評[103]에게 보내는 편지】[104]

소식蘇軾은 말씀드립니다. 지나는 길에 특별히 방문해 주셨는데, 제가 마침 며칠 동안 병으로 누워있다가 연일 모임이 있어 자못 조금도 겨를이 없었습니다. 갑자기 행차하시어 한 번 나아가 감사의 말씀도 드리지 못하였습니다. 내일 출발하게 되면 마침내 그대와 작별하게 되니 부끄러운 마음을 어떻게 이기겠습니까?

【與李延評】
여이연평

某啓. 經由特辱枉訪, 適以臥病數日, 及連日會集, 殊無少
모계 경유특욕왕방 적이와병수일 급연일회집 수무소

103 이연평李延評(?~?) : 북송 때 사람이다.

104 원풍元豐 7년(1084, 49세) 황주黃州를 떠나며 보낸 편지이다.

暇. 治行忽遽, 不及詣謝. 明日解維, 遂爾違濶, 豈勝愧負.
가 치행홀거 불급예사 명일해유 수이위활 기승괴부

22-1. 【여용도呂龍圖105에게 보내는 편지】106

소식蘇軾은 말씀드립니다. 지난번 서툴고 어리석은 말로 그대의 귀와 눈을 더럽혀, 문하에서 죄를 입어 죽어도 용서받지 못할까 두려웠습니다. 그런데 답장을 보내주시니 말씀이 정성스럽고 간절하며 예로써 융숭하게 대해주시고 칭찬의 말씀이 지난번보다 더하였습니다. 바로 이점이 제가 기뻐하면서도 두려워하는 것이니 몸 둘 바를 모르겠습니다.

보내주신 당신의 편지는 받아 집에 잘 보관하여 자손들의 아름다운 볼거리로 삼으려 합니다. 누추한 초가집에 다시 빛이 나는 듯하고 썩은 뿌리에 다시 꽃봉오리가 맺힌 듯합니다. 이는 각하께서 온화한 봄 날씨 같은 마음으로 길러주고 성취시켜주시기 때문입니다. 날을 가려서 목욕재계하고 다시 관하館下로 찾아뵙겠습니다. 편지를 마주하니 말이 제대로 나오지 않아 제 마음을 펼 수가 없습니다. 저의 어리석음을 용서하시기 바랍니다.

【與呂龍圖】
여여용도

某啓. 前以拙訥, 上塵聽覽, 方懼獲罪於門下, 而無以容其
모계 전이졸눌 상진청람 방구획죄어문하 이무이용기

105 여용도呂龍圖 : '龍圖'는 여공필呂公弼(1007~1073)의 별칭이다. 자는 보신寶臣이고, 인종仁宗 말년에 용도각龍圖閣의 직학사直學士를 지내 '용도龍圖'로 불린다.

106 원우元祐 6년(1091, 56세) 경사京師에 있을 때 보낸 편지이다.

誅. 又辱答教, 言辭款密, 禮遇優隆, 而褒揚之句, 有加於前日. 此不肖所以且喜且懼而莫知所措也. 珍函已捧受訖, 謹藏之於家, 以爲子孫之美觀. 蔀屋之陋, 復生光彩, 陳根之朽, 再出英華. 乃閣下暖然之春, 有以長育成就之故也. 擇日齋沐, 再詣館下. 臨紙澁訥, 情不能宣. 伏惟恕其愚.

22-2. 【여용도呂龍圖에게 보내는 편지】107

소식蘇軾은 말씀드립니다. 오래도록 공무에 골몰하느라 뵙지 못하였습니다. 소원했던 죄를 그대에게 응당 받아야 하지만 뜻밖에 너그럽고 인자함으로 저를 용서하시고108 속된 실정을 살피시어 작은 잘못을 용서하여 주십시오.

영광스럽게 보내신 편지의 말씀은 자세히 더욱 위로하시니 편지를 받을 즈음에는 더욱 낯 두꺼움만 더하니 조만간 객사客舍로 찾아뵙겠습니다.

무더운 날씨에도 조정을 위해 자애하시어 위로는 황제께서 의지하시는 마음에 부응하시고 아래로는 백성들의 바람에 위안이 되도록 하시기를 바라며 말씀드립니다.

107 원우元祐 6년(1091, 56세) 경사京師에 있을 때 보낸 편지이다.

108 용서하시고 : 원문은 '含垢'. 더러운 것도 포용하고 용서한다는 뜻으로, 《춘추좌씨전春秋左氏傳》 선공宣公 15년 조에 "아름다운 옥은 티끌을 숨겨 주고 나라의 임금은 더러운 것을 감싸 준다.[瑾瑜匿瑕 國君含垢]"라는 구절에서 유래한다.

【與呂龍圖】
여여용도

某啓. 久以局事汩沒, 殊不獲覯止. 竊惟應得疏絶之罪於左
모계 구이국사골몰 수불획구지 절유응득소절지죄어좌
右, 不意寬仁含垢, 察其俗狀之常情, 恕其簡略之小過. 光降
우 불의관인함구 찰기속상지상정 서기간략지소과 광강
書辭, 曲加勞問, 拜貺之際, 益增厚顔, 旦夕詣賓次. 盛暑,
서사 곡가노문 배황지제 익증후안 단석예빈차 성서
伏惟爲朝廷自愛, 上副[109]注倚之心, 下慰輿人之望. 謹咨.
복유위조정자애 상부 주의지심 하위여인지망 근자

23. 【소조봉蕭朝奉[110]에게 보내는 편지】[111]

소식蘇軾은 말씀드립니다. 요사이 제거사提擧司 영공令公 형을 만나 조금이나마 당신의 소식을 들어 위안이 됩니다. 작은 일에도 번번이 염치를 무릅쓰고 감히 말씀드리니 부디 경솔한 저의 행동을 용서하여 주십시오. 저의 아이 소매蘇邁가 몇 개의 방房에 사는 식구들을 데리고 이사를 하느라 건주虔州에서 작은 배로 바꾸어 타고 용남강龍南江을 지나 방구方口에 도착해서 뭍에 올라 순주循州에 이르러 물길을 따라 내려와 혜주惠州에 도착하였습니다. 보잘것없는 관직으로 거듭 누를 끼치며 감히 돌보아 주시기를 바랍니다. 특별히 고을의 여러 공公에게서 구실아치[112]

109 副 : 《전주구소수간箋注歐蘇手簡》에는 '則'으로 되어 있지만, 이본異本에는 '副'로 되어 있어 바로잡는다.

110 소조봉蕭朝奉(?~?) : '朝奉'은 송宋나라의 벼슬이름이다.

111 소성紹聖 원년(1094, 59세) 혜주惠州 유배 시에 보낸 편지이다.

112 구실아치 : 원문은 '白直'. 진秦과 남북조南北朝시대 녹봉 없이 부리던 구실아치를 이른다. 이후 구실아치를 이르는 말로 널리 쓰였다.

관리 수십 명을 빌려[113] 방구方口까지 이르게 하신다면 개주開州를 멀리 벗어날 수 있을 것이니 유념해 주시기를 간절히 바랍니다. 이미 순주循州에서 도착하면 수십 명이 방구에 도착해서 맞이해 줄 것으로 생각합니다. 객지를 떠도는 고생을 당신께서 걱정하고 살펴주실 것으로 생각하니 매우 다행입니다. 이만 줄입니다.

【與蕭朝奉】
여 소 조 봉

某啓. 近得見令兄提擧, 稍聞動止之詳爲慰. 少事輒敢冒聞,
모 계 근 득 견 영 형 제 거 초 문 동 지 지 상 위 위 소 사 첩 감 모 문

幸恕率易. 兒子邁般挈數房賤累, 自虔易小舟, 由龍南江至
행 서 솔 이 아 자 매 반 설 수 방 천 루 자 건 역 소 주 유 용 남 강 지

方口出陸, 至循州, 下水到惠. 賤官重累, 敢望矜恤. 特爲於
방 구 출 륙 지 순 주 하 수 도 혜 천 관 중 루 감 망 긍 휼 특 위 어

郡中諸公, 醵借白直數十人, 送至方口, 計未遠出州界, 切望
군 중 제 공 갹 차 백 직 수 십 인 송 지 방 구 계 미 원 출 주 계 절 망

垂念. 已於循州擘畫得數十人至方口迎之也. 流落困苦, 想
수 념 이 어 순 주 벽 화 득 수 십 인 지 방 구 영 지 야 유 락 곤 고 상

與愍察, 幸甚幸甚! 不悉.
여 민 찰 행 심 행 심 불 실

24-1. 【왕중지王仲志[114]에게 보내는 편지】[115]

소식蘇軾은 머리를 조아리고 말씀드립니다. 여러 날 동안 조정

113 빌려 : 원문은 '醵借'. 돈 따위를 꾸어올 계획을 세우는 것을 이른다.

114 왕중지王仲志 : '仲志'는 왕흠신王欽臣(1034?~1101?)의 자는 중지仲至로 오자이다. 북송北宋의 관리로, 섬서 전운부사陝西轉運副使, 공부 원외랑工部員外郎을 지냈다.

115 원우元祐 6년(1091, 56세) 경사京師에 있을 때 보낸 편지이다.

에서 발걸음을 이어[116] 매우 다행이었습니다. 편지를 받고 안부가 더욱 좋으신 줄 알았습니다. 경사스럽게 당신께서 새로 지으신 시는 여러 선비들이 차운次韻하기가 어렵습니다. 그런데 보잘것없는 저의 시를 무례히 드리니 잘 지어진 시가 아니라서 매우 부끄럽습니다. 바빠서 이만 줄입니다.

【與王仲志】
여왕중지

某頓首啓. 數日接武, 甚幸. 辱簡, 復承節後起居增勝. 慶成
모돈수계 수일접무 심행 욕간 복승절후기거증승 경성

新句, 諸儒殆難繼矣. 拙句亦謾呈, 甚愧不工. 忽忽, 不宣.
신구 제유태난계의 졸구역만정 심괴불공 총총 불선

24-2. 【왕중지王仲志에게 보내는 편지】[117]

비 내리는 서늘한 날씨에 대감의 안부는 좋으신지요? 유경문劉景文[118]이 쓴 상소문의 초고를 올리니 채택하여 쓸 만하다면 곧바로 사람을 시켜서 깨끗하게 베껴서 보내주시고 서명도 함께 보내주십시오. 만약 온당치 못한 부분이 있다면 생각대로 고쳐주십시오. 늙은 아내가 병이 더 심해져 매우 걱정이니 어찌하겠

---

116 발걸음을 이어 : 원문은 '接武'. 《예기禮記》 〈곡례曲禮〉에 "당에 오를 때는 걸음을 겹치게 걷고 당에서 내려올 때는 걸음을 크게 한다.[堂上接武 堂下布武]"라고 하였다.

117 원우元祐 6년(1091, 56세) 경사京師에 있을 때 보낸 편지이다.

118 유경문劉景文 : '景文'은 유계손劉季孫(1033~1092)의 자이다. 개봉開封 상부祥符 사람으로 절동浙東과 절서浙西의 병마도감兵馬都監으로 항주에 있었으며 소식과 절친한 친구가 되었다.

습니까?

【與王仲志】
여왕중지

雨凉, 台候萬福. 景文秦狀草子拜呈, 如可用, 卽乞令人寫淨
우량 태후만복 경문진장초자배정 여가용 즉걸영인사정
示下, 同簽發去. 若有不穩便, 一面改抹也. 老妻病已革矣,
시하 동첨발거 약유불온편 일면개말야 노처병이혁의
憂懣, 奈何!
우만 내하

24-3. 【왕중지王仲志에게 보내는 편지】[119]

여러 날 동안 안부를 드리지 못했으니 목이 타는 저의 그리움을 헤아릴 수 있을 것입니다. 보내주신 편지를 받고 잘 지내신다니 위안이 됩니다. 박주擈晝에서 만나 진실로 마땅히 접대를 해야 하지만 늙은 아내의 병세가 아직까지 차도가 없으니 만약 조금 나아진다면 마땅히 달려 나가겠습니다. 돌아가는 인편을 통해 바쁘게 씁니다.

【與王仲志】
여왕중지

多日不款奉, 渴仰可量. 辱簡, 承起居佳勝爲慰. 擈晝之會,
다일불관봉 갈앙가량 욕간 승기거가승위위 박주지회
固當接待, 但老婦疾勢, 未分安危至今. 若稍減, 當趨赴也.
고당접대 단노부질세 미분안위지금 약초감 당추부야
人還, 忽忽.
인환 총총

119 원우元祐 6년(1091, 56세) 경사京師에 있을 때 보낸 편지이다.

25-1. 【상관장上官長[120]에게 보내는 편지】[121]

소식蘇軾은 말씀드립니다. 인편이 와서 편지와 시詩·문文 두 책을 받고 놀라고 기쁜 마음에 어찌할 줄 몰랐습니다. 편지를 보니 학식이 넓고 전아하며 순수하고 굳건하여 그 말씀을 음미할 만하였습니다. 다음으로 고시와 율시를 보니 시상이 깊고 오묘하여 옛사람들의 작품에 뜻을 두셨고, 〈상자론莊子論〉을 다 읽어보니 필력이 자유분방하고 깊은 생각을 담고 있어서 학식이 얕은 저의 배움으로는 미칠 수 있는 수준이 아니었습니다. 저같이 보잘것없는 사람이 죄에 빠져 잠깐이라도 만날 인연이 없었는데 이렇게 세 가지 선물을 받고 보니 매우 다행입니다. 저는 늙은데다 학문이 거칠어 붓과 벼루를 가까이 하지 않은 지가 벌써 여러 해가 되었습니다. 쓸쓸한 과거를 회고하니 보답할 길이 없습니다. 다만 상자에 넣어두고 영원히 우호의 증거로 삼을 뿐입니다. 마침 병을 앓고 있었는데 돌아가는 인편을 통해 거칠게나마 답장을 드리며 이만 줄입니다.

【與上官長】
여 상 관 장

某啓. 專人至, 辱書及詩文二冊. 捧領驚喜, 莫知所從得. 伏
모 계 전 인 지 욕 서 급 시 문 이 책 봉 령 경 희 막 지 소 종 득 복

觀書辭, 博雅純健, 有味其言. 次觀古律詩, 用意深妙, 有意
관 서 사 박 아 순 건 유 미 기 언 차 관 고 율 시 용 의 심 묘 유 의

於古作者. 卒讀〈莊子論〉, 筆勢浩然, 所寄深矣. 非淺學所能
어 고 작 자 졸 독 장 자 론 필 세 호 연 소 기 심 의 비 천 학 소 능

---

120 상관장上官長 : 원문은 '上官長'. 이본異本에는 '上官彝'로 되어 있다.

121 원풍元豐 7년(1084, 49세) 황주黃州를 떠나면서 보낸 편지다.

到. 自惟無狀, 罪戾汩沒, 不緣半面, 獲此三貺. 幸甚幸甚!
도 자유무상 죄려골몰 불연반면 획차삼황 행심행심

老謬荒廢, 不近筆硯, 忽已數年. 顧視索然, 無以爲報. 但藏
노류황폐 불근필연 홀이수년 고시색연 무이위보 단장

之巾笥, 永以爲好而已. 適病中, 人還, 草率奉謝. 不宣.
지건사 영이위호이이 적병중 인환 초솔봉사 불선

25-2. 【관청의 수장에게 보내는 편지】122

소식蘇軾은 말씀드립니다. 당신의 시는 동정호洞庭湖와 군산도君山島123의 경치를 묘사한 것이 많아 읽으면 초연한 기분이 들어 정신이 그쪽으로 치달려 갑니다. 당신께서 저에게 시를 지으라고 하셨는데 이미 재능과 시상이 보잘것없는 데다 여러 가지 어려움으로 사람들을 두려워하여 한 글자도 짓지 못한지가 벌써 3년이 되었습니다. 제가 사는 곳은 큰 강을 끼고 있어 무창武昌124을 바라보면 여러 산이 바로 앞에 있습니다. 간혹 다시 그사이에 작은 배를 띄워 노닐며 바람 불고 비 오고 구름 끼고 달이 뜨는 때나 흐르거나 갠 날씨, 아침이나 저녁의 천태만상의 모습들을 비슷하게라도 말로 베껴내지 못하는 것이 한스럽습니다.

만날 기약이 없으니 천시天時에 순응하며 진중하시기를 바랍니다. 어느 때쯤이나 아름다운 관직을 얻어 저에게 한번 들리시려는지요?

---

122 원풍元豐 7년(1084, 49세) 황주黃州를 떠나면서 보낸 편지다.

123 군산도君山島 : 동정호洞庭湖 속에 있는 작은 섬의 이름이다.

124 무창武昌 : 중국 호북성湖北省 남동부南東部에 있는 무한武漢의 한 지역이다.

【與上官長】
여상관장

某啓. 詩篇多寫洞庭、君山景物, 讀之超然, 神馳於彼矣. 見
모계 시편다사동정 군산경물 독지초연 신치어피의 견
敎作詩, 旣才思拙陋, 又多難畏人, 不作一字者已三年矣. 所
교작시 기재사졸루 우다난외인 부작일자자이삼년의 소
居臨大江, 望武昌諸山咫尺. 時復葉舟縱遊其間, 風雨雲月,
거임대강 망무창제산지척 시부엽주종유기간 풍우운월
陰晴早暮, 態狀千萬, 恨無一語略寫其髣髴耳. 會面未由, 惟
음청조모 태상천만 한무일어약사기방불이 회면미유 유
千萬以時珍重. 何時得美解, 當一過我耶?
천만이시진중 하시득미해 당일과아야

26. 【소제거蕭提擧[125]에게 보내는 편지】[126]

소식蘇軾은 말씀드립니다. 화창한 봄날에 안부가 좋으시라 생각합니다. 저는 죄로 유배를 당하여 그대의 휘하에 몸을 맡기고 있으니 매우 다행입니다. 혜주惠州에 도착하는 즉시 문안을 올리려고 하였는데 문을 닫고 허물을 살피느라 인사를 모두 그만두고 있습니다. 이 때문에 뒷날로 미룬 것을 너무 의아하게 여기지 않으실 것으로 생각합니다. 만날 인연이 없으니 언제나 자중하시길 바라며 편지를 드리고 이만 줄입니다.

【與蕭提擧】
여소제거

某啓. 春和, 竊惟起居佳勝. 某罪譴, 得託麾下, 幸甚幸甚!
모계 춘화 절유기거가승 모죄견 득탁휘하 행심행심

125 소제거蕭提擧(?~?) : '提擧'는 벼슬이름이고 미상이다.

126 소성紹聖 원년(1094, 59세) 혜주惠州 유배 시에 보낸 편지이다.

到惠州，卽欲上問，杜門省咎，人事俱廢．以故後時，想不深
도혜주 즉욕상문 두문성구 인사구폐 이고후시 상불심

訝．未緣瞻奉，伏冀爲時自重．謹奉手啓布聞．不宣．
아 미연첨봉 복기위시자중 근봉수계포문 불선

27-1. 【왕유안王幼安[127]에게 보내는 편지】[128]

소식蘇軾은 말씀드립니다. 8년 동안 쓸쓸히 지내면서 한 번도 안부를 전하지 못해 매번 부끄럽고 죄송합니다. 여러 차례 허주許州에 도착한 아이와 조카들의 편지를 얻어 보니, 요사이 친척들과 왕래가 끊어지고 오직 유안幼安 형제들만 예와 다름없이 대해준다니 그 소식을 듣고는 감격하였습니다.

인편이 와서 여러 폭의 편지를 받았는데 개연하게 진술한 뜻이 마치 옛사람의 말을 대하는 것 같으니, 진실로 왕씨王氏와 사씨謝氏의 기풍[129]이 절로 전해진 것입니다. 늙고 쇠약하여 억지로 답장을 하다 보니 문장이 제대로 이루어지지 못했으나 나무라지 마십시오.

【答王幼安】
답왕유안

某啓．索居八年，未嘗一通問，每以慚負．屢得許下兒姪書
모계 색거팔년 미상일통문 매이참부 누득허하아질서

127 왕유안王幼安(?~?) : 미상이다.

128 황주黃州에 있을 때(1080년, 45세) 보낸 편지다.

129 왕씨王氏와 사씨謝氏의 기풍 : 원문은 '王謝風氣'. 진晉나라 때의 명문거족으로 풍류가 뛰어났던 인물들인 왕도王導와 사안謝安을 가리킨다. 두보杜甫의 시 〈장유壯遊〉에 "왕사의 풍류가 멀어졌다.[王謝風流遠]"라는 구절이 있다.

云, 比來親族或斷往還, 唯幼安昆仲待遇如舊. 聞之感激. 人
운 비래친족혹단왕환 유유안곤중대우여구 문지감격 인

來, 辱書累幅, 陳義慨然, 如接古人語. 信王謝風氣, 傳之有
래 욕서누폭 진의개연 여접고인어 신왕사풍기 전지유

自也. 老病强答, 不復成語. 不罪不罪!
자야 노병강답 불부성어 부죄부죄

27-2. 【왕유안에게 보내는 편지】[130]

저는 처음에 의흥宜興[131]에 가서 살려고 했지만 지금 자유子由[132]의 편지를 받아보니 애써 허창許昌[133]으로 돌아가도록 권하여 이미 말씀을 따르기로 결정하였습니다. 배가 이미 여산廬山 아래에 도착하였으니 저는 오래지 않아 마땅히 찾아뵙겠습니다. 그 사이 천시天時에 순응하며 자신을 보호하고 아끼시기를 바랍니다.

【答王幼安】
답왕유안

某初欲就食宜興, 今得子由書, 苦勸歸許昌, 已決意從之矣.
모초욕취식의흥 금득자유서 고권귀허창 이결의종지의

130 원풍元豐 3년(1080, 45세) 황주黃州 유배 시에 보낸 편지이다.

131 의흥宜興 : 상주常州에 있을 때 동파東坡의 별업別業이 동정호를 사이에 두고 현縣과 40리 떨어져 있었다.

132 자유自由 : 소식蘇軾의 아우인 소철蘇轍(1039~1112)의 자이다. 호는 영빈穎濱으로 당송팔대가唐宋八大家 중 한 사람이다.

133 허창許昌 : 《지리지地理志》에 "영주군穎州郡 허현許縣으로, 위무魏武가 이름을 고쳐 허창許昌이라고 하였다. 지금의 하남성河南省 허주許州이다.[穎州郡許縣 魏武 改曰 許昌 今河南許州]"라고 하였다.

舟已至廬山下，不久當獲造謁．未間，乞若時保嗇．
주 이 지 여 산 하 불 구 당 획 조 알 미 간 걸 약 시 보 색

28. 【비교秘校[134] 도원道源[135]에게 보내는 편지】[136]

소식蘇軾은 말씀드립니다. 궁벽하고 비루한 곳에 유배되어 제일 먼저 친구를 만나니 마음속에 타향을 떠도는 탄식이 사라졌습니다.

저는 쇠약하고 병든 데다 세상일에 어리석어 나아가는 곳마다 사람들에게 누를 끼치게 되니 스스로 특출난 탁견이 없다면 나아가고 물러나는 것에 마음을 두지 않는 저 같은 사람에게 누가 왕래하려고 하겠습니까? 아직도 이런 생각을 하고 있으니 언제나 잊어버릴 수 있겠습니까?

이별하고 나서 또다시 초여름이 되니 말할 수 없이 그립습니다. 멀리서나마 요사이 안부가 좋으시리라 생각합니다. 두 번이나 편지를 받고서도 게을러서 곧바로 답장도 하지 못하였으니 이미 당신께 죄를 지었다고 생각합니다. 그러나 친구는 저의 성품과 기질이 대체로 평소에도 편지쓰기에 게으르다는 것을 알 것입니다. 마음속에 실로 다른 뜻이 있는 것이 아니니 다시 너그럽게 용서하시기를 바랍니다.

관官에 도착하면 또다시 이전 벼슬아치와 자리를 바꿀 것이니 당신의 고아한 생각으로 처신하신다면 무슨 일이든 불가능하겠

134 비교秘校 : 관직명으로 비서성 교서랑秘書省校書郎을 이른다.
135 도원道源 : 소식蘇軾의 친구인 두도원杜道源(?~?)을 이른다.
136 원풍元豐 4년(1081, 46세) 황주黃州 유배 시에 보낸 편지이다.

습니까? 강령江令이 끝내 잠깐도 머물려고 하지 않으니 강건한 결심은 보통 사람으로는 미칠 수 없습니다. 만나서 말씀을 나눌 길이 없으니 천시天時에 순응하며 자중하십시오. 편지를 올리며 이만 줄입니다.

【與道源秘校】
여도원비교

某啓. 謫居窮陋, 首見故人, 釋然無復有流落之歎. 衰病迂
모계 적거궁누 수견고인 석연무부유유락지탄 쇠병우
拙, 所向累人, 自非卓然獨見, 不以進退爲意者, 誰肯辱與往
졸 소향누인 자비탁연독견 불이진퇴위의자 수긍욕여왕
還? 尙爲此意, 何時可忘? 別來又復初夏, 思企不可言. 遠想
환 상위차의 하시가망 별래우부초하 사기불가언 원상
卽日尊候佳勝. 兩辱手書, 懶不卽答, 計已獲罪左右. 然惟故
즉일존후가승 양욕수서 나부즉답 계이획죄좌우 연유고
人能知其性氣, 蓋懶作書者有素矣, 中實無他也, 更望寬之.
인능지기성기 개나작서자유소의 중실무타야 갱망관지
知到官又復對換, 想高懷處之, 無適而不可. 江令竟不肯少
지도관우부대환 상고회처지 무적이불가 강영경불긍소
留, 健決非庸人所及也. 無由面言, 以時自重, 謹奉啓. 不宣.
류 건결비용인소급야 무유면언 이시자중 근봉계 불선

29-1. 【모국진毛國鎭[137]에게 보내는 특별 편지】

국진國鎭이 나에게 와서 책을 부탁하며 "숲에서 펼쳐놓고 즐겨 보기에 합당하다."고 하였습니다. 그래서 도잠陶潛[138]의 〈귀거래

137 모국진毛國鎭(?~?) : 소식蘇軾이 균주筠州에 있을 때 교유했던 인물이다.

138 도잠陶潛(365~427) : 중국 동진東晋~송대宋代에 걸쳐 활동했던 중국의 대표적 시인이다. 그의 시풍은 당대唐代의 맹호연孟浩然·왕유王維 등 많은 시인들에게 영향을 주었다.

사歸去來辭〉를 써서 주었습니다. 그렇지만 국진國鎭이 어찌 숲속에 사는 사람이겠는가? 비유하자면 오늘날 흰 비단부채[139]에 한겨울 숲과 눈 덮인 대나무를 많이 그린 것을 당시에는 얻기가 어려웠는데, 이는 바로 조정 벼슬아치들로 하여금 더욱 볼만한 것으로 여기게 한 것이나 마찬가지입니다.

【與毛國鎭別紙】
여모국진별지

國鎭從予求書, 且曰: "當於林下展玩." 故書陶潛〈歸去來〉以
국진종여구서 차왈 당어임하전완 고서도잠 귀거래 이

遺之. 然國鎭, 豈林下人也哉! 譬如今之紈扇, 多畫寒林雪
유지 연국진 기임하인야재 비여금지환선 다화한림설

竹, 當世所難得者, 正使在廟堂之上, 尤可觀也!
죽 당세소난득자 정사재묘당지상 우가관야

30. 【이소기李昭玘[140]에게 보내는 편지】[141]

소식蘇軾은 말씀드립니다. 인편이 없어서 오랫동안 편지를 보내지 못하였습니다. 왕자중王子中[142]이 와서 보내신 편지를 받고 상세한 안부를 알게 되어 헤아릴 수 없이 위안되었습니다. 요사이 존형의 안부는 어떠신지요? 새로 지으신 〈설당시雪堂詩〉를 이

139 흰 비단부채 : 원문은 '紈扇'. 가을과 여름에 필요한 것인데, 부채에 그림을 그리는 사람들이 대부분 한겨울 숲 눈 덮인 대나무를 그린 것을 아름답게 여겼다. 이는 조정의 신하들이 산림의 즐거움을 부러워하는 것과 같다.

140 이소기李昭玘(?~?) : 자는 성계成季이고 제남濟南 사람이다.

141 원풍元豐 5년(1082, 47세) 황주黃州 유배 시에 보낸 편지이다.

142 왕자중王子中(?~?) : 미상이다.

미 받았는데, 또 부일헌負日軒의 여러 시문을 얻어 보니 눈과 귀가 아찔하여 그 깊이를 엿볼 수가 없습니다.

늙고 병들어 학문을 그만둔 지 이미 오래되었는데 이러한 마음이 아직도 남아 있어서 그대가 새로 지은 시를 보고, 노직魯直과 무구無咎 명략明略 등의 여러분이 화답 시를 지었는데, 저처럼 서툰 솜씨를 가진 사람은 붓을 내려놓고 다시는 글을 짓지 못할 것입니다.

요사이 이치李豸143라는 사람은 양적陽翟 사람으로 비록 광기를 다 제거하지 못하였지만 필세가 물결치듯 변화무쌍하여 이미 모래와 자갈을 날리는 형세가 있는데, 알고 계신지요? 자중이 비록 빠르게 발전한 것은 모두가 그대의 가르침 덕분입니다.

언제 한번 만나서 웃을 수 있으려는지요? 만나기 전까지 자중하시기를 바랍니다. 서주徐州 사람이 돌아가는 인편에 바쁘게 쓰고 이만 줄입니다.

【與李昭玘】
여이소기

某啓. 無便, 久不奉書. 王子中來, 且出所惠書, 益知動止之
모계 무편 구불봉서 왕자중래 차출소혜서 익지동지지

詳, 爲慰無量. 比日尊體何如? 旣拜賜雪堂新詩, 又獲觀負
상 위위무량 비일존체하여 기배사설당신시 우획관부

日軒諸詩文, 耳目眩駭, 不能窺其淺深矣. 老病廢學已久, 而
일헌제시문 이목현해 불능규기천심의 노병폐학이구 이

此心猶在, 觀足下新製, 及魯直、無咎、明略等, 諸人唱和,
차심유재 관족하신제 급노직 무구 명약등 제인창화

於拙者便可閣筆, 不復措詞. 近有李豸者, 陽翟人, 雖狂氣未
어졸자편가각필 불부조사 근유이치자 양적인 수광기미

143 이치李豸(?~?) : 미상이다.

除, 而筆勢瀾翻, 已有漂砂走石之勢, 嘗識之否? 子中殊長
제 이필세란번 이유표사주석지세 상식지부 자중수장
進, 皆左右之賜也. 何時一笑? 未間, 萬萬自重. 徐人還, 忽
진 개좌우지사야 하시일소 미간 만만자중 서인환 총
忽奉啓. 不宣.
총봉계 불선

31. 【강돈례江惇禮[144]에게 보내는 편지】[145]

말씀하신 서군徐君은 조정에서 그를 아는 사람이 많습니다. 저도 진실로 일찍이 그를 사랑하고 앙망하지만 늙고 보잘것없는 제가 어찌 그를 위해 무게를 더할 수 있단 말입니까? 지난번에 여러 공들의 뒤를 따라 간혹 상소문에 이름이 걸려 유사遺士들을 드러내어 추천하였지만 요사이 상소문에 연명을 허락받지 못해 이일이 다시 계속되지 못하고 있습니다. 그러나 말씀하시는 것은 또한 유념하였다가 저에게 물어본다면 진실로 이 일을 알리겠습니다.

【與江惇禮】
여강돈례

所示徐君, 爲朝中知之者亦衆. 不肖固嘗愛仰, 然老朽無狀,
소시서군 위조중지지자역중 불초고상애앙 연노후무상
豈能爲之增重! 向者亦獲從諸公之後, 時掛一名, 以發揚遺
기능위지증중 향자역획종제공지후 시괘일명 이발양유
士, 而近者不許連名, 此事便不繼. 然所示亦當在心, 有問
사 이근자불허연명 차사편불계 연소시역당재심 유문

144 강돈례江惇禮(?~?) : 이방숙李方叔 · 황노직黃魯直 · 이소기李昭玘와 함께 소식蘇軾의 제자이다.

145 원풍元豐 3~6년(1080~1083, 45~48세) 황주黃州 유배 시에 보낸 편지이다.

焉, 固當以此告也.
언 고당이차고야

32. 【봉수封守146 주진朱振147에게 보내는 편지】

소식蘇軾은 말씀드립니다. 제가 지난번에 소장하고 계신 여러 책148을 보게 되었는데, 저같이 학문에 미숙한 사람으로 하여금 집안에 전해오는 비밀을 엿보게 하시니 매우 행운이었습니다. 서선恕先149의 가르침은 더욱 옛날의 학문과 가깝다고 할 만합니다.

저는 바야흐로 이 책들을 공부하면서 자못 보탬이 있어서 하사받은 귀중함이 마치 진주나 패옥을 얻은 듯합니다. 또 거듭 번거롭게 그대가 붓을 놀리게 하니 더욱 부끄럽고 감사합니다.

보잘것없는 저는 자신을 헤아리지도 못하고 번번이 훈전訓傳150의 학설을 세우고 있으나 아직 마무리를 짓지 못하고 있으니 뒷날 마땅히 보내드리겠습니다. 새로운 학설151이 한창 치성

146 봉수封守 : 변방을 수비하는 사람을 이른다.

147 주진朱振(?~?) : 미상이다.

148 소장하고 계신 여러 책을 : 소식蘇軾의 연보에 의하면 원풍 3년(1080, 45세)에 황주에 도착한 뒤에 《역전易傳》 9권과 《논어論語》 5권을 지었다.

149 서선恕先 : 곽충서郭忠恕(?~977)의 자이다. 낙양사람이다. 후주 광순 때952 종정승과 국자서학박사를 겸했고 송대에 들어와서는 국자감 주부를 지냈다. 사람됨이 정직하여 황제와 높은 관리들을 서슴없이 비판하다가 결국 죄를 얻어 유배지로 가는 도중에 죽었다.

150 훈전訓傳 : 경서를 풀이한 책을 이르는 말로 앞의 주석에서 말한 《역전易傳》과 《논어論語》를 지은 것을 말한다.

151 새로운 학설 : 원문은 '新識'. 다른 판본에는 '新說'로 되어 있다. 당시 왕양명王陽明이 주장하였던 신법新法을 이른다.

을 부려 옛 학문이 붕괴되니 그것을 말하면 가슴이 아픕니다. 사소한 것까지 다 말씀드리고 싶지만, 쉽지 않습니다. 편지를 마주하니 감격스러워 이만 줄입니다.

【與封守朱振】
여 봉 수 주 진

某啓. 某前者, 蒙示所藏諸書, 使末學, 稍窺家傳之秘, 幸甚
모 계 모 전 자 몽 시 소 장 제 서 사 말 학 초 규 가 전 지 비 행 심

幸甚! 恕先所訓, 尤爲近古. 某方治此書, 得之頗有所開益,
행 심 서 선 소 훈 우 위 근 고 모 방 치 차 서 득 지 파 유 소 개 익

拜賜之重, 若獲珠貝. 又重煩令子運筆, 益深愧感. 老朽不揆,
배 사 지 중 약 획 주 패 우 중 번 영 자 운 필 익 심 괴 감 노 후 불 규

輒立訓傳, 尚未畢工, 異日當以奉呈也. 新識方熾, 古學崩壞,
첩 입 훈 전 상 미 필 공 이 일 당 이 봉 정 야 신 식 방 치 고 학 붕 괴

言之傷心. 區區所欲陳, 未易究也. 臨紙慨然. 不一一.
언 지 상 심 구 구 소 욕 진 미 이 구 야 임 지 개 연 불 일 일

33. 【손지동孫志同[152]에게 보내는 편지】

소식蘇軾은 말씀드립니다. 저는 쇠약하고 곤궁한 사람인데 친구가 잊어버리지 않고 멀리서 방문하여 객지에서 두 달을 머물러 주시니 간절한 마음이 매우 두텁습니다. 저는 내일 아침 길을 나설 것이니, 공께서 반드시 전별하는 자리에 참석하실 것으로 생각합니다. 옛말에 "천 리 먼 길로 와서 전송하지만 결국에는 이별이라네."라고 하였으니 도를 공부하는 우리들은 미련은 남겨두고 싶지 않습니다만 공께서는 집을 떠나 이미 천릿길을 왕복

152 손지동孫志同(?~?) : 미상이다.

하였으니 다시는 나아가는 배를 멈추고 손발을 잡지 마시길 바랍니다. 나머지는 매우 자중하시기를 바라며 이만 줄입니다.

【與孫志同】
여 손 지 동

某啓. 某衰朽窮困, 故人不遺, 遠辱臨訪, 旅泊兩月, 勤厚至
모계 모쇠후궁곤 고인불유 원욕임방 여박양월 근후지
矣. 明旦決行, 料公必欲追餞. 古語云: "千里遠送, 歸於一
의 명단결행 요공필욕추전 고어운 천리원송 귀어일
別" 而吾輩學道人, 不欲有所留戀, 況公去家往返已千里矣,
별 이오배학도인 불욕유소유연 황공거가왕반이천리의
愼勿更至前路舟次執手足矣. 餘惟萬萬自重. 不宣.
신물갱지전로주차집수족의 여유만만자중 불선

34-1. 【공의대부公儀大夫[153]에게 보내는 편지】

소식蘇軾은 말씀드립니다. 지난날 정유正孺[154]의 자리에서의 우연한 만남은 자못 오랫동안 만나지 못한 그리움에 위안이 되었습니다. 보내신 편지를 받고 새봄에 안부가 좋으신 줄 알았습니다. 빌려주신 《역해易解》는 여러 편을 읽고 이미 깊이 탄복하였습니다. 문장이 마치 정밀한 금이나 아름다운 옥과 같아서 절로 정해진 가격이 있어서 남들의 평가로 높아지거나 낮아지는 것이 아닙니다. 지난번 저에게 보여주시니 다만 부끄럽고 죄송합니다. 그러나 요사이 제가 또 소략하나마 뜻을 두었었는데, 이 책을 응당 다 보지 못하는 것을 근심으로 여기고 있으니 이 책의

153 공의대부公儀大夫 : 미상이다.

154 정유正孺(?~?) : 미상이다.

전편을 다 볼 수 있다면 주신 은혜가 매우 중하다 할 것입니다. 장차 잠깐 빌려주시어 반복하여 상세히 맛보게 한다면 거의 절로 수확이 있을 것입니다. 만나서 사례할 기약도 없고 바쁘게 답장을 올립니다.

【與公儀大夫】
여공의대부

某啓. 前日得邂逅正孺坐中, 殊慰久闊思仰之意. 辱敎, 具審
모계 전일득해후정유좌중 수위구활사앙지의 욕교 구심
履茲新春, 起居勝常. 借示《易解》, 略讀數篇, 已深歎伏. 斯
리자신춘 기거승상 차시 역해 약독수편 이심탄복 사
文如精金美玉, 自有定價, 非人能高下. 過蒙示喩, 但有慙悚.
문여정금미옥 자유정가 비인능고하 과몽시유 단유참송
然近日亦粗留意, 此書當患不能盡通, 得此全編, 爲賜甚重.
연근일역조유의 차서당환불능진통 득차전편 위사심중
且乞暫借, 反復詳味, 庶幾有所自入. 無緣面謝, 忽忽奉答.
차걸잠차 반복상미 서기유소자입 무연면사 총총봉답

34-2. 【공의대부公儀大夫에게 보내는 편지】

이미 짐을 꾸렸다는 소식을 들었는데 며칠에 출발하시는지요? 오히려 다시 한번 만나 뵙기를 바랄 뿐입니다. 공께서 이렇게 마음에 두고 깊이 생각하시는데도 세상 사람들은 이를 모르니 이를 통해 훌륭한 사람은 가려진다는 것을 알겠으니 진실로 세속의 공적인 근심일 것입니다. 저는 지난번에 저를 알아봐 주시는 사람들에게 누를 끼친 것이 있으니 어찌 공을 위해 평설을 하겠습니까? 편지를 마주하고 크게 탄식을 합니다.

【與公儀大夫】
여공의대부

承已治行, 何日進發, 尙冀復一見爾. 公潛心如此, 而世不甚
승이치행 하일진발 상기부일견이 공잠심여차 이세불심

知, 以此知蔽善, 眞流俗之公患耶! 某向者玷累知識, 則有之
지 이차지폐선 진유속지공환야 모향자점누지식 즉유지

矣, 安能爲公經重? 臨書大息.
의 안능위공경중 임서대식

35. 【진계상陳季常[155]에게 보내는 편지】[156]

소식蘇軾은 말씀드립니다. 어제 돌아가는 인편에 편지를 보냈는데, 벌써 도착했을 것으로 생각합니다. 오늘 마포馬鋪[157]에서 보낸 소식을 받아보고서 공택公擇[158]이 22일쯤이면 광주光州의 경계로 들어갈 것이니 지금은 이미 광주에 계실 것으로 생각됩니다. 번번이 태수에게, 인편을 빌려 편지를 보내 공과 기정歧亭에서 함께 만날 것을 약속하였습니다.

저는 1일 일찍 광주를 떠나기로 하였고, 2일 저녁이면 반드시 당신의 집에 도착할 것이니 이 모임이 자못 기대가 됩니다. 그러나 다만 한 가지 요청드릴 일은 공께서는 살생하지 마시고 혹 다

155 진계상陳季常 : '季常'은 진조陳慥(?~?)의 자이다. 불교를 깊이 신봉하였으며 선학에 밝았다. 스스로 '용구거사龍丘居士', '방산자方山子'라고 불렀는데, 소식蘇軾과 교류가 깊었으며, 병법 및 고금의 성패에 대해 논의하였다.

156 원풍元豐 4년(1081, 46세) 황주黃州 유배 시에 보낸 편지다.

157 마포馬鋪 : 역참을 이른다.

158 공택公擇 : 이상李常(1027~1090)의 자이다. 소식의 오랜 벗으로 신법新法에 반대하다 지방 관직으로 전전하였다.

시 한 통의 편지를 공택公擇에게 주어 그를 맞이한다면 더욱 좋겠습니다. 심부름꾼이 바빠서 회포를 다하지 못하니 용서하십시오. 이만 줄입니다.

【與陳季常】
여진계상

某啓. 昨日人還, 拜書, 想已達. 今日見馬鋪報, 公擇二十二
모계 작일인환 배서 상이달 금일견마포보 공택이십이
日入光州界, 計今已在光. 輒於太守處借人持書, 約與會於
일입광주계 계금이재광 첩어태수처차인지서 약여회어
岐亭. 某決用初一日早離州, 二日晚必造門, 此會殆爲希有.
기정 모결용초일일조이주 이일만필조문 차회태위희유
然第一請, 公勿殺物命, 或更與公擇一簡邀之, 尤妙. 信速不
연제일청 공물살물명 혹갱여공택일간요지 우묘 신속부
盡所懷. 恕之. 不宣.
진소회 서지 불선

36. 【범촉공范蜀公[159]에게 답하는 편지】[160]

소식蘇軾은 말씀드립니다. 이성백李成伯[161] 장관이 도착해서 편지를 받고 잘 지내신다니 그리운 마음에 매우 위안이 되었습니다. 새로운 거처가 이미 완성되어 연못과 채마밭이 매우 경치가 좋고 벗과 아이들이 집에 모두 있으니 사람의 즐거움이 이보다 더한 것이 있겠습니까? 저는 모든 일들을 그럭저럭 보내고 있

159 범촉공范蜀公 : 범진范鎭(1007~1088)을 이른다. 자는 경인景仁이며 촉군蜀郡의 사람이다. 여러 번 촉군의 개국공으로 봉해졌다.

160 희령熙寧 10년(1077, 42세)에 서주지주徐州知州 재임 시에 보낸 편지이다.

161 이성백李成伯(?~?) : 미상이다.

는데 봄여름 사이에 종기와 눈에 충혈을 앓고 있어 문을 닫고 손님을 거절하자 소식을 전하는 사람들이 마침내 내가 "죽었다."고 하니 그대에게 근심을 끼치고 말았습니다.

이를 전하는 이 장관의 말을 듣고 한번 웃었습니다. 평생에 훼손을 얻은 것은 거의 모두가 이러한 종류입니다. 언제나 존장을 뵐 수 있으려는지요? 편지를 마주하니 마음이 아득합니다. 서늘한 기운이 잠깐 생겨나는데 절서에 따라 자중하시기를 간절히 빕니다.

【答范蜀公】
답 범 촉 공

某啓. 李成伯長官至, 辱書, 承起居佳勝, 甚慰馳仰. 新居已
모 계 이 성 백 장 관 지 욕 서 승 기 거 가 승 심 위 치 앙 신 거 이
成, 池圃勝絶, 朋舊子舍皆在. 人間之樂, 復有過此者乎? 某凡
성 지 포 승 절 붕 구 자 사 개 재 인 간 지 락 부 유 과 차 자 호 모 범
百粗遣, 春夏間, 多患瘡及赤目, 杜門謝客, 而傳者遂云: "物
백 조 견 춘 하 간 다 환 창 급 적 목 두 문 사 객 이 전 자 수 운 물
故", 以爲左右憂. 聞李長官說, 以爲一笑. 平生所得毁譽, 殆
고 이 위 좌 우 우 문 이 장 관 설 이 위 일 소 평 생 소 득 훼 예 태
皆此類也. 何時獲奉几杖, 臨書惘惘. 乍凉, 惟萬萬爲時自重.
개 차 류 야 하 시 획 봉 궤 장 임 서 망 망 사 량 유 만 만 위 시 자 중

37. 【유원충劉元忠[162]에게 보내는 편지】

소식蘇軾은 말씀드립니다. 요사이 헤어진 뒤로 안부가 좋으신지요? 짧은 편지로는 제 마음을 다 전하지 못하니 살펴주시기 바

162 유원충劉元忠(?~?) : 미상이다.

랍니다. 유백통柳伯通[163]과의 만남을 통해 제 마음을 전합니다. 수재秀才 구양치歐陽寘[164]의 말은 참으로 오묘하니 함께 한가롭게 노닐 만합니다. 문충공文忠公을 회상하니 "그 사람을 사랑하면 그 집 지붕 위의 까마귀도 사랑한다.[165]'고 하였는데, 더구나 공의 훌륭한 자제에게는 어떠하겠습니까? 나머지는 언제나 몸을 아끼시기를 빌며 자세히 말씀드리지 않습니다.

【與劉元忠】
여 유 원 충

某啓. 近別, 伏惟起居安勝. 短箋不盡意, 察之. 柳伯通因會,
모 계 근 별 복 유 기 거 안 승 단 전 부 진 의 찰 지 유 백 통 인 회
爲致區區. 歐陽秀才眞談道甚妙, 可與閑遊. 懷思文忠, 愛其
위 치 구 구 구 양 수 재 진 담 도 심 묘 가 여 한 유 회 사 문 충 애 기
屋上烏, 況族子弟之佳者乎! 餘惟萬萬若時自愛. 不一不一.
옥 상 오 황 족 자 제 지 가 자 호 여 유 만 만 약 시 자 애 불 일 불 일

38. 【왕정국王定國[166]에게 보내는 편지】[167]

소식蘇軾은 말씀드립니다. 고휴高休[168]가 도착해서 편지를 받

163 유백통柳伯通(?~?) : 미상이다.

164 구양치歐陽寘(?~?) : 구양수歐陽脩의 조카를 이른다.

165 옛말에……사랑한다 : 《설원說苑》에, 낚시로 유명한 전략가 강태공은 "사람을 사랑한다면 그의 집 지붕 위에 있는 까마귀까지도 사랑하며[愛其人者 兼愛及屋上之烏], 사람을 미워하면 그 집의 종까지도 미워한다[憎其人者 憎其儲胥]"라는 말을 했다.

166 왕정국王定國 : '定國'은 왕공王鞏(1048~1117)의 자이다. 호는 청허거사淸虛居士이다. 소식蘇軾과 함께 교유하다가 소식의 당에 연좌되어 빈주賓州로 좌천된 일이 있다.

167 원우元祐 6년(1091, 56세) 영주지주潁州知州 재임 시에 보낸 편지이다.

고 걱정하시고 사랑하심을 알았습니다. 요즈음에 안부는 어떻습니까? 한번 만나고 싶은 것이 마음속의 진실한 바람이기는 하지만 서로가 일을 줄이는 것이 더 나을 것입니다. 장기瘴氣를 막는 방법은 오직 욕망을 절제하고 기운을 단련하는 한 가지일 뿐입니다. 이것은 본래 절로 쇠약하고 늙은 사람에게는 당연한 것으로 애초에 풍토병을 막기 위해서 한 것이 아닙니다.

저는 그밖에는 마음이 편안하여 의심스런 것이 없고 닭이나 돼지·물고기나 마늘 등을 닥치는 대로 편하게 먹고 인간의 삶인 생로병사生老病死에 대해서는 저승사자의 명부가 이르는 대로 받들 것이니 이 방법이 간명하고 적절한 듯합니다. 군실君實[169]이 일찍이 "왕정국은 장기를 품은 안개가 끼는 굴속에서 5년이나 있어 얼굴이 마치 붉은 구슬과 같았다."라고 하였는데 도를 알지 못하였다면 끝내 이와 같았겠습니까? 제가 도를 아는 것은 공만 못하지만 완고하고 어리석음은 제가 더 낫습니다. 조만간 남도南都를 떠나게 되어 작별의 편지를 올립니다. 멀리 헤어질수록 더욱 몸을 아끼시기를 바라며 이만 줄입니다.

【與王定國】
여왕정국

某啓. 高休至, 辱書憂愛矣. 比日起居如何? 意欲一相見, 固
모계 고휴지 욕서우애의 비일기거여하 의욕일상견 고
鄙懷至願, 但不如彼此省事之爲愈也. 禦瘴之術, 惟絶欲練
비회지원 단불여피차성사지위유야 어장지술 유절욕연
氣一事. 本自衰晩當然, 初不爲禦瘴而作也. 某其餘坦然無
기일사 본자쇠만당연 초불위어장이작야 모기여탄연무

168 고휴高休(?~?) : 미상이다.

169 군실君實 : 사마광司馬光(1019~1086)의 자이다.

疑, 雞、豬、魚、蒜遇着便喫, 生老病死[170], 符到便奉行, 此法差似簡徑也. 君實嘗云: "王定國, 瘴煙窟裏五年, 面如紅玉." 不知道, 遂如此乎? 老人知道, 則不如公, 頑愚卽過之. 朝夕離南都, 別上狀. 愈遠加愛. 不宣.

39-1. 【조창회지趙昶晦之[171]에게 답하는 편지】[172]

소식蘇軾은 말씀드립니다. 저는 본래 글씨쓰기는 좋아하지만, 편지를 쓰는 것은 두려워 친지들의 편지가 상자에 넘쳐나는데도 한해가 다가도록 답장도 보내지 못하고 있어 이를 마주하고 크게 한탄만 할 뿐입니다.

이제 남쪽 변방의 지방관[173]을 맡고 있으니 그대와 같이 어진 사람이 이곳의 일을 처리하면 진실로 거리의 멀고 가까움과 일의 어려움과 쉬움을 가리지 않을 것입니다. 더군다나 당신은 이곳의 풍토에 익숙하니 전쟁의 많은 일들에 관해 적절하게 날카로운 무기를 만들어 낼 뿐 만 아닐 것인데, 다만 한스러운 것은 제가 사리에 어두우니 언제쯤이나 다시 만날 수 있겠습니까?

170 生老病死 : 다른 판본에는 '生病老死'로 되어 있다.

171 조창회지趙昶晦之 : 조창지趙昶之(?~?)와 조회지趙晦之(?~?) 두 사람을 이른다.

172 원풍元豐 3~6년(1078~1083, 45~48세) 황주黃州 유배 시에 보낸 편지이다.

173 지방관 : 원문은 '剖符'. 죽부竹符의 절반을 나눠 신표信標로 삼게 하는 것으로, 여기서는 지방 장관으로 부임한 것을 뜻한다.

【答趙昶晦之】
답조창회지

某啓. 某性喜寫字, 而怕作書, 親知書問, 動盈篋笥, 而終歲
모계 모성희사자 이파작서 친지서문 동영협사 이종세

不答, 對之太息而已. 乃知剖符南徼, 賢者處之, 固不擇遠近
부답 대지태식이이 내지부부남요 현자처지 고불택원근

劇易, 矧風土舊諳習. 而兵興多事, 適足以發明利器, 但恨愚
극이 신풍토구암습 이병흥다사 적족이발명리기 단한우

暗, 何時復得攀接爾.
암 하시부득반접이

39-2. 【조창회지趙昶晦之에게 보내는 편지】[174]

오래도록 편지를 드리지 못한 것은 저의 게으르고 태만한 잘못입니다. 멀리서 보낸 인편을 통하여 편지를 받으니 부끄럽고 괴로운 마음이 교차합니다.

요즈음 남은 더위에 안부는 어떻습니까? 두 번이나 임명이 되었어도 먼 변방은 어진 사람을 오래 머물게 하기에는 충분치 않습니다. 그러나 저곳의 백성들은 많은 은혜를 받은 것이 많을 것입니다. 회지晦之의 소문과 공적을 평소에 들었는데 심부름꾼의 번갈아 올리는 상소를 통해 발탁 소식을 듣고서 교유하는 친구로서 영광으로 생각합니다. 만남을 기약할 수 없으니 언제나 자중하시기를 빌며 이만 줄입니다.

【答趙昶晦之】
답조창회지

久不奉狀, 懶慢之過. 遠辱信使, 慚愧交懷. 比日履茲餘熱,
구불봉장 나만지과 원욕신사 참괴교회 비일리자여열

174 원풍元豐 3~6년(1078~1083, 45~48세) 황주黃州 유배 시에 보낸 편지이다.

尊體何如? 承被命再任, 遠徼, 不足久留賢者, 然彼人受賜多
존체하여 승피명재임 원요 부족구류현자 연피인수사다
矣. 晦之風績素聞, 使者交章, 佇聞進擢, 以爲交遊故人寵
의 회지풍적소문 사자교장 저문진탁 이위교유고인총
光. 未期會見, 萬萬以時自重. 不宣.
광 미기회견 만만이시자중 불선

40-1. 【등달도滕達道[175]에게 보내는 편지】[176]

저는 이곳에 와서 때때로 형공荊公을 만나, 때때로 시를 외우고 불교에 관하여 이야기하는 것을 매우 좋아하였습니다. 공께서는 화보和甫를 한번 만나러 가지 않으셨는지요? 나머지는 뵙지 않고서는 다 말씀드릴 수가 없습니다. 저는 균주筠州에 도착하여 자유自由를 만났는데 그 또한 교지敎旨를 받고서 그가 고른[177] 근처 고을에 파견이 되었으니 지금쯤은 부임하였을 것으로 생각합니다.

오흥吳興[178]의 풍물은 고아한 회포에 위로가 될 만합니다. 고을 사람 가운데 가수賈收 운로耘老[179]라는 자가 있는데, 행실이

175 등달도滕達道 : '達道'는 등원발滕元發(1020~1090)의 자이다 초명初名은 등보滕甫이다. 송 신종宋神宗 때 어사중승御史中丞 · 한림학사翰林學士 등의 벼슬을 지냈다.

176 원풍元豐 2년(1079, 44세)에 호주태수湖州太守로 있을 때 보낸 편지이다.

177 그가 고른 : 원문은 '指射'. 관원으로 벼슬에 임명된 사람이 자신이 임관할 곳을 지정하는 것을 이른다.

178 오흥吳興 : 지금의 호주湖州를 이른다.

179 가수賈收 운로耘老 : '耘老'는 가수賈收(1033~?)의 자이다. 시에 능하고 술을 좋아했으나 집이 너무 가난하였다. 소동파蘇東坡와 자주 어울렸는데, 동파가 그의 가난한 것이 너무 딱했으나 달리 줄 것이 없어서 고목古木과 괴석怪石

의롭고 시에 뛰어나 공택公擇[180]과 자후子厚[181]도 모두 남달리 예우하였고 나도 그와 친숙합니다. 공께서 때로 찾아가 적막하게 지내는 그를 위로하여주십시오. 최근에 문숙공文肅公의 누각을 들렀다가 배회하며 그의 풍도를 회상하느라 떠나지 못하였습니다. 제가 초주楚州와 사주泗州[182]에 이르러 황제께 상소를 드려 상주常州에 머물게 하도록 간청하려고 합니다. 만약 저의 간청대로 된다면 조각배를 타고 당신을 찾아뵐 기약이 있을 것입니다.

【與滕達道】
여 등 달 도

某到此, 時見荊公, 甚喜時誦詩說佛也. 公莫略往一見和甫
모도차 시견형공 심희시송시설불야 공막약왕일견화보

否? 餘非面莫能盡. 某到筠見子由, 他亦得旨, 指射近地差
부 여비면막능진 모도균견자유 타역득지 지사근지차

遣, 想今見得替矣. 吳興風物, 足慰雅懷. 郡人有賈收耘老者,
견 상금견득체의 오흥풍물 족위아회 군인유가수운로자

有行義, 極能詩, 公擇、子厚皆禮異之, 某尤與之熟. 願公時
유행의 극능시 공택 자후개예이지 모우여지숙 원공시

一顧, 慰其牢落也. 近過文肅公樓, 徘徊懷想風度, 不能去.
일고 위기뇌락야 근과문숙공루 배회회상풍도 불능거

某至楚、泗間, 欲入一文字, 乞於常州住. 若幸得請, 則扁舟
모지초 사간 욕입일문자 걸어상주주 약행득청 즉편주

謁公有期矣.
알공유기의

을 그리고 그 후면에다 글을 써서 주면서, 배가 고플 때면 한 번씩 펴보라고 했다고 한다.

180 공택公擇 : 이상李常(1027~1090)의 자이다.

181 자후子厚(?~?) : 미상이다.

182 초주楚州와 사주泗州 : 원문 '楚泗'. 봉양부鳳陽府의 초주楚州와 사주泗州를 말한다.

40-2. 【등달도滕達道에게 보내는 편지】[183]

소식蘇軾은 말씀드립니다. 여러 차례 인편을 보내주시니 감사하고 부끄러운 마음 헤아릴 수 없습니다. 아울러 요사이 당신께서 잘 지내신다니 제 마음에 위안이 됩니다. 저는 근래에 매우 좋고 건강합니다. 말씀하신 원소元素[184]의 파출 건을 보고 조금이나마 깨달은 것이 있어서 이 일에 관해서는 끊어 버리고 더 이상 생각하지 않고 있습니다.

바야흐로 이곳에 헤아릴 수 없는 즐거움이 있는 줄을 알고서 끊임없이 회고할 것이니 이것이 무한한 괴로움입니다. 공께서 편지로 두터이 염려해주시기 때문에 다 말씀을 드립니다. 노년에 만약 이일을 수습하지 않는다면 크게 잘못될 것이니 비록 24개 고을의 쇠를 모아도 만들어 내지 못할 것입니다[185]. 한번 당신의 웃음을 터뜨리게 하고 또 당신께 작은 도움이 되고 싶으니 나무라지 마십시오.

【與滕達道】
여등달도

某啓. 屢枉專使, 感愧無量. 兼審比來尊體勝常, 以慰下情.
모계 누왕전사 감괴무량 겸심비래존체승상 이위하정

---

183 원풍元豐 2년(1079, 44세)에 호주태수湖州太守 재임 시에 보낸 편지이다.

184 원소元素 : 송宋나라 면죽綿竹 사람인 양회楊繪(1027~1088)의 자이다. 호는 무위자無爲子이다. 벼슬은 흥원지부興元知府 · 박주지주亳州知州 등을 역임하였다.

185 노년에……것입니다 : 소식蘇軾의 〈증전도인贈錢道人〉 시에 "당시에는 한번 뜻이 쾌했어도, 일이 지난 뒤엔 부끄러움이 남는 법. 모르겠네 몇 주의 무쇠를 모아, 이 하나의 착오를 빚어냈는지.[當時一快意 事過有餘怍 不知幾州鐵 鑄此一大錯]"라는 구절이 있다.

某近絕佳健. 見教如元素黜罷, 薄有所悟, 遂絕此事, 仍不復
모근절가건 견교여원소출파 박유소오 수절차사 잉불부
念. 方知此中有無量樂, 回顧未絕, 乃無苦. 辱公厚念, 故盡
념 방지차중유무량락 회고미절 내무고 욕공후념 고진
以奉聞也. 晩景若不打疊此事, 則大錯, 雖二十四州鐵打不
이봉문야 만경약불타첩차사 즉대착 수이십사주철타불
就矣. 旣欲發一笑, 且欲少補左右耳. 不罪不罪!
취의 기욕발일소 차욕소보좌우이 부죄부죄

40-3. 【등달도滕達道에게 보내는 편지】[186]

소식蘇軾은 말씀드립니다. 제가 칩거하고 지낸 것이 어제 일과 같은데, 동생 자유子由의 안부 편지를 받으니 이것 외에는 그대가 멀리서 염려해주시는 마음에 번거롭지 않습니다. 한동안 조정에서 만나지 못하였는데, 이렇게 이로 인하여 멀리서라도 맑은 모습을 뵙게 된다면 당신의 지극한 뜻에 위안이 될 것입니다. 다른 것은 말씀드릴 만한 것이 없습니다. 그대의 가족들과 아이들은 모두 잘 지내겠지요. 중순 전에 빠른 인편을 통해 멀리서 부쳤으니 필시 벌써 받아보셨을 것입니다. 간략히 말씀드립니다.

【與滕達道】
여등달도

某啓. 某屛居如昨, 舍弟子由得安問, 此外不煩遠念. 久不朝
모계 모병거여작 사제자유득안문 차외불번원념 구부조
覲, 緣此得望見淸光, 想足慰公至意. 其他無足云者. 貴眷令
근 연차득망견청광 상족위공지의 기타무족운자 귀권영
子, 各計安勝. 月中前, 急足遠寄, 必已收得. 略示諭.
자 각계안승 월중전 급족원기 필이수득 약시유

186 원풍元豐 2년(1079, 44세)에 호주태수湖州太守 재임 시에 보낸 편지이다.

40-4. 【등달도滕達道에게 보내는 편지】[187]

소식蘇軾은 말씀드립니다. 지난 일[188]이 아직도 끝나지 않은 줄은 알았지만, 말이 이미 사실이 아니니 조만간 따로 말씀드리겠습니다. 다만 눈앞의 분분한 의논들은 대중들도 한탄하는 바입니다. 그러나 평생에 배운 도는 오로지 외물의 변화를 기다리고 뜻밖에 찾아오는 일을 대응하는 것은 바로 모쪼록 이치에 순응하여 보내는 것일 뿐입니다. 만약 이일을 계기로 잠시나마 편안하게 쉬게 된다면 이것은 바로 공의 아량입니다.

황주黃州는 요충지라서 오가는 사람들이 끊이지 않는 곳이라 말을 주고받는 사이에도 인정을 헤아리기 어려우니 병을 핑계로 사람들을 만나지 않는 것을 좋은 계책으로 삼는 것만 못합니다. 2년 안에 이곳을 벗어날지는 모르지만 지금 비로소 길을 나섭니다. 서쪽 변방의 일은 자세히 들었습니까? 아무리 폐기되어 내쳐진 사람이지만 나라를 위한 걱정은 잊을 수가 없습니다. 이쪽의 상황을 간략하게라도 알려주십시오. 편지로는 저의 마음을 다할 수 없습니다.

【與滕達道】
여 등 달 도

某啓. 知前事尚未已, 言旣非實, 終當別白, 但目前紛紛, 衆
모 계 지 전 사 상 미 이 언 기 비 실 종 당 별 백 단 목 전 분 분 중

所共嘆也. 然平生學道, 專以待外物之變, 非意之來, 正須理
소 공 탄 야 연 평 생 학 도 전 이 대 외 물 지 변 비 의 지 래 정 수 리

---

187 원풍元豐 2년(1079, 44세)에 호주태수湖州太守 재임 시에 보낸 편지이다.

188 지난 일 : 소식蘇軾이 황주黃州로 유배 갔던 일(1079, 44세)을 이른다.

遣耳. 若緣此得暫休逸, 乃公之雅量也. 黃當路, 過往不絶,
견이 약연차득잠휴일 내공지아량야 황당로 과왕부절

語言之間, 人情難測, 不若稱病不見爲良計. 二年不知出此,
어언지간 인정난측 불약칭병불견위량계 이년부지출차

今始行之耳. 西事得其詳乎? 雖廢棄, 未忘爲國家慮也. 此
금시행지이 서사득기상호 수폐기 미망위국가려야 차

的信, 可示其略否? 書不能盡區區.
적신 가시기략부 서불능진구구

40-5. 【등달도滕達道에게 보내는 편지】

소식蘇軾은 말씀드립니다. 한 번 헤어지고 나서 14년이 되었습니다. 떠돌며 헤어져 있다가189 뜻밖에 다시 공을 만나 손을 맞잡으니 정신이 황홀하여 저도 모르게 눈물이 났습니다. 풍속은 나날이 나빠지고 충의忠義의 선비들은 줄어드는데, 공을 만나니 저로 하여금 기운이 나게 하였습니다.

이별하고 나서 마음이 좋지 않던 와중에 홀연히 보내신 편지를 받고 답답하던 마음이 풀렸습니다. 게다가 안부가 좋으시다니 위안이 되었습니다. 저는 사소한 일로 다시 며칠을 북쪽으로 떠납니다. 의흥宜興의 밭을 사는 일은 이미 물어보도록 사람을 보냈습니다. 만약 조금 좋은 밭을 얻게 된다면 마땅히 조각배를 타고 가서 살펴보고 마침내 호주湖州에 이를 것입니다. 공을 만나는 것이 진실한 바람이지만 근심스런 일이 있어 아마도 가지

189 헤어져 있다가 : 원문은 '契闊'. 멀리 떨어져 있다는 뜻으로 《시경詩經》 〈패풍邶風 · 격고擊鼓〉에 "죽든 살든 멀리 떨어져 있든 그대와의 약속 이루자고 하였노라.[死生契闊 與子成說]"라는 구절이 있다.

못할 듯합니다. 만약 상주常州에 머물려는 간청이 받아들여진다면 마땅히 그대가 다스리는 고을에 이르러 여러 달 공에게 폐를 끼치겠습니다. 그대를 만나기까지 언제나 자중하시기를 간절히 빕니다.

【與滕達道】
여 등 달 도

某啓. 一別十四年, 流離契闊, 不謂復得見公, 執手恍然, 不
모 계 일 별 십 사 년 유 리 계 활 불 위 부 득 견 공 집 수 황 연 불

覺涕下. 風俗日惡, 忠義寂寥, 見公使人差增氣也. 別來情懷
각 체 하 풍 속 일 오 충 의 적 요 견 공 사 인 차 증 기 야 별 래 정 회

不佳, 忽得來敎, 甚解鬱鬱. 且審起居佳勝爲慰. 某以少事,
불 가 홀 득 래 교 심 해 울 울 차 심 기 거 가 승 위 위 모 이 소 사

更數日, 方北去. 宜興田已問去. 若得稍佳者, 當扁舟徑往視
갱 수 일 방 북 거 의 흥 전 이 문 거 약 득 초 가 자 당 편 주 경 왕 시

之, 遂一至湖. 見公固所願, 然事有可慮者, 恐未能往也. 若
지 수 일 지 호 견 공 고 소 원 연 사 유 가 려 자 공 미 능 왕 야 약

得請居常, 則固當至治下, 攪擾公數月也. 未間, 惟萬萬爲時
득 청 거 상 즉 고 당 지 치 하 교 요 공 수 월 야 미 간 유 만 만 위 시

自重.
자 중

41. 【이무회李無晦[190]에게 보내는 편지】

소식蘇軾은 말씀드립니다. 오래도록 절주浙州에 머물고 있을 때 당신께서 관심을 가지고 돌보아주시어 가장 친후하게 지냈었는데, 이미 제가 떠날 때도 가장 먼 곳까지 전별하였습니다. 쇠

190 이무회李無晦(?~?) : 자는 행중行中이다. 시와 술로 즐겼고 만년에 정원을 짓고는 취면정醉眠亭이라고 이름 지었다.

약하고 보잘것없는 저를 많은 사람들은 버렸지만, 당신의 돈독한 풍의가 아니었다면 어떻게 여기에 이를 수 있었겠습니까? 작별하고 나서도 그립기만 합니다.

두 통의 편지를 받고 잘 지내시는 줄 알았습니다. 올해의 과거시험은 장차 향리에서 거행된다고 들었습니다. 보내신 편지를 보니 진취進取191하는 마음을 매우 권태롭게 느끼시더군요. 젊고 훌륭한 재주로 어찌 이렇게 서두르십니까? 장차 부지런히 공부하여 합격에 결심을 다지시기를 바랍니다. 새로 지은 글은 아끼지 마시고 보내주십시오. 만날 기약이 없으니 자중하시기를 간절히 바라며 이만 줄입니다.

【與李無晦】
여 이 무 회

某啓. 久留浙中, 過辱存顧, 最爲親厚, 旣去, 又承追餞最遠.
모 계 구 류 절 중 과 욕 존 고 최 위 친 후 기 거 우 승 추 전 최 원
自惟衰拙, 衆所鄙棄, 自非風義之篤. 何以至此! 旣別, 但有
자 유 쇠 졸 중 소 비 기 자 비 풍 의 지 독 하 이 지 차 기 별 단 유
思詠. 兩辱書敎, 具審起居佳勝. 今歲科擧, 聞且就鄉里. 承
사 영 양 욕 서 교 구 심 기 거 가 승 금 세 과 거 문 차 취 향 리 승
示喩, 進取之意甚倦. 盛時美才, 何遽如此? 且勉之, 決取爲
시 유 진 취 지 의 심 권 성 시 미 재 하 거 여 차 차 면 지 결 취 위
望. 新文不惜見寄, 未緣集會, 惟萬萬自重. 不宣.
망 신 문 불 석 견 기 미 연 집 회 유 만 만 자 중 불 선

---

191 진취進取 : 광사狂士를 말한 것으로서 뜻은 크지만, 실천이 뒤따르지 않는 사람을 의미한다. 《논어論語》〈자로子路〉에 공자가 "중도를 행하는 사람을 얻어서 함께하지 못할 바에는 반드시 광자나 견자와 함께할 것이다. 광자는 진취적이고 견자는 하지 않는 바가 있다.[不得中行而與之 必也狂狷乎 狂者進取 狷者有所不爲也]"라고 구절에서 유래한다.

42. 【맹형지孟亨之[192]에게 보내는 편지】[193]

소식蘇軾은 말씀드립니다. 오늘 재계齋戒[194]하고 보리밥과 순포筍脯[195]를 먹었는데, 풍미가 있으니 고기반찬[196]에 못지않다고 생각됩니다. 우리 형지亨之가 아니었다면 이 맛을 몰랐을 것이기에 도시락 하나와 건명차建茗茶[197] 두 조각을 보내니 드시고 나면 도온道媼[198]과도 마주하고 마실 수 있을 것입니다.

【與孟亨之】
여 맹 형 지

某啓. 今日齋素, 食麥飯筍脯, 有餘味, 意謂不減芻豢. 念非
모 계 금 일 재 소 식 맥 반 순 포 유 여 미 의 위 불 감 추 환 염 비

吾亨之, 莫識此味, 故餉一合[199], 竝建茗兩片, 食已可與道
오 형 지 막 식 차 미 고 향 일 합 병 건 명 양 편 식 이 가 여 도

媼對啜也.
온 대 철

---

192 맹형지孟亨之(?~?) : 미상이다.

193 원풍元豐 5년(1082, 47세) 황주黃州 유배 시에 보낸 편지이다.

194 재계齋戒 : 원문은 '齋素'. 재계하고 고기반찬이 없는 채소반찬을 먹는 것을 이른다.

195 순포筍脯 : 죽순을 쪄서 말렸다가 요리한 것을 말한다.

196 고기반찬 : 원문은 '芻豢'. 초식동물인 소 · 양 따위와 곡식을 먹는 짐승인 개 · 돼지 따위로서, 사람의 입맛에 잘 맞는 음식을 뜻한다. 《맹자孟子》〈고자告子〉에 "의리가 나의 마음에 기쁨은 추환이 나의 입에 즐거움과 같다.[故義理之悅我心 猶芻豢之悅我口]"라는 구절에서 유래한다.

197 건명차建茗茶 : 건안建安에서 생산되는 차의 이름이다.

198 도온道媼 : 비구니의 암자에서 허드렛일을 하는 여자를 이르는 말로, 소식蘇軾이 상대에게 채소 요리만 보내기 때문에 농담으로 한 말이다.

199 合 : 도시락을 뜻하는 '합盒'과 뜻이 같다.

43. 【오수재吳秀才[200]에게 보내는 편지】[201]

소식蘇軾은 말씀드립니다. 당신의 소문을 들은 지 오래되었지만, 다만 속내를 열고 서로 이야기를 다하지 못해 언제나 빚을 지고 있는 것 같았습니다. 죄를 짓고 파직되어 타향을 떠돌고 교외로 자취를 감추고 있느라 애초에 지름길로 배를 타고 찾아뵐 생각을 하지도 못해 공경히 편지조차 드리지 못하였습니다. 그런데 뜻밖에 저를 방문하시어 무더위와 무성하게 잡초가 우거진 험한 길[202]을 무릅쓰고 애써 왕림해 주시니 후련한 한 번의 만남은 끝내 평생의 기쁜 일이 된 듯합니다.

당신은 사람들의 본보기가 모두 갖추어져서 이미 깊이 경탄스러운데, 아름답고 화려한 대작은 굳건한 논리로 문장에 변화를 주니, 대개 중주中州를 떠난 뒤로 아직도 이렇게 훌륭한 벗을 만나지 못하였습니다. 흠모하는 마음 그지없습니다. 몸을 숙여 저처럼 늙고 쇠약한 사람에게 구하니 어떻게 대답해야 하겠습니까? 둑 아래에서 그대를 전송하고 문득 마치 꿈 속 일처럼 느껴지는데, 묵은 자취는 모두 그대로 남아 있으니 어찌 우연히 그러한 것이겠습니까? 남겨놓으신 주옥같은 시·문詩·文은 정말로 더할 수 없는 보배[203]와 같아, 한갓 한 조각 저민 고기를 씹으며

---

200 오수재吳秀才 : 오여야吳予野(?~?)의 아들이다.

201 소성紹聖 2년(1095, 60세)에 혜주惠州 유배 시에 보낸 편지이다.

202 험한 길 : 원문은 '間關'. 길이 험하여 가기가 어려운 모양을 이르는 말이다.

203 더할 수 없는 보배 : 원문은 '九鼎'. 우禹 임금 때 구주九州의 쇠붙이를 모아 만든 솥으로, 삼대三代를 전해 오면서 천하를 차지한 제왕을 상징하는 보배로 여겨 왔다.

입안에서 굴리고 차마 목구멍으로 넘기지 못하겠습니다. 배는 정주定州에서 며칠을 머물 계획이신지요? 조만간 금릉金陵을 들리시면 마땅히 정담을 나누겠습니다.

【與吳秀才】
여 오 수 재

某啓. 相聞久矣, 獨未得披寫相盡, 常若有所負. 罪廢淪落,
모 계 상 문 구 의 독 미 득 피 사 상 진 상 약 유 소 부 죄 폐 윤 락
屛跡郊野, 初不意舟從便道, 有失修敬. 不謂過予, 衝冒大
병 적 교 야 초 불 의 주 종 편 도 유 실 수 경 불 위 과 여 충 모 대
熱, 間關榛莽, 曲賜臨顧, 一見灑然, 遂若平生之歡. 典刑所
열 간 관 진 망 곡 사 임 고 일 견 쇄 연 수 약 평 생 지 환 전 형 소
鍾, 旣深歎仰, 而大篇璀璨, 健論抑揚, 蓋自去中州, 未始得
종 기 심 탄 앙 이 대 편 최 찬 건 론 억 양 개 자 거 중 주 미 시 득
此勝侶也. 欽佩不已, 俯求衰晩, 何以爲對? 送別堤下, 怳然
차 승 려 야 흠 패 불 이 부 구 쇠 만 하 이 위 대 송 별 제 하 황 연
如夢覺, 陳跡具存, 豈有所遇而然耶? 留示珠玉, 正快如九鼎
여 몽 각 진 적 구 존 기 유 소 우 이 연 야 유 시 주 옥 정 쾌 여 구 정
之珍, 徒咀嚼一臠, 宛轉而不忍下咽也. 未知舟從定作幾日
지 진 도 저 작 일 련 완 전 이 불 인 하 인 야 미 지 주 종 정 작 기 일
計? 早晩過金陵, 當得款奉.
계 조 만 과 금 릉 당 득 관 봉

44. 【황부언黃敷言[204]에게 보내는 편지】[205]

소식蘇軾은 말씀드립니다. 여러 번 방문해주신 은혜를 입어서 감사와 위안이 아울러 이릅니다. 저물녘 안부는 좋으신지요? 새

204 황부언黃敷言(?~?) : 미상이다.

205 원우元祐 원년(1086, 51세) 황주黃州 유배에서 경사京師로 돌아왔을 때 쓴 편지이다.

벽에 길을 나선다는 소식을 듣고 쇠약하고 병든 몸으로 추위가 겁이나 가서 작별하지도 못하니 매우 송구하고 부끄럽습니다. 비와 싸락눈을 맞으며 길을 나서니 매우 몸을 잘 보존하시기 바라며, 아이에게 당신께 작별 인사를 하도록 하겠습니다. 이만 줄입니다.

【與黃敷言】
여황부언

某啓. 疊辱寵訪, 感慰兼集. 晩來起居佳勝? 承來晨啓行, 以
모계 첩욕총방 감위겸집 만래기거가승 승래신계행 이

衰疾畏寒, 不果往別, 悚怍深矣. 衝涉雨霰, 萬萬保練. 謹令
쇠질외한 불과왕별 송작심의 충섭우산 만만보련 근영

兒子候違. 不宣.
아자후위 불선

45. 【언정판관彦正判官[206]에게 보내는 편지】[207]

고금古琴은 응당 향천響泉 · 운경韻磬[208]과 더불어 나란히 그 시대의 보물입니다. 그런데 이렇게 쟁쟁 울리는 거문고를 저에게 보내주셔서 절하고 받을 즈음에 부끄러워 흐르는 땀이 멈추지 않습니다. 또 감히 멀리서 내리신 뜻을 어길 수 없으니 마땅히 자손들에게 전해주어 영원한 우호의 증거로 삼겠습니다. 그러나 제가 평소에 거문고를 이해하지 못해 마침 기로紀老[209]에

---

206 언정판관彦正判官 : 언정彦正(?~?)은 소식蘇軾의 벗이고, 판관判官은 그의 벼슬이다.

207 원풍元豐 4년(1081, 46세) 황주黃州 유배 시에 보낸 편지이다.

208 향천響泉 · 운경韻磬 : 당唐나라 시대 유행했던 악기의 일종이다.

게 몸을 굽혀 찾아가 그의 시종에게 몇 곡을 타게 하니 손을 스치자 울려 퍼지는 거문고 소리가 정말로 사람이 말하는 것 같았습니다.

그래서 한 게송偈頌을 지어 "만약 거문고에 거문고 소리가 있다면, 갑 속에 넣었다고 어찌 울지 않는가? 만약 소리가 손가락 끝에서 난다면, 어찌 그대 손가락에서 소리가 나지 않는가?[210]"라고 적어서 드리니 천 리 먼 곳에서 한 번 웃음을 터뜨리십시오.

보내주신 아름다운 종이와 명차名荈는 거듭 당신의 후의에 폐를 끼쳤습니다. 모두 잘 받았으니 감사하고 부끄러운 마음 그지없습니다. 마침 다른 번잡한 일이 있어서 두루 쓰지 못하고 편지를 드립니다.

【與彦正判官】
여언정판관

古琴當與響泉韻磬, 竝爲當世之寶, 而鏗金瑟瑟, 遂蒙輟惠.
고금당여향천운경 병위당세지보 이갱금슬슬 수몽철혜
拜賜之間, 赧汗不已. 又不敢遠逆來意, 謹當傳示子孫, 永以
배사지간 난한불이 우불감원역래의 근당전시자손 영이
爲好也. 然某素不解彈, 適紀老枉道見過, 令其侍者快作數
위호야 연모소불해탄 적기노왕도견과 영기시자쾌작수
曲, 拂歷鏗然, 正如若人之語也. 試以一偈問之: "若言琴上
곡 불역갱연 정여약인지어야 시이일게문지 약언금상
有琴聲, 放在匣中何不鳴? 若言聲在指頭上, 何不於君指上
유금성 방재갑중하불명 약언성재지두상 하불어군지상
聽?" 錄以奉呈, 以發千里一笑也. 寄惠佳紙, 名荈, 重煩厚
청 녹이봉정 이발천리일소야 기혜가지 명천 중번후
意, 一一捧領訖, 感怍不已. 適有他冗, 書不周謹.
의 일일봉영흘 감작불이 적유타용 서불주근

---

209 기로紀老(?~?) : 미상이다.

210 만약……않는가? : 소식蘇軾의 〈금시琴詩〉의 구절이다.

구소수간
歐蘇手簡
제4권

1-1. 【정회립程懷立[1]에게 보내는 편지】[2]

소식蘇軾은 말씀드립니다. 어제 방문해주셔서 감사한 마음과 부끄러운 마음이 그지없습니다. 밤새 안부는 좋으신지요? 빌려주신 자명子明의 전신傳神[3]을 보니 필세가 정묘하여 실제와 매우 흡사하여 구분조차 못 할 정도였습니다. 아마도 별본이 있을 듯한데 한 축을 얻어 보는 사람으로 하여금 감동하고 놀라게 해주십시오. 오로지 이렇게만 말씀을 전하고 본분을 다하지 못하고 이만 줄입니다.

【與程懷立】
여 정 회 립

某啓. 昨日辱訪, 感怍不已. 經宿起居佳勝? 蒙借示子明傳神,
모 계 작 일 욕 방 감 작 불 이 경 숙 기 거 가 승 몽 차 시 자 명 전 신

筆勢精妙, 髣髴莫辨. 恐更有別本, 願得一軸, 使觀者動心駭
필 세 정 묘 방 불 막 변 공 갱 유 별 본 원 득 일 축 사 관 자 동 심 해

目也. 專此致敍, 滅裂. 不一.
목 야 전 차 치 서 멸 렬 불 일

---

1 정회립程懷立 : 다른 판본에는 진회립陳懷立(?~?)으로 되어 있는데 이 사람으로 추정된다. 지금의 남경南京인 남도南都 사람으로 그림을 잘 그렸는데, 소식蘇軾의 문집에 의하면 소식의 그림도 그려주었다고 한다.

2 원풍元豐 3년(1080, 45세) 황주黃州 유배 시에 보낸 편지이다.

3 전신傳神 : 매우 사실적이고 생동감 있는 그림을 말한다. 동진東晉의 문인화가文人畫家였던 고개지顧愷之는 특히 인물화에 뛰어났는데, 그는 간혹 사람만 그려놓고 수년 동안이나 눈동자는 그리지 않기도 했으므로, 어떤 이가 그 까닭을 묻자 그가 대답하기를 "사지육체의 잘 생기고 못생김은 본디 오묘한 곳과 상관이 없는 것이요, 정신을 전하는 진실한 묘사는 정히 눈동자 속에 있는 것이다.[四體姸蚩 本無關於妙處 傳神寫照 正在阿堵中]"라고 한데서 유래한다.

1-2. 【정회립程懷立에게 보내는 편지】[4]

소식蘇軾은 말씀드립니다. 산과 바다로 가로막혀 살아 돌아올 것이라고는 생각지도 못했는데, 다시 당신을 만나니 매우 위안되고 다행스럽습니다. 요사이 서늘한 가을 날씨에 안부는 좋으신지요? 오래지 않아 해안에 도착하면 곧바로 찾아뵙고 저의 그리운 마음을 다하겠습니다. 이만 줄입니다.

【與程懷立】
여 정 회 립

某啓. 嶺海闊絶, 不謂生還, 復得瞻奉, 慰幸之極. 比日履此
모 계 영 해 활 절 불 위 생 환 부 득 첨 봉 위 행 지 극 비 일 리 차

秋涼, 起居佳勝? 少選到岸, 卽遂伏謁, 以盡區區. 不宣.
추 량 기 거 가 승 소 선 도 안 즉 수 복 알 이 진 구 구 불 선

1-3. 【정회립程懷立에게 보내는 편지】[5]

소식蘇軾은 말씀드립니다. 예전에 방문해주셔서, 옛날 좋았던 이야기를 나누니 변함없이 더욱 좋기만 해서 매우 감탄스럽습니다. 때마침 약을 먹고 땀을 흘린 뒤라 바람을 쐴 수 없어 곧바로 찾아뵙지 못하였습니다. 또 심부름꾼이 찾아오니 더욱 송구하고 두렵습니다. 편지를 받고서 존형께서 잘 지내시는 줄 알았습니다. 조만간 찾아뵙고 회포를 다하겠습니다.

---

4 원우元祐 원년(1086, 51세) 경사京師로 돌아와서 보낸 편지이다.

5 원우元祐 원년(1086, 51세) 경사京師로 돌아와서 보낸 편지이다.

【與程懷立】
여정회립

某啓. 昨日辱臨顧, 論昔之好, 不替有加, 感歎沈矣. 屬飮藥
모계 작일욕임고 논석지호 불체유가 감탄심의 속음약
汗後, 不可以風, 未卽詣謝. 又枉使旌, 重增悚惕. 捧手敎,
한후 불가이풍 미즉예사 우왕사정 중증송척 봉수교
且審尊體佳勝. 日夕造謁, 以究所懷.
차심존체가승 일석조알 이구소회

1-4. 【정회립程懷立에게 보내는 편지】[6]

소식蘇軾은 말씀드립니다. 당신이 계신 덕주德州[7]를 떠난 지 한 달이 되니 그리움이 마음에서 떠나지 않습니다. 요사이 새봄에 안부는 좋으신지요? 여정에 온갖 어려움을 겪고 영주英州[8]에 도착해서 이틀을 묵고 며칠을 더 머물고 있습니다.

이번 여정은 더욱 어려워 배를 빌려 소주韶州에 도착할 수 있을지 모르겠습니다. 여정의 고생을 번번이 인연에 맡겨두고 번거롭게 깊이 염려하지 않겠습니다. 뒷날의 만남을 기약할 수 없지만, 오직 나라를 위하여 자중하시기를 바랍니다. 인편이 바빠 이만 줄입니다.

【與程懷立】
여정회립

某啓. 去德彌月, 思仰縈懷. 比日履此新陽, 起居增勝? 行路
모계 거덕미월 사앙영회 비일이차신양 기거증승 행로

6 원우元祐 원년(1086, 51세) 경사京師로 돌아와서 보낸 편지이다.
7 덕주德州 : 지금의 산동성山東省 제남濟南을 말한다.
8 영주英州 : 지금의 소주韶州 영덕현英德縣을 말한다.

百阻, 至英方再宿爾, 少留數日. 此去尤艱閡, 借舟未知能達
백조 지영방재숙이 소류수일 차거우간애 차주미지능달

韶否? 流行坎止, 輒復任緣, 不煩深念也. 後會未卜, 惟萬萬
소부 유행감지 첩부임연 불번심념야 후회미복 유만만

爲國自重. 人行忽遽. 不宣.
위국자중 인행총거 불선

2-1. 【유공보劉貢父[9]에게 보내는 편지】[10]

오랫동안 소식이 막혔던 중에 잠깐 만났는데 또다시 이렇게 이별하였으니 지금도 안타깝고 서운합니다. 공적인 일과 사적인 일로 정신이 없어 급히 문안을 드리지도 못했는데, 편지를 받고 보니 헤아릴 수 없이 감사하고 부끄럽습니다. 당신의 글자의 획은 고우면서도 빈틈이 없습니다. 편지를 전하는 사람에게 물어보니 "존형의 모습은 처음 부임했을 때보다 피부도 깨끗하고 윤택합니다."라고 하니 매우 기뻤습니다.

요사이 안부는 더욱 좋으시겠지요? 어느 날이나 경사京師로 돌아가 뵙고 사대부의 바람에 위안이 될는지요? 만날 뵐 때까지 늘 자중하시기를 간절히 바라며 이만 줄입니다.

【答劉貢父】
답유공보

久闊暫聚, 復此違異, 悵惘至今. 公私紛紛, 有失馳問, 辱書
구활잠취 부차위이 창망지금 공사분분 유실치문 욕서

9 유공보劉貢父 : 공보貢父는 유반劉攽(1023~1089)의 자이다. 송宋나라의 역사학자이며 사마광과 《자치통감資治通鑑》을 편찬하였다.

10 원우元祐 2년(1087, 52세) 한림학사翰林學士 재직 시에 보낸 편지이다.

感怍無量. 字劃姸緊. 及問來使云, 尊貌比初下車時皙且澤
감 작 무 량 자 획 연 긴 급 문 래 사 운 존 모 비 초 하 거 시 석 차 택

矣, 聞之喜甚. 比來起居想益佳. 何日歸覲, 慰士大夫之望.
문 지 희 심 비 래 기 거 상 익 가 하 일 귀 근 위 사 대 부 지 망

未間, 萬萬爲時自重, 不宣.
미 간 만 만 위 시 자 중 불 선

2-2. 【유공보劉貢父에게 보내는 편지】11

저의 지나치게 심한 경솔함은 평소의 칭찬에서 벗어난 것입니다. 그러나 어리석어 남의 저촉을 당하는 경우가 많아 다툼의 자리에 있게 되다 보니 감히 오랫동안 편안히 할 계획조차 세우지 못하였는데, 형께서는 마땅히 저를 잘 가르쳐 감독하여 주십시오. 재능이 부족하여 땀만 흘리고 있는데, 사람들이 곁에서 구경만 하고 꾸짖고 있으니 어찌하겠습니까?12

관직에 추천하는 일은 유사가 달아나 실행하지 못한 죄이기는 하지만 허물이 형에게 돌아갈 것입니다. 푸른 하늘이 위에 있으니 어찌 이러한 잘못된 일을 용서하겠으며, 제가 어찌 여기에 참여하겠습니까?

복령茯苓13과 송지松脂가 비록 요사이 약효가 떨어지긴 하지만

11 원우元祐 2년(1087, 52세) 한림학사翰林學士 재직 시에 보낸 편지이다.

12 재능이……어찌하겠습니까 : 한유韓愈의 〈제유자후문祭柳子厚文〉에 "다른 사람들은 나무를 잘 깎지 못하여 손가락을 다쳐 피가 흐르고 얼굴에는 땀을 뻘뻘 흘리는데, 뛰어난 장인은 도리어 소매 속에 손을 넣고 곁에서 구경만 하고 있었다.[不善爲斲 血指汗顏 巧匠旁觀 縮手袖間]"는 구절에서 유래한다.

13 복령茯苓 : 소나무 뿌리에 기생하는 버섯으로 약재로 쓴다.

한 해로 길게 계산하면 그래도 넉넉한 효과가 있으니 버릴 수 없습니다.

【答劉貢父】
답유공보

某忝冒過甚, 出於素奬. 然迂拙多忤, 而處爭地, 不敢作久安
모첨모과심 출어소장 연우졸다오 이처쟁지 불감작구안
計, 兄當有以教督之. 血指汗顔, 旁觀之誚, 奈何奈何! 擧官
계 형당유이교독지 혈지한안 방관지초 내하내하 거관
之事, 有司逃失行之罪, 歸咎於兄. 清明在上, 豈可容此, 小
지사 유사도실행지죄 귀구어형 청명재상 기가용차 소
子何與焉. 茯笭、松脂, 雖乏近效, 而歲計有餘, 未可棄也.
자하여언 복령 송지 수핍근효 이세계유여 미가기야

2-3. 【유공보劉貢父에게 보내는 편지】[14]

저처럼 강호를 떠돌던 사람이 오랫동안 경사京師에 머물고 있으니 마치 새장 속에 갇힌 것 같아서 어찌 다시 좋은 생각이 들겠습니까? 사람들은 온갖 일로 꾸짖는데 저는 쇠약하고 병든 몸으로 부응하지 못하고 걸핏하면 죄를 저지르고 맙니다. 친구들 가운데 저를 아는 사람들은 더욱 가련하게 여길 것입니다. 이후 만남을 기약할 수 없어서 편지를 마주하니 서운하기만 합니다.

불가佛家 교리의 기氣와 술術은 요사이 발전이 있습니까? 세간에서 자기 자신과 관계된 일로 특별히 이러한 가르침이 있을 뿐이니 다시 착수하시기 바랍니다. 이것이 저의 간절한 기도입니다.

14 원우元祐 2년(1087, 52세) 한림학사翰林學士 재직 시에 보낸 편지이다.

【答劉貢父】
답 유 공 보

某江湖之人, 久留輦下, 如在樊籠, 豈復有佳思也? 人情責望
모강호지인 구유연하 여재번농 기부유가사야 인정책망
百端, 而衰病不能應副, 動是罪戾, 故人知我, 想復見憐耶.
백단 이쇠병불능응부 동시죄려 고인지아 상부견연야
後會未可期, 臨書悵惘. 禪理氣術, 比來加進否? 世間關身
후회미가기 임서창망 선리기술 비래가진부 세간관신
事, 特有此耳, 願更着鞭, 區區之禱也.
사 특유차이 원갱착편 구구지도야

3. 【증자선曾子宣[15]에게 보내는 편지】[16]

소식蘇軾은 말씀드립니다. 공이 서쪽으로 떠난 뒤로부터 식견이 있는 사람들은 날마다 조서詔書를 받고 돌아오시기를 바랐는데, 이것이 어찌 다만 친하게 지내는 저 같은 사람의 생각일 뿐이겠습니까? 변방의 적막한 곳에 공께서 어찌 오랫동안 외직에만 있을 수 있단 말입니까? 편지에 말씀하신 〈탑기塔記〉는 오랫동안 서둘러 보내 드리지 못해 매우 부끄럽습니다.

조금이나마 용서해 주신다면 서늘한 가을에 붓을 들겠습니다. 인척姻戚인 유자량柳子良이 선덕宣德 벼슬로 노주潞州의 막부로 부임하였는데, 이곳은 당신이 관할하는 현성縣城이라 다행입니다. 편지를 올리자니 번잡한 일 때문에 하고 싶은 말을 다 하지 못합

15 증자선曾子宣 : 자선子宣은 증포曾布(1036~1107)의 자이며, 증공曾鞏의 이복동생이다. 송宋나라 신종 때 왕안석의 추천으로 벼슬을 시작했으며, 휘종이 즉위한 후에 재상의 자리에 올랐다. 왕안석王安石의 신법당과 사마광司馬光의 구법당이 정치적으로 대립하였을 때 왕안석을 지지하였다.

16 원우元祐 2년(1087, 52세) 한림학사翰林學士 재직 시에 보낸 편지이다.

니다.

【答曾子宣】
답증자선

某再啓. 自公之西, 有識日望詔還, 豈獨契愛之末? 邊落寧
모재계 자공지서 유식일망조환 기독계애지말 변낙영

肅, 公豈久外哉! 示諭〈塔記〉, 久不馳納, 愧恐之極. 乞少寬
숙 공기구외재 시유 탑기 구불치납 괴공지극 걸소관

之, 秋涼下筆也. 親家柳子良宣德赴潞幕, 獲在屬城, 知幸知
지 추량하필야 친가유자량선덕부로막 획재속성 지행지

幸! 謹奉手啓, 冗迫不盡區區.
행 근봉수계 용박부진구구

4-1. 【수재秀才 강당좌姜唐佐[17]에게 보내는 편지】[18]

소식蘇軾은 말씀드립니다. 특별히 멀리서 보내주신 편지는 뜻이 매우 정중하였습니다. 저 처처럼 노쇠하여 외직에 버려진 사람이 어떻게 이런 영광을 얻을 수 있단 말입니까? 황송하여 땀이 그치지 않습니다.

밤새 안부는 좋으신지요? 긴 시詩 · 문文은 뜻이 모두 아름다워 궁곤한 곳을 더욱 빛나게 하였습니다. 병으로 누워 있느라 긴 시 · 문에는 답하지 못하고 편지만 올립니다.

17 강당좌姜唐佐(?~?) : 자는 군필君弼이다. 해남海南 경산인琼山人이다. 송조宋朝의 문학가이다.

18 원부元符 2년(1099, 64세) 경주진사瓊州進士 강당좌姜唐佐가 경주에서 왔을 때 쓴 편지이다.

【與姜唐佐秀才】
여강당좌수재

某啓. 特辱遠貺, 意甚勤重. 衰朽廢放, 何以獲此! 悚汗不已.
모계 특욕원황 의심근중 쇠후폐방 하이획차 송한불이
經宿起居佳勝? 長牋詞義兼美, 窮陋增光. 病臥, 不能裁答,
경숙기거가승 장전사의겸미 궁누증광 병와 불능재답
聊奉手啓.
료봉수계

4-2. 【수재 강당좌姜唐佐에게 보내는 편지】[19]

소식蘇軾은 말씀드립니다. 어제에 나누었던 대화는 고적하게 지내는 저에게 매우 위안이 되었습니다. 보내신 편지를 받고 잘 지내시는 줄 알았습니다. 보내신 기이한 차는 당신의 지극한 후의에 감복하였으니 마땅히 당신과 함께 마실 것입니다. 마침 잠이 들어 즉시 답장을 드리지 못하여 죄송합니다. 식軾은 머리를 조아립니다.

【與姜唐佐秀才】
여강당좌수재

某啓. 昨日辱夜話, 甚慰孤寂. 示字承起居安勝. 奇茗佳惠,
모계 작일욕야화 심위고적 시자승기거안승 기명가혜
感服至意, 當同啜也. 適沐[20], 不卽答, 悚息. 某頓首.
감복지의 당동철야 적목 부즉답 송식 모돈수

19 원부元符 2년(1099, 64세) 경주진사瓊州進士 강당좌姜唐佐가 경주에서 왔을 때 쓴 편지이다.

20 沐 : '睡' 자로 되어 있는 다른 판본에 따라 번역하였다.

4-3. 【수재 강당좌姜唐佐에게 보내는 편지】[21]

오늘 비가 개니 더욱 기쁩니다. 밥을 다 먹고 나서 마땅히 천경관天慶觀의 깨끗한 샘물[22]을 길어와 좋은 차 맛을 내게 할 것이니 그대가 아니면 이것을 함께할 수 없을 것으로 생각합니다. 그러나 일찍 오시면 시장에 고기가 없으니 함께 나물밥을 먹어야 할 것입니다. 싫지 않으시면 오늘 들러주십시오. 식軾이 아룁니다.

【與姜唐佐秀才】
여강당좌수재

今日雨霽, 尤可喜. 食已, 當取天慶觀乳泉, 潑建茶之精者,
금일우제 우가희 식이 당취천경관유천 발건다지정자

念非君莫與共之. 然蚤來市中無肉, 當共啖菜飯爾. 不嫌, 可
염비군막여공지 연조래시중무육 당공담채반이 불혐 가

只今相過. 某啓上.
지금상과 모계상

5-1. 【비교秘校[23] 나엄羅嚴[24]에게 보내는 편지】[25]

소식蘇軾은 말씀드립니다. 인편을 보내 죄를 짓고 버려진 저를

21 원부元符 2년(1099, 64세) 경주진사瓊州進士 강당좌姜唐佐가 경주에서 왔을 때 쓴 편지이다.

22 깨끗한 샘물 : 원문은 '乳泉'. 본래 종유석에 맺힌 물을 말하는데, 후대에는 주로 달고 깨끗한 샘물을 가리키는 말로 썼다.

23 비교秘校 : 비서성秘書省 교서관校書官을 말한다.

24 나엄羅嚴 : 나엄羅嚴(1899~1927)의 자는 막천幕天이며, 호는 칭우稱宇이다. 상녕현常寧縣 사람이다.

25 소성紹聖 2년(1095, 60세) 혜주惠州 유배 시에 보낸 편지이다.

비루하게 여기지 않으시고 긴 편지를 주셨는데, 고금의 전고典故를 인용하여 펼쳐놓은 뜻이 매우 높으니 읽고서 부끄럽고 감복하였습니다.

요사이 잘 지내신다니 매우 위안이 되었습니다. 당신께서는 바닷가 변방에 머물면서 아름다운 재주를 매몰시키고 있습니다. 그러나 벼슬에는 높낮이가 없으니 다만 처해진 일이나 상황에 따른다면 마음에 부끄러움이 없어서 곧바로 통달通達하게 될 것입니다. 삼복더위에 몸을 아끼시기를 바랍니다.

【與羅嚴秘校】
여나엄비교

某啓. 專人至, 承不鄙罪廢, 長牋見及, 援證古今, 陳義甚高, 伏讀愧感. 仍審比來起居佳勝, 至慰至慰! 守尸[26]海徼, 淹屈才美, 然仕無高下, 但能隨事及物, 中無所愧, 卽爲達也. 伏暑, 萬萬自愛.

5-2. 【비교秘校 나엄羅嚴에게 보내는 편지】[27]

소식蘇軾은 말씀드립니다. 공무가 한가한 이때 학문은 계속하고 계시며, 서로 글을 주고받을 사람은 있는지요? 이곳의 온갖 일들은 북해海北와 비교할 수도 없으니 다만 문을 닫고 벽만 바

26 守尸 : 守局으로 되어 있는 다른 판본에 따라 번역하였다.

27 소성紹聖 2년(1095, 60세) 혜주惠州 유배 시에 보낸 편지이다.

라보고 있을 뿐입니다.

그곳에 계신 당신께서 병을 치료할 수 있는 거친 약이나마 가지고 계신다면 저를 위해서 조금이라도 보내주십시오. 이곳의 창목蒼木과 귤피橘皮 등은 모두 얻을 방법이 없습니다. 다만 거칠고 천한 것도 마다하지 않을 것이니 판단하여 몇 종류를 보내주시기를 바랍니다. 나무라지 마십시오.

【與羅嚴秘校】
여 나 엄 비 교

某啓. 官事有暇, 得爲學不輟否? 有可與往還者乎? 此間百
모 계 　 관 사 유 가 　 득 위 학 불 철 부 　 유 가 여 왕 환 자 호 　 차 간 백
事不類海北, 但杜門面壁而已. 彼中如有麤藥治病者, 爲致
사 불 류 해 북 　 단 두 문 면 벽 이 이 　 피 중 여 유 추 약 치 병 자 　 위 치
少許. 此間如蒼木、橘皮之類, 皆不可得. 但不嫌麤賤, 爲相
소 허 　 차 간 여 창 목 　 귤 피 지 류 　 개 불 가 득 　 단 불 혐 추 천 　 위 상
度致數品. 不罪不罪!
도 치 수 품 　 부 죄 부 죄

6-1. 【임천화林天和[28]에게 보내는 편지】[29]

소식蘇軾은 말씀드립니다. 요사이 보내주신 편지를 받아놓고도 번잡하여 즉시 답장을 보내지 못해 죄송합니다. 봄추위에 잘 지내시리라 생각합니다. 화재火災 이후에[30] 온갖 일들로 정신이

28 임천화林天和 : 임박林朴(?~?)의 자는 천화天和이다.

29 소성紹聖 2년(1095, 60세) 혜주惠州 유배 시에 보낸 편지이다.

30 번잡하여……이후에 : 소식蘇軾이 항주수령杭州守令으로 있을 때 항주에 화재가 많았다. 그러므로 화재로 인한 일들로 정신을 번잡하다고 하였다.

고달프지만, 백성들을 위한 근면한 계획을 게을리하지 않으실 것으로 생각합니다. 만나서 마음을 펼 방법이 없으니 몸을 아끼시기를 빌며 이만 줄입니다.

【與林天和】
여임천화

某啓. 近辱手書, 冗中不果卽答, 悚息悚息! 春寒, 想體中佳
모계 근욕수서 용중불과즉답 송식송식 춘한 상체중가

勝. 火後凡百勞神, 用勤民之意, 計不倦也. 未由披奉, 萬萬
승 화후범백노신 용근민지의 계불권야 미유피봉 만만

自愛. 不宣.
자애 불선

6-2. 【임천화林天和에게 보내는 편지】[31]

소식蘇軾은 말씀드립니다. 요사이 찌는 무더위에 안부는 좋으신지요? 보내신 양매楊梅[32]를 받았으니 감사한 마음을 잊지 않겠습니다. 산강山薑[33]의 꽃이 피려고 한다는 소식을 들었는데, 유몽득劉夢得[34]의 시를 적어서 보내니 보내신 양매의 답이라 생각하여 주십시오. 우습습니다. 풍악교豊樂橋[35]를 수리하는 몇 명의

---

31 소성紹聖 2년(1095, 60세) 혜주惠州 유배 시에 보낸 편지이다.

32 양매楊梅 : 열매가 빨갛고 크기가 탄알만하다. 매실처럼 맛이 달고 시어 양매楊梅라고 한다.

33 산강山薑 : 국화과에 속한 여러해살이풀로, 높이 50센티미터 정도로 자라며, 잎은 어긋나고 꽃은 흰색 또는 분홍색으로 핀다. 뿌리는 가을에 캐서 말려 약으로 쓰인다.

34 유몽득劉夢得 : '夢得'은 유우석劉禹錫(772~842)의 자이다. 당唐나라 때의 문학가로, 당 헌종唐憲宗 때 태자빈객太子賓客을 지냈다.

목수가 휴가를 얻어 잠시 집으로 돌아갔는데 여러 날이 되었는데도 오지 않으니 번거롭겠지만 지휘하여 잡아 오게 하신다면 다행이겠습니다. 급히 써서 보내지만 나무라지 마십시오.

【與林天和】
여 임 천 화

某啓. 比日蒸熱, 體中佳否? 承惠楊梅, 感佩之至. 聞山薑花
모 계 비 일 증 열 체 중 가 부 승 혜 양 매 감 패 지 지 문 산 강 화

欲出, 錄夢得詩去, 庶致此饋也. 呵呵. 豐樂橋數木匠, 請假
욕 출 녹 몽 득 시 거 서 치 차 궤 야 가 가 풍 락 교 수 목 장 청 가

暫歸, 多日不至, 敢煩旨麾, 勾押送來爲幸. 草草奉啓. 不罪.
잠 귀 다 일 부 지 감 번 지 휘 구 압 송 래 위 행 초 초 봉 계 부 죄

6-3. 【임천화林天和에게 보내는 편지】36

고군高君이 한번 병으로 자리에 누웠다가 마침내 세상을 떠났으니 매우 가슴이 아픕니다. 그 집 식구들은 의지할 곳을 잃지는 않았는지요? 장기瘴氣로 인한 역병이 횡행하여 죽은 사람을 헤아릴 수조차 없으니 어찌하겠습니까?

저도 열흘 사이에 두 딸을 잃고서 쓸쓸히 귀양살이하는 가운데 이러한 낭패를 만났으니 당신께서 이 소식을 듣는다면 실의에 빠지실 것입니다.

【與林天和】
여 임 천 화

高君一臥遂化, 深可傷念, 其家不失所否? 瘴疫橫流, 僵僕者
고 군 일 와 수 화 심 가 상 념 기 가 부 실 소 부 장 역 횡 류 강 복 자

---

35 풍악교豐樂橋 : 항주성杭州城에 있는 다리 이름이다.

36 소성紹聖 2년(1095, 60세) 혜주惠州 유배 시에 보낸 편지이다.

不可勝計, 奈何奈何! 某亦旬浹之間喪兩女, 使謫居牢落, 又
불가승계 내하내하 모역순협지간상양녀 사적거뇌락 우

有此狼狽, 想聞之亦爲憮然也.
유차낭패 상문지역위무연야

6-4. 【임천화林天和에게 보내는 편지】[37]

소식蘇軾은 말씀드립니다. 요사이 편지를 받고 이별 이후 잘 지내신다니 그리운 마음에 매우 위안이 되었습니다. 며칠 동안 달빛이 맑고 고운데 함께 감상하지 못하는 것이 한스럽습니다. 당신께서도 달그림자를 마주하고 홀로 술잔을 들 것으로 생각합니다. 곧바로 만날 수 없으니 자중하시기 바라며 이만 줄입니다.

【與林天和】
여임천화

某啓. 近日辱書, 伏承別後起居佳勝, 甚慰馳仰. 數夕月色清
모계 근일욕서 복승별후기거가승 심위치앙 수석월색청

絶, 恨不同賞, 想亦顔影獨酌而已. 未卽披奉, 萬萬自重. 不宣.
절 한불동상 상역안영독작이이 미즉피봉 만만자중 불선

6-5. 【임천화林天和에게 보내는 편지】[38]

소식蘇軾은 말씀드립니다. 요사이 방문해주셨는데, 병중이라 정담을 나누지 못한 것이 한스러웠습니다. 인편이 와서 편지를

---

37 소성紹聖 2년(1095, 60세) 혜주惠州 유배 시에 보낸 편지이다.

38 소성紹聖 2년(1095, 60세) 혜주惠州 유배 시에 보낸 편지이다.

받고 잘 지내신다니 매우 위안이 되었습니다. 다만 추석이라 경치가 아름다울 것인데 만날 수 없어 다만 더욱 서운하고 그립습니다. 서늘해지는 날씨에 자중하시길 바랍니다.

【與林天和】
여임천화

某啓. 近辱過訪, 病中恨不款奉. 人來枉手敎, 具審起居佳
모계 근욕과방 병중한불관봉 인래왕수교 구심기거가
勝, 至慰至慰! 旦夕中秋, 想復佳風月, 莫由陪接, 但增悵仰
승 지위지위 단석중추 상부가풍월 막유배접 단증창앙
也. 乍涼, 萬萬疵重.
야 사량 만만자중

6-6. 【임천화林天和에게 보내는 편지】[39]

소식蘇軾은 말씀드립니다. 편지를 받고 잘 지내시는 줄 알았습니다. 편지를 받아보니 '저의 식구들이 이미 당신이 다스리는 성城에 도착했다.'[40]고 하니 유배 중의 한 가지 기쁜 일입니다. 그러나 늙은이와 어린이들로 소란스러우며, 입은 많고 먹을 것은 궁핍하여 고적했던 지난날과 비교하면 반드시 좋지 않은 것은 아닙니다. 한 번 웃을 만합니다. 무덥고 답답한 날씨가 풀리지 않았는데 늘 자중하시기를 간절히 바랍니다.

39 소성紹聖 2년(1095, 60세) 혜주惠州 유배 시에 보낸 편지이다.

40 연보에 의하면 소성紹聖 4년(1097년, 62세)에 소식蘇軾이 혜주惠州에 있었는데 장천화張天和에게 준 편지에 "저의 식구들이 이달 초면 도착할 수 있을 것입니다."라고 하였다.

【與林天和】
여 임 천 화

某啓. 辱書, 承起居佳勝. 示諭幼累已到城, 流寓中一喜事.
모 계 욕 서 승 기 거 가 승 시 유 유 누 이 도 성 유 우 중 일 희 사
然老稺紛紛, 口衆食貧, 向之孤寂, 未吡不佳也. 可以一笑.
연 노 치 분 분 구 중 식 빈 향 지 고 적 미 필 불 가 야 가 이 일 소
蒸鬱未解, 萬萬以時自重.
증 울 미 해 만 만 이 시 자 중

6-7. 【임천화林天和에게 보내는 편지】[41]

소식蘇軾은 말씀드립니다. 어제 강가에서 우연히 만났으나 충분히 이야기를 나누지 못하였습니다. 내일 방문하신다면 아침을 먹으며 정담을 나누었으면 합니다. 동행할 사람이 모자라 직접 찾아뵙지 못하지만 나무라지 마십시오.

【與林天和】
여 임 천 화

某啓. 昨日江干邂逅, 未盡所懷. 來日欲奉屈早膳, 庶少款
모 계 작 일 강 간 해 후 미 진 소 회 내 일 욕 봉 굴 조 선 서 소 관
曲. 闕人, 不獲躬詣. 不罪.
곡 궐 인 불 획 궁 예 부 죄

7-1. 【장조청張朝請[42]에게 보내는 편지】[43]

소식蘇軾은 말씀드립니다. 형제가 떠돌다가 함께 그대의 관할

41 소성紹聖 2년(1095, 60세) 혜주惠州 유배 시에 보낸 편지이다.

42 장조청張朝請 : 장봉張逢(?~?)으로 되어있는 판본도 있다. 장봉은 당시 뇌주雷州 태수로 있으면서 반 달을 소식蘇軾 형제를 대접하였다.

43 소성紹聖 5년(1097, 62세) 담이儋耳에 있을 때 보낸 편지이다.

지[44]로 나아가게 되었는데, 비루하게 여기며 버리지 않으시고 더더욱 돌보아주시니 높은 정의에 감복하여 잊지 못하겠습니다. 헤어진 지 얼마 되지도 않아 그리움이 날로 깊은데 요사이 안부는 어떠하신지요?

저는 이미 경주瓊州에 도착하여 바다를 건너는 근심이 없으니 이 모든 것들이 보살펴 주신 당신 덕분입니다. 조만간 서쪽으로 떠날 것인데 고개를 돌려 바라보니 더욱 멀기만 하고 뒷날의 만남을 기약조차 할 수 없으니 언제나 자중하시어 저의 간절한 마음에 위안이 되게 하십시오. 도중에 편지를 쓰느라 대강 쓰고 이만 줄입니다.

【與張朝請】
여장조청

某啓. 兄弟流落, 同造治下, 蒙不鄙遺, 眷待有加, 感服高誼,
모계 형제유락 동조치하 몽불비유 권대유가 감복고의
悚佩不已. 別來未幾, 思仰日深, 比日起居何如? 某已到瓊,
송패불이 별래미기 사앙일심 비일기거하여 모이도경
過海無虞, 皆託餘庇, 旦夕西去, 回望逾遠, 候會無期, 惟若
과해무우 개탁여비 단석서거 회망유원 후회무기 유약
時自重, 慰此區區. 途次裁謝. 草草不宣.
시자중 위차구구 도차재사 초초불선

44 관할지 : 연보에 의하면 소성紹聖 4년(1097년, 62세)에 소식蘇軾과 도연명陶淵明이 이사하는 시에 "정축년에 나는 해남海南으로 귀양을 갔고 자유子有 또한 뇌주雷州로 귀양을 갔는데 5월에 서로 등주藤州를 지나서 함께 뇌주雷州에 이르렀다. 6월 11일에 서로 작별하여 바다를 건넜다"라고 하였다. 이 편지에 형제가 함께 치하治下에 나아갔다고 한 것은 뇌주雷州를 이른 것이다.

7-2. 【장조청張朝請에게 보내는 편지】[45]

소식蘇軾은 말씀드립니다. 해남海南의 풍습과 인정은 그대의 관할과 거의 비슷하지만 음식과 사람들의 그림자는 매우 쓸쓸하니 해강海康과의 거리가 먼 듯합니다. 이곳에 도착하고 나서 문을 닫고 말없이 앉아 있으니 시끄러움과 고요함이 동일한 이치입니다.

당신께서 사람을 보내 나루를 건너 주시어 매우 힘을 얻었으니 감사합니다. 동생의 거처가 만약에 일찍 마련된다면 그에게 일정한 거처를 얻도록 하겠습니다. 외물도 떨쳐 버리고 인간 세상도 벗어나서 홀로 초연히 서 있는 것은[46] 공의 후덕한 은사입니다. 아이는 일을 주간主幹하느라 편지를 드릴 겨를이 없지만 나무라지 마십시오.

【與張朝請】
여장조청

某啓. 海南風氣與治下略相似, 至於食物人煙, 蕭條之甚, 去
모계 해남풍기여치하략상사 지어식물인연 소조지심 거
海康遠矣. 到後杜門默坐, 喧寂一致也. 蒙差人津送, 極得
해강원의 도후두문묵좌 훤적일치야 몽차인진송 극득
力, 感感. 舍弟居止處, 若早得成, 令渠獲一定居, 遺物離人
력 감감 사제거지처 약조득성 영거획일정거 유물이인
而遊於獨, 乃公之厚賜也. 兒子幹事, 未暇上狀, 不罪.
이유어독 내공지후사야 아자간사 미가상장 부죄

45 소성紹聖 5년(1097, 62세) 담이儋耳에 있을 때 보낸 편지이다.

46 외물도……것은 : 원문은 '遺物離人而遊於獨'. 《장자莊子》 〈전자방田子方〉에 "외물도 떨쳐 버리고 인간 세상도 벗어나서 홀로 초연히 서 있는 듯하다.[似遺物離人而立於獨也]"라는 구절에서 온 말이다.

7-3. 【장조청張朝請에게 보내는 편지】[47]

소식蘇軾은 말씀드립니다. 오랫동안 편지를 드리지 못한 것은 쇠약하고 병든 몸으로 두려운 것이 많다는 것을 아실 것이니 저를 소홀하고 태만하다 여기지 않으실 것입니다. 새로 임명된 군사軍使를 통해 편지를 받고 요즈음에 안부가 좋으시다니 감사하고 위안되는 마음 지극하였습니다.

저는 이곳에 도착하여 몇 달 동안 병으로 누워있었는데 지금은 다행히 조금 나아졌습니다. 오래도록 빈 골짜기에 숨어 살면서 날로 마르고 야위어졌지만, 편지로 인해 그립던 마음이 또다시 서글퍼집니다. 여전히 절서대로 자애하시는 것이 간절한 저의 남은 뜻입니다.

【與張朝請】
여 장 조 청

某啓. 久不上問, 想察其衰疾多畏, 非簡慢也. 新軍使來, 捧
모 계 구 불 상 문 상 찰 기 쇠 질 다 외 비 간 만 야 신 군 사 래 봉

教字, 具審比日起居佳勝, 感慰兼展. 某到此, 數月臥病, 今
교 자 구 심 비 일 기 거 가 승 감 위 겸 극 모 도 차 수 월 와 병 금

幸少間. 久逃空谷, 日就枯槁, 而因書瞻望, 又復悵然. 尚冀
행 소 간 구 도 공 곡 일 취 고 고 이 인 서 첨 망 우 부 창 연 상 기

若時自厚, 區區之餘意也.
약 시 자 후 구 구 지 여 의 야

---

47 소성紹聖 5년(1097, 62세) 담이儋耳에 있을 때 보낸 편지이다.

7-4. 【장조청張朝請에게 보내는 편지】48

소식蘇軾이 거듭 말씀을 드립니다. 이미 조서詔書의 명령이 있었다는 말을 들었으니 여론에 매우 위안이 됩니다. 조만간 부임하는 길에 오를 것이니 특별히 축하의 편지를 보내는 것은 당연합니다. 제가 계장啓狀을 쓸 사람이 없어 다만 편지만 보내니 용서하십시오.

【與張朝請】
여 장 조 청

某再啓. 聞已有詔命, 甚慰輿議. 想旦夕登途也, 當別具賀
모 재 계 문 이 유 조 명 심 위 여 의 상 단 석 등 도 야 당 별 구 하

幅. 某闕人寫啓狀, 止用手尺, 乞加恕.
폭 모 궐 인 사 계 장 지 용 수 척 걸 가 서

7-5. 【장조청張朝請에게 보내는 편지】49

소식蘇軾은 말씀드립니다. 자유子由가 깊이 은혜를 입었는데, 하나하나 감사의 말씀을 드리기가 쉽지 않습니다. 새봄에는 바닷가에서 시를 읊조리는 나머지에 만족할 만한 즐거움이 있을 것입니다. 이곳 섬은 외롭고 쓸쓸하여 봄빛도 이르지 못합니다.

【與張朝請】
여 장 조 청

某啓. 子由荷存庇深矣, 不易一一言謝也. 新春海上, 嘯詠之
모 계 자 유 하 존 비 심 의 불 이 일 일 언 사 야 신 춘 해 상 소 영 지

48 소성紹聖 5년(1097, 62세) 담이儋耳에 있을 때 보낸 편지이다.

49 소성紹聖 5년(1097, 62세) 담이儋耳에 있을 때 보낸 편지이다.

餘, 有足樂者. 此島外孤寄, 春色所不到也.
여 유족락자 차도외고기 춘색소부도야

8. 【통판通判[50] 선의宣義[51]에게 보내는 편지】[52]

소식蘇軾은 말씀드립니다. 차가운 기운이 감도는 이때 멀리서 잘 지내시고 식구들도 모두 편안하실 것으로 생각합니다. 홀로 많은 일을 책임지고 있어 한동안 편지를 보내지 못하였지만 의아하게 생각지 않으시겠지요? 그대의 아드님이 가을 별시에 천거되지 못하여[53] 시대의 명이 이루어지지 않았지만, 학문의 허물이 아닙니다.

노형께서 내년에 일이 잘 풀려서 다시 벼슬할 것이니 만약 외직에 보임되지[54] 않는다면 그래도 한번은 만날 수 있을 것이니 매우 다행입니다. 만날 때까지 늘 몸을 보호하고 아끼시기를 바랍니다.

50 통판通判 : 주 · 현州 · 縣의 관원을 말한다.

51 선의宣義 : 황선의黃宣義(?~?)을 말하는데, 미상이다.

52 원우元祐 6년(1091, 56세) 경사京師로 돌아와서 보낸 편지이다.

53 가을 별시에……못하여 : 원문은 '실천失薦'. 가을에 시행한 별시에서 등용되지 못하였음을 의미하는 말이다. 추위秋闈란 가을철 대궐에서 보이는 별시別試로서 곧 추장 별시秋場別試를 말하며, 악천鶚薦의 악鶚은 물수리로 인재를 천거함을 이르는데, 후한後漢 때 공융孔融이 예형禰衡을 물수리에 비유하여 물수리 한 마리가 수백 마리의 사나운 새보다 낫다고 추천한 데에서 유래하였다.

54 외직에 보임되지 : 원문은 '보외補外'. 높은 지위에 있는 관원이 잘못이 있을 때에 지방의 수령守令으로 좌천시켜서 징계하는 일을 말한다.

【與通判宣義】
여통판선의

某啓. 薄冷, 遠想起居佳勝, 眷愛各安健. 獨負多事, 久不通
모계 박냉 원상기거가승 권애각안건 독부다사 구불통
問, 想未訝也. 令子偶失薦, 時命未遂, 非學之咎. 聞老兄明
문 상미아야 영자우실천 시명미수 비학지구 문노형명
年美解便起闕, 若未補外, 猶得一見, 幸甚. 未間, 千萬順時
년미해편기궐 약미보외 유득일견 행심 미간 천만순시
保嗇.
보색

9. 【이대부李大夫에게 보내는 편지】[55]

소식蘇軾은 말씀드립니다. 근래 보낸 편지는 반드시 도착하였고, 요사이 잘 지내시리라 생각합니다. 이 같은 가뭄의 기세에 백성을 돌보시는 마음이 매우 애타고 고생하시리라 생각합니다.

예전에 《태평광기太平廣記》를 보았는데 "용추담龍湫潭에 호랑이의 머리뼈를 매달아 비를 이르게 한다."라고 하였습니다. 모쪼록 긴 두레박줄을 매어 달아 두었다가 비가 충분하면 건져 올려야 할 것입니다. 그렇게 하지 않으면 비가 그치지 않습니다. 최근 서주徐州와 황주黃州에 있을 때 시험해 보니 모두 효험이 있어서 말씀을 드리니 나무라지 마십시오.

저의 집은 양주楊州의 의징儀徵에 있을 때 가벼이 말을 타고 이곳에 도착했다가 며칠 만에 식구들을 데리고[56] 돌아갔으니 물길이 열리기를 기다렸다가[57] 읍 가운데로 나아가 찾아뵙겠습니

55 원풍元豐 3년(1080, 45세) 황주黃州 유배 시에 보낸 편지이다.
56 식구들을 데리고 : 원문은 '搬挈'. 般은 搬과 같다.

다. 매우 그립지만 지독한 더위에 백성을 위하여 몸을 아끼시기를 바라며 이만 줄입니다.

【與李大夫】
여이대부

某啓. 近奉狀必達, 比日伏計起居佳勝. 旱勢如此, 撫字之
모계 근봉장필달 비일복계기거가승 한세여차 무자지
懷, 想極焦勞. 舊見《太平廣記》云: 以虎頭骨縋之有龍湫潭
회 상극초로 구견 태평광기 운 이호두골추지유용추담
中, 能致雨. 仍須以長綆繫之, 雨足乃取出. 不爾, 雨不止.
중 능치우 잉수이장경계지 우족내취출 불이 우부지
比在徐與黃試之, 皆有驗, 敢以告. 不罪不罪! 某家在儀眞,
비재서여황시지 개유험 감이고 부죄부죄 모가재의진
輕騎到此, 數日却還般挈, 須水通, 乃能至邑中拜見. 傾企之
경기도차 수일각환반설 수수통 내능지읍중배견 경기지
甚, 毒熱千萬爲民自愛. 不宣.
심 독열천만위민자애 불선

10. 【모유첨毛維瞻[58]에게 보내는 편지】[59]

한 해가 저물어가는 이때 비바람이 처량한데, 종이창의 대나무집에 파란 등불만 깜빡입니다. 요사이 이곳에서 조금이나마 아름다운 정취를 얻었지만 보내드릴 방법이 없어서 홀로 누리니 부끄러울 뿐입니다. 응당 한번 웃어 주실 것으로 생각합니다.

---

57 물길이……기다렸다가 : 원문은 '水通'. 가뭄으로 물이 말라 하수河水가 물어나 물길이 열리는 것을 이른다.

58 모유첨毛維瞻(?~?) : 자는 국진國鎭으로 시에 뛰어났다. 신종神宗 원풍元豐 3년에 균주지주筠州知州를 지냈다. 당시 소철蘇轍이 균주로 유배 가서 함께 글을 주고받았다.

59 원풍元豐 3년(1080년, 45세)에 보낸 편지이다.

【與毛惟瞻】
여모유첨

歲行盡矣, 風雨淒然. 紙牕竹屋, 燈火靑熒. 時於此間得少佳
세행진의 풍우처연 지창죽옥 등화청형 시어차간득소가

趣, 無由持獻, 獨享爲愧. 想當一笑也.
취 무유지헌 독향위괴 상당일소야

11. 【오장수재吳將秀才[60]에게 보내는 편지】[61]

소식蘇軾은 말씀드립니다. 제가 어려서 책부冊府[62]에 있을 때 일찍이 시강侍講이신 그대의 아버지 아래서 가르침을 받았었는데, 죽은 자와 산 자로 이별하니 하늘을 우러르고 땅을 굽어보며 한평생을 살아갑니다.[63] 그대와 강호에서 만나니 감탄이 그치지 않습니다.

산중으로 저를 방문해주시니 자못 말로는 마음속의 뜻을 다할 수 없습니다. 며칠 동안의 안부는 좋으신지요? 제가 병으로 감기를 두려워하여 찾아뵙지 못하였습니다. 관직을 사임하고 떠난지 점점 멀어지니 늘 자중하시기 바랍니다.

---

60 오장수재吳將秀才 : 오복고吳復古(?~1100)의 자는 원유遠遊다. 소동파蘇東坡가 혜주惠州와 황주黃州에 있을 때 편지를 주고받았다.

61 원풍元豐 3년(1080, 45세) 황주黃州 유배 시에 보낸 편지이다.

62 책부冊府 : '책부冊府'는 고대 제왕의 서책을 보관하는 곳을 말한다.

63 하늘을……갔습니다. : 원문은 '俯仰一世'. 왕희지王羲之의 《난정서蘭亭序》에서 "무릇 사람이 세상에 태어나서 하늘을 우러르고 땅을 굽어보며 한평생을 살아감에, 어떤 이는 회포를 끌어내어 벗들과 한방에 마주앉아 이야기하기도 하고 또 어떤 이는 자기에게 기탁된 사상을 근거로 육체 밖에서 마음대로 놀기도 하였다.[夫人之相與 俯仰一世 或取諸懷抱 悟言一室之內 或因寄所託 放浪形骸之外]"라고 한데서 나온 말이다.

【與吳將秀才】

某啓. 某少時在冊府, 尙及接見先侍講下風, 死生契闊, 俯仰一世. 乃與君相遇江湖, 感歎不已. 辱訪山中, 殊不盡意. 數日起居佳否? 以拙疾畏風, 不果上謁. 解去漸遠, 萬萬以時自重.

12-1. 【원진주袁眞州[64]에게 보내는 편지】[65]

소식蘇軾은 말씀드립니다. 죄로 유배되어 더 이상 여러 벼슬아치들과 나란히 할 수 없습니다. 공께서 훌륭한 덕과 아름다운 명망으로 기꺼이 저에게 편지를 보내주시니 부끄럽고 감사한 마음을 말할 수가 없습니다.

요즈음 서늘한 날씨에 당신의 안부는 좋으신지요? 저는 다시 사나흘 뒤에 이곳 황주黃州를 떠나니 뵐 날이 머지않아 마음에 흥분이 됩니다. 늘 몸을 잘 보존하시기를 간절히 기도드립니다. 돌아가는 인편에 감사의 감사를 전하며 이만 줄입니다.

【與袁眞州】

某啓. 罪廢流落, 不復自比數搢紳間. 公盛德雅望, 乃肯屈賜

---

64 원진주袁眞州(?~?) : 미상이다.

65 원풍元豐 7년(1084, 49세) 황주黃州 유배지를 떠나며 보낸 편지이다.

書問, 愧感不可言也. 比日履茲新涼, 尊體佳勝. 某更三五日
서문 괴감불가언야 비일이자신량 존체가승 모갱삼오일

離此, 瞻望不遠, 踴躍於懷. 更乞以時保練, 區區之禱. 人還
이차 첨망불원 용약어회 갱걸이시보련 구구지도 인환

布謝. 不宣.
포사 불선

12-2. 【원진주袁眞州에게 보내는 편지】[66]

저는 금릉金陵에 도착한지 한 달이 되었습니다. 저의 아내가 다시 병으로 누워있고 마침내 유모가 죽고 말았으니[67] 피로하고 비통함을 달랠 길이 없습니다. 당신을 뵙고 싶은 마음 간절한데, 날아가지 못하는 것이 한스러울 뿐입니다.

공께서는 어질고 후덕함으로 저를 가련하게 여겨 더더욱 위문하시니 제가 어떻게 이런 일을 얻을 수 있었는지 말로 할 수 없습니다. 부끄럽습니다. 사람이 없어 답장을 드리지 못하고 예를 갖추지 못한 점이 많으니 살펴주시기를 바랍니다.

【與袁眞州】
여원진주

某到金陵一月矣, 以賤累更臥疾, 竟卒一乳兒[68], 勞苦悲惱,
모도금릉일월의 이천누갱와질 경졸일유아 노고비뇌

殆不堪懷. 渴見風釆, 恨不飛去. 公仁厚愍惻, 勞問加等, 無
태불감회 갈견풍채 한불비거 공인후민측 노문가등 무

66 원풍元豐 7년(1084, 49세) 황주黃州 유배지를 떠나며 보낸 편지이다.

67 저의 아내가……죽고 말았으니 : 소동파蘇東坡는 세 번 장가를 갔다. 공교롭게도 세 명의 아내가 모두 왕씨王氏로, 여기 등장하는 아내는 1068년에 장가든 두 번째 아내인 왕윤지王潤之로 추정된다.

68 竟卒一乳兒 : 다른 판본에는 '竟卒一乳兒母'라고 되어 있다.

狀何以獲此, 悚息悚息! 無人寫書裁謝, 多不如禮, 惟加察.
장 하 이 획 차 송 식 송 식 무 인 사 서 재 사 다 불 여 례 유 가 찰

13. 【요명략廖明略[69]에게 보내는 편지】[70]

소식蘇軾은 말씀드립니다. 멀리 그대와 헤어지고 나서 눈 깜빡할 사이에 10년이 되었습니다. 서로 온갖 고초를 겪고 다시는 세상의 일을 내팽개치고 필묵도 더럽히지 않는 것이 좋을 듯합니다. 기쁜 것은 편안히 다시 하늘의 해를 보는 것[71]입니다. 저 몇몇 사람들은 무슨 이유로 홀로 먼저 아침이슬[72]이 되었습니까? 우리들은 모두 경사스러운데, 어찌 다시 이미 지난 일을 근심하겠습니까!

당신의 말씀은 공정한 의논이 분명한데 영욕의 끝이 어디에 있단 말입니까? 그 나머지 일들은 꿈속의 환상으로 오고 가는 것이니 어찌 다만 눈앞을 지나는 모기와 등에일 뿐이겠습니까? 더구나 공의 재주와 학문은 남보다 훨씬 뛰어나니 비록 세상을 잊

69 요명략廖明略(?~?) : 미상이다.

70 원우元祐 원년(1086, 51세) 경사京師로 돌아와서 보낸 편지이다.

71 다시……것 : 원문은 '復見天日'. 죄를 진 신하가 사면을 받아 다시 벼슬에 나아가 임금을 뵙는 것을 말한다.

72 아침이슬 : 원문은 '朝露'. 사람이 죽는 것을 이르는 말로, 만가輓歌인 〈해로가薤露歌〉에 나오는 구절이다. 한 고조漢高祖에게 반기를 들다 패망한 전횡田橫의 죽음을 두고 그 무리가 지은 만가 2장 중 1장에 "부추 위에 맺힌 아침이슬 어이 쉽게 마르나? 이슬은 말라도 내일이면 다시 내리지만, 사람은 죽어 한번 가면 언제나 돌아오나?[薤上朝露何易晞 露晞明朝更復落 人死一去何時歸?]"라고 하였다.

어버리려고 해도 세상이 그대를 잊지 못할 것이니 만년의 공명을 다만 면하지 못할까 두려울 뿐입니다.

저는 늙어서 시골로 돌아가 은거하고 싶지만, 오히려 혹여 벌과 개미 같은 보잘것없는 몸이 순식간에 사라지는 것은 참으로 말할 것도 없습니다. 간절한 저의 사랑과 그리움이 공의 뜻을 너그럽게 하시리라 생각합니다. 애초에 글을 지어 공께 답을 드리고 싶었는데 바빠서 그렇게 하지 못하였으니 깊이 헤아려주시기를 빌며 이만 줄입니다.

【答廖明略】
답 료 명 략

某啓. 遠去左右, 俯仰十年, 相與更此百罹, 非復人事, 置之,
모 계 원 거 좌 우 부 앙 십 년 상 여 갱 차 백 리 비 부 인 사 치 지

勿汙筆墨可也. 所喜平安, 復見天日. 彼數子者, 何故獨先朝
물 오 필 묵 가 야 소 희 평 안 부 견 천 일 피 수 자 자 하 고 독 선 조

露? 吾儕皆可慶, 寧復戚戚於旣往哉! 公議皎然, 榮辱竟安
로 오 제 개 가 경 영 부 척 척 어 기 왕 재 공 의 교 연 영 욕 경 안

在? 其餘夢幻去來, 何啻蚊虻之過目前也. 矧公才學絶人遠
재 기 여 몽 환 거 래 하 시 문 맹 지 과 목 전 야 신 공 재 학 절 인 원

甚, 雖欲忘世而世不我忘, 晩節功名, 直恐不免耳. 老朽欲屛
심 수 욕 망 세 이 세 불 아 망 만 절 공 명 직 공 불 면 이 노 후 욕 병

歸田里, 猶或得見蜂蟻之微, 尋已變滅, 眞不足道. 區區愛
귀 전 리 유 혹 득 견 봉 의 지 미 심 이 변 멸 진 부 족 도 구 구 애

仰, 念有以廣公之意者, 初欲作啓事上答, 冗迫不能就. 惟深
앙 염 유 이 광 공 지 의 자 초 욕 작 계 사 상 답 용 박 불 능 취 유 심

察亮之. 不宣.
찰 량 지 불 선

14. 【가운로賈耘老[73]에게 보내는 편지】[74]

저는 이미 양선陽羨[75]의 밭을 샀는데, 임금께 남은 목숨을 가련히 여겨 이곳에서 안치할 수 있게 윤허해 주실 것을 말씀드렸습니다. 다행히 허락해 주신다면 마침내 형계荊溪[76] 가에 집을 짓고 늙어 갈 수 있을 것입니다. 제가 문을 닫아걸고 외출하지 않으니 그대는 마땅히 조각배를 타고 저를 찾아오십시오. 너무 술에 취해서 글자를 제대로 쓰지 못하였지만 나무라지 마십시오. 등공滕公[77]을 만나거든 말씀드리고 또 제가 양주楊州에서 등공의 아드님을 전송하지 못하였다고 말씀해주십시오.

【答賈耘老】
답 가 운 로

僕已買田陽羡，當告聖主哀憐餘生，許於此安置．幸而許者，
복 이 매 전 양 선 당 고 성 주 애 련 여 생 허 어 차 안 치 행 이 허 자

遂築室於荊溪之上而老矣．僕當閉戶不出，君當扁舟過我
수 축 실 어 형 계 지 상 이 노 의 복 당 폐 호 불 출 군 당 편 주 과 아

也．醉甚不成字，不罪不罪．見滕公，且告爲卑末送柑子[78]
야 취 심 불 성 자 부 죄 부 죄 견 등 공 차 고 위 비 말 송 감 자

---

73 가운로賈耘老 : '耘老'는 가수賈收(1033~?)의 자이다. 시와 술을 즐기면서 소계苕溪에 은거하였다.

74 원풍元豐 7년(1084, 49세) 황주黃州 유배지를 떠나며 보낸 편지이다.

75 양선陽羨 : 지금의 무창부武昌府 강하현江夏縣을 말한다. 소식蘇軾의 때에 강하현江夏縣은 황주黃州이다.

76 형계荊溪 : 강소江蘇 의흥현宜興縣 남쪽 형남산荊南山 부근의 강 이름인데, 이 강이 양선陽羨으로 흘러 들어간다.

77 등공滕公 : 등달도滕達道(?~?)이다. 초명은 보甫이고 자는 원달元發이다. 이후 고로왕高魯王의 이름을 피휘하여 자를 이름으로 삼아 달도達道라고 하였다.

78 柑子 : 다른 판본에는 '相子'로 되어 있어, '相子'로 번역하였다.

從楊州來.
종 양 주 래

15-1. 【서득지徐得之[79]에게 보내는 편지】[80]

소식蘇軾은 말씀드립니다. 어제 이미 작별하였는데, 그리운 마음에 망연합니다. 편지를 받고 잘 지내신다니 기쁩니다. 비바람이 이와 같은 때에 회수淮水의 파도가 산더미 같아서 배가 요동쳐 강을 건널 수가 없어 뭍에 오를 방법이 없습니다. 그래서 다만 문을 닫고서 이불만 감싸 안고 있을 뿐입니다. 내일도 갈 수 없을 것 같으니 만약 다시 방문해주신다면 매우 다행이겠습니다.

【與徐得之】
여 서 득 지

某啓. 昨日已別, 情悰惘然. 辱教, 喜起居佳勝. 風雨如此,
모 계 작 일 이 별 정 종 망 연 욕 교 희 기 거 가 승 풍 우 여 차
淮浪如山, 舟中搖撼, 不可存濟, 亦無由上岸, 但闔戶擁衾
회 랑 여 산 주 중 요 감 불 가 존 제 역 무 유 상 안 단 합 호 옹 금
耳. 想來日未能行, 若再訪, 幸甚.
이 상 래 일 미 능 행 약 재 방 행 심

15-2. 【서득지徐得之에게 보내는 편지】[81]

소식蘇軾은 말씀드립니다. 배를 몰아 수백 리도 멀다고 여기지

79 서득지徐得之 : 得之는 서대정徐大正(?~?)의 자이다. 건주建州 구령인甌寧人이다. 사람들에게 '북산학사北山學士'라고 불리었다.
80 원풍元豐 3년(1080, 45세) 황주黃州 유배 시에 보낸 편지이다.
81 원풍元豐 3년(1080, 45세) 황주黃州 유배 시에 보낸 편지이다.

않고 서로 종유하는 정의情義의 진중함에 매우 감사하고 위안됩니다. 밤새 잘 지내셨는지요? 고을에서 비록 며칠을 머물면서도 끝내 만날 여가가 없고 관사館舍로 문후조차 하지 못하였습니다. 끝내는 이렇게 멀리 작별하니 서운한 심정을 헤아릴 만합니다.

【與徐得之】
여 서 득 지

某啓. 承舟御不遠數百里相從, 風義之重, 感慰何極! 經宿起
모 계 승 주 어 불 원 수 백 리 상 종 풍 의 지 중 감 위 하 극 경 숙 기
居何如? 郡中雖留數日, 竟少暇陪接, 又不得一候館舍. 遂
거 하 여 군 중 수 유 수 일 경 소 가 배 접 우 부 득 일 후 관 사 수
爾遠別, 可量悵惘.
이 원 별 가 량 창 망

15-3. 【서득지徐得之에게 보내는 편지】82

소식蘇軾은 말씀드립니다. 이별하고 나서 보내신 편지는 모두 받았습니다. 편지를 전할 인편을 만나는 것도 드물어 답장을 보내지 못하고 은혜를 저버렸으니 매우 부끄럽습니다. 옛날 놀던 곳에 다시 이르렀으나 친구들이 아무도 보이지 않아 매우 서운하였습니다. 그러나 오래도록 객지에서 쓸쓸하였는데, 마침내 돌아갈 계획을 얻어 기쁩니다.

요사이 이미 고향으로 돌아가 부모님 모시는 안부는 어떠하신지요? 어느 때에나 만날 수 있으려는지요? 편지를 마주하니 서글픈 마음뿐입니다. 오직 자신을 아끼시길 바랍니다.

82 원풍元豐 3년(1080, 45세) 황주黃州 유배 시에 보낸 편지이다.

【與徐得之】
여 서 득 지

某啓. 別後所辱手教, 一一皆領. 罕遇信便, 不克裁謝, 甚愧
모 계 별 후 소 욕 수 교 일 일 개 령 한 우 신 편 불 극 재 사 심 괴

負也. 再到舊遊, 不見故人, 深爲惘惘. 然喜久客牢落, 得遂
부 야 재 도 구 유 불 견 고 인 심 위 망 망 연 희 구 객 뇌 락 득 수

歸計也. 比日已還, 侍下起居佳勝. 會合何時? 臨書悵然. 惟
귀 계 야 비 일 이 환 시 하 기 거 가 승 회 합 하 시 임 서 창 연 유

千萬自愛.
천 만 자 애

15-4. 【서득지徐得之에게 보내는 편지】[83]

부모님 모시면서 조용한 집을 조금 손질하고 도시락과 표주박, 닭국과 기장밥으로 스스로 즐거움으로 삼으며 외물을 사모하는 마음이 없으리라 생각합니다. 민현閩縣[84]에는 이방인들이 많아 도축장이나 낚시터에 은거하면서 벼슬자리에 얽매이지 않으니 혹시라도 이러한 사람을 만난 적이 있습니까?

저는 더욱 노쇠하여 뻔뻔스럽게 잠깐 머물며 거처하고 있지만 마치 잠시 있다 떠나는 전사傳舍[85]처럼 여길 뿐입니다. 인편을 통해 때때로 편지를 보내주십시오.

【與徐得之】
여 서 득 지

定省之下, 稍葺閑軒, 簞瓢雞黍, 有以自娛, 想無所慕於外
정 성 지 하 초 즙 한 헌 단 표 계 서 유 이 자 오 상 무 소 모 어 외

---

83 원풍元豐 3년(1080, 45세) 황주黃州 유배 시에 보낸 편지이다.

84 민현閩縣 : 원문은 '閩'. 복주부福州府 민현閩縣을 말한다.

85 전사傳舍 : 나그네들이 잠시 머무는 객사客舍를 이른다.

也. 閩中多異人, 隱屠釣, 得之不爲簪組所縻, 儻得見斯人
야 민중다이인 은도조 득지불위잠조소미 당득견사인

乎? 僕益衰勞, 强顔少留, 如傳舍耳. 因風時惠問.
호 복익쇠노 강안소류 여전사이 인풍시혜문

15-5. 【서득지徐得之에게 보내는 편지】[86]

소식蘇軾은 말씀드립니다. 장군張君편에 보내신 편지로 두루 안부를 물어주시니 그지없이 감격스러웠습니다. 부모님의 초상을 당한 뒤에 상주의 안부가 좋으신 줄 알았습니다.

저는 혜주惠州에 도착한 지 벌써 반년이 되어 온갖 일들을 그런대로 보내고 있습니다. 이미 이곳의 수토水土와 풍기風氣에 익숙해져 욕망을 절제하고 잡념을 가라앉히는 것 외에는 호연히 아무런 의심이 없으니 자못 편안하고 건강해지는 것 같습니다.

저의 아이 과過[87]는 자못 세상일을 이해하고 있지만 먹고 자는 것 외에는 아무 일도 주관할 줄 모르니 과過도 학문에 노력해서 발전해야 할 것입니다. 자유自由에게서 자주 편지를 받으니 매우 안심이 됩니다. 한 집안이 지금 네 곳으로 흩어져 혜주惠州 · 균주筠州 · 허주許州 · 상주常州에 살고 있지만 모두 별 탈이 없이 지내고 있습니다. 깊은 사랑을 받았기에 말씀을 드리는 것이지만 모름지기 남에게는 말하지 마십시오. 그리움이 아득하여 편지를 마주하고 망연합니다. 잠깐 더워지는 이때 슬픔을 절제하

86 원풍元豐 3년(1080, 45세) 황주黃州 유배 시에 보낸 편지이다.

87 과過 : 소동파蘇東坡의 세 번째 아들이다.

고 변화에 순응[88]하시며 자중하시기를 간절히 빌겠습니다.

【與徐得之】
여 서 득 지

某啓. 張君來, 辱書存問周至, 感激不已. 卽日哀慕之餘, 孝
모 계 장 군 래 욕 서 존 문 주 지 감 격 불 이 즉 일 애 모 지 여 효
履如宜. 某到惠已半年, 凡百粗遣. 旣習其水土風氣, 絶欲息
리 여 의 모 도 혜 이 반 년 범 백 조 견 기 습 기 수 토 풍 기 절 욕 식
念之外, 浩然無疑, 殊覺安健也. 兒子過頗了事, 寢食之餘,
념 지 외 호 연 무 의 수 각 안 건 야 아 자 과 파 료 사 침 식 지 여
百不知管, 過亦頗力學長進也. 子由頻得書, 甚安也. 一家今
백 부 지 관 과 역 파 역 학 장 진 야 자 유 빈 득 서 심 안 야 일 가 금
作四處, 住惠、筠、許、常也, 然皆無恙, 得之見愛之深, 故
작 사 처 주 혜 균 허 상 야 연 개 무 양 득 지 견 애 지 심 고
及之, 不須語人也. 瞻企邈然, 臨書惘惘. 乍熱, 惟萬萬節哀
급 지 불 수 어 인 야 첨 기 막 연 임 서 망 망 사 열 유 만 만 절 애
順變自重.
순 변 자 중

16. 【황안중黃安中[89]에게 보내는 편지】[90]

소식蘇軾은 말씀드립니다. 소식이 막힌 채 해를 넘기니 그리움은 날로 깊은데, 거취가 분분해서 오래도록 편지를 올리지 못하였습니다. 특별히 편지를 보내주시어 자세히 가르쳐 주시고 아울러 대감의 안부가 좋으시다니 매우 감사하고 위안이 되었습니

88 슬픔을……변화에 순응 : 《예기禮記》 〈단궁 하檀弓下〉에 "어버이의 상례는 가장 애통한 것이지만, 그 슬픔을 조절하는 것은 변화에 순응하기 위해서이다.[喪禮哀戚之至也 節哀順變也]"라고 말하였다.

89 황안중黃安中(?~?) : 미상이다.

90 원우元祐 원년(1086, 51세) 京師에서 보낸 편지이다.

다. 이미 관직을 받았으니 곧바로 마중 나가 뵙겠습니다. 조금이나마 저의 간절한 마음을 말씀드리고, 만날 때까지 나라를 위하여 자중하시기를 빌겠습니다.

【與黃安中】
여황안중

某啓. 闊遠逾年, 依仰日深, 出處紛紛, 久不上問. 特辱存記,
모계 활원유년 의앙일심 출처분분 구불상문 특욕존기

曲賜手誨, 兼審台候勝常, 感慰之極. 承已拜命, 卽當迎謁.
곡사수회 겸심태후승상 감위지극 승이배명 즉당영알

少道區區. 未間更乞爲國自重.
소도구구 미간갱걸위국자중

17. 【서사봉徐司封[91]에게 보내는 편지】[92]

마침 당신께서 방문해주시어 그지없이 감사하고 부끄러웠습니다. 만년의 안부는 좋으신지요?

저는 진군陳君과 함께 막 안국사安國寺[93]에 도착하였지만, 드디어 저의 몸에 병이 났다는 것을 느껴 내일 휴가를 신청하려고 합니다. 뒷날에 삼가 함께 모이는 것은 가능하신지요? 제가 저버린 것이 많아 부끄럽습니다. 삼가 편지로 소식을 올립니다.

---

91 서사봉徐司封(?~?) : 미상이다.

92 원풍元豐 3년(1080, 45세) 황주黃州 유배 시에 보낸 편지이다.

93 안국사安國寺 : 소동파蘇東坡가 황주黃州에 있을 때 지은 〈황주안국사기黃州安國寺記〉를 지었는데, "성의 남쪽 정사를 얻었는데 '안국사安國寺'라고 한다. [得城南精舍曰 安國寺]"라는 내용이 있다.

【與徐司封】
여서사봉

適辱車騎寵訪, 感怍無窮. 晩來尊體佳勝? 某與陳君略出至
적욕거기총방 감작무궁 만래존체가승 모여진군약출지
安國, 遂覺拙疾稍作, 欲告明日少休. 後日恭與盛集, 可否?
안국 수각졸질초작 욕고명일소휴 후일공여성집 가부
無狀慚負多矣. 謹奉啓布聞.
무상참부다의 근봉계포문

18-1. 【진승무陳承務[94]에게 보내는 편지】[95]

소식蘇軾은 말씀드립니다. 잠깐 만나[96] 한번 담소를 나누게 되어 위안되고 기쁜 마음 자못 깊었습니다. 헤어진 지 이틀이나 지났는데[97] 그리운 마음 그지없습니다. 보내주신 편지를 받고서 안부가 좋으신 줄 알았습니다. 이미 식구들이 도착하였는데 당신께서 종과 가마를 보내주시어 외로운 나그네가 어려움을 잘 극복하였으니 감격을 말할 수가 없습니다. 멀리 헤어질수록 더욱 늘 자애하시기를 빌겠습니다.

---

94 진승무陳承務(?~?) : 승무랑承務郎은 종6품의 벼슬이지만, 미상이다.

95 소성紹聖 5년(1098, 63세) 담주儋州에서 보낸 편지이다.

96 잠깐 만나 : 원문은 '傾蓋'. 경개여고傾蓋如故의 준말로, 《사기史記》 〈추양열전鄒陽列傳〉에 "흰머리가 되도록 오래 사귀었어도 처음 본 사람처럼 느껴질 때가 있고, 수레 덮개를 기울이고 잠깐 이야기했지만 오랜 벗처럼 느껴지는 경우도 있다.[白頭如新 傾蓋如故]"라는 말에서 유래한다.

97 이틀이나 지났는데 : 원문은 '신숙信宿'. 《시경詩經》 〈주송周頌 · 유객有客〉에 "손님이 하룻밤을 유숙하며 손님이 이틀 밤을 유숙하니 끈을 주어 그 말을 동여매리라.[有客宿宿 有客信信 言授之縶 以縶其馬]" 하였는데, 주자는 《집전集傳》에서 "하룻밤을 유숙함을 숙이라 하고, 이틀 밤을 유숙함을 신이라 한다.[一宿曰宿 再宿曰信]"라고 주석하였다.

【與陳承務】
여진승무

某啓. 傾蓋一笑, 慰喜殊深. 奉違信宿, 懷想不已. 承敎畢,
모계 경개일소 위희수심 봉위신숙 회상불이 승교필

且審起居佳勝. 已到家累, 承丈丈借差人轎, 孤旅獲濟, 感激
차심기거가승 이도가누 승장장차차인교 고려획제 감격

不可言. 逾遠, 萬萬若時加愛.
불가언 유원 만만약시가애

18-2. 【진승무陳承務에게 보내는 편지】[98]

외롭고 고졸한 저의 곤궁한 처지를 말로 다 할 수 없지만, 그대만은 저를 좋아하실 것입니다. 어렸을 때부터 민첩하고 날랜 재주를 이렇게 보존하였으니 실로 더욱 공경스럽습니다. 그러나 이 일이 자신의 이해利害에 관계되어서도 변치 않기는 어렵습니다.

【與陳承務】
여진승무

孤拙困踣, 言無足采, 足下獨悅之. 少年敏銳, 所存如此, 實
고졸곤북 언무족채 족하독열지 소년민예 소존여차 실

增欽歎. 然此事以臨利害, 不變爲難也.
증흠탄 연차사이임이해 불변위난야

---

98 소성紹聖 5년(1098, 63세) 담주儋州에서 보낸 편지이다.

19. 【호주濠州의 진장陳章[99]에게 보내는 편지】[100]

소식蘇軾은 말씀드립니다. 전당錢塘[101]에서의 작별은 마치 꿈속의 일 같았는데, 헤어진 뒤 소식이 끊어진 것은 언제도 있지 않았던 일입니다. 이 일에 대해서는 더 이상 말씀드리지 않겠습니다. 다만 이곳의 술고述古[102]가 세상을 떠났으니[103] 서로 아는 처지라면 조문을 해야 하는데 너구나 그 사람은 친구이면서 동료로 서로 매우 아꼈던 사람입니다. 그런데도 끝내 한 글자 편지로 그대를 이해시킬 수 없었습니다. 이는 대개 저의 처지가 죄를 받은 궁박한 처지라 번번이 남들에게 누를 끼치기 때문에 오가는 연락을 단절하였던 것입니다. 지금에 와서 생각해보면 부끄럽고 은혜를 저버린 것이 헤아릴 수 없습니다.

어제 멀리서 보내주신 편지를 받고 곧바로 답장을 쓰고 싶었지만, 봄여름 이후로 거의 백일을 병으로 누워있었습니다. 아직도 안질로 고생하고 있는데 두 번이나 편지를 받고 건강히 잘 지내시고 식구들도 모두 편안하시다니 기뻤습니다.

저는 죄로 인하여 숨어 지내느라 모든 교류가 다 끊어져 비록 다시 안부를 전하고 싶어도 기껏해야 근심스럽고 민망해할 뿐입

99 진장陳章 : 진양陳襄(?~?)의 동생이다. 복건성福建省 후관侯官 사람이다. 다른 판본에는 진조정陳朝靖으로 되어있는 것도 있다.

100 원풍元豐 3년(1080, 45세) 황주黃州 유배 시에 보낸 편지이다.

101 전당錢塘 : 절강성浙江省 항주杭州에 있는 지명이다.

102 술고述古 : 진양陳襄(?~?)의 자이며, 호는 고령선생古靈先生이다. 진장陳章의 형이다.

103 세상을 떠났으니 : 원문은 '捐館'. 죽음을 이르는 말로, 살고 있던 집을 버렸다고 순화하여 이르는 말이다.

니다. 누가 공처럼 멀리서 약이 될 말씀을 보내주어 저의 잘못을 바로잡아 주겠습니까?

이미 지난 과거의 일은 다시 가릴 수가 없으니 다시 그런 일이 일어나지 않기를 기약할 뿐입니다. 만날 인연이 없어서 편지를 마주하고 그리워만 할 뿐입니다. 언제나 몸을 아끼시기를 간절히 빌며 이만 줄입니다.

【答濠州陳章】
답호주진장

某啓. 錢塘一別, 如夢中事, 爾後契闊, 何所不有? 置之不足道
모계 전당일별 여몽중사 이후계활 하소불유 치지부족도
也. 獨中間述古捐館, 有識相弔, 矧故人僚吏相愛之深者. 然
야 독중간술고연관 유식상조 신고인요리상애지심자 연
終無一字以解左右, 蓋罪廢窮奇, 動輒累人, 故往還杜絶. 至今
종무일자이해좌우 개죄폐궁기 동첩누인 고왕환두절 지금
思之, 慚負無量. 昨遠辱書問, 便欲裁答, 而春夏以來, 臥病幾
사지 참부무량 작원욕서문 편욕재답 이춘하이래 와병기
百日. 今尚苦目疾, 再枉手敎, 喜知尊體康勝, 貴眷各佳安.
백일 금상고목질 재왕수교 희지존체강승 귀권각가안
罪廢屛居, 交遊皆斷絶, 縱復通問, 不過相勞愍而已. 孰能如公
죄폐병거 교유개단절 종부통문 불과상노민이이 숙능여공
遠發藥石, 以振吾過者哉? 已往者布出, 不可復掩矣, 期於不
원발약석 이진오과자재 이왕자포출 불가부엄의 기어불
復作而已. 無緣一見, 臨紙耿耿. 萬萬以時自愛. 不宣.
부작이이 무연일견 임지경경 만만이시자애 불선

20. 【임덕옹任德翁[104]에게 보내는 편지】[105]

소식蘇軾은 말씀드립니다. 보름 동안이나 뵙지 못해 너무나 그립습니다. 편지를 받고 상중에 잘 지내시는 줄 알았습니다. 금릉金陵에서 비록 오랫동안 머무르면서도 안부 편지를 드리지 못하였는데, 당신께서도 이와 같이 머물러 계실 줄 알았습니다.

저는 자호협磁湖峽[106]에 있으면서 풍랑으로 이미 여러 날 뱃길이 막혔었는데, 오늘도 바람이 매서워 조금씩 나아가지만 멀리 가지는 못할 듯합니다. 덕옹德翁께서 오늘 저녁에 이곳에 도착하시는지요? 매우 그립습니다. 삼가 사람을 통해 안부 편지를 드리고 이만 줄입니다.

【與任德翁】
여임덕옹

某啓. 半月不面, 思仰深劇. 辱書, 承孝履如宜. 金陵雖久駐,
모계 반월불면 사앙심극 욕서 승효리여의 금릉수구주

奉伺不至, 知亦滯留如此. 某在磁湖峽, 阻風已累日, 今日風
봉사부지 지역체류여차 모재자호협 조풍이누일 금일풍

---

104 임덕옹任德翁 : '德翁'은 임백우任伯雨(1047~1119)의 자이다. 진사시에 합격한 후 좌정언에 올라 장돈章惇과 채변蔡卞을 탄핵하였다. 휘종徽宗 때 원우元祐와 소성紹聖 양쪽 당黨이 손잡으려는 것에 반대하면서 군자와 소인은 함께 갈 수 없다고 하였다. 간관諫官으로 취임한 후 반년 동안 108건의 상소를 올렸다. 저서로 《춘추역성신전春秋繹聖新傳》이 있으며, 시호는 충민忠敏이다.

105 원풍元豐 8년(1085, 50세) 등주登州에 도착해서 보낸 편지이다.

106 자호협磁湖峽 : 원문은 '磁湖峽'. 소식蘇軾의 《동파전집東坡全集》 〈자호협조풍慈湖夾阻風〉에 "누워서 보니 떨어진 달빛이 천 길 물에 걸렸고, 일어나 맑은 바람을 불러 반 범을 얻었어라.[臥看落月橫千丈 起喚淸風得半帆]"라고 하였으며, '자호협慈湖夾'으로 기록되어 있다. 자호慈湖는 당도當塗 북쪽 65 리里에 있다.

亦不苦順, 且寸進前去, 恐亦未能遠也. 不知德翁今晚能到
역불고순 차촌진전거 공역미능원야 부지덕옹금만능도

此否? 傾渴之至. 謹遣人上問. 不宣.
차부 경갈지지 근견인상문 불선

21. 【건서진蹇序辰[107]에게 보내는 편지】[108]

소식蘇軾은 말씀드립니다. 지난번에 이미 당신의 편지를 받았습니다. 어제 밥을 먹고 나서 말을 타고 약속한 곳에 가려 하였지만, 갑자기 며느리가 현기증으로 쓰러져 한참으로 사람을 알아보지 못해 지금까지 치료하고 있습니다. 조금 나아지고는 있지만 아직도 정신이 혼미한 상태입니다. 어린아이들이 아직 이러한 일을 겪어보지 못하여 의리상 버려두고 멀리 떠나기 어려워 마침내 믿음을 저버리게 되었으니 어진 벗께서는 반드시 저의 부득이한 사정을 용서하실 것으로 생각을 하면서도 은혜를 저버린 것이 매우 부끄럽습니다.

잠깐 따듯해진 이때 잘 지내시는지요? 쓸모없어 버려진 이 사람은 곧바로 나아가 한번 뵙고자 하면 반드시 뵐 수 있을 것으로 생각했는데 일이 어긋나게 되니 인사란 참으로 단정할 수가 없습니다. 뒷날의 만남을 어떻게 다시 기약할 수 있겠습니까? 나라를 위하여 자중하시기를 간절히 빌며 이만 줄입니다.

107 건서진蹇序辰 : 이름은 건서蹇序(?~?)이고 자는 수지授之이고 공주보蹇周輔의 아들이다. 사천성四川省 쌍류雙流 사람으로, 감찰어사監察御史, 전중시어사殿中侍御史, 우사간右司諫 등을 역임했다.

108 원풍元豐 7년(1084, 49세) 여주단련부사汝州團練副使 재임 시에 보낸 편지이다.

【與蹇序辰】
여건서진

某啓. 前日已奉書. 昨日食後, 垂欲上馬赴約, 忽兒婦眩倒,
모계 전일이봉서 작일식후 수욕상마부약 홀아부현도

不知人者久之, 救療至今. 雖稍愈, 尙昏昏也. 小兒輩未更
부지인자구지 구료지금 수초유 상혼혼야 소아배미갱

事, 義難舍之遠去, 遂成失信, 想仁朋必恕其不得已也, 然愧
사 의난사지원거 수성실신 상인붕필서기부득이야 연괴

負深矣. 乍煖, 起居何如? 閑廢之人, 徑往一見, 謂必得之,
부심의 사난 기거하여 한폐지인 경왕일견 위필득지

乃爾齟齬, 人事眞不可必也. 後會何可復期? 惟萬萬爲國自
내이저어 인사진불가필야 후회하가부기 유만만위국자

重. 謹奉手啓. 不宣.
중 근봉수계 불선

22-1. 【미원장米元章[109]에게 보내는 편지】[110]

소식蘇軾은 말씀드립니다. 영해嶺海에서 지낸 지 8년이나 되어 친구들과 소식이 모두 끊어졌지만 그래도 마음에 걸리지 않았습니다. 다만 염려스러운 것은 우리 원장元章의 매진하는 능운凌雲의 기상[111]과 맑고 웅건한 절세의 문장과 속세를 초월한 입신의 글씨는 어느 때나 보고서 저의 여러 해 쌓인 장독을 씻어 낼 수 있겠습니까? 지금 참으로 보게 된다면 나머지는 족히 말할 것이

109 미원장米元章 : '元章'은 미불米芾(1051~1107)의 자이다. 호는 남궁南宮 · 해악海岳이다. 호북성湖北省 양양襄陽 출신이다. 송 나라 4대 명필 가운데 한 사람이다. '미전米顚'이라고 불리었으며 모든 서체에 뛰어났다.

110 원우元祐 원년(1086, 51세) 경사京師로 돌아와서 보낸 편지이다.

111 능운凌雲의 기상 : 의기意氣가 매우 빼어남을 이르는 말로, 《사기史記》〈사마상여열전司馬相如列傳〉에 "사마상여가 대인지송을 지어 천자에게 아뢰자, 천자가 크게 기뻐하여 표표히 구름 위에 치솟는 의기가 있다.[相如旣奏大人之頌 天子大說 飄飄有凌雲之氣]"라고 한 데서 유래한다.

없을 것입니다. 자세히 말씀드리지 않습니다.

【與米元章】
여미원장

某啓. 嶺海八年, 親友曠絶, 亦未嘗關念. 但念吾元章邁往淩
모계 영해팔년 친우광절 역미상관념 단염오원장매왕능
雲之氣, 淸雄絶世之文, 超妙入神之字, 何時見之, 以洗我積
운지기 청웅절세지문 초묘입신지자 하시견지 이세아적
歲瘴毒耶! 今眞見之矣, 餘無足云者. 不復一一.
세장독야 금진견지의 여무족운자 불부일일

22-2. 【미원장米元章에게 보내는 편지】[112]

저는 먹기만 하면 헛배가 부르고 먹지 못하면 너무 몸이 마르는데, 어젯밤에는 밤새 눈을 붙이지도 못하고 단정히 앉아서 모기떼의 배만 불렸습니다. 오늘 저녁은 어떻게 보내야 할지 모르겠습니다. 사첩謝帖에 선불리 발문을 쓸 수가 없어 몇 글자 쓰고 싶어도 도무지 생각이 떠오르지 않으니 이것은 곧 늙고 정신이 흐리기 때문일 것입니다. 먹고 자는 것도 모두 좋지 않습니다. 찾아뵐 기회가 없어 연달아 편지만 쓰고 이만 줄입니다.

【與米元章】
여미원장

某食則脹, 不食則羸甚, 昨夜通旦不交睫, 端坐飽蚊子耳. 不
모식즉창 불식즉리심 작야통단불교첩 단좌포문자이 부
知今夕云何度. 謝帖旣未可輕跋, 欲書數句, 了無意思, 正坐
지금석운하도 사첩기미가경발 욕서수구 요무의사 정좌
老謬耳. 眠食皆未佳. 無緣造詣, 當續拜柬. 不一.
노류이 면식개미가 무연조예 당속배간 불일

112 원우元祐 원년(1086, 51세) 경사京師로 돌아와서 보낸 편지이다.

22-3. 【미원장米元章에게 보내는 편지】[113]

소식蘇軾은 말씀드립니다. 이틀 동안 병이 차도도 없이 심해져만 가니 비록 갑문闠門 밖으로 거처를 옮겨 지내고 있지만 바람의 기운이 조금 맑을 뿐입니다. 그러나 다만 몸이 허약하여 먹지도 못하는 저의 처지를 입으로는 차마 말할 수가 없습니다. 아이가 어디에선가 〈보월관부寶月觀賦〉[114]를 얻어와 낭랑히 암송하니 늙은이가 누워서 아직 반도 채 듣기도 전에 벌떡 일어났습니다. 20년간 사귀고도 원장元章을 다 알지 못하는 것이 안타깝지만 아마도 이 부賦는 의당 옛사람보다 뛰어나서 금세의 사람들은 논할 것도 없습니다. 천하에 어찌 항상 저처럼 당신을 알아보지 못하는 사람들뿐이겠습니까? 공께서는 머지않아 마땅히 저절로 큰 명성을 얻어서 저 같은 사람들의 말이 필요치 않을 것입니다. 마음은 공과 이야기를 나누고 싶어도 현실이 그렇지 못하니 며칠이 지나면 가능하겠지요?

【與米元章】
여미원장

某啓. 兩日來疾有增無減, 雖遷闠外, 風氣稍清, 但虛乏不能
모계 양일래질유증무감 수천갑외 풍기초청 단허핍불능

食, 口殆不能言也. 兒子於何處得〈寶月觀賦〉, 琅然誦之, 老
식 구태불능언야 아자어하처득 보월관부 랑연송지 노

夫臥聽之未半, 躍然而起. 恨二十年相從, 知元章不盡, 若此
부와청지미반 약연이기 한이십년상종 지원장부진 약차

賦, 當過古人, 不論今世也. 天下豈常如我輩憒憒耶! 公不久
부 당과고인 불론금세야 천하기상여아배궤궤야 공불구

---

113 원우元祐 원년(1086, 51세) 경사京師로 돌아와서 보낸 편지이다.

114 보월관부寶月觀賦 : 미원장米元章이 지은 글이다.

當自有大名, 不勞我輩說也. 若欲與公談, 則實未能, 想當後
당 자 유 대 명 불 로 아 배 설 야 약 욕 여 공 담 즉 실 미 능 상 당 후

數日耶?
수 일 야

23. 【범순부范純夫[115]에게 보내는 편지】[116]

지난번에 당신께서 방문해주시기를 바랐었는데 보낸 사람이 돌아오는 편에 당신의 편지를 받고 곧바로 치소로 돌아가셨다는 것을 알고는 참으로 허망한 마음만 더했습니다. 요사이 잘 지내시는지요? 날마다 오로봉五老峰[117]을 마주하니 좋은 시상詩想이 떠오릅니다.

이곳 호산湖山은 참으로 아름답지만 저처럼 쇠약하고 병든 번거로움을 견딜 수 없어 촉蜀으로 돌아가고 싶은 마음뿐입니다. 만날 길이 없지만 언제나 진중하시기를 간절히 빌겠습니다.

【與范純夫】
여 범 순 부

向者, 深望軒從一來, 人還, 領手示, 知徑赴治, 實增悵惘.
향 자 심 망 헌 종 일 래 인 환 영 수 시 지 경 부 치 실 증 창 망

---

115 범순부范純夫 : '純夫'는 범조우范祖禹(1041~1098)의 자이다. 또 다른 자는 몽득夢得이다. 젊어서 정자程子를 사사하였으며, 사마광司馬光의 학문을 추종하였고 사마광 밑에서 《자치통감資治通鑑》을 편수하였다. 저서로 《논어설論語說》 등이 있다.

116 원풍元豐 2년(1079, 44세) 호주지주湖州知州 재임 시에 보낸 편지이다.

117 오로봉五老峰 : 원문은 '五老'. 중국 강서성江西省 성자현星子縣 여산廬山에 있는 봉우리로, 산의 암봉이 뼈대같이 서서 하늘에 치솟아 있는 것이 노인 다섯이 어깨를 나란히 하고 있는 모양과 같다 하여 붙여진 이름이다.

比日起居佳勝. 日對五老, 想有佳思. 此間湖山信美, 而衰病
비 일 기 거 가 승 일 대 오 노 상 유 가 사 차 간 호 산 신 미 이 쇠 병

不堪煩, 但有歸蜀之興耳. 未由會集, 千萬以時珍重.
불 감 번 단 유 귀 촉 지 흥 이 미 유 회 집 천 만 이 시 진 중

24. 【하성가何聖可[118]에게 보내는 편지】[119]

저에게 보여주신 주선생朱先生이 지은 시詩 · 문文은 글 뜻이 깊어 저처럼 얕은 학문으로는 만에 하나도 엿볼 수가 없었습니다. 어려서부터[120] 도를 구하여 독로篤老[121]가 되도록 아직도 쇠하지 않은 사람이 세상에 몇 사람이나 여기에 마음을 쓰겠습니까?[122]

그대를 찾아뵙고 싶은 마음[123]을 이루지 못한 것이 개탄스럽기 그지없습니다. 오래도록 붓과 벼루를 가까이 하지 못해 이러한 아름다운 선물에 보답할 방법이 없으니 더욱 부끄럽습니다.

118 하성가何聖可(?~?) : 미상이다.

119 원풍元豐 3~6년(1080~1083, 45~48세) 황주黃州 유배 시에 보낸 편지이다.

120 어려서부터 : 원문은 '結髮'. 보통 15살이 되면 머리를 묶는데서, '속발束髮'이라고도 한다.

121 독로篤老 : 70세 이상의 노인을 말한다.

122 마음을 쓰겠습니까 : 원문은 '匏繫', 원래는 아무쓸모 없다는 뜻으로 쓰였지만, 여기서는 '바보 같을 정도로 여기에 마음을 쓰다.'란 뜻으로 쓰였다. 《논어論語》〈양화陽貨〉에 "공자가, '내 어찌 뒤웅박이겠느냐. 어찌 매달려 있기만 하고 먹지 못하겠느냐.[吾豈匏瓜也哉 焉能繫而不食]'하였다."라는 구절이 있다.

123 찾아뵙고 싶은 마음 : 원문은 '一望其履幕'. 신발을 바라본다는 뜻으로, 만남을 겸손하게 표현한 말이다. 《장자莊子》〈도척盜跖〉에, 공자가 벗 유하계柳下季의 동생 도척盜跖을 교화하려고 만나러 가서 "나는 유하계와 친한 사람이오. 원컨대 귀하의 막하에서 신발을 보고 싶소이다.[丘得幸於季 願望履幕下]"라고 한 데서 유래한다.

【與何聖可】
여하성가

辱示朱先生所著書詩, 詞義深矣, 淺學曾不足以窺其萬一.
욕시주선생소저서시 사의심의 천학증부족이규기만일

結髮求道, 篤老不衰, 世間有幾人 而匏繫於此? 不得一望其
결발구도 독노불쇠 세간유기인 이포계어차 부득일망기

履幕, 慨嘆不已. 久廢筆硯, 無以報此嘉貺, 益增愧赧.
이막 개탄불이 구폐필연 무이보차가황 익증괴난

25. 【황주黃州에서 사람에게 보내는 편지】[124]

말씀해주신 〈연자루기燕子樓[125]記〉는 제가 공과 계합한 의리가 이와 같은데 어찌 다시 재주를 아끼겠습니까? 더구나 노형의 부탁으로 이러한 승경지에 참여하게 되었으니 어찌 불초한 저의 행운이 아니겠습니까? 그러나 제가 심한 좌절을 당하였는데 말을 하거나 글을 쓰기만 하면 사람들의 미움을 야기시키고 있습니다.

아이가 경사京師에서 돌아오면 상세히 말씀드리겠지만 제 생각에는 굳게 입을 닫고 있는 것이 낫고 붓을 잡지 않는 것이 시비의 논쟁을 피할 수 있는 것일 뿐입니다. 비록 지난번에 지어 놓았던 것이라고 핑계를 댄다 하더라도 호사가들이 어찌 전후 사정을 따지겠습니까? 뒷날 조금이나마 재액에서 벗어나 남의 미움을 받지 않게 된다면 마땅히 공을 위해서 지어드리겠습니다.

124 원풍元豐 3년(1080, 45세) 황주黃州 유배 시에 보낸 편지이다.

125 연자루燕子樓 : 당 나라 정원貞元 연간에 상서尙書 장음張愔이 애첩 관반반關盼盼을 위해 지은 누각이다.

애상히 여기고 살펴주시길 바랍니다.

【黃州與人】
황주여인

示諭〈燕子樓記〉, 某於公契義如此, 豈復有所惜? 況得託附
시유 연자루기 모어공계의여차 기부유소석 황득탁부

老兄與此勝境, 豈非不肖之幸? 但困躓之甚, 出口落筆, 爲見
노형여차승경 기비불초지행 단곤지지심 출구낙필 위견

憎者所箋注. 兒子自京師歸, 言之詳矣, 意謂不如牢閉口, 莫
증자소전주 아자자경사귀 언지상의 의위불여뇌폐구 막

把筆, 庶幾免耳. 雖託云向前所作, 好事者豈論前後? 卽異
파필 서기면이 수탁운향전소작 호사자기논전후 즉이

日稍出災厄, 不甚爲人所憎, 當爲公作耳. 千萬哀察.
일초출재액 불심위인소증 당위공작이 천만애찰

26. 【백수학사伯修學士[126]에게 보내는 편지】

저는 한가히 지내면서 사람이 없어 편지를 써놓고도 예의에 걸맞게 편지를 보내지 못했는데 당신께서는 정으로써 용서해주시리라 생각합니다. 두 건의 약 처방전은 이미 받았으니 매우 감사합니다.

저의 고을에 염과사鹽課司[127] 정 추관鄭推官[128]은 믿음직하고

126 백수학사伯修學士 : '伯修'는 진사석陳師錫(1057~1125)의 자이다. 건안建安 사람이다. 희령熙寧 9년에 진사가 되었고 관직은 교서랑校書郎을 지냈다. 소식蘇軾이 그의 덕행과 문장을 천거하였다. 진수陳洙, 유작游酢, 소지민蕭之敏과 함께 건양建陽의 사현四賢으로 불린다.

127 염과사鹽課司 : 원문은 '임염臨鹽'. 염법鹽法을 관리하는 일을 맡은 관원을 의미한다.

128 정 추관鄭推官 : '推官'은 부府의 관원으로 지부知府의 아래에 있으면서 형사 사건을 주관하였다. 당대唐代에 절도사·관찰사에 소속되어 형옥刑獄을 관

군건한 관리인으로서 청렴결백하여 보증할 만한 사람인데, 외로이 그를 도와줄 사람이 없으니 그대의 돌보심을 입어서 문하로 나아갈 수 있을지 모르겠습니다. 부끄럽고 황송합니다.

【與伯修學士】
여 백 수 학 사

某, 閑居闕人修寫, 奉狀不如禮, 想以情恕. 藥方二本已領,
모 한거궐인수사 봉장불여예 상이정서 약방이본이령

感服之至. 本州監鹽鄭推官, 信健吏也, 廉潔可保, 孤介無
감복지지 본주감염정추관 신건리야 염결가보 고개무

援, 蒙公知照, 不知可出門下否? 惶恐惶恐.
원 몽공지조 부지가출문하부 황공황공

27-1. 【주강숙朱康叔[129]에게 보내는 편지】[130]

소식蘇軾은 두 번 절하고 말씀드립니다. 요사이 저의 동생[131]과 함께 편지를 보냈는데, 반드시 도착하였을 것으로 생각합니다. 호주胡州의 아전[132]이 오는 편에 편지를 받고서 잘 지내시는 줄 알았습니다.

아울러 저의 동생과 저에게 특별히 후덕한 선물로 주신 양고

장하였으며, 청대淸代 초까지 존속하였다.

129 주강숙朱康叔 : '康叔'은 주수창朱壽昌(1014~1083)의 자이다. 당시 악주鄂州 태수를 지냈다. 소식蘇軾이 그에게 보낸 〈여주악주서與朱鄂州書〉란 편지도 있다.

130 원풍元豐 3년(1080, 45세) 황주黃州 유배 시에 보낸 편지이다.

131 저의 동생 : 자유子由를 말하는데, 소식蘇軾의 아우 소철蘇轍(1039~1112)의 자이다.

132 아전 : 원문은 '椽'. 《설문해자說文解字》에 "연椽은 관속官屬이다."라고 하였다.

기와 밀가루, 술과 과일 등을 모두 잘 받았으나 부끄럽기만 합니다. 동생이 이곳을 떠난 지 여러 날이나 되었는데 보내신 편지는 곧바로 홍주洪州의 우편을 통해 그에게 전하겠습니다.

【與朱康叔】
여주강숙

某再拜. 近奉書竝舍弟書, 想必達. 胡椽至, 領手敎, 具審起
모재배 근봉서병사제서 상필달 호연지 영수교 구심기

居佳勝. 兼承以舍弟及賤累至, 特有厚貺, 羊、麵、酒、
거가승 겸승이사제급천누지 특유후황 양 면 주

果、一一捧領訖, 但有慚怍. 舍弟離此數日, 來敎尋附洪州
과 일일봉령흘 단유참작 사제이차수일 래교심부홍주

遞與之.
체여지

27-2. 【주강숙朱康叔에게 보내는 편지】133

이미 강가의 임고정臨皐亭134으로 거처를 옮겼는데 매우 맑고 시원하게 앞이 트였습니다. 바람 부는 새벽이나 달이 뜨는 저녁이면 지팡이를 짚고서 들길을 걷다가 강물을 퍼서 마시니 모든 것이 공께서 은혜롭게 저를 보호해주신 넉넉한 영향 덕분입니다. 당신의 정의情誼를 음미하면서 고적한 저의 마음을 위로합니다. 작년 6월에 써서 보낸 시 한 축을 찾아보고 한 번 웃습니다. 무더

133 원풍元豐 3년(1080, 45세) 황주黃州 유배 시에 보낸 편지이다.

134 임고정臨皐亭 : 소식蘇軾(1037~1101)이 1079년부터 6년간 황주黃州에서 유배 생활을 할 때 거처했던 곳이다. 〈후적벽부後赤壁賦〉에 나오는 임고정臨皐亭을 가리킨다. 임고정은 호북성 황강현黃岡縣 남쪽, 장강長江 북쪽 기슭에 있다.

위에 몸을 잘 보존하시기를 빕니다.

【與朱康叔】
여주강숙

已遷居江上臨皐亭, 甚淸曠. 風晨月夕, 杖履野步, 酌江水飮
이천거강상임고정 심청광 풍신월석 장리야보 작강수음
之, 皆公恩庇之餘波. 想味風義, 以慰孤寂. 尋得去年六月所
지 개공은비지여파 상미풍의 이위고적 심득거년육월소
寫詩一軸寄去, 以爲一笑. 酷暑, 萬乞保練.
사시일축기거 이위일소 혹서 만걸보련

27-3. 【주강숙朱康叔에게 보내는 편지】[135]

소식蘇軾은 말씀드립니다. 근래에 황강현黃岡縣[136]의 우편을 통해 부친 편지는 반드시 도착하였을 것입니다. 심부름꾼이 이곳에 들러 전해준 편지를 받고서 안부가 좋으시다는 것을 알게 되어 더 이상 처량한 마음이 들지 않습니다. 올해도 다해가는데 언제나 만날 수 있으려는지요? 서운한 마음만 더합니다. 건강히 잘 지내시길 바랍니다.

【與朱康叔】
여주강숙

某啓. 近附黃岡縣遞拜書, 必達. 專人過此, 領手敎, 具審起居
모계 근부황강현체배서 필달 전인과차 영수교 구심기거

135 원풍元豐 3년(1080, 45세) 황주黃州 유배 시에 보낸 편지이다.

136 황강현黃岡縣 : 소식이 신종神宗 원풍元豐 5년(1082에 필화筆禍 사건으로 죄를 얻어 조정에서 쫓겨나 유배 생활을 했던 곳이다. 성 밖에는 적벽赤壁이 있는데, 소식이 임술년에 양세창楊世昌과 함께 적벽에서 두 차례 뱃놀이를 하고 나서 그 감회를 전前·후後의 두 적벽부로 서술하였다.

佳勝, 勿復凄冷. 此歲行盡, 會合何時? 以增悵然. 唯祈善保.
가승 물부처랭 차세행진 회합하시 이증창연 유기선보

27-4. 【주강숙朱康叔에게 보내는 편지】[137]

댁으로 글을 남깁니다. 이달 말에 바야흐로 진주陳州를 떠날 계획입니다. 남하南河[138]가 얕아서 건너기 어려워 5~6월 사이쯤이나 여기에 도착할 것으로 생각합니다. 공께서 깊이 걱정하시고 돌보아주시지만, 저의 집은 진실로 너무 가난합니다. 그러나 고향에 작은 농장이 있으니 분수대로 지낼 것입니다.

고향으로 돌아가 늙겠다는 말에 대해 뜻대로 되지 못할까 걱정입니다. 적폐를 정리하는 일이 이미 차례를 이루었다는 말을 들었는데, 조정에서 감사監司를 맡고 계시니 어찌 성상聖上께서 갑자기 한가한 곳에 놓아두겠습니까?

당신께서 음식을 보내주셨는데 날씨가 점점 더워져 오랫동안 둘 수가 없어 공연히 번거롭게 허비할까 걱정입니다. 해산물도 입에 맞지 않습니다. 이미 아름다운 정의를 입어 절로 마땅히 자세히 말씀드립니다.

【與朱康叔】
여주강숙

敷文宅. 計此月末方離陳. 南河淺澀, 想五六月間方到此.
부문댁 계차월말방리진 남하천삽 상오육월간방도차

137 원풍元豐 3년(1080, 45세) 황주黃州 유배 시에 보낸 편지이다.

138 남하南河 : 남수南水를 말하는데, 부구현扶溝縣의 북쪽에 있다.

荷公憂恤之深, 其家固貧甚, 然鄕中亦有一小莊子, 且隨分
하공우휼지심 기가고빈심 연향중역유일소장자 차수분

過也. 歸老之說, 恐未能如雅志. 聞條理積幣, 已就倫次, 監
과야 귀노지설 공미능여아지 문조리적폐 이취윤차 감

司朝廷, 豈有遽令放閑耶? 問及物食, 天漸熱, 難久停, 恐空
사조정 기유거영방한야 문급물식 천점열 난구정 공공

煩費也. 海味亦不若食. 旣忝雅契, 自當一一奉白.
번비야 해미역불약식 기첨아계 자당일일봉백

27-5. 【주강숙朱康叔에게 보내는 편지】[139]

소식蘇軾은 말씀드립니다. 무창武昌[140]에서 보내신 편지가 도착했는데, 연이어 심부름꾼을 통해 편지를 전해주시니 감사한 마음이 아울러 깊습니다. 요즈음에 안부는 좋으신지요? 경치는 맑고 화창하며 강산은 아름답고 관청의 일은 질서가 갖추어져서 날마다 아름다운 경치를 유람케 되니 제가 모시고 따르지 못하는 것이 한스러울 뿐입니다.

당신께서 보내신 두 병의 진귀한 술은 객지의 수심을 씻어주니 매우 다행입니다. 맛있는 과일을 수확하여 보관하는 데에도 법칙이 있으니 사랑스럽습니다. 저에게 찾아온 갑작스러운 병은 풍토 때문인지는 모르겠으나 지금은 이미 평상을 회복하였습니다. 동생 자유子由는 아직도 진주眞州에 도착하지[141] 못하였으니 가까운 거리가 천 리와 같습니다. 만나 뵙고 회포를 펼 길이 없

139 원풍元豐 3년(1080, 45세) 황주黃州 유배 시에 보낸 편지이다.

140 무창武昌 : 호북성湖北省 무창현武昌縣을 말한다.

141 도착하지 : 원문은 '出'. 다른 판본에는 '到'로 되어있어 이를 근거로 번역하였다.

지만, 오히려 늘 자중하시기를 바랍니다.

【與朱康叔】
여 주 강 숙

某啓. 武昌傳到手敎, 繼辱專使墮簡, 感服竝深. 比日尊體佳
모 계 무 창 전 도 수 교 계 욕 전 사 타 간 감 복 병 심 비 일 존 체 가

勝? 節物清和, 江山秀美, 府事整辨, 日有勝遊, 恨不得陪從
승 절 물 청 화 강 산 수 미 부 사 정 판 일 유 승 유 한 부 득 배 종

耳. 雙壺珍貺, 一洗旅愁, 甚幸甚幸! 佳果收藏有法, 可愛可
이 쌍 호 진 황 일 세 여 수 심 행 심 행 가 과 수 장 유 법 가 애 가

愛! 拙疾乍到, 不諳風土所致, 今已復常矣. 子由尚未出眞,
애 졸 질 사 도 불 암 풍 토 소 치 금 이 복 상 의 자 유 상 미 출 진

寸步千里也. 末由展奉, 尚冀以時自重.
촌 보 천 리 야 말 유 전 봉 상 기 이 시 자 중

27-6. 【주강숙朱康叔에게 보내는 편지】[142]

여가與可[143]의 배가 조만간에 이곳에 도착할 것이니 이 때문에 눈에 눈물이 가득합니다. 공께서도 또한 그러하실 것으로 생각합니다. 동생 자유子由가 이곳에 도착하였는데 제가 자유를 이곳에 5~7일정도 머물게 할 것을 당신께서도 아마 아시겠지요? 전에 일찍이 기록한 《국사보國史補》[144]한 장이 당신께 도착하였는

142 원풍元豐 3년(1080, 45세) 황주黃州 유배 시에 보낸 편지이다.

143 여가與可 : 문동文同(1018~1079)의 자이다. 사천성 삼태현三台縣 사람으로 호가 소소거사笑笑居士이다. 호주자사湖州刺史에 임명되었기에 흔히 '문호주文湖州'라고 일컫는다. 시와 학문과 그림에 모두 뛰어났는데, 특히 대나무에 뛰어나 '문호주죽파文湖州竹派'가 형성되기도 하였다. 문언박文彦博 등에게 크게 인정을 받았고, 특히 고종사촌인 소식蘇軾의 존경을 받았다.

144 국사보國史補 : 당 나라 이조李肇가 찬한 것으로, 3권이다. 당 나라 개원開元에서 장경長慶 연간에 이르는 기간 동안의 잡사雜事를 기록한 것이다.

지 모르겠습니다. 편지로 간략하게나마 알려주십시오.

은혜로이 보내주신 덜 익은 술과 익은 술 네 병은 바로 저의 부족한 바를 구제해 주신 것이니 매우 보배롭고 감사합니다. 덜 익은 술은 더위에 만들기가 쉽지 않았을 텐데 매우 맛이 좋습니다. 그러나 민중숙閔仲叔은 먹는 것 때문에 사람에게 폐를 끼치지 않았습니다.145 그런데 저는 늘 공께서 돌보아주시는 은혜를 입어 멀리서 진귀한 물건을 보내주시고 사람을 수고롭게 하며 비용도 많이 들었을 것이니, 어찌 저의 마음을 편히 하겠습니까? 물어보신 능취菱翠는 지금 자리를 비우고 있어 운雲이를 임시로 보낸다고 하니 무엇을 언급하겠습니까? 껄껄.

풍군馮君은 당신께서 말씀하신 바와 같다고 생각되지만 번거롭더라도 유념하여 주십시오. 또 비결을 전해주셨는데 제가 어떻게 이것을 감당하겠습니까마는 겨울에 휴가를 얻어 마땅히 시험해 보겠습니다. 천각天覺146도 저에게 편지를 보내오지 않았습니다. 이 사람은 제멋대로 하고 꾸밈이 없으니 이것이 바로 그의

145 민중숙閔仲叔은……않았습니다 : 《후한서後漢書》 〈주섭황헌등전서周燮黃憲等傳序〉에, 후한後漢 민중숙[閔仲叔, 민공閔貢의 자字]이 안읍安邑에 우거遇居할 적에, 늙고 병이 든 데다 집이 가난해서 고기를 사 먹지 못하고 오직 돼지 간 한 조각만을 매일 구입하곤 하였는데, 정육점 주인이 잘 팔려고 하지 않자 이를 안 안읍의 현령이 주선해서 매일 사 먹을 수 있도록 하였다. 그러자 아들을 통해 이 사실을 전해들은 민중숙이 "내가 어찌 먹는 것 때문에 안읍에 폐를 끼칠 수 있겠는가.[豈以口腹累安邑耶]"하고는 그 고을을 떠났던 고사가 있다.

146 천각天覺 : 장상영張商英(1043~1122)의 자이다. 호는 무진거사無盡居士이고, 시호는 문충文忠이다. 철종이 친정親政을 하자 우정언右正言과 좌사간左司諫이 되어 원우대신을 공격했다. 나중에 채경蔡京과 의견이 맞지 않아 박주지주亳州知州로 내쫓기고 원우당적元祐黨籍에 들어갔다.

일상의 태도이니 편지를 보내는 횟수로 관계가 두텁다거나 얇다거나 할 수는 없습니다.

술 만드는 방법은 녹두로서 누룩을 만든 것입니까? 일찍이 말씀을 본 적은 있지만, 기록해 두지 않았습니다. 만약 맛있게 만드는 방법이 있다면 적어서 알려주시기를 바랍니다.

【與朱康叔】
여주강숙

與可船旦夕到此, 爲之泫然, 想公亦爾也. 子由到此, 須留他
여가선단석도차 위지현연 상공역이야 자유도차 수유타

住五七日恐知之? 前曾錄《國史補》一紙, 不知到否? 因書,
주오칠일공지지 전증녹 국사보 일지 부지도부 인서

略示諭. 蒙寄惠生煮酒四器, 正濟所乏, 極爲珍感. 生酒, 暑
약시유 몽기혜생자주사기 정제소핍 극위진감 생주 서

中不易調停, 極佳. 然閔仲叔不以口腹累人. 某每蒙公眷念,
중불이조정 극가 연민중숙불이구복누인 모매몽공권념

遠致珍物, 勞人重費, 豈不肖所安耶! 所問菱翠, 至今虛位,
원치진물 노인중비 기불초소안야 소문능취 지금허위

雲乃權發遣耳, 何足掛齒牙! 呵呵. 馮君方想如所諭, 極煩留
운내권발견이 하족괘치아 가가 풍군방상여소유 극번유

念. 又蒙傳示秘訣, 何以當此, 寒月得暇, 當試之. 天覺亦不
념 우몽전시비결 하이당차 한월득가 당시지 천각역부

得書, 此君信意簡率, 乃其常態, 未可以疏數爲厚薄也. 酒
득서 차군신의간솔 내기상태 미가이소수위후박야 주

法, 是用菉豆爲麴者耶? 亦曾見說來, 不曾錄得. 方如果佳,
법 시용녹두위국자야 역증견설래 부증녹득 방여과가

錄示爲幸.
녹시위행

27-7. 【주강숙朱康叔에게 보내는 편지】[147]

요즈음도 전례를 따르느라 바빠서 안부에 소홀하였는데 잘 지내시는지요? 이틀간을 무창武昌에서 지내기로 공께서 휴가를 청한 것 같다고 들었는데, 어찌 된 일인지요? 어찌 존형의 안부가 조금 편치가 않으신지요? 직접 나아가 여쭐 수도 없어 그리워만 할 뿐입니다. 겨울이 매우 춥고 건조하니 더욱 마땅히 삼가고 몸을 보호하시기 바랍니다.

【與朱康叔】
여주강숙

近日隨例紛冗, 有疏上問, 不審起居何如? 兩日來, 武昌如聞
근일수례분용 유소상문 불심기거하여 양일래 무창여문

公在告, 何也? 豈尊候小不佳乎? 無由躬問左右, 但有馳系.
공재고 하야 기존후소불가호 무유궁문좌우 단유치계

冬深寒澀, 尤宜愼護.
동심한삽 우의신호

28-1. 【호심보胡深夫[148]에게 보내는 편지】[149]

소식蘇軾은 말씀드립니다. 지방관으로 부임하셨다는 소식을 듣고 나서 날마다 편지를 쓰고 싶었는데 바쁜 데다 몸이 쇠약하고 병이 들어 지금까지 지체하고[150] 말았습니다.

---

147 원풍元豐 4년(1081, 46세) 황주黃州 유배 시에 보낸 편지이다.

148 호심보胡深夫(?~?) : 미상이다.

149 원우元祐 4년(1089, 54세) 항주지주杭州知州 재임 시에 보낸 편지이다.

150 지체하고 : 원문은 '循'. '遲'의 오자이다.

여러 차례 편지를 받고 감사함과 부끄러움이 번갈아 모여듭니다. 요사이 잘 지내시는지요? 만날 길이 없으니 늘 건강하시기를 빌겠습니다.

【與胡深夫】
여 호 심 보

某啓. 自聞下車, 日欲作書, 紛冗衰病, 因循至今. 疊辱書誨,
모 계 자 문 하 거 일 욕 작 서 분 용 쇠 병 인 순 지 금 첩 욕 서 회

感愧交集. 比日起居佳勝? 未緣瞻奉, 伏冀以時保練.
감 괴 교 집 비 일 기 거 가 승 미 연 첨 봉 복 기 이 시 보 련

28-2. 【호심보胡深夫에게 보내는 편지】[151]

소식蘇軾은 말씀드립니다. 저는 오랫동안 주지록周知錄[152] 형제들과 교유하였는데, 그들의 품행과 재주는 참으로 다른 사람보다 뛰어났으나 불행하게도 부모의 상喪을 당하는 바람에 생계가 궁핍하여 동쪽 구강九江[153]으로 돌아가지 못하였습니다. 지금 그대가 다스리는 고을에 살고 있는데 저는 어질고 명철한 그대가 반드시 그들을 편안하게 할 것으로 생각하니 많은 말이 필요 없을 것입니다. 이제 유柳 영공께 부탁하여 말씀드립니다. 번잡한 가운데 저의 마음을 다하지 못합니다.

---

151 원우元祐 4년(1089, 54세) 항주지주杭州知州 재임 시에 보낸 편지이다.

152 주지록周知錄(?~?) : 미상이다.

153 구강九江 : 강서성江西省 구강현九江縣을 말한다.

【與胡深夫】
여호심보

某啓. 某久與周知錄兄弟遊, 其文行才器, 實有過人, 不幸遭
모계 모구여주지록형제유 기문행재기 실유과인 불행조

喪, 生計索然, 未能東歸九江. 托跡治下, 竊謂仁明必有以安
상 생계삭연 미능동귀구강 탁적치하 절위인명필유이안

之, 不在多言. 今托柳令咨白. 冗中不盡區區.
지 부재다언 금탁유영자백 용중부진구구

29-1. 【이지의李之儀[154]에게 보내는 편지】[155]

제 나이가 65세로, 체력과 머리털이 정말로 나이와 서로 걸맞습니다. 혹시라도 다시 공과 만날 수 있을는지 모르겠습니다. 이전의 일들은 모두 꿈과 같았으니 이후의 일들도 꿈속의 일과 같지 않겠습니까? 내버려 두고 말할 만한 것이 못됩니다. 기쁜 것은 내가 해남海南에 있을 때 《주역周易》과 《서경書經》, 《논어論語》와 전傳 수십 권에 대해서 뜻을 터득한 것이 있어 제가 죽고 없어도 후세 사람의 이목에 유익함이 있을 듯합니다.

소유少遊[156]가 끝내 길에서 죽었으니 슬프고 애통합니다. 세상에 어찌 다시 이런 사람이 있을 수 있겠습니까? 태迨[157]가 그대에 관해 "늙어서 귀밑머리가 벌써 희기는 했지만, 얼굴빛은 매우 붉고 또 윤기가 났습니다."라고 했습니다. 저도 정말로 이와 같

154 이지의李之儀 : 자는 단숙端叔(1048~1117)이다. 호는 고계거사姑溪居士, 고계노농姑溪老農이다. 저서로 《고계거사전집姑溪居士前集》 있다.

155 원부元符 3년(1100, 65세)에 보낸 편지이다.

156 소유少遊 : 진관秦觀(1049~1100)의 자이다.

157 둘째 태迨 : 원문은 '迨'. 소식蘇軾의 차남으로 승무랑承務郎이다.

으니, 제각기 마땅히 몸을 아껴야 다시 만날 수 있을 것입니다. 아이와 조카들이 그대가 다스리는 고을에 있으니 자주 가르쳐 주시고 한 통의 편지를 보내주시길 바랍니다. 저는 너무 취해 제대로 문장을 이루지 못하지만 나무라지 마십시오.

【與李之儀】
여 이 지 의

某年六十五矣, 體力毛髮, 正與年相稱. 或得復與公相見, 亦
모 년 육 십 오 의 체 력 모 발 정 여 년 상 칭 혹 득 부 여 공 상 견 역
未可知. 已前者皆夢, 已後者獨非夢乎? 置之不足道也. 所
미 가 지 이 전 자 개 몽 이 후 자 독 비 몽 호 치 지 부 족 도 야 소
喜者, 在海南了得《易》、《書》、《論語》, 傳數十卷, 似有益
희 자 재 해 남 요 득 역 서 논 어 전 수 십 권 사 유 익
於骨朽後人耳目也. 少遊, 遂卒於道路, 哀哉! 痛哉! 世豈復
어 골 후 후 인 이 목 야 소 유 수 졸 어 도 로 애 재 통 재 세 기 부
有斯人乎! 端叔亦老矣, 追云 "鬢髮已皓然, 然顔極丹且渥."
유 사 인 호 단 숙 역 노 의 태 운 빈 발 이 호 연 연 안 극 단 차 악
僕亦正如此, 各宜閟嗇, 庶幾復見也. 兒姪輩在治下, 頻與
복 역 정 여 차 각 의 비 색 서 기 부 견 야 아 질 배 재 치 하 빈 여
教, 有一書幸送與. 某大醉中不成字, 不罪不罪!
교 유 일 서 행 송 여 모 대 취 중 불 성 자 부 죄 부 죄

29-2. 【이지의李之儀에게 보내는 편지】[158]

소식蘇軾은 말씀드립니다. 헤어진 지가 8년이나 되었는데 언제나 다시 만날 날이 있겠습니까? 점점 중원과 가까워지는데[159], 더욱 여러 차례 편지를 받으니 바람 이상으로 기뻤습니다. 요사

158 원부元符 3년(1100, 65세)에 보낸 편지이다.

159 점차로……가까워지는데 : 담주儋州에서 다시 내지로 옮겨왔기 때문에 점점 중원과 가까워 졌다고 말한 것이다.

이 잘 지내시는지요? 저는 이미 배를 얻어 허주許州로 돌아갈 것을 결정하였으며 말씀하신 대로 큰아들 매邁[160]가 갑자기 집을 떠나게 되어 매우 서운하지만, 경사京師에 제수되었다는 소식[161]에 옮기는 것 또한 나쁘지 않은 듯합니다. 요즈음의 제목除目[162]은 때때로 사람들의 생각대로 되는 경우도 있으니 이 뒤로는 반드시 눈썹을 펼 날이 있겠습니까?[163] 다만 늘그막에 조금 편안하니 나머지는 모두 말할 것이 없습니다. 갑자기 무더워지는 이때 언제나 몸을 아끼시기를 간절히 바라며 이만 줄입니다.

【與李之儀】
여이지의

某啓. 契闊八年, 豈謂復有見日? 漸近中原, 辱書尤數, 喜出
모계 계활팔년 기위부유견일 점근중원 욕서우수 희출
望外. 比日起居佳勝? 某已得舟決歸許, 如所教, 而長子邁
망외 비일기거가승 모이득주결귀허 여소교 이장자매
遽舍去, 深以爲恨, 具報除輦, 運似亦不惡. 近日除目, 時有
거사거 심이위한 구보제련 운사역불오 근일제목 시유
如人所料者, 則此後必伸眉矣乎? 但老境少安, 餘皆不足道.
여인소료자 즉차후필신미의호 단노경소안 여개부족도
乍熱, 萬萬以時自愛. 不宣.
사열 만만이시자애

160 큰아들 매邁 : 소매蘇邁(1059~1119)는 소식의 큰 아들로 자는 유강維康이다.

161 경사京師로……소식 : 허주許州는 하남성河南省에 있는 지명으로 옛 이름은 영창穎昌이었다. 소식蘇軾이 전제명錢濟明에게 편지를 주어 "근래에 자유의 편지를 보니 영창에 와서 만나기를 간절히 권했다."라는 내용이 연보에 실려 있다.

162 제목除目 : 관리를 제수하는 명부를 말한다.

163 눈썹……있겠습니까? : 원문은 '信眉'로 되어 있으나 타본에는 '伸眉'로 되어 있는 것이 있어 이를 취하여 번역하였다. 신미伸眉는 눈썹을 편다는 뜻으로, 근심과 걱정을 떨쳐 버림을 의미한다.

29-3. 【이지의李之儀에게 보내는 편지】[164]

소식蘇軾은 말씀드립니다. 보내신 많은 편지가 다 도착하였는데 한 번도 답장을 보내지 못하였습니다. 다만 쇠약하고 병들어 게으른 잘못일 뿐만이 아니라 참으로 죄가 깊고 무거워서 차마 다시는 아무 도움도 되지 않는 안부 편지를 보내 친구에게 누를 끼치게 할 수는 없었습니다. 그러나 끝내 공에게 누를 끼치게 되었으니, 말할 수 없이 부끄럽습니다. 요사이 이미 영창穎昌[165]으로 부임하였다는 소식을 받았는데 편안히 잘 지내시고 식구들도 모두 건강하신지요?

저는 영주永州[166]로 옮겼다가 오양五羊[167]을 지나고 대유大庾[168]를 건너서 길안吉安[169]에 도착하고 나서 안육安陸[170]으로 출발하였습니다. 장사長沙[171]를 경유하고 영주永州에 도착해서 숙정叔靜[172]과 여러 사람의 보살핌 덕분에 그다지 실수를 하지 않았습니다. 숙정이 배를 끌고 수십 리를 전송하여 큰 풍랑 가운에

---

164 원부元符 3년(1100, 65세)에 보낸 편지이다.

165 영창穎昌 : 허주許州를 말한다. 옛 지명은 허창許昌이다.

166 영주永州 : 영주부永州府를 말한다.

167 오양五羊 : 오양성五羊城을 말한다. 광주廣州의 별칭이다. 옛날에 다섯 신선이 다섯 마리의 양을 타고 이곳에 왔으므로 이렇게 부른다고 한다.

168 대유大庾 : 강서성 대유현大庾縣을 말한다. 이곳에 있는 대유령大庾嶺은 중국 오령五嶺의 하나로, 영남嶺南으로 통과하는 관문 역할을 한다.

169 길안吉安 : 강서성江西省 길안현吉安縣을 말한다.

170 안육安陸 : 강서성江西省 북부로 지금의 호북湖北 안육安陸을 말한다.

171 장사長沙 : 호남성湖南省 장사長沙縣을 말한다.

172 숙정叔靜 : 손고孫鼛(?~?)의 자이다. 전당錢塘 사람으로, 아버지 때문에 관직에 올라 태복경太僕卿을 지냈다.

이렇게 편지를 써서 올립니다. 달리 바랄 것은 없고 오직 몸을 아끼시는 것 외에 아내와 함께 술을 마시는 것이 오히려 속세의 짝을 마주하는 것보다 낫다고 매요신梅堯臣[173]의 시에 말하였습니다.

【與李之儀】
여 이 지 의

某啓. 辱書多矣, 無不達者, 然不一答. 非特衰病簡懶之過,
모 계 욕 서 다 의 무 부 달 자 연 불 일 답 비 특 쇠 병 간 라 지 과
實以罪垢深重, 不忍更以無益寒溫之問, 玷累知友. 然竟不
실 이 죄 구 심 중 불 인 갱 이 무 익 한 온 지 문 점 루 지 우 연 경 불
免累公, 慚負不可言. 比日承已赴穎昌, 伏惟起居佳勝, 眷聚
면 누 공 참 부 불 가 언 비 일 승 이 부 영 창 복 유 기 거 가 승 권 취
各安健? 某移永州, 過五羊, 渡大庾, 至吉出陸. 由長沙到永,
각 안 건 모 이 영 주 과 오 양 도 대 유 지 길 출 륙 유 장 사 도 영
荷叔靜諸人照管, 不甚失所. 叔靜拏舟相送數十里, 大浪中
하 숙 정 제 인 조 관 불 심 실 소 숙 정 나 주 상 송 수 십 리 대 낭 중
作此書上問, 無他祝, 惟保愛之外, 酌酒與婦飮, 尚勝俗侶對,
작 차 서 상 문 무 타 축 유 보 애 지 외 작 주 여 부 음 상 승 속 려 대
梅二丈詩云爾.
매 이 장 시 운 이

173 매요신梅堯臣(1002~1060) : 원문은 '梅二丈'. 그의 시 〈한 밤중 배에서 아내와 술 마시며[舟中夜與家人飮]〉에 "달이 물가 절벽 어귀에서 나와, 달그림자가 떠나가는 배의 뒷모습을 비추네. 홀로 아내와 술을 마시니, 속한 객과 마주하는 것보다 훨씬 좋다네. 달이 차츰 내 자리에까지 올라오니 황혼 역시 이미 물러갔네. 어찌 반드시 촛불을 밝혀야만 하겠는가? 이 경치를 이미 사랑하고 있는데.[月出斷岸口 影照別舸背 且獨與婦飮 頗勝俗客對月漸上我席 冥色亦稍退 豈必在秉燭 此景已可愛]"라는 구절이 있다.

30-1. 【조사훈曹司勳[174]에게 보내는 편지】[175]

소식蘇軾은 말씀드립니다. 작별한 지 어느덧 두 해가 되었는데 남북으로 바삐 떠도느라 편지도 부칠 겨를이 없었습니다. 그 사이에 동생 자유子由가 여러 사람을 거치면서 당신께서 달여서 보내신 천문동天門冬[176]이 도착하였으니 친구의 정성이 저에게 지극합니다. 아침저녁으로 복용하다 보니 한 달 만에 마침내 다 마셨습니다. 혜주惠州[177]에 도착하여 또 우편을 통하여 보내신 편지를 받고서 게을리 방치하여 곧바로 답장을 쓰지 못하였으니 죽을 죄를 지었습니다.

【與曹司勳】
여조사훈

某啓. 奉別忽二載, 奔走南北, 不暇附書. 中間子由轉附到天
모계 봉별홀이재 분주남북 불가부서 중간자유전부도천

門冬煎, 故人於我至矣. 日夜服食, 朞月遂盡之. 到惠州, 又
문동전 고인어아지의 일야복식 기월수진지 도혜주 우

遞中領手書, 懶廢益放, 不卽裁謝. 死罪死罪!
체중영수서 나폐익방 불즉재사 사죄사죄

---

174 조사훈曹司勳 : '司勳'은 조보曹輔(?~?)의 자이다. 또 다른 자는 자방子方이다.

175 소성紹聖 원년(1094, 59세) 혜주惠州 유배 시에 보낸 편지이다.

176 천문동天門冬 : 한약재漢藥材로 쓰이는 백합과 여러해살이 덩굴풀이다.

177 혜주惠州 : 광동성廣東省 혜양현惠陽縣 서쪽에 있는 지명으로, 소식蘇軾이 왕안석王安石에게 화를 당하여 그곳으로 귀양 간 일이 있었다. 그래서 귀양살이하는 곳을 흔히 '혜주惠州'라고 한다.

30-2. 【조사훈曹司勳에게 보내는 편지】[178]

소식蘇軾은 말씀드립니다. 종이 왔다가 돌아가면서 들렀었는데 제가 그를 맞이하지 못해 부끄러운 마음을 어떻게 이기겠습니까? 편지를 받고서 잘 지내시는 줄 알았습니다. 고을로 돌아간 이후로 늙은이와 젊은이가 모두 시끌벅적하고 입은 많고 먹을 것은 부족하니 지난번 홀로 고적한 때가 반드시 좋지 않았던 것만은 아닙니다. 한번 웃을 만합니다. 찌는 듯한 날씨가 풀리지 않는 이때 몸을 아끼시기를 바랍니다.

【與曹司勳】
여 조 사 훈

某啓. 從者往還見過, 皆不迎奉, 愧仰何勝? 辱書, 承起居清
모 계 종 자 왕 환 견 과 개 불 영 봉 괴 앙 하 승 욕 서 승 기 거 청

勝. 聞還邑以來, 老稚紛紛, 衆口食貧, 向之孤寂, 未必不佳
승 문 환 읍 이 래 노 치 분 분 중 구 식 빈 향 지 고 적 미 필 불 가

也. 可以一笑. 蒸鬱未解. 自愛.
야 가 이 일 소 증 울 미 해 자 애

31. 【회부晦夫[179]에게 보내는 편지】

소식蘇軾은 말씀드립니다. 대감께서 보내신 편지를 받고 감복하였습니다. 풍월을 감상하자는 약속은 감히 허락지 않을 수 있겠습니까? 유공庾公이 남루南樓[180]에서 "이 늙은이가 이곳에서의

---

178 소성紹聖 원년(1094, 59세) 혜주惠州 유배 시에 보낸 편지이다.

179 회부晦夫 : 구양벽歐陽闢(?~?)의 자이다. 계주桂州 영천靈川 사람이다. 인종仁宗 지화至和년 간에 아우 구양간歐陽簡과 함께 매요신梅堯臣에게 시를 공부하였다. 소식蘇軾 남쪽으로 귀양 갔을 때 그와 더불어 교유하였다.

흥취가 적지 않구나."라고 하였는데, 곧바로 마땅히 이불을 가지고 가겠습니다.

【與晦夫】
여회부

某啓. 辱台敎, 感服. 風月之約, 敢不敬諾! 庾公南樓所謂:
모계 욕태교 감복 풍월지약 감불경락 유공남루소위

"老子於此興復不淺", 便當携被往也.
노자어차흥복불천 편당휴피왕야

32. 【범몽득范夢得[181]에게 보내는 편지】[182]

소식蘇軾은 말씀드립니다. 한번 헤어지고 나서 어느덧 15년이 되었는데 기쁜 것은 그대가 점점 높은 벼슬을 하는 것이니 우리 도반의 경사입니다. 요사이 어떻게 지내시는지요?

저는 조만간 남쪽으로 옮기게 되어[183] 뒷날 만날 기약조차 없

180 유공庾公이 남루南樓 : 유공은 진晉 나라 유량庾亮(289~340)이다. 《진서晉書》 〈유량열전庾亮列傳〉에, 그가 무창武昌에 있을 때, 하속下屬인 은호殷浩 등이 달밤에 남루南樓에 올랐다가 유량이 온 줄도 모르고 있었다. 하속들이 일어나 피하려 하자, 그가 "제군들은 잠시 더 있게나. 이 늙은이도 여기서의 흥취가 적지 않구나."라고 말하고, 호상胡床에 걸터앉아 은호 등과 함께 밤새도록 얘기하며 시를 읊었다고 한다.

181 범몽득范夢得 : 범조우范祖禹(1041~1098)의 자이다. 시호는 정헌正獻이다. 북송 성도成都 화양華陽 사람으로, 사마광司馬光 밑에서 《자치통감資治通鑑》을 편수했고, 책이 완성되자 비서성정자秘書省正字에 임명되었다. 젊어서 정호程顥와 정이程頤를 사사했으며, 사마광의 학문을 추종했다. 저서로 《중용론中庸論》·《범태사집范太史集》이 있다.

182 원우元祐 3년(1088, 53세) 항주지주杭州知州로 가기 전 한림학사翰林學士 재직 시에 보낸 편지이다.

183 남쪽으로 옮기게 되어 : 원우元祐 4년에 용도각학사龍圖閣學士에 제수되어

으니 창망한 마음이 없지 않습니다. 양주楊州에 들렀다가 동평공東平公[184]께서 편히 잘 지내시는 것을 보았는데 떠날 때 다시 그를 만날 것입니다. 새로 저술하신 것이 반드시 많을 것이나 빌려 볼 방법이 없어 그리워만 할 뿐입니다. 잠깐 따듯해지는 이때 늘 자중하시기를 빕니다. 이치李豸[185] 수재秀才의 행차를 통해 문안 편지를 드리며, 이만 줄입니다.

【與范夢得】
여 범 몽 득

某啓. 一別俯仰十五年, 所喜君子漸用, 足爲吾道之慶. 比日
모 계 일 별 부 앙 십 오 년 소 희 군 자 점 용 족 위 오 도 지 경 비 일

起居何如? 某旦夕南遷, 後會無期, 不能無悵惘也. 過楊, 見
기 거 하 여 모 단 석 남 천 후 회 무 기 불 능 무 창 망 야 과 양 견

東平公極安, 行復見之矣. 新著必多, 無緣借觀, 爲耿耿耳.
동 평 공 극 안 행 부 견 지 의 신 저 필 다 무 연 차 관 위 경 경 이

乍暄, 惟順候自重. 因李豸秀才行, 附啓上問. 不宣.
사 훤 유 순 후 자 중 인 이 치 수 재 행 부 계 상 문 불 선

33-1. 【왕민중王敏仲[186]에게 보내는 편지】[187]

저는 늙어서 황무지에 버려져 더 이상 살아 돌아갈 가망이 없어서 어제 큰아들 매邁[188]와 작별하고서 이미 뒷일을 처리해[189]

항주지주杭州知州가 되었다.

184 동평공東平公 : 맹진孟震(?~?)을 이른다. 자는 형지亨之이며, 동평東平 사람이다.

185 이치李豸, ?~? : 소동파蘇東坡 문하의 선비이다.

186 왕민중王敏仲 : '敏仲'은 왕고王古(?~?)의 자이다. 호부시랑戶部侍郎을 지냈다.

187 소성紹聖 5년(1098, 63세) 담주儋州에서 보낸 편지이다.

188 큰아들 매邁 : 소매蘇邁(1059~1119)는 소식의 장자로 자는 유강維康이다.

두었습니다. 지금 해남海南에 도착하여 제일 먼저 관棺을 만들고 다음으로 묫자리를 만들고 나서 곧바로 아이들에게 유서를 남겨 제가 죽으면 해남海南에서 장례를 치르도록 하였으니 연릉계자延陵季子의 영박嬴博의 의리190와 같습니다. 아버지가 이미 아들에게 베풀었으니 아들들도 어찌 아버지에게 베풀지 않겠습니까? 살아서는 가족들을 부임지로 데려오지도 않았으니 죽어도 널을 무덤까지 호송할 필요가 없습니다. 이것은 우리 집안의 가풍입니다. 이밖에는 석양에 고요히 앉아191있을 뿐입니다.

이른바 '길에서의 우연한 만남'은 그만두는 것만 못하다고 생각한 것이지, 말하려고 하는 것이 이보다 더한 것이 있겠습니까? 그래서 이 편지에 자세히 쓰고 뵙고 작별하는 것을 대신합니다.

【與王敏仲】
여왕민중

某垂老投荒, 無復生還之望, 昨與長子邁訣, 已處置後事矣.
모수노투황 무부생환지망 작여장자매결 이처치후사의

今到海南, 首當作棺, 次便作墓, 乃留手疏與諸子, 死則葬於
금도해남 수당작관 차편작묘 내유수소여제자 사즉장어

海外, 庶幾延陵季子嬴博之義. 父旣可施之子, 子獨不可施
해외 서기연릉계자영박지의 부기가시지자 자독불가시

之父乎? 生不挈家, 死不扶柩, 此亦東坡之家風也. 此外, 宴
지부호 생불설가 사불부구 차역동파지가풍야 차외 연

189 뒷일을 처리해 : 죽을 것을 대비해 관棺을 만들고 묘墓자리를 쓰는 일들을 말한다.

190 연릉계자延陵季子……의리 : 연릉 계자는 춘추 시대 오吳 나라 공자公子 계찰季札이다. 제齊 나라에서 돌아오던 중 맏아들이 죽자 영현嬴縣과 박현博縣의 사이에 묻었는데, 장례를 집행하는 절도가 모두 예에 들어맞았다고 한다.

191 고요히 앉아 : 원문은 '宴座'. 좌선坐禪을 이르며, '연좌燕坐'라고도 한다.

坐夕照而已. 所云; '途中邂逅', 意謂不如其已, 所欲言者, 豈
좌 석 조 이 이 소 운 도 중 해 후 의 위 불 여 기 이 소 욕 언 자 기

有過此者乎? 故覼縷此紙, 以代面別.
유 과 차 자 호 고 라 루 차 지 이 대 면 별

33-2. 【왕민중王敏仲에게 보내는 편지】[192]

소식蘇軾은 말씀드립니다. 제가 고을을 다스리는 벼슬을 얻고 이미 사은숙배謝恩肅拜를 하여 감히 오래 머무를 수 없었습니다. 그래서 인사의 백 가지 중에 하나도 제대로 마무리 짓지 못하고 지금 막 작별의 편지를 드리려고 하였는데, 갑자기 그대의 편지를 받고 잘 지내시는 줄을 알았습니다. 저를 아끼시는 말씀이 실제보다 지나치니 그대의 도움에 매우 감사드립니다. 조만간 마침내 길을 나서 더욱 그대와 멀어지게 될 것이니 언제나 자중하시기를 간절히 빌겠습니다. 인편이 돌아가느라 바빠서 이만 줄입니다.

【與王敏仲】
여 왕 민 중

某啓. 得郡旣謝, 卽不敢久留. 故人事百不周一, 方欲奉啓告
모 계 득 군 기 사 즉 불 감 구 류 고 인 사 백 부 주 일 방 욕 봉 계 고

別, 遽辱惠問, 且審起居佳勝. 寵喩過實, 深荷獎借. 旦夕遂
별 거 욕 혜 문 차 심 기 거 가 승 총 유 과 실 심 하 장 차 단 석 수

行, 益遠, 萬萬以時自重. 人還忽忽. 不宣.
행 익 원 만 만 이 시 자 중 인 환 총 총 불 선

192 소성紹聖 4년(1097, 62세) 혜주惠州를 떠나면서 보낸 편지이다.

34. 【정정로鄭靖老[193]에게 보내는 편지】[194]

소식蘇軾은 말씀드립니다. 뇌주雷州[195]에 도착하여 장유張兪[196] 군을 만났는데, 처음으로 공의 여러 폭의 편지를 받고 매우 기쁘고 위안되는 마음 말로 할 수가 없었습니다. 염주廉州[197]에 도착하니 염주의 수령이 공께서 이미 옹주邕州[198]를 떠났다고 말하였습니다. 서운한 마음에 당신께서 어디에 계신지 물어 조금이나마 저의 간절한 마음을 전하려고 했었는데, 갑자기 보내주신 편지를 받고 서운했던 마음이 풀렸습니다. 게다가 새로 지으신 시를 얻고 보니 모두 빼어나게 뛰어나고 범상치 않은 시구여서 매우 다행스러웠습니다.

이별하고 나서 온갖 근심을 이루 다 말할 수 없었지만 버려두고 말씀드리지 않겠습니다. 《지림誌林》[199]은 끝내 아직 완성하지 못하고 다만 《서전書傳》[200]의 초고草稿 13권만 완성하였는데, 공

193 정정로鄭靖老(?~?) : 미상이다.

194 소성紹聖 4년(1097, 62세) 혜주惠州를 떠나면서 보낸 편지이다.

195 뇌주雷州 : 광동성廣東省 양춘현陽春縣에 있는 대표적 귀양지이다. 소식蘇軾이 경주 별가瓊州別駕로 좌천되었을 때, 같은 시기에 아우 소철蘇轍이 뇌주雷州로 귀양을 갔다. 소식蘇軾이 뇌주에 유배 가서 쓴 〈뇌주팔수雷州八首〉가 있다.

196 장유張兪(?~?) : 송 나라의 대표적 시인이다. 노유개魯有開 · 범진范鎭 · 소순蘇洵 · 소식蘇軾 · 소철蘇轍 · 황정견黃庭堅 등과 함께 송 나라 칠현七賢으로 불린다.

197 염주廉州 : 광동성廣東省 염주부廉州府를 말한다.

198 옹주邕州 : 광서성廣西省 사은부思恩府를 말한다.

199 지림誌林 : 소식蘇軾의 저술이다.

200 서전書傳 : 소식蘇軾이 해남海南에 있을 때 저술한 것이다.

께서 나에게 두 차례나 빌려주신 책에 힘입어 검토해 보았습니다. 지난번에는 공께서 어디에 계신지도 모르고 책도 제가 가지고 있지 않았습니다. 돌아갈 때 책 상자 하나를 만들어서 저의 아들이 매邁[201]에게 부쳐서 찾아뵙고 돌려드리도록 하겠습니다. 만약에 인편이 없다면 광주廣州의 하도사何道士[202]에게 부치도록 부탁할 것이니 반드시 유실되지는 않을 것입니다.

저는 이곳에 머무르면서 중추절을 지내고 혹 이달 말이나 되어야 길을 나서게 될 것입니다. 북류北流[203]에 도착하면 대나무로 뗏목을 만들어서 물길로 용주容州와 등주藤州를 지나서 오주梧州에 이릅니다. 큰아들 매邁와 함께 집을 이사하여 오주梧州에 도착하면 만나자고 약속했었는데, 둘째 아들 태迨도 혜주惠州에 도착했습니다. 배를 뒤로하고 하강賀江[204]을 거슬러 올라서 물과 육지를 몇 번이고 오르내리며 반복하다 막 영주永州에 도착하였습니다.[205] 늙었으니 어찌하겠습니까? 만나지 못하지만 늘 자중하시기를 바라며, 이만 줄입니다.

201 저의 아들 매邁 : '邁'는 소식蘇軾의 장자의 이름이다.

202 하도사何道士 : '道士'는 하덕윤何德潤(?~?)으로, 숭도대사崇道大師이다.

203 북류北流 : 오주부梧州府 북류현北流縣을 말한다.

204 하강賀江 : 평락부平樂府 하현賀縣 동남쪽에 있다. 본래의 이름은 하수賀水이다.

205 영주永州에 도착하였습니다 : 이때에 소식蘇軾의 나이 65세이었는데, 염주廉州로부터 서주舒州로 이주하였다. 절도부사節度副使가 되어 영주永州에 거주하였을 때이다.

【與鄭靖老】
여정정로

某啓. 到雷州見張君兪, 首獲公手書累幅, 欣慰之極, 不可云
모계 도뇌주견장군유 수획공수서누폭 흔위지극 불가운

諭. 到廉, 廉守乃云公已離邕去矣. 方悵然, 欲求問從者所
유 도렴 염수내운공이이옹거의 방창연 욕구문종자소

在, 少通區區, 忽得來敎, 釋然. 又得新詩, 皆秀傑語, 幸甚
재 소통구구 홀득래교 석연 우득신시 개수걸어 행심

幸甚! 別來百罹, 不可勝言, 置之不足道也. 《誌林》竟未成,
행심 별래백리 불가승언 치지부족도야 지림 경미성

但草得《書傳》十三卷, 甚賴公兩借書籍檢閱也. 向不知公所
단초득 서전 십삼권 심뢰공양차서적검열야 향부지공소

存, 又不敢帶, 行封作一籠, 寄邁處, 令訪尋歸納. 如未有便,
존 우불감대 행봉작일농 기매처 영방심귀납 여미유편

且寄廣州何道士處, 已深囑之, 必不敢墜. 某留此過中秋, 或
차기광주하도사처 이심촉지 필불감추 모유차과중추 혹

至月末乃行. 至北流, 作竹筏下水, 歷容、藤至梧. 與邁約令
지월말내행 지북류 작죽벌하수 역용 등지오 여매약영

般家至梧相會, 中子迨, 亦至惠矣. 却顧舟泝賀江而上, 水陸
반가지오상회 중자태 역지혜의 각고주소하강이상 수륙

數節, 方至永. 老業可奈何奈何! 未會間, 以時自重. 不宣.
수절 방지영 노업가내하내하 미회간 이시자중 불선

35. 【사민사謝民師[206]에게 보내는 편지】[207]

소식蘇軾은 말씀드립니다. 요사이 보내신 편지를 받았는데, 만약 호주湖州 밖의 임무에서 벗어날 수 있다면 쇠약하고 병든 저의 행운을 이루 다 말할 수 없을 것입니다. 이곳을 떠나 허주許州로 내려가 살 수 없다면 양선陽羨[208]으로 돌아갈 것입니다.

206 사민사謝民師(?~?) : '民師'는 사거렴謝擧廉의 자이다. 신감新淦 사람이다.
207 원우元祐 6년(1091, 56세) 경사京師로 돌아와서 보낸 편지이다.
208 양선陽羨 : 지금의 상주부常州府 의흥현宜興縣이다. 소식蘇軾의 시에 "양선

그대는 조정으로 돌아가 임무를 받아서 혹시라도 거리가 가까워져서 다시 만날 수 있으면 다행이겠습니다. 저희 아이들도 돌보아주심을 입고 지난번에 지어서 보내주신 시를 보았으니 제가 어찌 감당할 수 있겠습니까? 그러나 시의 구법이 아이들을 계발시켜주시니 감사합니다. 객사에서 보내느라 마음을 다하지 못합니다.

【與謝民師】
여 사 민 사

某啓. 蒙錄示近報, 若果得免湖外之行, 衰羸之幸, 可勝言哉!
모 계 몽 록 시 근 보 약 과 득 면 호 외 지 행 쇠 리 지 행 가 승 언 재

此去不住許下, 則歸陽羨. 民師還朝受任, 或相近, 得再見,
차 거 부 주 허 하 즉 귀 양 선 민 사 환 조 수 임 혹 상 근 득 재 견

又幸矣. 兒子輩竝沐寵問, 及覽所賜過詩, 何以克當! 然句法
우 행 의 아 자 배 병 목 총 문 급 람 소 사 과 시 하 이 극 당 연 구 법

有以啓發小子矣. 感荷感荷! 旅次不盡區區.
유 이 계 발 소 자 의 감 하 감 하 여 차 부 진 구 구

36-1. 【범원장范元長[209] 형제를 위로하는 편지】[210]

소식蘇軾은 위문의 편지를 올립니다. 뜻밖의 흉변으로 한림학사이신 선군先君께서 갑자기 세상을 떠나셨다는 부음을 들으니

의 땅을 사서 나 여기에서 늙으리라[買田陽羨吾將老]"하는 구절이 있다.

209 범원장范元長 : '元長'은 범중范仲(?~?)의 자이다. 범조우范祖禹(1041~1098)의 아들이다. 순부純夫는 범조우의 자이고, 또 다른 자는 몽득夢得이다. 젊어서 정자程子를 사사하였으며, 사마광司馬光의 학문을 추종하였고 사마광 밑에서 《자치통감資治通鑑》을 편수하였다.

210 소성紹聖 5년(1098, 63세) 담이儋耳에서 보낸 편지이다.

매우 애통합니다. 하늘이 나를 망치려고 한 것이 한결같이 이 지경에 이르렀으니 살고 싶은 마음이 없습니다. 지극한 효자이신 승무랑承務郎 원장元長 형제는 효성이 매우 깊어 추모하는 마음 끝이 없을 것입니다. 우리가 하늘에 무슨 잘못을 저질렀기에 이와 같은 혹독한 참화에 걸린단 말입니까?

부모의 초상211이 어제의 일과 같은데 어느덧 계절이 바뀌어 몹시 슬퍼함이 날로 심하니 어찌한단 말입니까? 저는 귀양살이에 몸이 매여 조문하러 갈 방법이 없어 멀리서 바라보고 오래도록 길게 부르짖으니 제 마음을 말로 하기 어렵습니다. 삼가 위문 편지를 올립니다. 두서없이 소장을 드립니다.

【慰范元長昆仲】
위범원장곤중

某慰疏言. 不意凶變, 先公內翰, 遽捐館舍, 聞訃慟絶. 天之
모위소언 불의흉변 선공내한 거연관사 문부통절 천지

喪予, 一至於是! 生意盡矣. 伏惟至孝承務元長昆仲, 孝誠深
상여 일지어시 생의진의 복유지효승무원장곤중 효성심

至, 追慕罔極. 何辜於天, 罹此禍酷. 荼毒如昨, 奄易寒暑,
지 추모망극 하고어천 리차화혹 도독여작 엄역한서

哀毁日深, 奈何奈何! 某謫籍所拘, 莫由往弔, 永望長號, 此
애훼일심 내하내하 모적적소구 막유왕조 영망장호 차

懷難諭. 謹奉手疏上慰. 不次謹疏.
회난유 근봉수소상위 불차근소

211 부모의 초상 : 원문은 '荼毒'. 《서경書經》 〈탕고湯誥〉에 "흉해에 걸려 도독을 참지 못한다.[罹其凶害 不忍荼毒]"라는 말에서 유래한다. '도독荼毒'은 씀바귀의 독으로, 심한 독이나 참기 어려운 정도의 심한 고통을 가리킨다.

36-2. 【범원장范元長 형제를 위로하는 편지 2】[212]

저는 정처 없이 떠돌다 쓰러져 아홉 번 죽을 고비를 넘긴 끝에 또 순부淳夫 선공께서 돌아가셨다는 소식을 듣고 깊은 애통함을 말로 할 수 없습니다. 오래도록 편지를 드리고 싶었으나 인편을 만나지 못한 데다 또 거동도 쉽지 않아 근심과 두려움이 날로 깊었습니다. 지금 이렇게 편지를 쓰지만, 꼭 받아보실 것이라 기필할 수가 없어서 대략 저의 마음을 전할 뿐입니다.

【慰范元長昆仲】
위 범 원 장 곤 중

某流離僵仆, 九死之餘, 又聞淳夫先公傾逝, 痛毒之深, 不可
모 유 리 강 부 구 사 지 여 우 문 순 부 선 공 경 서 통 독 지 심 불 가
云諭. 久欲奉疏, 不遇便人, 又擧動艱礙, 憂畏日深. 今茲書
운 유 구 욕 봉 소 불 우 편 인 우 거 동 간 애 우 외 일 심 금 자 서
問, 亦未必達, 且略致區區耳.
문 역 미 필 달 차 약 치 구 구 이

37-1. 【범경인范景仁[213]을 위로하는 편지】[214]

소식蘇軾은 말씀드립니다. 오늘 저녁에 자풍子豊[215] 승사랑承

212 소성紹聖 5년(1098, 63세) 담이儋耳에서 보낸 편지이다.

213 범경인范景仁 : '景仁'은 범진范鎭(1008~1089)의 자이다. 시호는 충문忠文이며, 화양華陽 사람이다. 범백록范百祿의 숙부이자 범조우范祖禹의 종조부從祖父로, 1038년 진사가 되어 한림학사翰林學士, 판태상시判太常寺 등을 지냈으며, 촉군공蜀郡公에 봉해졌다. 방직온龐直溫을 사사하였다. 왕안석의 신법을 반대하다가 벼슬을 그만두고 물러났다. 학문은 육경을 근본으로 하여 노장과 불교를 배척하였으며, 고악古樂을 정밀히 연구하였다. 저서로 《범촉공집范蜀公集》 등이 있다. 평생 동안 사마광司馬光과 의기가 서로 합하였고 소식蘇軾과도 교유하였다.

214 소성紹聖 5년(1098, 63세) 담이儋耳에서 보낸 편지이다.

事郞이 마침내 큰 변고에 이르렀다는 갑작스러운 비통한 소식을 듣고 거의 말을 할 수 없을 지경이었습니다. 아름다운 재주와 훌륭한 행실이 멀리까지 이를 것으로 기약했었는데 지금 여기에서 끝나고 말았으니 벗들도 모두 애통하고 애석합니다. 더구나 두터운 인척의 정의로 슬프고 한탄스러운 마음을 헤아릴 수 있겠습니까?

경인景人 어른께서 높은 연세에 이러한 참담한 고통을 당하시니 근심과 괴로움을 알만합니다. 당신께서는 애통함을 순리대로 잘 보내시며 차마 견디기 어려운 사랑을 베어내시어 위로는 조정을 위하고 아래로는 자손과 친우들을 위하여 자중하시기를 바랍니다. 많은 사연을 다 쓰지 못하고 이만 줄입니다.

【慰范景仁】
위범경인

某啓. 今晩忽得報, 子豊承事遂至大故, 聞之悲痛, 殆不可
모계 금만홀득보 자풍승사수지대고 문지비통 태불가

言. 美才懿行, 期之遠到, 今乃止此, 士友所共痛惜. 而況姻
언 미재의행 기지원도 금내지차 사우소공통석 이황인

戚之厚, 悲惋可量! 丈丈高年, 罹此苦毒, 有識憂憤. 伏惟高
척지후 비완가량 장장고년 리차고독 유식우분 복유고

明, 痛以理遣, 割難忍之愛, 上爲朝廷, 下爲子孫親友自重.
명 통이리견 할난인지애 상위조정 하위자손친우자중

不勝縷縷.
불승누누

215 자풍子豊 : 범순부范淳夫(1041~1098)이다. 어려서 부모를 잃고 숙부에게서 자랐다. 할아버지는 충문공忠文公 경인景仁이다.

37-2. 【범경인范景仁을 위로하는 편지】[216]

자공子功[217]과 순보淳父[218]는 모두 부모님을 찾아뵈려고 하는데 저만 함께 가지 못하는 것이 한스러우니 그대께서 이해하시기 바랍니다. 편지를 마주하고 마음이 서글퍼 자세히 다 말씀드리지 못합니다.

【慰范景仁】
위 범 경 인

子功、淳父, 皆欲謁告省覲, 某恨不同往, 曉解左右. 臨書凄
자 공 순 보 개 욕 알 고 성 근 모 한 부 동 왕 효 해 좌 우 임 서 처
愴, 不一不一.
창 불 일 불 일

37-3. 【범경인范景仁을 위로하는 편지】[219]

근래에 자풍子豊이 큰아들 승무랑承務郎을 데리고 찾아와 만나보니 풍모가 수려하고 단정하였는데, 그 아래로 두 아들은 더욱 뛰어나다고 들었습니다. 죽음과 삶, 장수와 단명은 모두 특이하지 않은 평상의 일이니 오직 후손이 있으니 경인景仁 어른의 마음에 조금이나마 위안이 될 것입니다. 부디 이것으로 자신의 슬

216 소성紹聖 5년(1098, 63세) 담이儋耳에서 보낸 편지이다.

217 자공子功 : 범백록范百祿(1029~1094)의 자이다. 범진範鎭의 형 범개范鍇의 아들이다. 범순부范淳夫의 숙부이다.

218 순보淳父 : 범조우范祖禹(1041~1098)의 자이다. '순부純夫'로도 불리며, 또 다른 자는 몽득夢得이다.

219 소성紹聖 5년(1098, 63세) 담이儋耳에서 보낸 편지이다.

픔을 달래시기를 바랍니다.

【慰范景仁】
위 범 경 인

近者, 子豊攜長子承務見過, 見其風骨秀整, 聞向下二子益奇.
근 자 자 풍 휴 장 자 승 무 견 과 견 기 풍 골 수 정 문 향 하 이 자 익 기

死生壽夭皆常事, 惟有後, 可以少慰丈丈意. 幸以此自遣.
사 생 수 요 개 상 사 유 유 후 가 이 소 위 장 장 의 행 이 차 자 견

38. 【전제명錢濟明[220]을 위로하는 편지】[221]

공께서 아내의 상을 당하셨다는 갑작스러운 소식에 슬프고 한탄스러운 마음 그지없습니다. 현숙한 부인과 그대가 오래도록 우환을 함께 하시다가 갑자기 내조를 잃게 되었으니 애통한 마음을 어떻게 견디시는지요? 이렇게 인생이 괴로운 사람이 열에 아홉 사람이니 머리를 묶고[222] 해로하는 사람이 거의 없거나 겨우 있을 정도입니다. 깊게 살피시어 애통함을 달래 보내시고 마음에 남겨두지 마시기를 바랍니다. 영공의 아들은 어머니의 돌아가신 슬픔과 괴로움을 견디기 어려워할 것이니 오직 마땅히 친정親庭을 위하여 슬픔을 절제하고 사모하는 마음을 억누르는 데 힘쓰시기를 바랍니다.

---

220 전제명錢濟明(?~?) : 미상이다.

221 원우元祐 8년(1093, 58세) 정주지주定州知州 재임 시에 보낸 편지이다.

222 머리를 묶고 : 원문은 '結髮'. 《이아爾雅》〈석지釋地〉에, 한漢 나라 소무蘇武의 시에 "성인이 되어 부부의 인연을 맺은 뒤로, 둘 사이에 은애를 의심하지 않았노라.[結髮爲夫妻 恩愛兩不疑]"라는 구절이 있다.

본래 위로의 편지를 쓰고 싶었는데 마침 여행 중이라 조금 분주하고 소란스러운 데다 등불 아래 게을러져 언급하지 못하였으니 용서해주시기를 간절히 빌겠습니다. 제가 상주常州에서 지낸다면 저절로 공과 만날 수 있을 것인데, 만약 상주에서 지내지 못하더라도 윤주潤州에 도착하면 정덕유程德孺223와 만날 수 있을 것입니다. 공께서 만약 한번 금산金山224으로 방문해주시기를 또한 바라겠습니다.

【慰錢濟明】
위 전 제 명

忽聞公有閨門之戚, 悲惋不已. 賢淑令人久同憂患, 乍失內
홀 문 공 유 규 문 지 척 비 완 불 이 현 숙 영 인 구 동 우 환 사 실 내

助, 哀痛何堪! 人生此苦, 十人而九, 結髮偕老, 殆無而僅有
조 애 통 하 감 인 생 차 고 십 인 이 구 결 발 해 로 태 무 이 근 유

也. 惟深照痛遣, 勿留胸次. 令子哀疚難堪, 惟當勉爲親庭節
야 유 심 조 통 견 물 유 흉 차 영 자 애 구 난 감 유 당 면 위 친 정 절

哀摧慕. 本欲作慰疏, 適旅中有少紛冗, 燈下倦怠, 不能及
애 최 모 본 욕 작 위 소 적 여 중 유 소 분 용 등 하 권 태 불 능 급

也. 千萬恕察. 某居住常, 卽自與公相聚, 若常不可居, 亦須
야 천 만 서 찰 모 거 주 상 즉 자 여 공 상 취 약 상 불 가 거 역 수

到潤與程德孺相見. 公若枉駕一至金山, 又幸也.
도 윤 여 정 덕 유 상 견 공 약 왕 가 일 지 금 산 우 행 야

223 정덕유程德孺 : '德孺'는 정지원程之元,(?~?)의 자이다. 소식蘇軾의 이종사촌형제이다.

224 금산金山 : 강소성江蘇省 단도현丹徒縣 서북 대강大江 가운데 있다. 본명은 부옥산浮玉山이다.

39. 【호인수胡仁脩[225]를 위로하는 편지】[226]

소식蘇軾은 위문의 말씀을 드립니다. 뜻밖의 변고로 갑자기 견디기 어려운 어머니의 상喪을 당할 것이라고는 생각지도 못하였습니다. 효성이 매우 돈독하시어 추모하는 마음으로 애통하고 가슴이 찢어질 것인데 부모의 상을 감당하기 어려울 것이니 어찌하겠습니까?

요사이 상여를 부여잡고 잡고 통곡을 해보아도 돌아가신 어머니는 더욱 멀어질 것이니 찢어지는 마음을 어떻게 다 언급하겠습니까? 변화에 순응하고[227] 예를 따르시어[228] 순수한 효를 온전히 하십시오. 저는 몸소 영유靈帷로 나아갈 수가 없으니 편지를 마주하고 오열하며 위문의 편지를 올립니다. 두서없이 위문 편지를 드립니다.

【慰胡仁脩】
위호인수

某慰疏言, 不意變故, 奄罹艱疚. 伏惟孝誠深篤, 追慕痛裂,
모위소언 불의변고 엄리간구 복유효성심독 추모통렬

荼毒難堪, 奈何奈何! 比日攀號愈遠, 摧毀何及! 伏惟順變
도독난감 내하내하 비일반호유원 최훼하급 복유순변

從禮, 以全純孝. 某未獲躬詣靈帷, 臨書哽咽, 謹奉疏慰.
종례 이전순효 모미획궁예영유 임서경인 근봉소위

---

225 호인수胡仁脩(?~?) : 미상이다.

226 원우元祐 2년(1091, 56세) 경사京師로 돌아와서 보낸 편지이다.

227 변화에 순응하고 : 원문은 '順變',《예기禮記》〈단궁 하檀弓下〉에 "어버이의 상례는 가장 애통한 것이지만, 그 슬픔을 조절하는 것은 변화에 순응하기 위해서이다.[喪禮哀戚之至也 節哀順變也]"라는 구절에서 유래한다.

228 예를 따르시어 : 원문은 '從禮',《가례嘉禮》위인소慰人疏에 "억지로라도 죽을 드시어 예제를 따르십시오.[强加飦粥 俯從禮制]"라는 구절이 있다.

不次謹疏.
불 차 근 소

40-1. 【풍조인馮祖仁[229]에게 보내는 편지】[230]

소식蘇軾은 말씀드립니다. 여러 폭의 편지를 받고 보니 문장의 의미가 찬연하고 예의가 아울러 중후하여 다 늙은 제가 감당할 수 없을 정도여서 책 상자에 보관하여 영광으로 삼고자 하니 매우 다행스러운 일입니다.

요즈음 상주의 안부는 어떠하신지요? 저는 소주韶州에 도착하여 여러 날 인사로 피로한 데다 또 배앓이[231]로 괴로워서 잠시 머물러 몸을 조리하고 나서 곧바로 행차할 것입니다. 길이 멀어질수록 매우 그립습니다. 세모에 오직 다시 슬픔을 절제하시고 자중하시기 바랍니다.

【答馮祖仁】
답 풍 조 인

某啓. 辱箋教累幅, 文義粲然, 禮意兼重, 非老朽所敢當, 藏
모 계 욕 전 교 누 폭 문 의 찬 연 예 의 겸 중 비 노 후 소 감 당 장
之巾笥以爲光寵, 幸甚幸甚! 比日孝履何如? 到韶, 累日疲於
지 건 사 이 위 광 총 행 심 행 심 비 일 효 리 하 여 도 소 누 일 피 어
人事, 又苦河魚之疾, 少留調理乃行. 益遠, 極瞻係也. 歲暮
인 사 우 고 하 어 지 질 소 류 조 리 내 행 익 원 극 첨 계 야 세 모

229 풍조인馮祖仁(?~?) : 미상이다.

230 원우元祐 2년(1091, 56세) 경사京師로 돌아와서 보낸 편지이다.

231 배앓이 : 원문은 '河魚之疾'. 물고기가 썩을 때 내장부터 썩는 것을 비유하여 위장과 같은 내장의 병을 의미한다. 복사腹瀉, 이질, 설사, 구토와 같은 위장병 등을 말한다.

惟更節哀, 自重.
유 갱 절 애 자 중

40-2. 【풍조인馮祖仁에게 보내는 편지】[232]

소식蘇軾은 위문의 말씀을 드립니다. 당신께서 견디기 어려운 부모님의 상喪을 당하였다는 소식을 받았으나 관직에서 물러난 지 오래되었고 세월이 흘렀으니, 이미 애통한 마음의 이치는 다 하였을 것입니다. 저는 간절한 마음을 펼 기회를 얻지 못한 채 조금이나마 당신을 사모하는 마음에 만분의 일이라도 풀고 싶었지만 궁벽한 변방에 떠도느라 인사가 다 끊어져 그런 것이지 감히 태만해서가 아닙니다.

요즈음에 편지를 받고서 잘 지탱하고 계시는 상중의 안부를 알았지만 돌아가신 분은 더욱 멀어졌으니 추모한들 어떻게 미칠 수 있겠습니까? 삼가 슬픔을 절제하시고 변화에 순응하시어[233] 마음을 너그럽게 가지시고 억지로라도 음식을 드시기를 바랍니다. 삼가 위문 편지를 올립니다. 두서가 없습니다.

【答馮祖仁】
탑 풍 조 인

某慰疏言. 承艱疚, 退去久矣, 日月逾邁, 哀痛理極. 未嘗獲
모 위 소 언 승 간 구 퇴 거 구 의 일 월 유 매 애 통 리 극 미 상 획

---

232 원우元祐 2년(1091, 56세) 경사京師로 돌아와서 보낸 편지이다.

233 슬픔을……순응하시어 : 원문은 '事順變禮'. 절애순변節哀順變과 같은 말이다. 《예기禮記》〈단궁 하檀弓下〉에 "어버이의 상례는 가장 애통한 것이지만, 그 슬픔을 조절하는 것은 변화에 순응하기 위해서이다.[喪禮哀戚之至也 節哀順變也]"라는 구절이 있다.

陳區區, 少解思慕萬一, 實以漂寓窮荒, 人事斷絶, 非敢慢
진구구 소해사모만일 실이표우궁황 인사단절 비감만

也. 比辱手疏, 且審孝履支持, 廓然逾遠, 追痛何及. 伏冀事
야 비욕수소 차심효리지지 확연유원 추통하급 복기사

順變醴, 寬中强食. 謹奉啓疏上慰. 不次.
순변례 관중강식 근봉계소상위 불차

※ 소식蘇軾 연보

북송北宋 인종仁宗, 1022~1063	
1036년 경우景祐 3년 / 1세	12월 19일 사천성泗川省 미산현眉山縣 사곡행紗縠行에서 출생. 호는 동파거사東坡居士, 부친은 소순蘇洵, 모친은 정씨程氏.
1039년 보원寶元 2년 / 4세	아우 소철蘇轍 출생.
1043년 경력慶曆 3년 / 8세	소학小學에 들어가 미산현 천경관天慶觀의 도시道士 장이간張易簡에게 수학.
1045년 경력慶曆 5년 / 10세	부친 소순이 환학宦學 여행을 떠나 모친에게서 수학.
1054년 지화至化 1년 / 19세	미주眉州 청신현인青神縣人 향공진사鄕貢進士 왕방王方의 딸 왕불王佛과 결혼.
1055년 지화至化 2년 / 20세	부친 소순이 성도成都를 유람하여 장방평張方平을 배알하자, 장방평이 일견一見에 국사國士로 예우.
1056년 가우嘉祐 1년 / 21세	3월, 부친 소순을 따라 아우 소철과 함께 경사京師(수도 개봉開封)에 감. 8월, 아우 소철과 함께 개봉부시開封府試에 합격.
1057년 가우嘉祐 2년 / 22세	정월, 예부시禮部試에 진사進士 급제. 구양수歐陽脩, 매지梅摯, 왕규王珪, 범진范鎭, 매요신梅堯臣 등이 시험관임. 3월 전시殿試에 급제. 5월 모친상으로 귀향.
1059년 가우嘉祐 4년 / 24세	모친의 복상을 마치고, 10월, 부친 소순 아우 소철과 함께 개봉을 향해 촉蜀을 출발. 12월 형주 荊州에 도착.
1059년 가우嘉祐 5년 / 24세	온 가족이 경사 京師로 이사. 하남부河南府 복창현福昌縣 주부主簿를 제수받았으나 부임하지 않음.
1059년 가우嘉祐 6년 / 24세	제과에 응시하여 소식은 제3등, 아우 소철은 제4등으로 급제. 대리평사大理評事 봉상부첨판 鳳翔府簽判에 임명됨.
1063년 가우嘉祐 8년 / 28세	봉상鳳翔에 재직

영종英宗, 1063~1067	
1064년 치평治平 원년 / 29세	12월에 봉상부첨판 임기완료
1065년 치평治平 2년 / 30세	직사관直史館에 임명됨. 아내 왕불 별세.
1066년 치평治平 3년 / 31세	부친 소순《태상인혁례太常因革禮》100권의 편찬을 마치고 4월 별세. 상구喪具를 이끌고 향리로 향함.
1065년 치평治平 4년 / 32세	4월 향리에 도착. 8월 선친을 미주眉州에서 장사지냄.
신종神宗, 1067~1085	
1068년 희령熙寧 1년 / 33세	7월 부친의 복상을 마침. 첫부인 왕불의 종매從妹 왕윤지王閏之와 결혼 가족을 이끌고 아우 소철과 개봉으로 향함.
1069년 희령熙寧 2년 / 34세	경사京師로 돌아옴. 왕안석王安石과 정견 충돌. 감관고원監官告院이 됨. 12월, 〈상신종황제서上神宗皇帝書〉 제출.
1070년 희령熙寧 3년 / 35세	〈재상신종황제서再上神宗皇帝書〉를 제출하여 신법 반대. 차남 태迨 출생.
1071년 희령熙寧 4년 / 36세	6월, 항주통판杭州通判에 임명됨.
1072년 희령熙寧 5년 / 37세	4월 삼남 과過 출생. 6월, 망호루望湖樓에 오름. 12월, 호주湖州로 여행.
1074년 희령熙寧 7년 / 39세	항주통판杭州通判 재직시 조운朝雲을 시첩侍妾으로 맞음. 밀주지주密州知州에 임명됨.
1076년 희령熙寧 9년 / 41세	11월, 하중부지부河中府知府에 임명됨.
1077년 희령熙寧 10년 / 42세	2월, 서주지주徐州知州에 임명됨.
1078년 원풍元豊 1년 / 43세	8월, 황루黃樓 낙성.
1079년 원풍元豊 2년 / 44세	3월, 호주지주湖州知州에 임명됨. 8월, 오대시안烏臺試案으로 어사대의 감옥에 수감. 12월, 황주黃州로 유배를 떠남.
1080년 원풍元豊 3년 / 45세	2월, 황주 정혜원定惠院에 거주. 6월, 임고정臨皐亭으로 이거. 6월, 아우 소철과 무창武昌에 유람.

	8월 아들 매邁와 적벽 유람. 9월 홀로 적벽 유람.
1081년 원풍元豊 4년 / 46세	정월, 기정岐亭에 가 봉상 시절 벗 진조陳慥를 만남. 마몽득馬夢得의 호의로 황무지를 경작, 그곳을 동파東坡라고 이름 지음.
1082년 원풍元豊 5년 / 47세	2월, 동파 옆에 설당雪堂을 지음. 7월, 적벽을 유람하고 〈적벽부赤壁賦〉를 지음. 10월, 〈후적벽부後赤壁賦〉를 지음.
1083년 원풍元豊 6년 / 48세	5월, 남당南堂 낙성. 10월, 마몽득과 승천사承天寺 유람.
1084년 원풍元豊 7년 / 49세	3월, 여주단련부사汝州團練副使에 임명됨. 여산廬山 유람. 금릉金陵의 왕안석을 방문. 10월, 상주常主로 거처를 옮김.
1085년 원풍元豊 8년 / 50세	여주단련부사 상주거주를 명 받음. 3월 신종이 죽고 어린 철종哲宗이 즉위. 고태후高太后의 섭정. 6월 등주지주登州知州에 임명됨.
철종哲宗, 1085~1100	
1086년 원우元祐 1년 / 51세	3월, 중서사인中書舍人에 임명됨. 9월, 사마광司馬光이 죽음. 정이程頤가 사마광의 장례를 주관하였는데, 고례古禮를 따르려 하자 소식이 그를 힐난하여 원한을 맺음. 9월, 한림학사지제고翰林學士知制誥로 임직.
1087년 원우元祐 2년 / 52세	한림학사翰林學士로 재직
1089년 원우元祐 4년 / 54세	3월, 항주지주杭州知州로 임명됨. 11월, 〈논고려진봉장論高麗進奉狀〉 상주. 〈논고려진봉제이장論高麗進奉第二狀〉 상주. 12월, 〈걸영고려승종천주귀국장 乞令高麗僧從泉州歸國狀〉 상주함.
1090년 원우元祐 5년 / / 55세	항주 서호西湖에 제방 축조. 〈걸금상려과외국장乞禁商旅過外國狀〉을 상주함.
1091년 원우元祐 6년 / 56세	2월, 한림학사승지翰林學士承旨에 임명됨. 8월, 영주지주潁州知州에 임명됨.
1092년 원우元祐 7년 / 57세	2월, 양주지주揚州知州에 임명됨. 8월, 병부상서兵部尙書로 소환됨. 11월, 예부상서禮部尙書 단

	명전학사 겸한림시독학사端明殿學士兼翰林侍讀學士에 임명됨.
1093년 원우元祐 8년 / 58세	〈논고려매서이해차자삼수論高麗買書利害箚子三首〉를 상주함. 8월, 아내 왕윤지 별세. 9월, 정주지주定州知州에 임명됨.
1094년 소성紹聖 1년 / 59세	6월, 혜주惠州로 유배를 명함. 10월, 셋째 아들 과와 조운을 데리고 혜주 도착. 합강루合江樓에 우거하다 가우사嘉祐寺로 이거함.
1095년 소성紹聖 2년 / 60세	3월, 합강루合江樓로 이사.
1096년 소성紹聖 3년 / 61세	4월, 다시 가우사嘉祐寺로 이사. 7월 조운이 사망.
1097년 소성紹聖 4년 / 62세	다시 해남海南으로 유배됨. 막매아들 과를 데리고 해남도海南島로 출발. 5월 뇌주雷州로 유배가는 아우 소철과 등주藤州에서 상봉하여 뇌주까지 동행. 12월, 아우 소철이 동파의 요청으로 〈동파선생화연명시인東坡先生和淵明詩引〉을 지음.
1097년 소성紹聖 5년 / 62세	해남도海南島 담주儋州에 안치됨.(1097년 7월~1100년 6월)
1098년 원부元符 1년 / 63세	5월, 광랑암桄榔庵 신주거 완성. 9월, 천경관天慶觀 유람.
1100년 원부元符 3년 / / 65세	정월, 철종이 죽고 휘종徽宗이 즉위. 5월, 염주안치廉州安置를 명 받음. 8월, 서주단련부사舒州團練副使 영주거주永州居住를 명받음. 11월, 조봉랑朝奉郎에 복직. 제거성도부옥국관提擧成都府玉局觀에 임명됨.
휘종徽宗, 1100~1125	
1101년 건중정국建中靖國 1년 / 66세	5월, 여행 중 병에 걸려 상주常主에서 병석에 누움. 6월, 치사致仕함. 7월 28일 별세.
1102년 숭령崇寧 1년	윤6월, 여주汝州 겹성현郟城縣의 아미산峨眉山에 장사지냄. 부인 왕윤지와 합장. 아우 소철이 형의 묘지명 〈망형자첨단명묘지명亡兄子瞻端明墓誌銘〉을 지음.

역자 소개

박황희(朴熿熙)

한국고전번역원, 국사편찬위원회, 은대고전문헌연구소, 한국한중앙연구원 등에서 한문학과 고문서의 문리를 익히고 간찰 초서의 안목을 키웠으며, 고려대학교에서 박사학위를 취득하였다. 현재는 모교에서 한문학 강사로 재직 중에 있으며 한국고간찰연구회 회원으로 활동하고 있다.
번역서로는 《전가보묵(傳家寶墨)》, 《선자수적(先子手蹟)》, 《오가보첩(吾家寶帖)》 외 다수가 있다.

박상수(朴相水)

한국고전번역원, 국사편찬위원회, 온지서당, 중국 어언문화대학교 등에서 한문과 고문서, 초서와 중국어를 공부하였으며 단국대학교 한문학 박사 과정을 수료했다. 단국대 강사와 동양학연구소 전문위원을 역임하였으며 현재는 전통문화연구회, 고전번역연구소, 국사편찬위원회에서 활동하고 있다.
번역서로는 《초간독(草簡牘)》, 《동국명현유묵(東國名賢遺墨)》, 《사문수간(師門手簡)》 외 다수가 있다.

역주 구소수간 譯註 歐蘇手簡

2021년 2월 26일 초판 1쇄 발행

편　자 : 杜仁傑
역　자 : 박황희 · 박상수
펴낸이 : 김병환
펴낸곳 : 학자원
주　소 : 서울시 강동구 천호대로 1121
전　화 : 02) 6403-1000
팩　스 : 02) 6338-1001
E-mail : hakjaone@daum.net
등　록 : 2011년 3월 24일 제2011-14호

ISBN 979-11-6247-213-2 93820
값 30,000원